決定の
正当化技術

日仏都市計画における
参加形態と基底価値

内海麻利

法律文化社

はじめに

本書の背景と趣旨

　著者はこれまで都市計画に関する地方政府の決定過程に立ち会ってきた。

　都市計画の分野では、地方政府の決定に際して住民や地権者から不満や反対意見といった異論が噴出することがままある。例えば、マンション建設や住宅団地の開発を可能とする計画に対しては、日照の悪化や交通渋滞、緑地の減少など、住環境保護の観点からの異論が出されるし、逆に、住環境や景観を維持するために高さ制限を規定する計画に対しては、地権者の利益擁護の観点から異論が出される。また、決定手続の不備を指摘する異論もある。近年、都市計画の参加手続が充実されることで、こうした異論が顕在化する場面が増えている。

　このような異論に対して政府は、社会や人々を納得させる理由を自ら持ち出し、それを用いることで異論を退け、決定を正当化する。しかし、それだけではない。ときには政府は、決定内容は変えないものの、抵抗者から出された異論を用いて理由とする場合もあれば、逆に異論を受け入れ決定内容を変更することで決定を正当化することもある。本書が着目するのは、決定が社会や人々に対して説得力を持つようにするための理由（以下「正当化理由」）を用いて決定を正当化しようという政府の行為である。上で見たように、政府は、異論を退けるだけでなく、ときには決定内容を変化させることもある。つまり、政府が正当化理由を持ち出して決定を正当化する行為は、決定そのものにも影響を与えるため、決定やその内容を介して社会や人々の環境や生活、さらには個人の財産をも左右する。また逆に、正当化に失敗すれば、こうした行為そのものが政府への信頼を失墜させてしまうこともある。それゆえ、著者は、正当化理由を用いて決定を正当化する政府の行為に着目することが重要であると考える。

　本書では、正当化理由をどのように用いるかという政府の行為形態を「正当化技術」と呼ぶが、著者がこれまで研究してきた事例から明らかになった上記

のような実態を「正当化技術」という概念でつかみ出し、政府の決定の正当化のための正当化技術はどのようなものであるかを明らかにする。具体的には、これまで政府の「決定」として一括りにされていたものを「実体的決定」「正当化理由の決定」「公的決定」に分けた上で、正当化理由を決定し社会や人々に提示する政府の「正当化理由の決定」に着目することで、政府がいかに決定を正当化するかという実態を明らかにする。

本書が次に焦点を当てるのは、いくつかの正当化技術があるなか、なぜ特定の正当化技術によって政府は決定を正当化するかという点である。本書では、市民が都市計画の策定や決定にどの程度影響力を持ちうるかという参加の形態（「参加形態」）と、財産権にかかわり社会に流布する価値観（「基底価値」）からそれを説明する。

本書では、参加形態と基底価値が異なる日本とフランスを事例に取り上げ比較分析することで、なぜ特定の正当化技術になるのかを検討している。日本とフランスはともに中央集権国家であったが、1980年代ごろから地方分権が進み、都市計画決定手続における市民の参加制度が充実されている点で同じであるが、本書が着目する財産権に関する基底価値に違いがある。具体的には、日本は財産権にかかわる「個別権利利益」が優先される傾向にあり、フランスは、一般利益（intérêt général）という考え方に代表されるように、「一般公益」が優先される点が異なっている。日仏の比較により、基底価値の違いが正当化技術にどのような影響を与えるのかを明らかにできる。また、上でみたように都市計画は財産権に関わる利益対立が激しい分野であるが、なかでも住民や地権者に身近な日本の地区計画とフランスのPLU（都市計画ローカルプラン）を取り上げて日仏を比較する。いずれも参加手続の充実によって異論が顕在化する場面が増えているものの、市民が都市計画の策定や決定に与える影響力は異なっており、日本では地区の住民団体が計画の案を実質的に決定するという場面も見られる。日仏の比較により、参加形態の違いが正当化技術に与える影響を見定めやすい。こうした理由から本書では日本とフランスの事例を扱う。

本書は、事例として都市計画を扱うが、本書の射程は都市計画にとどまらない。あらゆる決定において、政府は決定を正当化するからである。しかしこれまで、社会や人々の環境や生活に大きな影響を与える政府の決定において、

「正当化理由の決定」がどのように行われているのかについては、都市計画学はもとより政治学、行政学、政策学においてもあまり目が向けられてこなかった。特に、「正当化技術」という概念を用いて検討するものはない。政府の決定に関する研究や分析に欠けていた「正当化理由の決定」を新たに組み込むことが本書の学術的な貢献である。それにより本書は、日仏の都市計画の決定過程を素材として、正当化技術を正当化理由との関係で検討し、市民の参加や価値観と政府の決定の正当化との関係を明らかにすることで、正当化技術という観点から政府の決定の正当化を説明する。

　政府はどのような場合にどのような正当化技術によって決定を正当化するかという視点は、政府の決定を理解するあらゆる政策分野に共通する。また、政府の正当化技術が明らかになることで、近年の「正当化されない政治」「理由の示されない決定」が逆に照射されるだろう。

本書の構成と要点

　下に示すとおり、本書は、5部構成となっている（資料N-1）。

　第Ⅰ部では、本書で検討する研究の枠組みを示している。ここでは、本研究の問題関心、研究の枠組み、方法を明確にし、先行研究との関係において本研究の意義を示している。

　特に、ここでは、研究の目的と前提を示すなかで「正当化理由の決定」「正当化技術」という本研究の主要な概念を提示し、問題関心を明らかにするための「問い」を設定している。具体的には、「政府はどのように決定を正当化するのか」、「なぜ、特定の正当化技術になるのか」という問いである。前者は、正当化技術を解明する問いであり、後者は、決定に対する権力の強さをメルクマールとする「参加形態」や社会に流布する「基底価値」との因果関係を明らかにするという問いである。そして、「問い」に即した対象や方法を示している。

　第Ⅱ部では、第Ⅲ部と第Ⅳ部で行う実証研究の前提として、研究素材とする日仏の都市計画制度、とりわけ、即地的詳細計画を中心にその内容を説明し、日仏の即地的詳細計画を研究素材とすることの適切性を確認している。「即地的詳細計画」とは、自治体の意思により策定した即地的で詳細な計画を法的拘

束力によって実現する都市計画であり、日本では地区計画、フランスでは都市計画ローカルプラン（PLU）がそれに該当する。これらの計画がともに、人々の生活に身近でかつ法的拘束力を持つ都市計画であり、法律に策定手続が定められ、計画の策定過程において住民等の決定に対する抵抗者の異論が顕在化する制度であること、この策定手続が地方分権、参加民主主義を背景に多様な主体と方法により多元的な参加を可能にする参加制度であることを示している。

　第Ⅲ部と第Ⅳ部は本研究の問いを解明する実証研究の部分である。人々の生活に身近な即地的詳細計画の決定の正当化を検討する上で、地方政府によって計画が参加制度に基づいて策定され決定される運用の場面（「執行過程」）が主な対象となる。しかし、即地的詳細計画制度や参加制度創設の「立法過程」における中央政府の正当化技術が地方政府の運用に影響を与える可能性がある。そのため本研究では、立法過程における中央政府の決定過程と、執行過程における地方政府の決定過程を検討している。

　まず、第Ⅲ部は、立法過程の検討であり、日仏の即地的詳細計画制度における策定手続の創設過程を素材にして、創設に至る経緯と決定の正当化理由と正当化技術を分析している。日本については、地区計画策定手続の立法過程を分析し、フランスについては、PLUの策定手続の一部であるコンセルタシオンの立法過程を検討する。いずれも国会審議において、参加制度を含む即地的詳細計画の策定手続の法案の決定が中央政府によってどのように正当化されたのかを分析している。

　次に、第Ⅳ部は、執行過程の検討であり、日仏の即地的詳細計画の策定過程を素材にして、即地的詳細計画の決定の正当化理由と正当化技術を検討している。日本については、浦安市の地区計画の策定過程、フランスについては、トゥールーズ・メトロポールという基礎自治体連合体のPLU策定過程を事例としている。日仏ともに全国の即地的詳細計画の策定にかかわる傾向をアンケート調査等により概観した上で、各事例の参加の場面や意見聴取の場面を検討し、地方政府によって計画の決定がどのように正当化されたかを分析している。

　最後に第Ⅴ部では、第Ⅲ部と第Ⅳ部の検討を踏まえて、「問い」に基づき正当化技術に着目した政府の決定の正当化に関し本研究で得られた知見をまと

め、多元的な参加のもとで顕在化する抵抗に対して、自己の活動の正統性確保のための政府の決定を正当化技術という観点から明らかにしている。

　要約すると、「正当化理由の決定」という政府の行為の存在を確認した上で、主に次のような知見をまとめている。まず、「政府はどのように決定を正当化するのか」という正当化技術の解明については、正当化理由の時期と源泉、どのような理由が選択されたかを整理した上で、正当化技術を5つの型として類型的に示している。これは、政府の決定の正当化を説明する1つの枠組みになると言える。次に、「なぜ、特定の正当化技術になるのか」という問いについては、参加形態・基底価値の違いにより政府の行為パターンが異なること、すなわち、参加形態・基底価値の違いが政府の正当化に影響を与えることを実証している。これは、これまで不明瞭であった政府の決定における参加の影響を示すものでもある。また、日仏の事例を通して社会に流布する価値観の違いが正当化理由を持ち出す政府の行為の違いとして表れる一方で、ともに決定内容を覆す要因になっていることを実証している。これらの実証は、政府の決定の正当化のメカニズムを「参加形態」「基底価値」という視点から明らかにするものである。

資料 N‐1　本研究の構成

第Ⅰ部　研究の枠組み

■ 研究の目的・前提

都市計画を素材として、政府の決定の「正当化技術」を解明する
- ✓ 政府は「正当化理由」を用いることで決定を正当化する
- ✓ 政府は自己の活動の正統性を確保するために決定を正当化する

実体的決定・**正当化理由の決定**・公的決定

『正当化技術』＝正当化理由を用いる政府の行為形態

■ 研究の核心的な問い

【核心的な問い①】政府はどのように決定を正当化するのか
課題①：how（正当化技術）：正当化技術の解明
　ア）when（時期の特定）：正当化理由がいつ決定されるのか
　イ）who（理由の源泉）：正当化理由は誰によってもたらされるのか
　ウ）what（理由の選択）：政府が何をもって正当化理由とするのか
【核心的な問い②】なぜ特定の正当化技術になるのか
課題②：why　影響を与える「要因」との因果関係を明らかにする
　「要因」：参加形態（参画・自治）・基底価値（個別利益優先・一般公益優先）

■ 研究の対象と方法

- 公共問題の解決のための決定
- 都市計画（利害対立が激しい分野・法律に基づく決定手続・参加制度の充実）
- 日仏の即地的詳細計画（利害対立が顕在化しやすい計画、参加形態・基底価値の違い）
　日本（地区計画）・フランス（都市計画ローカルプラン：PLU）
- 公的決定・実体的決定・正当化理由の決定に区分し「正当化理由の決定」を分析
- 即地的詳細計画の制度創設過程（立法過程）と制度運用過程（執行過程）を分析
　※過程の違いによる正当化技術の異同、参加形態・基底価値の影響の異同
　※正当化技術に関する過程間相互の関係（立法過程⇄執行過程）

✓ 本研究の前提・※副次的な問い

第Ⅱ部　日仏の都市計画法制と即地的詳細計画

| **1　日本の都市計画法と地区計画** | **2　フランスの都市計画法とPLU** |

実証研究

| **第Ⅲ部　立法過程** | **第Ⅳ部　執行過程** |

1　日本の立法過程
- 本章の課題
- 地区計画創設の立法過程とアクター
- 地区計画手続立法過程の検討
- 小括：正当化技術①、参画・自治、個別利益の影響②

参加形態の差

2　フランスの立法過程
- 本章の課題
- PLU策定手続の立法過程とアクター
- PLU策定手続立法過程の検討
- 小括：正当化技術①、参画、一般公益の影響②

日仏（基底価値）差

過程の異同と関係

1　日本の執行過程
- 本章の課題
- 地区計画創設の執行過程とアクター
- 地区計画手続執行過程の検討
- 小括：正当化技術①、参画・自治、個別利益の影響②

参加形態の差

2　フランスの執行過程
- 本章の課題
- PLU策定手続の執行過程とアクター
- PLU策定手続執行過程の検討
- 小括：正当化技術①、参画、一般公益の影響②

日仏（基底価値）差

第Ⅴ部　結論

- **■ 前提の確認：** 政府は、「正当化理由」を持ち出すことで決定を正当化する・自己の活動の正統性を確保するために決定を正当化する
- **■ 核心的問い①への解：** 政府はどのように決定を正当化するのか（正当化技術の類型）
- **■ 核心的問い②への解：** なぜ特定の正当化技術が用いられるのか（参加形態・基底価値との因果関係）
- **■ 副次的な問いへの解：** 過程の違いおよび関係による正当化技術と参加形態・基底価値の影響

出典：著者作成。

目　次

『決定の正当化技術――日仏都市計画における参加形態と基底価値――』

はじめに

第Ⅰ部　決定の「正当化技術」を解明する意味 ⋯⋯⋯⋯⋯⋯⋯ 1

1　本研究の問題関心
　　──政府はなぜ、どのように決定を正当化するか──　　1
　1-1　本研究の目的と課題　　1
　1-2　本研究の核心的な問い　　7
　1-3　政府の決定の正当化を研究する意義　　8

2　研究の枠組み
　　──正当化理由、正当化の論拠、正当化技術──　　11
　2-1　「正当化理由の決定」の設定　　11
　2-2　正当化の論拠としての「合法性」と「合理性」　　15
　2-3　正当化技術　　17
　2-4　多元的な参加と参加形態　　19
　2-5　権利利益に関する基底価値　　23

3　研究の方法
　　──時期の決定、理由の源泉、理由の選択、因果関係──　　24
　3-1　研究の課題と問い　　24
　3-2　研究の方法　　25

4　研究の素材と対象
　　──日仏都市計画という素材に着目する理由──　　30
　4-1　研究の素材と対象　　30
　4-2　検討対象となる過程　　32
　4-3　分析の具体的素材　　33
　4-4　分析の具体的対象　　35

5 先行研究——これまでの研究と本研究の意義—— 36
　　5-1 政治哲学、政治思想から見た本研究の視座 37
　　5-2 政策過程論における本研究の位置付け 38
　　5-3 正統性に着目する本研究の特徴 41
　　5-4 民主主義理論に対する本研究の意味 43
　　5-5 地方自治研究の系譜と本研究の意義 45
　　5-6 都市計画学における本研究の有用性 47

第Ⅱ部　日仏の都市計画法制と即地的詳細計画 ·················· 51

1 日本の都市計画法と地区計画 52
　　1-1 日本の都市計画法の基本構造 52
　　1-2 日本の都市計画法と地区計画の位置付け 56
　　1-3 地区計画の特徴 58
　　1-4 地区計画策定手続 61

2 フランスの都市計画法とPLU 65
　　2-1 フランスの都市計画法の基本構造 65
　　2-2 フランスの都市計画法とPLUの位置付け 73
　　2-3 PLUの特徴とOAP 76
　　2-4 PLUの策定手続 79

3 小　括 84
　　3-1 本研究の素材としての日仏の即地的詳細計画 84
　　3-2 日仏の即地的詳細計画と参加形態・基底価値 85
　　3-3 まとめ 86

第Ⅲ部　立法過程における正当化技術——実証研究その1——
·· 89

1 日本の地区計画策定手続の立法過程 89
　　1-1 本章の対象と構成 89
　　1-2 地区計画創設の立法過程とアクター 91
　　1-3 地区計画立法過程の検討 95
　　1-4 小　括 118

２　フランスのコンセルタシオン創設の立法過程　128

　2-1　本章の対象と構成　128

　2-2　フランスの立法過程とコンセルタシオン立法過程時のアクター　130

　2-3　コンセルタシオンの立法過程の検討　135

　2-4　小　括　148

第Ⅳ部　執行過程における正当化技術──実証研究その２──

…………………………………………………………………155

１　日本の地区計画策定手続の執行過程　155

　1-1　本章の対象と構成　155

　1-2　地区計画策定手続の執行過程とアクター　158

　1-3　地区計画策定手続運用の全国的傾向　161

　1-4　検討素材──千葉県浦安市──　167

　1-5　「参画」事例としての日の出・明海及び高洲地区の分析　170

　1-6　「自治」事例としてのコモンシティ浦安地区の分析　178

　1-7　小　括　189

２　フランスのPLU策定手続の執行過程　200

　2-1　本章の対象と構成　200

　2-2　PLU策定手続の執行過程とアクター　202

　2-3　PLU運用・計画策定の全国的傾向　204

　2-4　検討素材──トゥールーズ・メトロポール──　215

　2-5　「参画」事例としてのトゥールーズ・メトロポールの分析　217

　2-6　小　括　249

第Ⅴ部　決定の「正当化技術」の解明──研究のまとめ──

…………………………………………………………265

１　本研究で検討した内容　265

２　前提の確認　266

３　正当化技術の解明　267

　3-1　when（時期の特定）　267

　3-2　who（理由の源泉）　269

　3-3　what（理由の選択）　270

3-4 how（正当化技術）　271

4 正当化のメカニズム　273

4-1 参加形態が及ぼす影響　274

4-2 基底価値が及ぼす影響　276

4-3 正当化技術と合法性・合理性　280

4-4 参加形態・基底価値の相違による日仏の違い　281

5 立法過程・執行過程の異同と関係　282

5-1 立法過程と執行過程の異同　282

5-2 立法過程と執行過程の相互関係　283

6 本研究で得られた知見とその意義　285

6-1 正当化理由の決定における正当化技術の解明　285

6-2 正当化メカニズムの解明　287

6-3 立法過程と執行過程の異同と関係　290

7 残された課題　291

参考文献

初出論文一覧

索　　引

あとがき

第I部　決定の「正当化技術」を解明する意味

1　本研究の問題関心
　　——政府はなぜ、どのように決定を正当化するか——

1-1　本研究の目的と課題

1-1-1　政府の決定

　本研究の目的は、決定を正当化するために「正当化理由」を用いる政府の行為形態を「正当化技術」と捉え、政府の決定の正当化技術を実証的に解明することである。

　われわれの生活は政府の決定に大きな影響を受けている。外交や軍事といった国や社会の存立にかかわるものから、医療、教育、福祉、経済まで、われわれの社会生活は広範に政府の決定に影響を受ける。また、個人の生活をとりまく安全、公衆衛生の分野での決定や、都市計画において公共の福祉の実現を理由に公権力によって財産権を制限する決定があるように、政府の決定はしばしば人々の権利を侵害する。

　このような政府の決定は、その背景や決定に至るプロセスがどのようなものであれ、社会や人々に受け入れられなければ影響力は持ち得ない。政府の決定に対する批判が出ることはしばしばあるが、その決定を覆すまでにはいたらず、疑問を感じつつも政府の決定やそれに基づく政府の行為が既成事実化する場合もある。このような消極的な意味で政府の決定が社会や国民に受け入れられることもある。逆に言えば、政府は何らかの方法によって自らの決定が受け入れられるようにする。

　政府に限らず、個人や組織、制度や行為は、それらが社会的な規範に照らして妥当なものであり、それらに対して人々が自発的に協力・服従をするとき、

「正統性（legitimacy）を持つ[1]」とみなされるが（Tyler 2006；Zelditch 2001）、政府が何らかの方法によって自らの決定が受け入れられるようにするのは、その存在を維持するために自己の活動の正統性を確保しようとするからである（曽我 1999：85）。

1-1-2 正当化理由の決定

それでは、政府の決定はどのように受け入れられるのであろうか。

まず、決定は政府の有する権威、すなわち決定者が政府であるというだけで受け入れられる場合もある。なお、本研究でいう政府とは政治家たる長を含む行政機関を示し、「中央政府」「地方政府」を指している。また、決定者の保有している専門知識や、ときには決定者個人の人格的権威もそうした作用をもたらすこともある。しかし、権威によって決定を受け入れさせることには、当然限界がある。権威によって決定を受け入れさせるためには、その権威を社会や人々があらかじめ承認していることが必要であるが、権威を承認するか否かについて政府に操作の余地はほとんどないからである（バーナード 1968；サイモン 1989）。

したがって、権威によって決定を受け入れさせることができない場合には、政府は何らかの方法で決定を受け入れさせなければならない。このとき政府は、決定そのものの「妥当性」を承認させること、もしくは少なくとも決定をやむを得ないものとして認めさせることで決定を受け入れさせようとする。利益供与による利害操作などのような方法[2]によって決定を受け入れさせることもあるが、それとは別に、政府は社会や人々を納得させる理由を用いることで決定を受け入れさせようとする。

そこで本研究は、自らの活動の正統性の確保のために、それぞれの決定を、理由を用いて正当化（justification）する政府の行為に着目する。また、本研究が決定の正当化という政府の行為に着目するのは、人々の生活を左右する実際

---

1 本研究で用いる「正当」（正当化・正当性）とは「決定」そのものに向けられている。これに対して、「正統性」は、統治機構そのものに向けられる概念として用いている。政府が決定の「正当性」を高めることで統治機構の「正統性」も高まる。

2 齋藤（2019：28-44）は、このような方法による決定の承認状況を、合理的に動機づけられる理想的な状況とは異なる経験的に動機づけられる非理想的な状況と言う。

の政策や施策、計画などの中身の決定（以下「実体的決定」）に対して、その決定が社会や人々に対して説得力を持つようにするための「正当化理由」を決定し提示する政府の行為（以下「正当化理由の決定」）が影響を与えると考えるからである。

　それでは、政府は「正当化理由」を用いてどのように決定を正当化するのであろうか。管見の限り、このメカニズムは明らかにされているとは言えない。ここに本研究の第1の問題関心がある。

1−1−3　正当化理由と正当化技術

　政府が決定の正当化のために用いる「正当化理由」は、政府とは異なる主張や政府への非難（以下総称して「異論」）として表明される決定への抵抗を諦めるように説得する、また、抵抗に正当性がないと説得する、あるいは正当性のなさを社会に示すために用いられる。つまり、「正当化理由」とは、「政府のある決定（またはその提案）に対する抵抗を無力化する目的で利用される、または政府のある決定に権力を付与する目的で利用される情報形態の道具」であると言える。なお、ここで言う「決定に対する抵抗の無力化」とは、人々が決定を受け入れるようにすることを指すが、「政策は他人の支持・協働なしには、また他人の妨害・抵抗を宥和し排除することなしには実現できない」（西尾 1990）とされている。したがって、本書における「抵抗の無力化」とは、抵抗を妨害し、抵抗を宥和し排除するだけでなく、他人の支持あるいは協働と言われるものを調達することで人々が決定を受け入れるようにする行為をも含んでいる。

　しかし、正当化理由という道具のみでは決定を正当化することはできない。道具とは、ある目的を達成するための手段として用いられるものに過ぎないからである。三木は、手段と目的で構成される「技術」という行為形態の手段的要素として道具を捉える。そして、道具が技術の客観的な側面であり、道具を用いる人間の知能あるいは技能は技術の主観的な側面であるとする[3]（三木2019）。つまり道具は、それだけでは機能を発揮することはできず、目的のための手段として、その道具をある目的のために使う人間の知能あるいは技能が

3　三木（2019：23-24）は、技術を単に手段と見る客観主義的な見方に対して、まず、技術における主観的な契機が明らかにされることが必要であるとする。また、技術はその主観的契機としての知能・技能とその客観的契機としての道具との統一の上に成立するという。

あってはじめて、道具として機能するのである。本研究も同じく「技術」とい
う視点から、政府の決定の正当化を捉える。それは、「自己の活動の正統性を
確保しようとする」という行動原理に基づいて、政府は正当化理由を一定の知
能・技能をもって使うと考えるからである。

　したがって、「政府は正当化理由を用いてどのように決定を正当化するのか」
という本研究の問題関心は、ただ単に正当化理由に関心を向けるものではな
い。決定を正当化するために政府は抵抗を無力化しようとし、そのために正当
化理由をどのように用いるかという政府の行為形態（この行為形態を「正当化技
術」と呼ぶ）に本書は着目するのであるが、技術の主観的な側面である道具を
用いる人間の知能あるいは技能をも含めて、関心を向ける。

　つまり、政府は正当化理由を用いることで決定を正当化するという前提に
立って、政府の正当化技術を検討することが本研究の第1の課題となる。この
課題、すなわち「正当化技術」の検討のために、本研究では技術の客観的な側
面と主観的な側面を検討する。とりわけ、外形的に観察しにくい、正当化理由
を用いる政府の知能あるいは技能（以下「政府の主観的な側面」）を明らかにする
ためには、次の3つの視点が重要となる。

　第1は、道具である正当化理由がいつ決定されるのかという「時期の特定」
である。決定過程で顕在化する抵抗を退けるか受諾するかは政府の判断に委ね
られている。しかし、決定の正当化の目的が政府自らの正統性の確保である以
上、実体的決定が社会や人々に受け入れられないとき、政府は、抵抗を踏まえ
て実体的決定を修正してまでも正統性の確保を優先させることもあり得る。こ
の場合、当初提案される実体的決定とその正当化理由が提示される時期とは異
なる時期に、政府は、修正案とともにこれを正当化する正当化理由を新たに決
定する。つまり、正当化理由が決定された時期を見ることによって、実体的決
定を修正してまでも正統性の確保を優先させようとしたのか否かという、正当
化理由を用いる際の政府の主観的な側面を見極めることができる。

　第2は、正当化理由が誰によってもたらされるかという「理由の源泉」であ

4　正当化技術を解明するということは、決定の正当化に正当化理由が用いられることが前
　提となる。ただし、正当化理由が用いられない場合も想定される。本研究では、政府が決定
　の正当化に正当化理由を用いるという前提も確認することになる。

る。決定を正当化するのが政府であるとしても、正当化理由をもたらした者が政府であるとは限らない。政府自らが理由をもたらす場合だけでなく、政府以外の者が理由をもたらす場合がある。例えば、専門家や、利害関係者、参加主体などである。したがって、政府は、自らの理由を自主的に用いる場合や、理由をもたらす者に依存して正当化理由を用いる場合があると考えられる。このように、理由の源泉に応じて、政府が正当化理由という道具をどのように使うかという使い方が異なってくる。つまり、理由の源泉を見ることによって、誰がもたらした正当化理由を用いた方が抵抗の無力化により有効だと判断するかという、正当化理由を用いる際の政府の主観的な側面を見極めることができる。

　第3は、政府が何をもって正当化理由とするのかという「理由の選択」である。実体的決定が導かれる政策の基礎にある理論は一定ではない。また、政府は、抵抗が顕在化しないように、あるいは抵抗が顕在化したときにそれを無力化するために正当化理由を用いて決定を正当化する。それゆえ、抵抗者や抵抗内容に応じて、政府が抵抗を無力化するに有効だと判断する正当化理由も変わり得る。つまり、決定を正当化する理由は複数存在し、政府は、この複数の理由から正当化理由を選択することとなる。こうした「理由の選択」を見ることで、どの正当化理由を用いた方が有効であると判断したかという、正当化理由を用いる際の政府の主観的な側面を見極めることができる。

　また、この視点は、客観的な側面である道具たる正当化理由の内容そのものを把握する上で重要である。

　このように、正当化理由とこれを用いる際の政府の主観的な側面をも含めて正当化技術を明らかにするためには、正当化理由における「時期の特定」「理由の源泉」「理由の選択」に着目してこれを分析することが必要なのである。

1－1－4　抵抗と決定の正当化

　ここで、抵抗と決定の正当化の関係について考えてみたい。決定にかかわるアクターはそれぞれ異なる利益を持っており、政府の決定によってその利益が実現できないまたは実現が妨げられるとき、そのアクターは政府にとっての抵抗者となる。このように考えると、政府の決定やそれに至る提案に抵抗しようとする「潜在的抵抗者」が存在していると言える。政府が決定に付す正当化理

由が機能するとき、この潜在的抵抗者は抵抗を自発的にあきらめ、抵抗は顕在化しない。しかし、潜在的抵抗者が抵抗を行動に移すとき、抵抗が顕在化する。それはすなわち、政府の活動の正統性が揺らぐことを表す。抵抗が顕在化しない場合であっても政府は正当化理由を示して決定を行うのであるが、こうした場合には、正当化技術を確認することは難しい。しかし、抵抗が顕在化した場合、意見聴取や異議申し立てなどの場面で、政府は、抵抗を無力化する目的で正当化理由を用いて決定を正当化しようとするため、決定を正当化する行為も顕在化し、正当化技術を確認しやすい。したがって、本研究は、抵抗が顕在化したこの場面に焦点をあて、顕在化した抵抗に対して政府がどのように決定を正当化するのかを見ることとする。

　顕在化した抵抗についても、異論を申し立てる抵抗もあれば、そうでない抵抗もあり得る。しかし、異論を申し立てない場合、ある一定の行為が抵抗であるか否かは直ちには判断できない。それゆえ、本研究が抵抗に対する政府による決定の正当化に着目することから、異論が明示された抵抗が主な分析対象となる。

1−1−5　多元的な参加と正当化技術

　近年、地方分権化により地方政府の決定が増え、参加民主主義の進行などによって熟議などのさまざまな参加手法が試みられるようになっている。本研究では、政府の決定過程に多様なアクターがさまざまな方法で加わることを「多元的な参加」と呼ぶことにするが、「多元的な参加」によって法定手続の過程でさまざまなアクターから多様な異論が出されるようになってきている。つまり、「正当化技術」を分析するに適した状況になってきていると言える。たとえこのような「多元的な参加」が、参加者に異論を出させる「ガス抜き」や「参加者の意見を聴いた」というアリバイ作りによって決定の正当化を容易にするという政府の意図によるものであったとしても、多様な異論に対して、政府が正当化理由を用いて無力化する場面が増えていることには変わりはない。多様な異論が出されることで、さまざまな正当化理由を種々の判断の中で用いて決定を正当化するからである。また、このように考えることで、正当化技術も画一的でないことがわかる。

1-1-6　正当化技術に影響を与える要因

　正当化技術は画一的でないとして、それでは、なぜ、特定の正当化技術になるのだろうか。ここに本研究の第2の問題関心がある。この問いに答えるためは、政府の正当化技術に影響を与える要因を明らかにし、それら要因と正当化技術との因果関係を明らかにしなければならない。これが本研究の第2の課題となる。

　「技術」を上で述べたように捉えるならば、正当化技術に影響を与える要因を考えるためには、異論を無力化する道具たる正当化理由を選択し、それを機能させる政府の知能や技能への影響に目を向ける必要がある。

　本研究では、政府の正当化技術に影響を与える資源と制約を設定した上で、なぜ特定の正当化技術になるのかを考えてみたい。詳細な設定は後述することとするが、例えば、「多元的な参加」においては、政府以外の個人や社会集団の価値観や関心が政府の決定の場面で影響力を行使することがある。このとき、政府以外の諸個人や諸社会集団に担われた意思や行為が決定の場で影響力を持つことが、政府が主体的あるいは自律的に能力（知能や技能）を発揮することを妨げる制約となることもあれば（水口 1987）、あるいは主体的・自律的に発揮させる資源となることもあると考えられる。また、ある決定が社会や人々に対して説得力を持つようにするための正当化理由という道具を政府が用いる際には、社会や人々がどのような社会通念の下にあるのかも資源や制約になり得るだろう。また、「技術」に内在する知能や技能は人間の主観的な側面であると言う三木の考察を踏まえれば（三木 2019）、こうしたことがらが資源なのか制約なのかは、技術を用いる主体（ここでは「政府」）の主体性や自律性といった主観的な側面ともかかわると言える。

1-2　本研究の核心的な問い

　本研究は、上述の問題関心に基づく本研究の目的および課題から2つの核心的な問いを設定する。

　第1の核心的問いは、政府はどのように決定を正当化するのか（正当化技術：how）である。本研究は正当化技術を、正当化理由がいつ決定されるのか（時期の特定：when）、正当化理由が誰によってもたらされ（理由の源泉：who）、

政府が何をもって正当化理由とするのか（理由の選択：what）という３つの視点から検討する。そして、これらに答えることで、決定を正当化するために、正当化理由をどのように用いるかという政府の行為形態である「正当化技術」を説明する。

　第２の核心的問いは、なぜ、特定の正当化技術になるのか（why）である。正当化技術は画一的ではなく、種々の要因に影響を受けるため、正当化技術に影響を与える資源と制約を設定し、正当化技術との因果関係を検討する。

　本研究では、この２つの核心的問いに答えることで、政府の決定の正当化技術を解明する。この２つの問いの具体的な内容については、後述の「２．研究の枠組み」および「３．研究の方法」で説明される。

1‐3　政府の決定の正当化を研究する意義

　政治学・行政学・政策学では、政府による政策決定は「種々のアクターの利益対立あるいは調整の結果」（Simon 1950：425-427）とみなされ、利益が原因となり決定が結果となるといった合理的因果モデルも提唱されてきた。しかし、決定が「種々のアクターの利益対立あるいは調整の結果」であっても、政府は、その決定が社会や人々に対して説得力を持つように正当化理由を用いて正当化する。

　これまでも政治学・行政学・政策学では、政策決定または意思決定に分析の焦点を当ててきており、その場合、決定を左右したのは誰か、ある決定になったのはなぜか、決定の過程はどのようなものであったかなどが注目されてきた。しかしそれは、「実体的決定」に着目するものであり、それをアクターの社会的資源の多寡や権力関係によって決まる、もしくはアイディア（idea）[5]の持つ影響力によって決まるものとして説明してきた。

　例えば、公共政策の決定に着目すれば、公共政策がどのように決定されるか

5　「アイディア（idea）」という概念は、ダーシックとカーク（Derthick and Quirk 1985;）が、政治過程の新しい分析視角として「認識的要因（cognitivefactor）」に注目し、それを表現する概念として設定したことに始まる。この概念は、90年代に入ると国際関係論や比較政治学において精緻化され、ゴールドスタインは、アイディアを「共有された信念」（Goldstein, 1993）と定義し、研究および調査によって得られた科学的知識を源泉とする政策の進むべき方向および手段に関する信念であるとした（秋吉・伊藤・北山 2015）。

というものである（秋吉・伊藤・北山 2015）。合理的意思決定の構造及び手法（恵羅 1968；Dror 1968；Dror 1983；宮川 1970；宮川 1973）やその限界（サイモン 1989）、決定の多様性（ベントリー 1994）と利害調整の方法（Braybrooke and Lindblom 1963；アリソン 1977；キャンベル 2014）、制度がアクターの行動と決定にどのような影響を及ぼすか（March and Olsen 1989；建林 1999；建林・曽我・待鳥 2008）、特定のアイディア（理念）がアクターの行動と政策決定にどのような影響を及ぼすか（近藤 2006；西岡 2007；秋吉 2007；小野 2009；木寺 2012）などであるが、いずれも実体的決定に関するものである。

　これらの公共政策の決定に関する先行研究では、意思決定者の目的を最大化することに着目している。決定作成の合理化の追求や逆に合理的意思決定の限界などについてである。

　これに対して本研究は、「決定の正当化」についての研究であり、正当化理由を用いる政府の行為に着目する。言い換えれば、意思決定者の目的を最大化しようとする行為に着目するものではなく、政府が自らの正統性を確保しようとする行為に目を向けている。したがって、意思決定者が目的を最大化しようとする実体的決定とは切り離して、実体的決定が社会や人々に対して説得力を持つようにするための正当化理由を決定し提示する政府の行為である「正当化理由の決定」に焦点を当て実証的に検討する。

　もっとも、意思決定者である政府の目的を最大化する行為は政府が自らの正統性を確保する行為でもあるが、実体的決定に対する抵抗が表面化する場面では、後述する実体的決定過程で定める政府の目的の最大化のみが追求されるわけではない。「正当化理由」には、目的の最大化とは別の形で政府の正統性を確保する行為が表れると考えられる。

　確かに、正当化理由は装飾物に過ぎず、いくら正当化理由を論破しても、実体的決定は、利害関係や権力関係で決まっており、正当化理由の決定は、いわば儀式的なものであるという見方もあるかもしれない。つまり、表・建前とは別に、裏・本音の動機があり、そこでは社会的資源の多寡や権力関係が影響を与えるという考え方である。しかし、たとえ建前であったとしても決定が社会や人々に受け入れられなければ、決定はその意味を持たず、政府は自らの決定が受け入れられるようにする。既述のように、政府は、実体的決定への抵抗に

対して正当化理由を用いて決定を正当化するが、政府にとって正統性の確保が本質的である限り、政府は正当化理由を修正したり、修正した正当化理由の決定に合わせて実体的決定を変更したりすることがあり得る。このように実体的決定にも影響を与える正当化理由の決定には、実体的決定にはない固有の技術が存在する。こうしたことから本研究では、実体的決定とは異なり、実体的決定に影響を与える「正当化理由の決定」の実態を実証しようとするのである。

　また、正当化理由はどれも似たようなものだという見方もあり得るだろう。しかし、決定にかかわるアクターはそれぞれ異なる利益を持っており、政府の決定によってその利益が実現できないまたは実現が妨げられるときアクターは（潜在的）抵抗者となる。政府はこの抵抗が顕在化しないように、また顕在化したときにそれを無力化するために正当化理由を用いて、決定を正当化する。このように考えれば、正当化理由は、抵抗者や抵抗内容によっても変わるが、どのような、あるいはどのように正当化理由を用いるかは、政府の判断によっても異なる。つまり、正当化理由とその用いられ方は決して一定ではない。

　このように、正当化理由の決定が実体的決定に影響を与え、正当化理由が決して一定でない以上、実体的決定をめぐる利益対立の検討のみだと政府の決定を言い尽くすことにはならない。また、建前とされる理由も含み実体として捉える研究もあるが、正確な分析であるとは言えない。

　そこで本研究では、「実体的決定」と「正当化理由の決定」を分けるという方法をとる。決定の正当化に着目した先行研究がないわけではないが、「正当化理由の決定」という決定の場面を捉えていなかったために、決定の正当化のメカニズムの解明にまでは至っていない。決定の正当化を正当化技術という観点から説明することで、そして、正当化理由の決定に特有の政府の行為形態を明らかにすることで、政府の決定の正当化を正確に捉えることができる。さらに、「多元的な参加」が進み、抵抗が顕在化している今日、決定の正当化技術の研究は、政府の決定を説明する上で意義ある研究であると言える。

　なお、本研究に関連する先行研究との関係、位置、学術的な意義についての詳細は後述する（5　先行研究）。

2　研究の枠組み——正当化理由、正当化の論拠、正当化技術——

2 - 1　「正当化理由の決定」の設定

　以下では、政府の決定を「公的決定」「実体的決定」「正当化理由の決定」に区別した上でそれぞれを説明する。政策過程は、政策が形成される過程であり、通常は政策がつくられてから終了するまでの政策の循環を言う。一般的には、課題設定・政策立案・政策決定・政策実施・政策評価の５段階の過程が考えられる。しかし、政策過程の概念は後述する「決定作成（decision-making）」と密接な関係があるが、この２つは同じものではない。ただし、本書の「政府の決定」が公共問題の解決を目的とするものであり、政策の形成過程には必ず決定があるという意味で、本書で言う「政府の決定」は政策過程の一部であると言える。政策過程との関係で「公的決定」「実体的決定」「正当化理由の決定」を説明するならば、政策過程に含まれる「政策決定」が「公的決定」であり、この中身を決めるのが決定作成によってもたらされる「実体的決定」であり、決定が社会や人々に対して説得力を持つようにするための「正当化理由」を決定し提示する政府の行為が「正当化理由の決定」である。このとき、「公的決定」「実体的決定」「正当化理由の決定」は政府のある１つの決定を網羅し、これらは理論的には相互排他的であり、重複しない。ただし、後述するように、決定過程のなかで、実体的決定と正当化理由の決定が繰り返されることがある。

2 - 1 - 1　公的決定

　一般に、行政の執行活動における決定に代表されるように、政府の決定は、法令に基づいて行われる。本研究では、法令で定められた基準や手続を経た後に行われる政府の決定の最終局面の決定を「公的決定」と定義する。本研究では、「実体的決定」と「公的決定」とは別に、その決定が社会や人々に受け入れられるようにするための「正当化理由の決定」が存在すると措定する。

　政府の決定が法令に基づいて行われるとしても、法令があらゆる場合に決定を機械的なものにするほど詳細に定められていることは稀である。また、いくつかの基準を設定しているとしても、実際の決定にあたっては、それ以外にも

さまざまな要素を考慮せざるを得ず、決定は常に政府自身の判断が伴っている（森田 1988）。こうした政府自身の判断を「裁量」と呼ぶならば、政府の決定には常に裁量の余地があると言い換えることができる（西尾 1974：伊藤 1984など）。もちろん、裁量の範囲は各決定によって異なる。法令が決定の基準や手続を詳細に定めている場合もあれば、例えば、「公共の福祉」「公益」のような不確定概念を用いる場合もある。⁶さらに、許認可などとは異なり、構想や方針・計画といった法令の縛りの少ない決定もあり、また、法令は単に決定権限の所在を示すだけで、決定の方法については行政機関に全面的に委任している場合もある。例えば、計画決定や行政処分と法令の規定との間を埋める種々の準則等の制定、すなわち、行政立法も裁量であると言える。したがって、裁量の範囲の広狭は、法令がどの程度作業の内容を詳細に定めているかという規定の仕方によって異なる。

　このような裁量を「実体的決定」「正当化理由の決定」との関係で捉えるならば、公的決定の中身を政府が判断し決定するのが「実体的決定」であり、この決定を社会や人々に受け入れられるようにするのが「正当化理由の決定」であると言える。このように考えると、同じ公的決定の中でも法律に縛りの少ない公的決定の方が政府の行為形態をさまざまに確認できると考えられる。また、公的決定である限り、その裁量権は政府にあり、実体的決定、正当化理由の決定は政府が行使することになる。また、裁量に基づく「実体的決定」や「正当化理由の決定」を把握するためには、ただ単に執行過程を分析するのでは足りず、立法過程の分析も必要である。それにより、執行過程において政府が制度の立法趣旨を考慮したかなどといった、正当化理由を用いる際の政府の主観的な側面をより鮮明にすることができよう。

6　砂原（2011：44）では、Vegel（1996：15）、戸矢（2003：90-20）を引用し、「公益」は存在せず、「公益」の定義自体が、政治的論争の中心に位置付けられているとの立場をとる。塩野（2009：25-50）では、日光太郎杉事件東京高裁判決において、判断過程の統制において審査手法が示され、これは後に、最高裁判所の判決にも取り入れられた。さらにこのような統制手法が行政庁の側に自らの判断した理由を判断過程とともに明らかにすることを要請している。小林（1989）は、「公益」とは何かについて積極的に定義することができず、個別の事象に対して「公益に反している／反してない」というかたちで消極的に定義するしかないとされる。

2-1-2　実体的決定

　公的決定の手続は法令に示されるが、実際の決定者たる政府の決定の中身
は、裁量における決定者の主体的判断によって現実の利害対立等の状況を踏ま
えて作成されている。いわゆる決定作成によってもたらされる「実体的決定」
である。

　「決定作成（decision-making）」という概念は一般に、一人の人間が問題に対
処する行動方針を決定し、あるいは問題について解釈、評価、意見を確定する
ことによって、この問題を解決する思考活動を意味するものとして用いられて
いる。こうした決定作成については、選択に関する規範モデルとしてその手順
が検討されてきた（Simon 1957 ; Bauer and Gergon 1968 ; 高畠 1963-1964）。
それによれば、決定作成主体は、第1に、問題解決の手段の選択を規定すべき
価値を識別し、これを一元的な価値体系に構成する。第2に、これらの価値を
達成するに可能なすべての手段をひろいあげる。第3に、これらの手段を採用
したときに起こり得る結果をそれぞれの手段ごとに総合的に調べる。そして、
第4に、価値の達成を最大ならしめると考えられる手段を選択しなければなら
ないとされている。この選択に関する規範モデルでは、第一義的には決定作成
者に内在する「主体的な選択の側面」「自律的な決断の側面」が強調されるも
のの、政府以外の決定にかかわる主体の抵抗（あるいは権力）の強さに応じて
「他律的な拘束の側面」と「外的要因への屈服の側面」が働くとされている
（西尾 1990 : 168）。西尾の言う4つの側面はまさに決定作成者の主観的な側面
を表現している。例えば、決定作成者が誰かから命令、要望、助言、知識提供
等を受け、それにより決定作成者の選択の枠がはめられ、あるいは選択に方向
付けがなされる場合などは、決定作成者の「他律的な拘束の側面」または「外
的要因への屈服の側面」という主観的な側面が働いたと言えるのである。

2-1-3　正当化理由の決定

　政治学・行政学・政策科学のこれまでの研究では、「公的決定」「実体的決
定」「正当化理由の決定」は区別されていない。しかも、実体的決定の中身が

7　なお、サイモンについては、個人の意思決定の前提を組織が操作する、という形で理論
　化したのである。本研究では、個々のアクターの決定を前提にした上で、組織的または集合
　的な決定を扱う。

そのまま公的決定の中身となることが想定されている。しかし、実体的決定と公的決定の内容が常に同じだとは限らない。それは、実体的決定が社会や人々がその決定を受け入れるか否かに影響を受けるからである。決定内容が社会や人々に受け入れられなければ、政府は自らの正統性を確保できないことになる。したがって政府は、実体的決定への抵抗に対して正当化理由を用いて決定を正当化しようとする。政府の決定には、実体的決定と公的決定とは別に、「正当化理由の決定」が存在するのである。それでは、「正当化理由の決定」はどのような場面が想定できるのであろうか。公的決定のために決定作成が行われ実体的決定がなされる。この実体的決定が人々に受け入れられるためには、実体的決定の内容が社会に公表されなければならない。このとき、政府は実体的決定が社会に受け入れられるための理由、すなわち正当化理由を用いて説明を行う。つまり、このときすでに実体的決定と同時に正当化理由の決定が行われている。これが第1の正当化理由の決定と言えよう。そして、こうした実体的決定に対して意見書の提出や公聴会などで異論が申し立てられた場合、正当化理由の決定をして、異論を退ける、もしくは、異論を受容して実体的決定を修正する理由を決定する。これが第2、第3の正当化理由の決定である（第1では、政府の目的を最大化する実体的決定に即した正当化理由の決定と考えられるが、第2・第3では、かならずしも政府の目的の最大化のみが追求されるとは言えない）。

2-1-4　「公的決定」「実体的決定」「正当化理由の決定」の関係

　上述のとおり、政府が潜在的抵抗を想定して用意していた正当化理由が機能するとき抵抗は顕在化しない。抵抗者が抵抗を行動に移すとき抵抗が顕在化する。抵抗が顕在化し異論が出されたときにあり得るのは次の3つであろう。1つめは、実体的決定の内容を正当化するために用意されていた正当化理由を用いて異論を無力化できる場合である。2つめは、用意されていた正当化理由では異論を無力化できず、正当化理由が修正されまたは新たな正当化理由を用いて、それによって異論を無力化できる場合である。この2つの場合、実体的決定に変更はない。しかし、異論を無力化できず、政府が実体的決定を修正するという3つめもあり得る。自己の活動の正統性の確保のために、政府の方が抵抗者の異論を受容し、その異論を正当化理由として実体的決定を修正する場合もあり得るのである。つまり、決定作成モデルの手順の第1から第4の後に

「正当化理由の決定」があり、それによって抵抗を無力化できないときは、実体的決定を行う過程が繰り返されるのである。このように、政府の決定は決定作成モデルが想定するほど直線的ではないし、正当化理由の決定が決定作成に影響を与えることもある。それゆえ、「正当化理由の決定」への着目は重要なのである。

　さらに、決定作成モデルでは、決定作成者と決定作成者以外との間の権力関係から、「主体的な選択の側面」「自律的な決断の側面」と「他律的な拘束の側面」「外的要因への屈服の側面」が政府の主観的な側面として説明されていた。これら諸側面を「公的決定」「実体的決定」「正当化理由の決定」という区分を用いつつ、政府の決定の正当化という観点から考えてみる。

　公的決定であるかぎり、実体的決定・正当化理由の決定は政府が行う。つまり、政府は自己の決定として主体的・自律的に決定を行う。しかし、権力との関係から見れば、法令に基づく「公的決定」は別にして、常に主体的・自律的に決定が行われるわけではない。実体的決定と正当化理由の決定のいずれも主体的・自律的に行われる場合もある。しかし、実体的決定において政府以外が権力を持ちあるいは決定作成に決定的な影響を与えることで政府は主体性・自律性を発揮できないが、正当化理由の決定では政府が主体性・自律性を発揮する場合もある。逆に、実体的決定では政府が権力を持ち、主体的・自律的に決定を行うが、正当化理由の決定で抵抗者の権力に屈し、主体性・自律性を発揮できない場合もある。

2-2　正当化の論拠としての「合法性」と「合理性」

　これまでの研究においては、正当化の論拠が「合法性」と「合理性」から説明されることがあった（森田 1988）。

　「法律による政府の原理」の下、違法な決定は、決定に不満を抱く者に恰好の抵抗の武器を与えることになる。特に、手続が厳密に法定されている場合はそうである。したがって、政府はある決定を正当化するために、決定に至る手続が合法だからという理由をもって、決定の妥当性を示そうとする。「合法性」についてはこのように説明される。

　次にあげられるのは「合理性」である。この「合理性」を用いた正当化理由

には2つの場合がある。1つは、実体的決定の合理性をもって正当化理由とする場合である。実体的決定の合理性については、これまでもオペレーションズ・リサーチ（Operations Research: OR）や費用便益分析（Cost Benefit Analysis: CBA）、計画プログラム予算システム（Planning Programming Budgeting System: PPBS）や、該当分野における固有の科学的分析などがその手法として提示されてきている。つまり、科学的合理性に基づく正当化である。

　しかし実は、実体的決定の科学的合理性の論証は容易なことではない。それは、そこから決定が導かれる政策の基礎にある理論が、それに従えば一定の結論が理論的に導き出されるほど完成された形で確立されていることは少なく、政府自身が、合理的な決定を行うことが困難であるからである。また、たとえ理論が存在していたとしてもそれが複数存在し、それらの間に利害対立などの論争がある場合には、理論の選択自体が1つの価値判断であり、決定の妥当性を判断した価値の正当化が必要となるからである。それでも、政府は自らの活動の正統性を確保するために、合理的であるといった理由をもって、決定の妥当性を示そうとする。そこで、合理性の観点から決定が妥当であることを示すもう1つの場合が出てくる。

　実際、科学技術に関連する意思決定モデルに関する研究では、決定は2つの合理性から説明される。「科学的合理性」から説明する代表的なモデルは、技術官僚の働きに重きをおいた「テクノクラティックモデル」等であり（Jasanoff 1994；Renn 1995；プライス 1969）、ここでは「確実で厳密な」科学的知見に基づいて、技術官僚が合理的に意思決定するとされる。テクノクラティックモデルに対して、ハーバーマスやエドワーズが示しているのが「プラグマティックモデル」や「公共空間モデル」などであり、これらは、科学者―政策立案者―市民が同等の意思決定を行うことを前提とし、科学者による知見が技術官僚の意思決定を補うものとして理解されている。ちなみに藤垣は、このようなモデルに着目して、政策決定の根拠を科学者や技術者が示す「科学的合理性」ではなく民主的な社会的意思決定によって選択を行うという「社会的合理性」の重要性を指摘する（藤垣 2003）。そして、「社会的合理性」においては、利害関係者の参加を含む意思決定主体の多様性を前提としている。

　このように決定内容は、「合法性」と「合理性」（「科学的合理性」と「社会的合

理性」)を用いた正当化理由によって正当化されると説明されてきた。

このような「科学的合理性」「社会的合理性」によって決定の正当化を考えるならば、次の2つの正当化の場面が考えられる。1つは、政府が決定の合理性の根拠として、「決定内容が科学的・技術的に最善であるから」という理由付けをする場合であろう。なお、ここで言う「科学的・技術的」とは、社会に対する知識や行為が、科学を特徴付ける実証性や反証可能性に基づくものとして捉えられている。もう1つは逆に、政府が決定の合理性の根拠として「参加主体が求めている」、もしくは「利害関係者等が同意もしくは合意しているから」などといった理由付けをする場合である。

しかし、決定の正当化はこの2つの合理性のみから説明しうるものなのだろうか。例えば、政府が自らの活動実績や、社会を円滑に保ち管理している、あるいは法律に基づく手続を尽くしたという実績によって正当化する場合、それを科学的合理性もしくは社会的合理性のみで説明することは難しいだろう。

2-3　正当化技術

本研究では、政府がどのような正当化理由をどのように用いるかという、政府の「正当化技術」に関心を向けるが、先行研究においても、決定の正当化の技術としてその存在が指摘されている（森田 1988：94、手塚 2010）。[8]

正当化技術についての研究は多くないが、それでもそれらを検討すると、正当化技術のタイプはそれぞれの決定によって異なるものの、何らかの正当化技術によって決定を正当化しようとする点で共通することがわかる。例えば、トンプソンによる第二次世界大戦時の米国におけるガソリンの受給資格認定に関する事例研究のなかに正当化技術を見出すことができる（Thompson 1950）。

この事例における決定機関は、ガソリンの配給に関して広範かつ最終的な権限が与えられている政府の委員会であるが、委員会は国民の諸要求に対して決定を正当化し、決定を受け入れさせることに腐心している。トンプソンの研究が明らかにしているのは、決定の原因や動機と国民に対して決定を正当化する

8　森田は、戦後日本におけるバス、トラック、タクシー等の自動車運送事業に対する規制行政という特定の政策を素材として免許の決定における性質を考察し、決定を受け入れさせるための抵抗を抑止する技術が存在していることを言及している。

理由とは別のものであったということである。そして、一度実体的決定に結論
が出されると、その決定が受け入れられるように、正当化理由が心理的効果の
観点から便宜的に模索されている。正当化理由は、専門家の助言や第三者の意
見、そして、決定に利害を有するものの権威や圧力に基づく理由の中から選択
されるが、この決定プロセスが正当化にとって有効だったのは、あくまで、助
言や意見を決定作成主体が便宜的に取捨選択し、操作可能な場合であった。

　そして、当該事例には、次のような正当化技術が見て取れた。第1に、法解
釈を持ち出す場合である。決定は、法令の執行であり、法令の意味を解釈して
適用されることにほかならない。その場合、法令の真意は1つであり、した
がって解釈もまた1つという建前で正当化が行われていた。委員会を支配して
いたものは、法現実主義であり、決定を正当化するために便宜的にさまざまな
解釈が採用され、委員会に属する法律家の法解釈が駆使されていた。第2に、
専門的知見を利用する場合である。他の行政機関や専門家の助言が用いられ、
決定の合理性の根拠とされた。ただし、こうした助言は、あくまでも助言であ
り、それが委員会の求めであったとしても、最終的な決定権限と責任は決定者
である委員会にあった。それゆえ委員会としては、このような助言や情報の提
供を、決定を正当化するために用いることができる。特に、外部の権威ある専
門家による、決定を支持する助言は有効であり、こうした助言は、決定の正当
化のみならず、決定に対して批判が集まったとき、決定の責任を専門家に転嫁
するためにも用いることができる。第3に、決定によって利害を有する人々の
意見を利用する場合である。当該事例においては、決定にかかる人々の意見を
求め、その意見の内容を正当化理由として用いていた。また、決定によって利
益を受ける者の強い欲求やさまざまな圧力も決定を正当化するために利用され
た。強い欲求が存在すること自体、場合によっては、例外として処理し、決定
を容認する根拠となり得る。そして、このような強力な圧力が存在しない場合
には、それが存在しないというそれだけの理由によって決定する場合もあり得
るのである。

　この研究を「政府はどのように決定を正当化するのか（how）」という観点か
ら、上述の正当化技術に対する3つの分析の視点によって考察すると、次のよ
うに言える。1つに、正当化理由がいつ決定されているのかである（時期の特

定)。この事例では、実体的決定が先にあって、正当化理由は後付けされていた。しかし、提案された実体的決定が修正されることを考えれば、正当化理由の後に実体的決定がなされる場合もあり得る。2つに、正当化理由を誰がもたらすのかである（理由の源泉）。この研究では、委員会や専門家、利害を有する者などがあげられている。トンプソンの研究では、決定に対する抵抗の異論には言及されていないが、抵抗者の異論を用いることも考えられよう。3つに、何をもって正当化理由とするのかである（理由の選択）。トンプソンの研究では、法解釈、専門的知見、利害を有する人の意見を用いて正当化理由とされたことが述べられていた。しかし、この他にも政府が正当化理由として用いるものには、政府の実績（曽我 1998）や市民の意見、世論といったもの（Thompson 1950）もあるかもしれない。このようにトンプソンも正当化技術を when（時期の特定）・who（理由の源泉）・what（理由の選択）という3つの視点から検討していると言える。ただし、トンプソンの研究は正当化技術の中の要素の一部しか見ていないと言える。

　くわえてトンプソンは、社会通念、特に平等感が種々に導き出された要素を正当化理由に転換する操作を限定付けていると言う。決定の正当化理由がいかに筋の通っているものであっても、結論が社会通念に反する場合には、決定は正当なものとして承認されないと言うのである。つまり、社会通念は正当化技術を制約すると考えられる。トンプソンの場合、種々の政策分野に共通する社会通念として平等感をあげ、その重要性を論じたのであるが、決定が行われる政策分野ごとに、正当化理由が抵抗を無力化する情報形態の道具として機能するときの基盤となる社会通念が存在することも考えられる。こうした点も考慮に入れて、正当化技術がどのような社会通念を基盤として用いられるのかにも注目する必要があろう。

2-4　多元的な参加と参加形態

　本研究は、正当化技術の検討を第1の課題としているが、「多元的な参加」は、それに適した状況をもたらしている。それは、法定手続においてさまざまなアクターから多様な異論が出されるようになってきているからである。第2の課題は、正当化技術に影響を与える要因を設定し、正当化技術との因果関係

を明らかにすることである。この正当化技術に影響を与える要因として、多元的な参加によって多様になった参加形態があげられる。ここで言う参加形態とは、決定に対する市民の権力の強さをメルクマールとする参加の形態である（西尾 1975；篠原 1977）。この参加形態が正当化理由という道具を用いる政府の知能や技能の資源あるいは制約になると考える。

　一般に「政治参加」は、「政府の政策決定に影響を与えるべく意図された一般市民の活動」（蒲島 1988：6-11）と定義されるが[9]、いわゆる市民による政治参加には、代表制度を通した間接参加と市民が政治の決定に直接に参加する直接参加の２つに大別できる。本研究が着目するのは直接参加（以下「市民参加」）である。それは、「多元的な参加」によって参加する主体や方法が多様化し、市民参加によって参加者の異論が直接顕在化するからである。

　理念型ではあるが、市民参加の参加形態は「運動」「交渉」「機関参画」「自主管理」の４類型で表されている（西尾 1975；篠原 1977）。政治参加一般についてもそうであるように、市民参加においても参加が恒常的に機能するためには、何らかの形で制度化されなければならない。上記の４類型では、「運動」と「交渉」を市民参加の運動的側面、「機関参画」と「自主管理」を制度的側面として整理している。また篠原は、市民参加の制度的側面の「機関参画」と「自主管理」を政策決定に対する市民の影響力をメルクマールとして「参画」と「自治」に読み替えている（篠原 1977：115-119）。このとき、「参画」とは市民が政策決定の機構に関与することであり、この場合、市民は決定に対する影響力は有しているが、決定作成の権限は市民側にない。これに対し「自治」は、決定に対する市民の権限の強さから見たとき、決定のバランスが市民側に傾いているケースを言う。

　さらに篠原は、「参画」と「自治」を、アーンスタインの「市民参加の８階梯」（**図表Ⅰ-1**）を用いて次のように整理している。第１階梯の参加の形をとった「操作」と第２階梯の責任回避のための代用処置的な「治療」は、市民に決定に参画する力が与えられていないので「非参加」の範疇に属する。第３

9　蒲島（1988）は、政治参加を「投票」、「選挙活動」（特定政治家の選挙運動の応援など）、「地域活動」（市民運動、住民運動、町内会・自治会、地域アソシエーション活動など）、「個別接触」（陳情など）、「暴力」などと分類する。

の階梯の「情報提供」、第4階梯の「相談」、第5階梯の「宥和」においては、市民は情報を与えられ、相談を受け、また委員会等に出席して計画策定にかかわり、勧告することが認められているが、市民の影響力はあくまで形式的なものにすぎない。

そして、第6階梯の「パートナーシップ」は文字通り対等な立場で、お互いの特性を活かし、相互に協力し合うものであるが、第7階梯の「権限移譲」は、計画策定や決定にあたって市民が優越

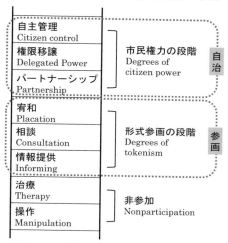

図表Ⅰ-1　市民参加の8階梯と自治・参画

出典：Arnstein（1969）、篠原（1977）をもとに著者作成。

的権限を持ち、その責任の範囲において市民は結果に対して責任を負う。第8階梯の「自主管理」は市民が決定の場を支配している場合である。この後ろの3つは、市民に権力が委譲されているという意味で「市民権力」の範疇に属する。

篠原は、以上の8階梯における第6・第7・第8の市民権力の段階を「自治」とし、その他の関与の形をまとめて「参画」と分類している。アーンスタインの「市民参加の8階梯」は市民参加の進化もしくは深化を表すものであるが、これらは「多元的な参加」を表すものとして捉えることもできる。篠原は、アーンスタインの理論を発展させるなかで、参加形態を「参画」と「自治」に分類したのである。

上記のような市民参加が必要とされた背景として篠原は、人間の復権を実質的にするための欲求や政治における市民の役割の低下、都市部の破壊に対する生活防御などの政府に対する抵抗や自治への欲求を挙げている（篠原 1977：19-30）。また、近年にかけて、社会の需要を的確に政策形成に反映させるには、市民の直接的な参加による参加民主主義を進める必要があるという認識から、政策形成過程において市民の発言の機会を確保するための制度（以下「参加制

度」）が創設されている[10]。

　政府による決定の正当化が決定に対する異論の無力化を目的としているという意味では、この参加制度に定める手続の中で、参加者は政府の実体的決定に対して異論を示し、これに対して政府が正当化理由を用いて無力化しようとすることになる。本研究では、法律に基づく決定の存在を前提としており、この決定における主体はあくまでも政府であるとした上で、篠原の分類を援用して「参画」と「自治」を可能にする参加制度に着目する。このとき、決定に対する市民の権力の強さから見て、「自治」とは、参加主体が決定作成主体である場合を指し、「参画」とは、参加主体が政府の決定に関与するものの決定作成主体たりえない場合を指すものとする[11]。

　このように参加形態を捉えたとき、参加形態は正当化技術に影響を与えると考えられる。「参画」の場合、政府は実体的決定を行い、それを正当化するために正当化理由を用いる。これに対して、「自治」の場合、政府は実体的決定を自律的・主体的に行えないが、政府はそれを自らの決定として正当化理由を用いて正当化することになる。この2つの正当化においてその技術は自ずと異なったものとなろう。実際、「正当化技術」の項で述べたとおり、正当化理由の用い方には、決定によって利害を有する人々の意見を利用するものもある。また、参加主体が決定作成の権力を有する場合、政府がこれに拘束される場合もあれば、参加主体の意思や行為をもって異論を無力化する理由とする場合も考えられる。したがって本研究は、どのように正当化理由を用いれば効果的に決定を正当化できるかを考える、正当化理由を用いる際の政府の主観的な側面に着目して、正当化技術を論じる。

　このように政府の主観的な側面に着目して正当化技術を論じる場合、参加形態が、正当化理由という道具を用いる政府の知能や技能の資源または制約にな

10　古くは、1960年代アメリカにおいて「最大限可能な参加（maximum feasible participation）」が法的に保障されるようになった。例えば、日本においても、近年にかけて都市計画の分野を中心に参加制度が法律に規定されてきており、これらの制度では地方政府に参加主体と参加方法を委ねており、多元的参加は、地方政府レベルで進められる傾向にある（内海 2016b；杉崎 2010；内海 2017c）。

11　ここでいう決定作成主体とは、「2-1-2　実体的決定」の項で示した「決定作成」を行う者、あるいは、決定作成に決定的な影響を与えた者をいう。

るかが重要となる。そこで、本研究の第 2 の課題を明らかにするために、「自治」と「参画」という参加形態を要因として設定し、参加形態と正当化技術との因果関係を明らかにする。

2-5　権利利益に関する基底価値

　個人や組織、制度や行為は、それらが社会的な規範に照らして妥当なものであり、それらに対して人々が自発的に協力・服従をするとき、「正統性 (legitimacy) を持つ」とみなされる (Tyler 2006；Zelditch 2001)。つまり、政府の決定は社会的な規範に妥当していなければならない。また、トンプソンは社会通念が正当化技術を限定付けるとした。政策分野ごとに特に基盤となる社会通念が異なると考えるならば、政府の決定の個々人への影響が強く感じられる個人の財産権を制限する決定の場合、政府は個人の財産権を制限することが社会通念に照らして妥当であることを示さなければならない。この社会通念や社会的規範に影響を与えるものがある。それは、社会に流布する権利利益にかかわる価値観である。

　これらの価値観は、個々人には帰属し得ない一般公共の利益を優先する価値観（以下「一般公益優先」）と、個々人に帰属する権利利益を優先する価値観（以下「個別権利利益優先」）に類型化できる。このような類型化はいわば理念型であり、法律の適用・解釈の対象となる諸利益である法的利益に関して、「一般公益か個別的権利利益を両極として位置付けるならば、多くの法的利益はその間のいずれかの場に位置し、これらの諸利益全体は、各利益や重要度に応じて多様かつ段階的なグラデーションを形づくるもの」と捉えられている（亘理 1997）。

　こうした権利利益に関する価値観は、国により異なり、例えば、日本の場合、法制度および判例が、個々人[12]の所有権偏重とされているのに対し（藤田 1988：148-150、253-278）、フランスの場合は一般公益を理由とする所有権の統制が広く認められている（横山 2019）。当然、これらに見られる価値観は、個別立法に影響を与えるとともに、政府がその制度を運用し、決定作成を行い、

12　ここで言う「個々人」とは自然人および法人を含む。

決定を正当化する際にも大きな影響を与えることになる。つまり、ここで言う価値観は、正当化理由が社会に示される時にその社会に流布しているものであり、ここでは「基底価値」と呼ぶことにしよう[13]。

　基底価値が社会に流布する価値観であるとするならば、実体的決定に対しても、また、抵抗者が示す異論に対しても、さらに異論を無力化する行為に対しても、基底価値は影響を与えると考えられる。なかでも社会通念としての基底価値が正当化技術に影響を与えるとするトンプソンの研究に従えば、正当化理由の用い方にも影響を与えるということになる。例えば、個別権利利益優先という価値観に基づく異論を受け入れるか受け入れないかを判断するのは、政府の主観であり、政府がどのような価値観に立つ理由を用いた方が効果的に正当化できるかという判断にもかかわる。このように考えると、基底価値は、正当化理由という道具を用いる政府の知能や技能の資源または制約になりうる。そこで、本研究の第2の課題を明らかにするために、「一般公益優先」と「個別権利利益優先」という2つの基底価値が正当化技術に影響を与える要素であるという仮説を設定し、正当化技術との因果関係を検討する。なお、社会に流布する価値観は、ある社会に唯一存在するというものではなく、検討の視点や取り扱う分野によって異なる。本書では、権利利益にかかわるという点で、「一般公益優先」「個別権利利益優先」という基底価値を取り上げるが、重要なのは、社会に流布する価値観である基底価値が政府の技能や知能に影響を与えるものであるかを検証する点にある。

3　研究の方法
——時期の決定、理由の源泉、理由の選択、因果関係——

3-1　研究の課題と問い

　本研究の課題は、政府は、自己の活動の正統性を確保するために、正当化理由を用いることで決定を正当化するという前提に立って、政府の決定の正当化

13　ラスウェルとカプランは、権力関係において勢力行使の条件となるものが「基底価値（Base Value）」であるとしている（Lasswell and Kaplan 1950＝2013）。

技術を解明することにある。当然、この前提については、「正当化理由の決定」
が存在していることを実証的に確認しなければならない。そして、本研究で
は、政府の決定を「公的決定」「実体的決定」「正当化理由の決定」に概念的に
区別した上で、これまで見過ごされ不明瞭であった「正当化理由の決定」の実
態を検討する。検討にあたっては、政府の決定が個々人に大きな影響を及ぼす
政策分野における事例を素材として、次のような問いに答えることで検討す
る。

① how（正当化技術）：政府はどのように決定を正当化するのか。

　この問いに対しては、以下の３つの問いを設定し、それに答えることでより
詳細に検討する。

　ア）when（時期の特定）：正当化理由がいつ決定されるのか。

　イ）who（理由の源泉）：正当化理由は誰によってもたらされるのか。

　ウ）what（理由の選択）：政府が何をもって正当化理由とするのか。

② why（因果関係）なぜ、特定の正当化技術になるのか。

3‑2　研究の方法

3‑2‑1　how（正当化技術）

　how の問いについては、「政府は決定をどのように正当化するのか」すなわ
ち正当化技術を検討する。正当化技術は、次の３つの問いの答えにより説明さ
れる。

(1)　when（時期の特定）

　when の問いでは、政策決定プロセスを「公的決定」「実体的決定」「正当化
理由の決定」に区別した上で「正当化理由の決定」の時期を特定する。トンプ
ソンの研究に従えば「実体的決定」がなされた後、「公的決定」の前に「正当
化理由の決定」が行われることになるが、本研究では、「正当化理由の決定」
が「実体的決定」に影響を与える場合があることを明らかにするため、「正当
化理由の決定」の時期の特定が重要であると考える（**図表Ⅰ‑2**）。

　なお、「公的決定」の時期は、法律に基づく公式的な決定が行われる時とす
る。そのため、「正当化理由の決定」の時期を明確にするための本研究の素材
は、法律に基づく決定が存在している制度に限定される。現実には、法律や制

図表Ⅰ-2　政府の決定と本研究の課題

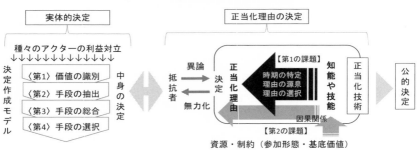

出典：著者作成。

　度の改正のように、「公的決定」が一旦なされた後に異論が出され、「公的決定」の内容が変更されることがあり得るが、本研究では、それは新たな「公的決定」が行われたとみなすこととする。

　これに対して、「実体的決定」の時期は、必ずしも法律に基づく決定の時期とは限らない。決定された実体、すなわち決定の中身（内容）が決定者の主体的判断によって現実の利害対立等の状況を踏まえて決定作成によってもたらされる時である。そして、この実体的決定（またはその提案）に対する異論を無力化する目的で利用され、または政府のある決定に権力を付与する目的で利用される正当化理由の決定がされる。

　ここで、どの時をもって「正当化理由の決定」とするかという問題が残る。正当化理由は、公的決定の前に実体的決定の内容を正当化するために用いるが、上述のとおり、異論が出された場合にあり得るのは次の３つのパターンである。１つめは、実体的決定の内容を正当化するために用意されていた正当化理由を用いて異論を無力化できる場合である。２つめは、用意されていた正当化理由では異論を無力化できず、正当化理由が修正されまたは新たな正当化理由を作り出し、それによって異論を無力化できる場合である。３つめは、異論を無力化できず、政府が実体的決定を修正する場合である。いずれの場合も、最終的には公的決定の際に何らかの正当化理由によって決定が正当化される。したがって、本研究では、公的決定時に使われた正当化理由が用いられた時をもって「正当化理由の決定」の時とする。正当化理由を実体的決定との関係で

見れば、上記１つめと２つめは、実体的決定は修正されず、正当化理由は実体的決定の後に決定され、３つめは、実体的決定は修正されるために、正当化理由は実体的決定の前に決定されたことになる。換言すれば、これらの場合を確認することで正当化理由の実体的決定への影響を確認することができる。これは、実体的決定を修正してまでも正統性の確保を優先させようとしたのか否かという政府の主観的な側面を見極めるものである。したがって、when の問いは、決定の正当化の解明に不可欠な問いである。

　そこで、「正当化理由がいつ決定されるのか」という when の問いでは、上記の３つの場合を分析し、政府の主観的な側面が表れる正当化理由の決定と実体的決定の関係を明らかにする。

(2) who（理由の源泉）

　who の問いについて言えば、決定が政府の決定である限り、法律に基づく決定の際には、政府が正当化理由を決定し、社会に提示するということになる。すなわち、権力の所在は政府にあると言える。これに対して、正当化理由の源泉は、決定主体である政府の法解釈による場合や政府が自らの実績により政府自体が正当化理由を作り出す場合もあれば、実体的決定の過程で他からもたらされた理由を政府が活用する場合もありうるだろう。すでに述べたとおり、専門家や政治家、決定への抵抗を表明する利害関係者や参加主体などである。また、抵抗を示した者の異論を活用する場合も考えられる。

　本研究では、行政機関である政府とは別に決定に関与する主体を「外部環境」と総称するが、who（理由の源泉）の問いは、単に理由の源泉を特定するのみでなく、正統性確保にかかわる政府の行為の確認ともかかわる。組織構造や権限配分の改革により、信用を得られる活動は自分の権限のもとに置くものの、非難を呼ぶ活動は、組織内のどこかに権限移譲をして押し付けたり、組織外とパートナーシップによって非難先を拡散させたり、第三者機関をつくって非難をかわしたりするなどのいわゆる「エージェンシー戦略」がとられる（金井 2020：171）。しかし、正当化理由についても、正統性確保のために、政府が自らの理由を自主的に用いることもあれば、逆に、外部環境のもたらす理由を外部環境が示したからという理由で外部環境に依存して用いる場合や、抵抗者が申し立てた異論によって正当化理由を修正する場合などが考えられよう。い

ずれも誰がもたらした正当化理由を用いた方が抵抗の無力化により有効なのかという判断に、正当化理由を用いる際の政府の主観的な側面が表れる。

　そこで、「正当化理由は誰によってもたらされるのか」という問いについては、政府と外部環境または外部環境間の利益対立や外部環境による決定への抵抗がなされるなかで、政府を含めその利益対立にかかわる者や抵抗を示す者を特定し、そのなかで誰が作りだし、もたらした理由を政府が正当化理由として決定したのかを明らかにする。

(3)　what（理由の選択）

　what の問いについては、政府が何をもって正当化理由とするのかを検討する。正当化理由は、抵抗者や抵抗内容によっても変わり得る。つまり、決定を正当化する理由は複数存在し、政府は、この複数の理由から正当化理由を選択することとなり、この理由を選択する行為に正当化理由を用いる際の政府の主観的な側面が表れる。

　さらに見れば、決定の正当化とは決定を受け入れさせるために決定そのものの妥当性を証明することである。例えば、「法律に適合しているから妥当である」、「科学的分析結果から妥当である」、「合意が図られているから妥当である」、「多くの人々が賛成しているから妥当である」などによって選択を行う場合がある。これらは、抵抗を示す者やその異論の内容などに応じて選択される。と同時に、正当化理由という道具をどのように用いることが効果的かという、正当化理由を用いる際の政府の主観的な側面によっても変わってくるだろう。what を検討することで、抵抗に対してどのような正当化理由が効果的であると政府が考えているのかを確認することができる。

　そこで、「政府が何をもって正当化理由とするのか」という what の答えについては、異論に対して示された具体的な正当化理由の内容を整理し、何が選択されたかを明らかにする。これは、正当化技術の客観的側面たる正当化理由の内容を把握するものである。

　when・who・what の３つの問いから検討した場合、how（正当化技術）は、when で示した時期によって大別されると考えられる。当初示した正当化理由で抵抗を無力化できる場合の技術と、当初示した正当化理由では無力化できなかった場合に用いられる技術は異なると考えられるからであり、それによって

は、実体的決定に修正がなされたかに大きな違いがあるからである。まず、当初示した正当化理由で抵抗を無力化できる場合の技術には例えば、次のようなものが考えられよう。

　1つは、政府自らがもしくは専門家らからもたらされた法解釈を用いるという技術である。2つに、政府の専門的知見あるいは専門家によりもたらされた知見を自らの知見として用いる技術である。3つに、政府自らの実績を用いる技術である。4つに、利害関係者を含む参加者の合意や賛同に依存するという技術である。次に、当初示した正当化理由では抵抗を無力化できない場合であり、抵抗者が申し立てた異論によって実体的決定を修正する後者の場合である。ここでは政府は、抵抗者が申し立てた異論に妥協することで、抵抗を続ける根拠を弱めることで抵抗を無力化しつつ、政府の決定として正当化するという技術が考えられる。もっとも、抵抗者から異論が出されてもそれとは無関係に、1つから3つめの正当化技術によって決定を正当化することも考えられる。

　「政府はどのように決定正当化するのか」については、正当化理由に関する先の when（時期の特定）・who（理由の源泉）・what（理由の選択）の分析軸によって正当化技術を類型的に示す。

3-2-2　why（因果関係）

　本研究の課題が多元的な参加のもとで顕在化する抵抗に対して、政府が正当化理由を用いて決定をどのように正当化するか（正当化技術）を示すことであるため、本研究の why の問いは、「なぜ、特定の正当化技術になるのか」となる。[14] このためには、正当化技術に働く要因との因果関係を明らかにする必要がある。

　正当化技術に働く要因を選択する上で重要なのが、正当化理由を選択し、それを機能させる政府の知能や技能に働くことである。先に述べたようにその要

14　「正当化理由の決定」の実態を解明するためには、まず「なぜ、政府は正当化理由を決定するのか」に答えなければならないであろう。しかし、この問いについては、決定に対して、政府はその存在を維持するために何らかの形で自己の活動の正統性（legitimacy）を確保しようとする（曽我 1999：85）という立場に立って、「政府の自己の活動の正統性の確保」のためであると答えることができ、本研究はそれを前提としている。

因の１つに、決定に対する市民の権力の強さをメルクマールとする参加形態がある。したがって、「なぜ特定の正当化技術になるのか」という問いについては、参加形態の「参画」と「自治」の違いが決定の正当化理由にどのような影響を与えるのかによって明らかにする。

　正当化技術に影響を与えると考えられるもう１つの要因は基底価値である。個人の財産権を制限する決定の場合、政府は個人の財産権を制限することが社会通念に照らして妥当であることを示さなければならない。したがって、個々人には帰属し得ない一般公共の利益を優先する「一般公益優先」と、個々人に帰属する権利利益を優先する「個別権利利益優先」による違いが、決定の正当化理由にどのような影響を与えるのかによって問いを明らかにする。

4　研究の素材と対象
——日仏都市計画という素材に着目する理由——

4-1　研究の素材と対象
　本研究は、上で設定した問いに答えるため、次の素材を検討する。まず、本研究は「正当化理由の決定」の実態を解明するものである。正当化理由とは、政府のある決定（またはその提案）に対する抵抗を無力化する目的で利用される、または政府のある決定に権力を付与する目的で利用される情報形態の道具である。このため、第１の問い「政府は決定をどのように正当化するのか」に答えるためには、政府の決定に対して利害対立の激しく、抵抗が顕在化しやすい分野を選択することが適当である。また、第２の問い「なぜ、特定の正当化技術になるのか」に答えるためには、類似したシステムの中で「参加形態」「基底価値」が異なる事例を選択することが適当である。

　その意味で、「都市計画」は財産権にかかわる利益対立が激しく、公権的行為によって財産権である土地所有権の自由な行為を制限するため、政府の果たす役割は大きい。それゆえ、都市計画は、決定の正当化の理由として、現在でもしばしば「公共の福祉」や「公益」が持ち出される政策分野であり、「個別権利利益優先」「個別権利利益優先」という基底価値が反映されやすい分野で

ある。また、都市計画の決定にあたり、都市計画決定という法律に基づく決定手続、すなわち「公的決定」が法律に定められており、地方分権を背景に参加制度が導入されてきている分野であり、抵抗が顕在化しやすい分野である。そこで、本研究は、都市計画を研究の素材とする。

都市計画法における計画決定手続、すなわち「都市計画決定」のなかでも参加制度の充実が図られているのが「即地的詳細計画」の決定である。そして、即地的詳細計画は、財産権の自由な行為を制限するにもかかわらず、計画を決定する際の政府の裁量の幅が大きい制度である。即地的詳細計画とは、「自治体の意思により策定した、即地的で詳細な計画を法的強制力によって実現する都市計画」であり、地方政府の構成員と対象地区の利益の対立が顕著に表れる[15]。したがって、地方政府の活動が分析の中心的な対象となる。

次に、本研究は、その素材として日仏の即地的詳細計画を取り上げる。具体的には日本は「地区計画[16]」、フランスは「都市計画ローカルプラン[17]」(以下「PLU」[18])である。これらを取り上げる理由は、日仏が従来「中央集権型」の国

---

15 例えば、「個人レベルの利益」と「地区レベルの利益」の対立、「地方政府が管轄する領域全体の構成員の利益」対「地区の権利利益者の利益」。

16 地区計画に関する先行研究は多数ある。地区計画創設に関与した研究者らによるもの(日笠(1981)など)はもとより、その後も多くの学術論文で検討されてきている。これらを大別すると、制限内容に関する実態を明らかにするもの(例えば、中出(1990)、日端ほか(1993)など)と、計画策定に関する実態を明らかにするもの(金(1986)、天野ほか(1998)など)がある。しかし、決定の正当化理由や政府の正統性との関係について検討するものはなく、また、日仏の都市計画を比較検討するものもない。

17 Plan local d'urbanisme.

18 日本においてフランスの都市計画に関する研究は少なくない。例えば、歴史的展開を考察するものとしては、吉田(1993)、鳥海(2010)、計画体系や制度の仕組みを考察するもでは、片山ほか(2002)、鈴木ほか(2008)、河原田ほか(2002)、岡井(2008)、計画体系や制度の仕組みを考察するものでは、和田ほか(2012)など一連の研究、熊澤(2013)。フランスにおけるPLUに関する文献については、法制的立場からや、実務者向けに制度の解釈を中心としたものが多く、例えば、法創設時の議論に関するものなどがある。DGUHC(2001)、Traore(2001)、GRIDAUH(2001)、Duval(2001)、Bernard et Bedel(2001)、Tribillon(2001)、Lay(2001)、Jacquot et Lebreton(2001)、Loubiere et Piron(2001)、Cuillier(2002)、LITEC(2002)、Pipard-Thavez(2002)、Piron(2002)、Goze(2002)、Trapitzine(2003)。しかし、地区計画とPLUという即地的詳細計画の比較において決定の正当化に関する比較を行うものはない。

とされ、1980年以降、地方分権、参加民主主義のもとで、地方政府に参加方法を委ねる制度が法律に規定され、政府の決定過程に多様なアクターがさまざまな方法でかかわる「多元的参加」が進んできている点で共通する点が多いからである。また、細部は異なるものの即地的詳細計画という都市計画の中でも類似した制度を有する点も共通し、類似の事象を比較できるからである。しかし、日本とフランスでは、参加形態と基底価値の違いが顕著である。実際、日本では「建築の自由」などの議論に代表されるように（内海 2015；藤田 1977；亘理 1997；石川 1997）、個々人に帰属する権利利益が優先されやすく、一方、フランスは「一般利益」などの議論に見られるように、一般公益が優先されるという価値観を有している（大村ほか 2008など）。以上のように、本研究では、類似する体制や制度である都市計画の決定という観点から日本とフランスを事例として選択する。

　また、日本の事例分析では、参加形態の「参画」と「自治」の2通りで運用されている事例を取り上げる。各ケースに該当する地区の実態を検討することで、基底価値が同じでも参加形態が異なる場合に、それが正当化技術の違いとしてどのように表れてくるかを明らかにすることができると考える。

4-2　検討対象となる過程

　本研究は、政府の決定の正当化、とりわけ法律に基づく決定の正当化に着目するものである。上で見たように、日仏の即地的詳細計画の都市計画決定を素材とするが、特に、参加形態の違いに着目するため、都市計画決定に規定される参加制度に着目する。

　参加制度に着目する場合、制度決定の正当化と、制度運用の際の決定の正当化に分けて考えなければならない。制度決定の正当化は立法過程において中央政府によってなされ、制度運用の際の決定の正当化は執行過程において地方政府によってなされる。立法過程での正当化技術やそこで用いられる正当化理由が執行過程における制度運用の正当化に影響を与えることは十分にあり得るが、この2つの過程での正当化技術は必ずしも同一であるとは限らない。このように、多元的な参加のもとでの政府の決定の正当化の実態を明らかにするためには、立法過程、執行過程の2つの過程を通して見る必要がある。

　したがって、検討にあたっては、地方政府が参加制度を用いて都市計画を決定する「執行過程」のみでなく、中央政府が地方政府に参加形態の設定を委ねるという制度を決定する「立法過程」も対象とし、両過程の相互関係にも着目して「決定の正当化」を説明する。

4-3　分析の具体的素材

　日仏の事例を素材とする理由は先に述べたが、より具体的な分析素材は**図表Ⅰ-3・図表Ⅰ-4**の通りである。

　まず、基底価値については、日本では、「個別権利利益優先」、フランスでは「一般公益優先」という価値観が流布し、これらが政府の決定に影響を与えるならば、この違いが決定過程に表れると考えるからである。具体的には、「立法過程」すなわち「地区計画策定手続の制定過程」「PLU 策定手続の制定過程」という中央政府の決定に、また、「執行過程」については、「地区計画の策

図表Ⅰ-3　立法過程における素材

		参　加　形　態	
		「参画」を構想	「自治」を構想
基底価値	個別権利利益優先 （日本）	地区計画策定手続の制定過程 （制定プロセスにおいて「参画」「自治」の運用が可能）	
	一般公益優先 （フランス）	PLU 策定手続（コンセルタシオン） の制定過程	

出典：著者作成。

図表Ⅰ-4　執行過程における素材

		参　加　形　態	
		「参画」を運用	「自治」を運用
基底価値	個別権利利益優先 （日本）	地区計画の策定過程 〈千葉県浦安市〉 日の出・明海及び高洲地区	地区計画の策定過程 〈千葉県浦安市〉 コモンシティ浦安地区
	一般公益優先 （フランス）	PLU 策定過程 トゥールーズ・メトロポール （ビュット地区）	

出典：著者作成。

定過程」「PLU策定過程」という即地的詳細計画の地方政府の決定に表れると考えられる（図表Ⅰ‐3、Ⅰ‐4）。

　次に、参加形態については、詳細は第Ⅲ部で示しているが、日本の立法過程で即地的詳細計画が「参画」「自治」の2通りの運用を可能とする制度として構想された。一方、フランスでは、「参画」を前提とする即地的詳細計画が構想されている。したがって、日仏の即地的詳細計画においては、日本における「参画」「自治」の違いと、日仏の「参画」の違いによる地方政府の決定の影響を検討することができる。なお、フランスにおいて参加形態「自治」が存在していない実態は省庁および自治体のヒアリングにより確認しており、理論的にも、「一般公益優先」を基底価値とする社会において、参加形態「自治」は成立し得ないと考えられるため、分析の素材からは除いた。

　本研究で分析する執行過程の具体的な事例は、図表Ⅰ‐4の通りである。日本における参加形態「参画」と「自治」の違いのもたらす影響を比較する観点から、他の条件をできるだけ等しくするため同一の基礎自治体の事例を選定している。千葉県浦安市を選定した理由は、地区計画の策定にあたって参加形態「参画」と「自治」の2つで運用されているからである。また、「参画」と「自治」という参加形態による違いを鮮明にするためには、抵抗者や異論が単一である方が望ましく、浦安市は、土地の所有に対するアクターが複雑でない点、例えば、土地に対する所有や借地などが分離していない分譲埋立地である点などから、その条件に適していると言える（詳細については第Ⅳ部参照）。これも浦安市を選定した理由である。

　一方、フランスのトゥールーズ・メトロポールは、参加形態を「参画」と位置付けることができるものの、全国でもフランスの他都市と比較して、計画策定に積極的に住民等を参加させている都市都市であるとされており、日本の「自治」と比較する上で、参加形態による違いを鮮明にすることができるからである。なお、トゥールーズ・メトロポールは後述するように、基礎自治体の連合体である。日本の事例が1つの基礎自治体であり、フランスの事例が基礎自治体の連合体であるのは、フランスの基礎自治体が日本と比べ相当に小規模であり、今日、即地的詳細計画であるPLUの策定が基礎自治体連合体で行われる傾向にあるからである（詳細については第Ⅱ部参照）。また、トゥールーズ・

メトロポールは、フランスの中でも PLU に定める地区レベルの計画の策定に
積極的であり、PLU の決定過程の分析にあたって、地区レベルの計画を充実
した参加によって策定したビュット地区についても詳細に分析することで、日
本との違いが確認できると考える。

4−4　分析の具体的対象

　本研究は、「決定の正当化」に着目するが、その「決定」を個人の自分自身
に関する決定ではなく、「公共問題の解決のための決定」(曽我 1998：576) に
限定する。また、中央政府が地方政府に参加方法の設定を委ねた経緯と、その
制度を前提として、決定における参加主体の影響に焦点を当てるため、立法過
程では中央政府の決定、執行過程では地方政府の決定を検討の対象とする。

　この時、政府を執行機関に限定し、それ以外のアクターを「外部環境」と捉
える。それは、立法過程における制度上の決定権は立法機関にあったとして
も、決定の正当化理由を付すのは執行機関であるからである。また、立法過程
における中央政府にとっての外部環境は、政治家、専門家、地方政府、利益集
団、マスメディアを介した世論などが想定できる。これに対して執行過程で
は、参加の枠組みが法律で定められ、その枠組みに基づいて執行されるため、
地方政府にとって手続に定められた抵抗を行う外部環境は、参加の枠組みに規
定される参加主体と言えよう。

　なお、上述の通り、本研究では政府を行政機関に限定し、それ以外を「外部
環境」と捉えるが、議院内閣制の場合、政府と議会多数派を一体と捉え、議会
多数派を含めて政府として扱う。この点で、中央政府の場合、日本もフランス
も議会多数派を含めて政府として扱うこととする。地方政府の場合、フランス
は議会議長が執行機関の長を兼務する制度となっており、議会多数派が行政機
関に深くかかわっている。しかも、**第Ⅱ部**で述べるとおり、都市計画決定は議
会議決事項である。そこで、議会多数派を含めて地方政府として扱っている。
日本の場合は二元代表制度となっているため、首長部局である執行機関と議会
とは相互に自律している。しかも、都市計画決定は行政決定事項である。その
ため、日本の地方政府には議会多数派を含めない。なお、決定の主体はあくま
で政府であるが、決定作成を牽引するのが政府内の一部局である場合もあり、

また、「自治」概念で定義したように、参加主体が決定作成主体となり決定作成を牽引する場合もあり得る。したがって、本研究では、決定作成を牽引するアクターを「主導アクター」と呼ぶこととする。[19]

5　先行研究──これまでの研究と本研究の意義──

　本研究は、決定を正当化するために、正当化理由を用いる政府の行為形態を「正当化技術」と捉え、「公共問題の解決のための決定」を対象に政府の決定の正当化技術を実証的に解明するものである。具体的には、地方分権、参加民主主義を背景とした多元的参加のもとでの政府の決定の正当化の過程について都市計画決定を素材として検討する。その意味で、本研究は、以下に述べる先行研究が示す理論枠組みの延長線上に直接位置付けられるものではないが、政治哲学等で論じられる「公共的正当化」「公共的理由」にかかわるとともに、政策が形成される過程を分析するという点で「政策過程論」に位置するものであると言える。また、とりわけ政府の正統性に着目するという点で「正統性に着目する研究」に関連して特徴付けることができる。さらに本研究は、政治学のなかでも討議や説得、参加や抵抗などを特に扱う「民主主義理論」の要素とかかわり、地域社会の政治と行政を分析する「地方自治研究」の要素を実証的に[20]検討するものでもある。

　他方、本研究の素材は、都市計画学の学問分野が取り扱ってきたものである。つまり本研究は、「政治哲学」「政策過程論」「正統性に着目する研究」「民主主義理論」「地方自治研究」「都市計画学」に関連し、それらの研究の発展に寄与するものであると考えられる。

　以下では、これらの学問分野での先行研究をふまえ、本研究の位置や特徴、意義、有用性を示す。

19　木寺は、制度改革に向けてアイディアの支持調達に向けて行動するアクターを「主導アクター」と呼ぶ（木寺 2012）。

20　民主主義を構成する要素として福田（1997）は、「民主主義の価値原理」「民主主義の機構原理」「民主主義の方法原理」をあげており、民主主義の方法原理として討議や説得、参加や抵抗が論じられている。

5-1 政治哲学、政治思想から見た本研究の視座

　本研究の目的は、政府の決定の正当化技術を解明することである。このため、決定の正当化について、その決定が社会や人々に対して説得力を持つようにするための正当化理由を決定し提示する政府の行為、すなわち「正当化理由の決定」に着目する。このように正当化および正当化理由は本研究の主要な概念であるが、この概念に関して、政治哲学の分野では多くの議論がなされてきている。

　政治哲学あるいは政治思想の学問分野では「公共的正当化（Public Justification）」に関して多くの研究の蓄積がある（Stanford Encyclopedia of Philosophy 2018）。これらの研究では、「公共的正当化」は、国家の強制（coercion）または政治的権力を政治的共同体の構成員が許容することを要件に成り立つと言う。[21] 政治的共同体の構成員が特定の強制的な提案、法、または政策を承認するに「十分な理由（Sufficient Reasons）」を持っている場合、公共的正当化が達成されるというのである。これは本研究の正当化を論じる立場も同様である。また、ここで言われる「公共的正当化」が強制力のある法（ルール）を対象としているという点で、強制力のある素材、すなわち都市計画法を対象に政府の行為に着目する本研究の正当化と類似していると言えよう。

　他方、ここでの議論では、「公共的理由（Public Reason）」が主要な概念として提示されている。[22] ここで言う公共的理由とは、人々の共通の生活を規制する道徳的または政治的ルールを許容可能にするための根拠あるいは基準であり、本研究が定義する異論を無力化する道具としての正当化理由とは異なる。しかし、強制力ある規範に対して人々にこれを受け入れさせるためのものであるという点で同種の性質を有していると言える。言い換えれば、政治哲学の「公共的正当化」議論が理由それ自体に着目するのに対して、本研究が正当化理由を

21　ジョン・ロールズは、「政治的権力は常に強制力である」（Rawls 2005：68）ため、正当化されなければならないのは政治的権力であると主張する（Rawls 2005：12）。ジョナサン・クォンは、公共的正当化は強制的な法に関係していると考える（Quong 2011：233-250）

22　この考えは、ホッブズ、カント、ルソーの理論にルーツを持つ思想であり、ロールズ、ハーバーマス、ガウスなどの理論の結果として現代の政治哲学に影響力を持つようになった。

用いて政府の行為に着目する点に本研究独自の視座がある。決定の際に顕在化する抵抗に対して、政府は、理由を用いて決定を正当化するのであるが、本研究では、正当化理由を正当化の際の言説形態の道具として取り上げている。

　また、「公共的正当化」に関する政治哲学や政治思想の議論には、公共的正当化の粒度（Granularity）[23]、公共的正当化の理想化（Idealization）[24]、公共的正当化における公衆の範囲（Scope of the Public）[25]などがある。いずれも本研究と関係するものではあるが、「正当化技術」に着目する本研究によりかかわるのは、公共的正当化の態様（Modalities of Public Justification）であろう[26]。しかしそれでも、本研究では、決定を正当化するために、抵抗を無力化する目的で利用する正当化理由をどのように用いるかという、政府の行為形態に関心を向けるものであり、理由が政府の道具として用いられるという立場をとる点でこれらの議論とは異なっている。

5-2　政策過程論における本研究の位置付け

　本研究では、都市計画決定を素材として、立法過程では即地的詳細計画の決定を規定する中央政府による制度の創設、執行過程では地方政府の都市計画の決定に至る制度の運用という2つの過程での「公共問題の解決のための決定」（曽我 1998：576）を検討する。こうした本研究の視角は、公共政策の政策過程論に位置付けることができよう。

　1970年代後半から多様な政策領域の現実の政策決定過程の分析を行う政策過

23　ロールズは、公共的正当化の要件は「憲法の本質（基本権部分）」に適用され、「正義の基本的な問題」が危機に瀕している場合は公の正当化が必要であるとしたが（Rawls 2005：140）、公共的正当化の要件は強制を正当化するより細かい種類の原則に適用されるという主張もある（Quong 2004：233-250）。

24　公共的正当化が合理的であるか、あるいは完全な合理性とは何かという論点や、公共的正当化を理想的なものとするための情報に関して議論がなされている。ロールズ、ゴーティエ、ハーバーマスなどは、その戦略を追求している。

25　これは、公的正当化の当事者の範囲に関するものであり、国民国家のすべての人々を含むという考え方がある。ロールズは彼の正義理論を、国家の構成員に限定するが、後に地球規模の問題に対する公共的正当化の理論を示す（Rawls 2002）。

26　理想的な討議については Habermas 1999：65-6、交渉（Bargaining）理論については、Gauthier 1986：145-146などを参照。

程論の動向は大きく変化した。1970年以前の米国政治学の関心の中心は、アクター間での権力配置を解明することにあった（Ranney 1968）。そのため、多元主義においても相互作用過程の分析以上に政治構造の分析に焦点が当てられていた[27]。

しかし、このような行動論および多元主義を中心とした伝統的理論モデルと分析枠組みの有効性は、1970年代からしだいに疑問視されるようになる。政策研究の隆盛化、欧米諸国で大規模な政治変容が行われることによって政策内容に関する理解が深まるとともに、それらのモデルと分析枠組みの現実への妥当性が疑問視され、新しい理論モデルが模索された（Sabatier 1992；秋吉 2000a）。なかでもアクターの行動規範に注目するものとして「制度（institution）」の概念が分析視角として提示された（Hall and Taylor 1996；建林 1999；河野 2002）。これらの新制度論は、歴史的制度論[28]、合理的選択制度論[29]、社会学的制度論[30]、構成主義制度論[31]の4つに分類され、制度がどのように政策に影響を及ぼすかを検

27　そしてそこでは、政策の安定性（stability）を支える政治構造について研究の関心が集まった。

28　歴史的制度論は、制度および政策の国家間比較と、その歴史的経緯の分析を中心としたアプローチである。

29　合理的選択制度論は、制度がアクターの合理的な行動に及ぼす影響の分析を中心としたアプローチである。制度とは「ゲームのルール」とされ、制度は取引費用や不確実性を低減させ、集合行為の問題を克服するために形成されるものとされた（小堀 1994：320-321）。そして制度が経済合理性を追求するアクターの行為にどのように影響し、全体の意思決定にどのような影響を及ぼすかということに分析の焦点が当てられ分析が行われてきた（待鳥 1996）。

30　社会学的制度論は、社会学から派生した制度論である（Hall and Taylor 1996）。規範的（normative）制度論と呼ばれることもある。例えば、合理的決定は、後付けで合理性を付与された儀式的合理性に過ぎず、決定への配慮よりも当該社会文化における妥当性と規範的正当性によってなされたとみなされる（Meyer 1977）。

31　構成主義制度論は、制度の主観的解釈者としてのアクターの重要性に注目し、制度とアクターの影響力関係は双方向であると考えるものである。2010年代に入り台頭した構成主義（constructivist）制度論は、言説（discursive）制度論、観念構成的（ideational）制度論と互換的に用いられるものであり、前記3つの新制度論に対する批判から生まれたものである。例えば、シュミット（Schmidt 2002：90）は、アイディアから制度変化を説明する際に「言説」に着目して、言説の「認知的（cognitive）機能」と「規範的（normative）機能」という2つの概念を提示した。

討されてきている（Schmidt 2010；笠 2017）[32]。

　欧米でこうした新制度論が台頭すると、日本においても1980年代後半から新制度論の研究動向が紹介された。そして、1990年代以降多くのレビュー論文が執筆されると、多元主義への反動として急速に浸透し、真渕に代表されるように、新制度論の分析枠組みを元にした政策過程の分析も試みられてきた（真渕 1987；King, Keohane and Verba 1994）。また近年、アイディアの政治など構成主義制度論に基づく研究も存在する（秋吉 2007；木寺 2012など）。

　本研究は、実証研究で述べるとおり、法制度や統治構造、規則など明文化された公式の制度だけでなく暗黙の了解としてパターン化された事実上の制度あるいは非公式の制度に焦点を当てる点で新制度論の範疇に入ると言える。しかし、本研究は日仏比較を行うものの、その歴史的経緯に焦点を当てる（「歴史制度論」）ものでもなく、制度がアクターの経済合理的な行動に及ぼす影響（「合理的選択制度論」）に着目するものでもない。また、組織論を背景にアクターが特定の行動を選択することに着目する点で社会学制度論と類似する観点はあるものの、本研究ではあえて儀式的な合理性に着目している。特に、制度の主観的解釈者としてのアクターの重要性に注目し、制度とアクターの影響力関係は双方向であることを前提としている点で、「構成主義制度論」と位置付けることができる。

　しかしながら、「構成主義制度論」が制度変化におけるアクターの影響に焦点を当てるのに対して、本研究は、制度変化により決定が社会との関係で説得力を持つものとして情報形態の道具である正当化理由を用いる政府の正当化技術に着目する。この点に独自性が見出せる。例えば、秋吉の研究では、日米の航空輸送産業における規制改革過程の分析を行い、政策変容を規定する「知識」という認識的要因を検討している（秋吉 2007）。また、木寺は、日本の地方制度改革を分析することで、いかにアクターがアイディアを受容し支持調達

32　歴史的制度論と合理的選択制度論との2分類は、Steinmo, Thelen and Longstreth（1992）以来、一般化した。その後、Hall and Taylor（1996）で、歴史的制度論、合理的選択制度論、社会学的制度論に3分類されて以降、この3分類が通説的位置を占めている。その後、構成主義（constructivist）制度論が一群の研究が台頭し、旧3分類に加えて4分類をとることになる。4分類をとるものに、Schmidt（2002）、Beland and Cox（2011）がある。

を行うかを検討している（木寺 2012）。こうした研究では、制度変化の過程におけるアクターと知識、アイディアとの関係を検討しており、決定の正当化には知識、アイディアを含むと考えられるが（バーガー＝ルックマン 1977：143）、実体的決定を正当化するために用いられる正当化理由に目を向けてはいない。また、柳の研究は、政策の廃止がどのようにして行われるのかを明らかにする中で、廃止を進める側や廃止に反対する側が、政策の存在理由の有無を提示して自らの主張の正当性を示せたかどうかが廃止の帰結を分けたことを指摘する（柳 2018）。廃止を決定と捉えるならば、柳の研究は本研究の着眼点と近似すると言えるが、「正当化理由の決定」という視点を持って分析しているわけではない。さらに、上で詳しく述べたように、トンプソンや森田の研究は、許可制度を素材として政府の執行過程における決定を受け入れさせるための官僚の執行活動のメカニズムを検討している。

　これらに対して、本研究は、「公的決定」「実体的決定」「正当化理由の決定」という理論的な枠組みを提示している点が新しい。これまでの先行研究では、「正当化理由の決定」という決定の場面を捉えていなかったために、決定が社会や人々に対して説得力を持つようにするための正当化理由を決定し提示する政府の行為は明らかにされていない。

5‐3　正統性に着目する本研究の特徴

　本研究が政府の決定の正当化技術を明らかにしようとするのは、それが政府にとって正統性確保と密接に結びつくからである。政府は、自己の存在それ自体が持つ正統性（legitimacy）に依拠できない場合、自己の活動の正統性を確保することで、その存在を維持しようとする。政府は、公共問題の解決のための決定が社会に受け入れられるよう理由を付して正当化することで、自己の活動の正統性を確保する。この意味で、本研究は正統性に関する研究ともかかわってくる。

　ある個人や組織、制度や行為は、それらが社会的な規範に照らして妥当なものであり、それらに対して人々が自発的に協力・服従をするとき、「正統性を持つ」とみなされる（Tyler 2006 ; Zelditch 2001）。正統性は、コストを要する罰や報酬によらない効率的な統治を実現しうる背景要因として、その存在が論

じられてきた。もともと「正統性」とはウェーバー（Weber 1924/1978）によって「支配の正統性」が提唱されて以来、社会学や社会心理学、政治学や哲学まで、広く社会科学・人文科学全般のなかで語られ、概念的な定義も多岐にわたる（Zelditch 2001）。その多様な議論は大きく 2 つに大別されている（野波 2017）。

　第 1 は、権威や規範に対する人々の需要が集合的な支持ないし合意の予測に基づいて促進される過程と正統性を結びつけて考える議論である[33]。第 2 に、個々人が自ら価値観をもとに集団や社会システムの好ましさ、望ましさを判断する過程と正統性を結びつけて考える議論である[34]。これらの先行研究を捉えて、野波ら（野波・加藤 2010；野波 2011）は、権利の承認可能性と定義された正統性の規定因を「制度的基盤」（institutional substance）、「認知的基盤」（perceived substance）の 2 つに整理している[35]。

　本研究では、正当化理由を、政府が自己の活動の正統性を確保するために決定を正当化する際に用いる情報形態の道具であると捉えている。野波らは、権威・規範の正統性に着目しているが、その枠組みに準じて本研究の特徴を示すとすれば、野波らの研究が正統性理論の限界性や有効性に着目しているのに対して、本研究は、制度的基盤・認知的基盤という、社会的規範または個人的価値基準との合致・受容という、ある意味で不可知の事柄に、正統性の分析を先送りするのではなく、公共政策の決定の正当化という場面で政府が確保しようとする正統性の特徴を正当化理由として実際に言語化（情報化）し、利用している実態から明らかにしようとするものであると言えよう。

　いずれにしても、上記の正統性理論は、政府が自らの活動の正統性を確保す

33　例えば、ある行為が社会のなかで構造化された規範や価値に合致したものであるという一般化された認知を正統性（organizational legitimacy）と定義したのである（Suchman 1995）。

34　例えば、モラルの観点から、正統性を検討したケルマンは、人々がモラル的な受容可能性の点から個人・集団・社会システムなどを受容ないし拒否する承認過程を正統化（legitimization）あるいは非正統化（delegitimization）と定義した（Kelman 2001）。

35　制度的基盤とは、個人の主観的な判断の外側に存在する法規範ないし政治的、社会的な規範に依拠した準拠枠であり、認知的基盤とは、自他の好ましさへの主観的評価に依拠した準拠枠であるとする。

るための行為に着目しない。決定に対して人々が自発的に協力・服従をするとき、「正統性を持つ」とみなされる場面において、政府は正当化理由を示す。本研究は、社会や人々に制限を加えることが可能となる政府の決定行為に着目し、正統性を確保するために正当化理由を用いて決定を正当化しようとする政府の行為を捉える点に特徴を持っている。

5‐4　民主主義理論に対する本研究の意味

　本研究は、多元的な参加の下での政府の決定の正当化と正当化理由に着目するため、討議や説得、参加や抵抗などを特に扱う民主主義理論ともかかわる。以下では、膨大な研究蓄積がある民主主義理論に対して、主に本研究でいう市民参加にかかわる特徴を示したい。

　本研究は、参加民主主義の進展に伴う「多元的な参加」を前提としているが、参加民主主義論を直接のテーマとするものではない。むしろ、エリートのリーダーシップや「私的利益の集計」的側面が指摘されるなかで多様なアクターの参加がさまざまな方法で展開される「多元的な参加」が政府の決定の正当化に影響を与えることを説明することにある。ただし、実証研究で見るとおり、「多元的な参加」の実態に参加民主主義の理想を実現する方法や熟議民主主義論[36]で議論されている「私的利益の集計」への批判や熟議の実態などが見て取れる[37]。

　それでも、それぞれの民主主義論を政府の決定の中身の正当性という観点で捉えてみれば、本研究と関連付けることはできるだろう。ルソーに代表される古典的民主主義論では、政治に参加する市民のあるべき姿を示し、公的市民の

36　1980年代末頃から熟議論的展開（the deliberative democracy）とも呼ばれる理論交代が進み、1990年代半ば以降は政治学一般において熟議民主主義が活発に議論されるようになる（齋藤・田村 2012：298）。開かれた熟議に基づく民主主義という発想は、アテネの古典的民主主義理論から市民共和主義的伝統、ハンナ・アーレントを含む長い系統を持っているが、より最近ではユルゲン・ハーバーマスが主導的に発展させてきたものである（田村 2008）。

37　熟議の過程には他者の観点を採り入れた後に自らの意思決定を行う「選好の変容」機能が存在し、これは固定されない広範な諸要素である共通善の追求に順応できる仕組みであると主張される。また選好の変容を想定しない典型的な政治の「私的利益の集計」的側面を批判する視点から、熟議の必要性を訴える。

参加に基づく決定において私益と公益の間の矛盾が存在しない状態が目指される[38]。この目標が達成される時、そこには政府の決定に対する抵抗者は存在しない。古典的民主主義論は抵抗者が存在しない状態を描き出すことに主眼が置かれていたと言えよう。このとき政府の決定は自ずと正当性を持ち、政府は決定を正当化する必要もない。また、現代民主主義理論では、古典的民主主義論が目指した規範的市民像（「公的市民」）の存在が否定され、市民の無関心や無能力を前提に、エリート間競争が正当性の根拠とされる[39]。これに対して、参加民主主義論では、現代民主主義理論を批判し、市民に対するある種の政治教育の必要性が説かれ[40]、熟議民主主義論では古典的民主主義論が理想とした私益と公益の一致のための技法が論じられている[41]と言えるだろう。

　このように、民主主義論では政府の決定が正当性を持ちうる状態やその状態に至るための体制、参加や熟議に関心が向けられており、法律が定める意見聴取等の場合においては、抵抗者の異論に対して政府が決定を正当化する場面が少なくないにもかかわらず、こうした点に目が向けられていない。当然、異論が存在する中での決定方法として、例えば多数決がとられ、「最大多数の最大幸福」という功利主義に依拠する正当化もあれば、民主的に選ばれた政府による決定だから、市民が参加した結果であるからというように民主主義論の成果を用いた正当化の仕方もあるだろう。しかし、民主主義論が正当化理由や正当化技術に主な関心を向けるものではないことには変わりはない。

　これに対して本研究は、正当化理由や正当化技術に着目することで、市民の

38　ルソーが主張した古典民主主義理論の代表的な特徴は、政治における規模が持つ意味と「発達理論」の上に立った人間改造の契機としての参加である。

39　シュムペーターは「民主主義的方法とは、政治的決定に到達するために、個人が、人々の投票を獲得するための競争を行うことにより決定力を得るような制度的装置である」とした（シュムペーター 1995）。

40　例えば、ペイトマンは、現代民主主義理論が「エリートによる競争的統治」という理想像を掲げたことも規範を置き換えただけにすぎないと批判した（寄本勝美・ペイトマン 1977）。また、ウォーカーは、市民の政治教育を避けるエリートが市民の無関心を助長し、その無関心が不参加を引き起こしたことに対して、市民への教育の必要性を指摘する（Walker 1969）。

41　各自が選好を変容させる場合、その正統性の源泉はあらかじめ決定された個人の意思ではなく、熟議の過程そのものに求められる（田村 2008：14）。

参加と政府の決定の正当化の関係を明らかにしようとする。決定の正当化の実態は、常に功利主義的に行われているわけではなく、また、規範論として参加や熟議が大切だということとは別に、決定の正当化の実態は、市民の参加や抵抗を踏まえて政府がさまざまな技術の中から選択しているということを示すことにもなる。

　反面、本研究が実証の対象とする事例では、熟議民主主義論の中で論じられるさまざまな熟議の技法が用いられている。等しく熟議の技法を用いて議論され、決定されるとしても、参加形態が異なる場合や基底価値が異なるケースでは、その正当化理由や正当化技術は同じなのか。政府は正当化の方法として熟議の結果を用いるのか。熟議の過程それ自体を用いるのか。本研究は、参加形態の違いと基底価値の違いによる、決定の正当化理由の変化と正当化技術の変化に着目し、これらの問いに答えている。つまり、熟議民主主義の議論に参加形態と基底価値という視点を追加する。

5‑5　地方自治研究の系譜と本研究の意義

　本研究は、地方分権に伴う多元的な参加のもとでの政府の決定を検討するものであるため、まず中央政府と地方政府、地方政府と参加主体との関係が重要

42　政府には中央政府と地方政府が存在し、この関係を明確にしておく必要がある。中央政府と地方政府の関係のタイプとして、中央政府の指揮命令の通りに地方政府が行動する「中央集権型」、中央政府の定める法令の範囲内で地方政府が自律的に行動する「地方分権型」という2つが考えられる。さらに、理論的には、中央政府と地方政府が主権を分有し、その範囲内で地方政府が中央政府に制約を受けずに行動する「連邦制型」もありえるが（岩崎 1986）、本研究では除外することとする。

43　「地方制度論」とは、中央地方関係を規定する制度について論じる研究である。なかでも自治体に国からの自律性が十分に与えられているかどうかが議論の焦点となってきた（村松 1985；村松 1988a；北山 1989-90：17；西尾 1990など）。そして、米国流の政府間関係論の移入や地方自治制度の国際比較の進展などを経て（片岡 1985；大森・佐藤 1986；村松 1988b；岩崎 1990；社会保障研究所 1992）、自律性の評価の相対化が図られてきた。

44　「権力構造論」は、地方の権力構造を探ろうとするものである。ハンターのアトランタ研究（Hunter 1953）を源流とし、社会学において発展してきた（クロダ 1976；秋元 1971；高橋・大西 1994）。政治学においても自治体の政策過程における影響力関係を解明する研究が行われ（中野 1986；小林ほか 1987）、その代表として、加藤らによる研究があげられる（地方自治研究資料センター 1979；同 1982；加藤 1985：89-91）。

となる。本研究は、もっぱら「地方分権型」[42]を念頭において検討をするため、地方自治研究の一端を担うものであると言える。

　地方自治研究には、地方制度論、権力構造論および政策過程論という３つの大きな流れがあるという（伊藤 2002）。「地方制度論」[43]や「権力構造論」[44]は地方自治の制度や構造を理解するのに貢献してきたが、その基本的問題関心は制度や構造の「状態」にある。つまり、これらの制度や構造が、中央政府、地方政府の決定の正当化とどのような関係にあるのかには関心を向けていない。また、「政策過程論」[45]についても依然として国から地方自治体への政策過程を捉えたものである。代表的な理論モデルには、「垂直的行政統治モデル」を批判した「水平的政治競争モデル」や「相互依存モデル」などがある（村松 1988a）[46]。現実には、革新自治体時代以降も、都市問題への対策、バブル経済のもとでの行きすぎた開発の制御、地方や地域の実態や特性を活かした都市計画などの分野で、地方自治体がイニシアティブを発揮した事例が数多く見られるようになっている[47]。独自の問題解決行動が地方自治体に定着するに伴って、国に対抗する例外的な事象としてではなく、より普遍的な営みとして理解する必要が生れてきている。

　しかし、地方制度論、権力構造論、政策過程論において地方自治体独自の問題解決行動に関して、決定が社会や人々に対して説得力を持つようにするための正当化理由を決定し提示する政府の行為について着目するものはない。他方で、地方政府と地区や住区との関係に関するものとして、町内会・自治会等のコミュニティ研究（中村 1973、倉沢ほか 1990、名和田 1998）やアメリカのミルトン・コッラー（Milton Kotler）による「近隣政府（neighborhood government）」論や諸外国の近隣住区評議会制度（高村 2003；中田 2005）、さらに日本の地域自治区（長野 2007）などの住区に関する研究などがある。しかし、これらにお

45　地方自治研究における「政策過程論」は、先の２つの理論を合わせて自治体が政策を生みだすメカニズムを解明することを問題関心とする政策過程に着目する研究である。

46　自治体間の横並びの競争を水平的政治競争とし（村松 1979；村松 1983：下 13；村松 1988a）、「下からの湧きあがる圧力活動と競争」によって自治体の政策が生み出されるとした（村松 1988a：72）。

47　要綱行政を契機とした独自の取り組みが全国に普及し、自主立法権を行使する動きが展開されてきた（田村 1980、北村 2004、内海 2002など多数）。

いても住区の自治が地方政府の決定の正当化に具体的にどのような影響を与えるかについては検討されることはない。

　本研究は、地方自治体が自らの意思で決定を行う参加制度を素材として、中央政府が決定を行う立法過程、地方政府が決定を行う執行過程において、政府の決定の正当化技術を解明する。また、妥当性が問われる正当化理由に着目し、日仏の違い、参加形態の違いを分析することで、地方政府の問題解決の行動に一定地区の住民の自治が与える影響とこれに対する地方自治体の行為形態を明らかにするものである。これらは、政策過程論の理論モデルを補強するとともに、地方制度論、権力構造論に決定の正当化という観点から光を当てる点で本研究の意義が見出せる。

5‐6　都市計画学における本研究の有用性

　「都市計画」の定義は諸説あるが、今日、「都市計画」は、「都市のプランをつくり、それを実現するための技術体系」（川上 1987、日笠 1986、渡辺 2001）として認識されるに至っている。つまり、都市計画とは、「都市の将来のあるべき姿を描き出すための技術」（以下「目標設定技術」）と「現実の都市計画を将来あるべき姿に変えていくための技術」（以下「実現化技術」）の結合概念であると言える（内海 2015a）。

　したがって、都市計画学は、これらの計画技術に関する学問であると言うことができるが、この分野を約14,000篇におよぶ日本の学術論文に見るならば、「都市論・都市計画論・都市計画史」「国土計画・地域計画・農村計画」「都市基本計画・都市総合計画」「市街地整備・住環境」「防災・環境問題」「交通計画、緑地計画・観光レクリエーション」「景観・都市デザイン」「住宅問題・土地問題」「行政・制度・参加・教育」「都市解析・地域解析・調査分析論」などに分類される。このうち、本研究は、「行政・制度・参加・教育」に分類され、とりわけ、参加制度と行政活動との関係に着目する。

　以上の研究内容を定量的に分析する研究（都築他 2017）では、次のような研究内容の変遷が見て取れる。高度成長期には「開発基調」「土地・住宅問題」に関する実態や課題を示す研究が多く、近年にかけて「縮小基調」「環境問題」などの傾向やその対処に関する研究が増加している。震災等の災害を契機に

「災害」の状況を示す研究が急増し、「都市計画制度」に関する論文については、制度創設を契機にその改正内容や運用状況を報告、議論する研究が増えるのも特徴的である。これらを政府の決定との関係で見れば、分野・内容ともに目標設定技術・実現化技術に関する実証的研究が多くを占め、都市計画が財産権を制限する、もしくは、公共事業として財源によって実現するものであるという意味で、公共政策における公的決定（実体的決定・正当化理由の決定を含む）に寄与するための研究群であると言える。

　このうち、本研究に関連する「都市計画制度」や「市民参加」については、政策決定や意思決定に関する研究がある。例えば、事業制度の決定（西山 1975；小林 1989；山下 2002；馬場 2003）、規制制度などにおける計画決定（日端ほか 1993；室田 2005；谷下 2006など）都市計画決定における国、地方の役割（早川 2008；小西 2008；川崎 2008；小西 2012など）などについてである。

　一方、参加研究については、1960年代の都市問題に対する住民意識や参加手法や参加主体の多様化に伴う展開が1990年後半から2000年代前半に多く検討されているが、都市計画学と建築学の論文を分析するものがある（岡崎ほか1996）。この研究では、該当論文の着眼点と研究手法の組み合わせにより参加研究を 8 つに類型化し時系列的な分析を加えることで次のような参加研究の変遷が明らかになっている。第 1 に、参加内容は反対運動による住民意識（住民選好把握型、住民運動報告型）の高揚により意見交換が活発化し、これを受けて研究方法も参加主体の意識調査から、意見交換の手段の観察（協議効果分析型、自主建設観察型）へと重点が移った点、第 2 に、交流による参加に限界を感じた研究者は、研究方法を新たな手段の開発・実践（参加手法実践型、支援方策紹介型、協定内容分析型）へと変え、これにより参加主体自ら活動する参加内容の検討（住民組織調査型）が活発化した点が明らかになっている。また、これとは別に、参加にかかわり、代表性や公共性、熟議の議論を言及するものもある（林 2001；小泉 2006；樋野 2004など）。

　都市計画が財産権の制限を行使する、あるいは、公共団体の財源により実現するかぎりにおいて政府の決定は避けることができない。しかしながら、上記の研究では決定の正当化に着目するものはなく、計画の合理性について言及するものがあるものの、正当化理由、正当化技術に触れるものはない。もとよ

り、政府の決定あるいはその正当化は、「現実の都市計画を将来あるべき姿に
変えていくための技術」に深くかかわるものの射程外とされてきた。本研究に
おける正当化理由の決定や正当化技術の解明は、都市計画学で検討されてきた
計画技術の妥当性を問うものでもあり、政府の決定における意義を見出す上で
有用であると考える。他方で、日仏の即地的詳細計画の策定過程については、
日仏の比較をとおしてその実態を明らかにする研究は存在せず、都市計画にお
ける新たな知見を提供するという観点からも本研究の有用性が見出せる。

48　早田（早田 2006）は、都市計画の推進根拠は時代や地域社会の価値観と意思決定に由来
　するとした上で、計画の合理性を計画主体との関係で制度的合理性、経営的合理性、対話的
　合理性の３つに整理をしている。

第Ⅱ部　日仏の都市計画法制と即地的詳細計画

　本研究は、日仏の即地的詳細計画の決定を素材として、政府の決定の正当化技術を実証的に解明する。本研究では、即地的詳細計画を「自治体の意思により策定した、即地的で詳細な計画を法的強制力によって実現する都市計画」と定義している。この定義に照らせば、日本の即地的詳細計画は「地区計画」、フランスでは「都市計画ローカルプラン」（以下「PLU」）[1]がそれにあたり、本研究では、これら計画の決定過程を分析する。そこで**第Ⅱ部**では、その分析にあたり、本研究の課題に対して即地的詳細計画という素材が適切であるかを確認する。

　まず、本研究の第1の課題は、「政府は決定をどのように正当化するのか」に答えるために、政府の正当化技術を検討することである。このため、利害対立が激しく、政府への抵抗が顕在化しやすい分野を素材にすることが適当である。したがって、**第Ⅱ部**では、上記の課題を検討する素材の適切性を確認するため、対象とする都市計画法制およびこれの一部である即地的詳細計画が財産権をめぐり利益対立が激しく、公権的行為によって財産権である土地所有権の自由な行為を制限する「公的決定」を有する基本構造となっており、政府の決定（実体的決定）への抵抗が顕在化しやすい法制であることを確認する。

　次に、第2の課題は、「なぜ、特定の正当化技術になるのか」に答えるため、政府の正当化技術に影響を与える要因との因果関係を明らかにすることである。本研究では、正当化技術に影響を与える要因を「参加形態（参画・自治）」「基底価値（個別権利利益優先・一般公益優先）」とした。そこで、**第Ⅱ部**では、上記の課題を検討する素材の適切性を確認するため、「参加形態」と「基底価

1　Plan local d'urbanisme.

値」の観点から日仏の都市計画法制および即地的詳細計画を検討する。このとき、「参加形態」「基底価値」の違いを鮮明にするため、即地的詳細計画それ自体としては同じ機能を有することを確認する。

　1つは、「参加形態」の観点である。都市計画法制が、地方分権・参加民主主義を背景として、近年にかけて参加制度が定められてきた法律であるかどうかである。そして、即地的詳細計画に、参加者の抵抗が顕在化する意見を聴取するための手続が設けられており、「参画」「自治」の形態を運用することが可能な制度であるかを確認する。いま1つは、「基底価値」の観点である。これは、都市計画法制および即地的詳細計画が、「個別権利利益優先」「一般公益優先」という社会に流布する基底価値が反映されやすい法制であり、特に、日仏の都市計画ないし即地的詳細計画が、土地所有権等に対する思想や歴史などにより、異なる価値に基づいていることを確認する。

　以上のことから、第Ⅱ部では、第Ⅲ部・第Ⅳ部の実証研究を行うにあたり、上記の選定要件を中心に、日仏の都市計画法の基本構造（1‐1、2‐1）と即地的詳細計画の位置付け（1‐2、2‐2）、即地的詳細計画の特徴（1‐3、2‐3）、即地的詳細計画決定の策定手続（1‐4、2‐4）を検討する。

1　日本の都市計画法と地区計画

1‐1　日本の都市計画法の基本構造[2]

1‐1‐1　都市計画法の枠組み

　「都市」とは、人々の経済活動を支える連続した空間を指すが、都市空間の物理的基盤である土地は、実際は細分化されており、個別の私的所有の客体となっている。そして、近代資本主義社会では、この土地の私的所有権も、使用・収益・処分の自由な近代的所有権として、国家法で保障されていた（原田1999：3-18）。しかし、市場原理を前提とした個別の土地所有者の自由な意思決定の総和が適切な都市空間の創造をもたらすという裏付はなく、近代国家法が夜警国家的理念の下に保障してきた「最大限の土地利用の自由と最小限の警察

2　この項は内海（2015a）に基づいている。都市計画の基本構造については出口（2021）参照。

規制」のルールは（磯部 1990：206-216）、各都市に、過密、日照、通風、衛生（伝染病等）、災害などの「都市問題」を発生させることとなった。20世紀初頭、このような都市問題に対処するため、先進西欧諸国は「計画（plan）」を媒介に連続した空間の物理的基盤として、都市全体を包括的にコントロールする「都市計画」という社会的な技術（以下「計画技術」）を発展させる（渡辺 2001：139-180）[3]。とりわけこの計画技術では、政府の強力な介入により、都市の物的な行為を総体として計画的に統制することが意図された。この統制の道具が都市計画法と言ってよいであろう（中井 2021：内海 2021）。

　具体的には、政府（地方政府も含む）が、都市空間に介入するための手法として「事業」「規制」「計画」が誕生し、これらの基本的な手法は現在まで継承されている。「事業」とは、道路、公園、公共建築物などによる各種の公共サービスを直接提供するため、政府自らがその用地を取得し、公共財としての都市基盤施設を建設するものである[4]。「規制」とは、必ずしも政府自らが建設することなく、民間が私有物として建築物の建設や開発行為（以下「建築行為等」）を発意したとき、私的土地所有権に介入して規制することである。そして、「計画」は、都市の一定の対象地区において、図面・文書等で各種の整備・開発・保全の目標像を描き、上記の「事業」「規制」の方針（あるいは基準）を表示するものとして機能する（渡辺 2001：143）。こうした目標像を示した「計画」及びそれを実現する手段（「事業」「規制」）と、これらの都市計画を決定する都市計画決定手続が、都市計画法制の基本枠組みとなっている。

1-1-2　日本の都市計画法の展開

　日本では、第一次世界大戦後の急速な工業化・都市化のなかで1919年、先進西欧諸国の影響を受け、最初の都市計画法（旧法）が制定され、その後、1968年に上記の「事業」「規制」「計画」を整える抜本改正がなされることで、現行の都市計画法が成立する。そして、その後も部分的修正が加えられながらも今日に至っている。より詳しく経緯を見てみよう。

　資本主義の発展とともに、産業・人口の都市集中が急激に進み、「市区改正

3　本研究では、日本の都市計画法に定める限定的な「都市計画」との混乱を避けるため、あえて「計画技術」と表現する。

4　公共財でない場合の例として組合施行による土地区画整理事業等がある。

条例」（1888年）の５都市での準用を経て「都市計画法」「市街地建築物法」（現在の建築基準法の原形）が制定されることによって、日本の都市計画制度が一応の確立を見た（1919年）。しかし、この都市計画は全国一律の国家事務とされ、国家目的としての「公共の安寧・福利」という表現が用いられるなど、中央集権的な官治的性格と富国強兵という国家目的への奉仕という点で、「市区改正条例」を継承しこれを全国へと展開するものであった（田村 1997：109）。その後、戦後の高度経済成長期に入り都心の過密化と郊外へのスプロールが進行した。その結果、住宅問題をはじめ、公害・環境問題、交通問題、地価の高騰などの都市問題が生じることになる。こうした事態が進行するなかで、都市計画法の制定（1968年）と建築基準法の改正（1970年）がなされ、今日の都市計画体系が確立する。

　この都市計画は、①計画決定権限の都道府県及び市町村への移譲、②都市計画案の作成及び決定過程における住民参加の導入（後述する都市計画決定手続、法17条）、③区域区分制度の導入、④開発許可制度の導入、⑤地域地区計画における用途地域制の細分化と容積率制の全面的採用の５点を主な改正点とし、都市問題と住民の参加欲求の高まりを前にして、中央集権的な官治主義という明治以来の都市計画の性格から一定程度脱却したと言われている。とりわけ、②の都市計画決定手続について、これをもって都市計画法の民主化であるとされた（石田 2004）。

　その後、本研究が素材とする「即地的詳細計画」である地区計画が創設される（1980年）。即地的詳細計画の定義に示すように、市町村の意思により市町村が決定する最初の即地的で詳細な計画を法的強制力によって実現する都市計画であった。次いで1992年に市町村の都市計画マスタープランが都市計画法に導入されたことで二層二段の都市計画体系が形作られるに至る。さらに、1999年地方分権一括法による都市計画の自治事務化と権限移譲に沿った2000年の都市計画法の改正により都市計画手続の充実などが行われた。

1-1-3　日本の土地所有権思想

　日本の土地利用の規制に土地所有権思想が影響を与えている可能性は否めない。日本の土地所有権思想は、明治における近代土地所有権の成立事情に深くかかわる。寄生地主制のもとでの土地所有は、所有者による生産に基礎を持た

ない。したがって利用と結びつかない所有であったが、民法の所有権は、こうした所有を小作人の土地利用に優先させることによって、土地所有の絶対という意識をもたらした。また、農民の土地への支配権の行使は、元来土地の利用＝耕作を通して以外にありようがなかったが、「地券」という形での所有権の確立によって、土地の現実的な利用でなく、所有それ自体を重視する傾向を生み出した。さらに、土地所有者であることが普通選挙法（1925年）の成立まで参政権の資格ともされていたように、土地所有は、単なる財産所有のみならず、政治的支配力や社会的威信の基礎であり、象徴でもあった。こうして「土地所有権そのものを極度に尊重する日本の思想傾向」（甲斐 1979）や「ある特定の個人に土地を絶対的・排他的に支配させようとする」（篠塚 1974）土地所有権思想が形成されてきたと言われている。そして、次に述べる「建築の自由」という日本の土地利用規制法制の特徴は、こうした土地所有権思想に由来するものであると考えられている（牧田 1991）。

1-1-4　土地の公益的価値と建築の自由

規制行政という範疇において、土地利用規制は、土地に関する財産の剥奪（収用）・制限によって実現する。その根拠となる「公共の福祉」に関する憲法理論では、とりわけ、土地利用規制が作用する公共空間の形成に際しては、公益的機能にかかわる局面が問題になるとされ、「規制目的たる公益」と「土地の公益的価値」との間で公益同士の衡量が争点となる（亘理 1997：石川 1997）。

西欧諸国の土地利用規制との制度比較から、この土地の公益的価値の観点に立って、建築の自由と開発の自由（総称して「建築の自由」）が日本の土地利用規制法制の基本構造として指摘されている[6]。まず、「建築の自由」と言われる土地利用規制は、土地の利用による変更すなわち建築行為等を自由にできることを前提に、建築行為等に一定の制限を加えるものである。一方、建築の不自由と開発の不自由（総称して「建築の不自由」）と言われる土地利用規制は、土地の利用を変更する建築行為等が制限されている（不自由である）ことを前提に、計画等を策定することで、その制限が解除されるというものである。それゆえ後者に関しては「計画なければ開発なし」という表現がしばしば用いられる。

5　明治初期に土地の所有権を示すために明治政府が発行した証券。

6　例えば、藤田（1977）など。

　上記の土地利用規制のあり方から、建築の不自由は、土地の利用を変更する
か否かについて、「土地の公益的価値」を前提とした上で、「土地の公益的価
値」と個別法による「規制目的たる公益」を衡量したうえで開発権を付与する
ものであると考えられよう。ドイツの場合、連邦憲法裁判所の判決（1967年1
月12日）に見られるように、土地所有権の社会的性格が「土地においては、他
の財貨におけるよりも一層強く公共の利益を妥当せしめること」として是認さ
れ、「土地の公益的価値」を前提とした建築の不自由が制度化されている。こ
うした価値観はフランスも同様であり、後述する「建築可能性の制限の原則
（principe de la constructibilité limitée)」、「市街化の制限の原則（principe d'urbani-
sation limitée)」がそれにあたる。

　一方、日本では、「規制目的たる公益」を前提に、さらに必要最小限の規制
（警察規制）を旨とする近代国家法の基本的価値判断の下で、建築の自由が制度
化されている。具体的には、個々人に帰属する権利利益を優先する価値観ゆ
え、国が定める全国画一の必要最小限の基準が土地の利用を制限するというも
のである（藤田ほか 2002）。地方分権改革（1999年）によって土地利用関連事務
の大幅な自治事務化が図られ、自治体による判断要件の設定が認められつつあ
るが、個々人に帰属する権利利益を優先する土地利用規制法制の基本構造は変
わっていない。

1-2　日本の都市計画法と地区計画の位置付け

　日本の都市計画法は、「公共の福祉の増進」に寄与することを目的に、都市
の物的な行為を総体として計画的に統制することが意図され、目標像を示した
「計画」およびそれを実現する手段（「都市計画制限」「都市計画事業」）と、これ
らの都市計画を決定する都市計画決定手続が定められている（図表Ⅱ-1）。

　ただし、日本の土地利用法制は、国土を都市地域、農業振興地域、森林地
域、自然公園地域、自然環境保全地域に区分しており、地域ごとに計画と手段
を定める法律が存在し、それを省庁が縦割り的に所掌している。したがって、
日本の都市計画法の場合、これを所掌する省庁（国土交通省（旧建設省））が主

7　ドイツの土地の公共的価値に関しては、広渡（1975：64）など。

に「都市地域」（都市計画法では「都市計画区域」）のみを対象としている点で、後述するフランスとは異なっている。

図表Ⅱ-1　都市計画法の目的と定義

第1条　この法律は、都市計画の内容及びその決定手続、都市計画制限、都市計画事業その他都市計画に関し必要な事項を定めることにより、都市の健全な発展と秩序ある整備を図り、もつて国土の均衡ある発展と公共の福祉の増進に寄与することを目的とする。

第4条　この法律において「都市計画」とは、都市の健全な発展と秩序ある整備を図るための土地利用、都市施設の整備及び市街地開発事業に関する計画で、次章の規定に従い定められたものをいう。

　都市計画法では**図表Ⅱ-1**のような目的と定義を前提とした上で、「一体の都市として総合的に整備し、開発し、及び保全する必要がある区域」（法5条1項）を都市計画区域として定め、その区域を対象として、原則、都市計画が定められる。この法律における都市計画とは、A.土地利用（区域区分、地域地区など）、B.都市施設の整備（道路、公園などの整備事業）、C.市街地開発事業（土地区画整理事業、都市再開発事業など）に関する計画である（法4条1項）（**図表Ⅱ-2**）。

　まず、都市計画法では、「都市計画区域の整備、開発及び保全の方針」（法6条の2。以下「区域MP」）、「市町村の都市計画に関する基本的な方針」（法18条の2。以下「市町村MP」）（1992年導入）という二層のマスタープランがあり、都市計画（A.B.C.）の指針となる。A.の土地利用は先に示した「規制」を指し、後続事業を伴わないので「完結型計画」と呼ばれ、地域指定をした上で、当該地域で建築行為等が発意された場合、これに一定の制限を加える履行担保手段と結合している。例えば、区域区分（法7条）は開発許可と結合し、市街化調整区域では開発及び建築行為の抑制（法34条）を前提に、市街化区域では必要最小限の許可基準（法33条）が適用される。用途地域（法8条1項1号）についてもそれぞれの用途ごとに建築物の用途・形態に関する必要最小限の基準が建築基準法により定められ、建築確認の要件とされている（大橋 2015：18-20）。一方、B.の都市施設の整備とC.の市街地開発事業は「事業」を指し、後続事

図表Ⅱ-2　都市計画法における計画と手段

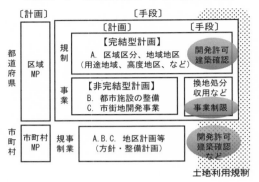

出典：著者作成。

業として換地処分や収用等の権力的な移転手法が用意されているため「非完結型計画」と呼ばれている。ただし、非完結型計画でも、都市計画道路用地内の建築制限など、施行区域内における建築行為には許可が必要となる（法53条。「事業制限」）。つまり、A. B. C. いずれも土地利用規制の性格を帯びる。そして、都市計画法には都市計画を定めるための手続である「都市計画決定手続」（法15条）が規定されている。

　以上の都市計画法制のなかで、1980年、都市計画法及び建築基準法の改正により地区計画等（法12条の4。以下「地区計画」）が導入された。自治体の自主性に基づいてきめ細かな土地利用に関する計画（A.）と、公共施設等に関する計画（B. と C.）を一体的に定める都市計画である（建設省都市局都市計画課 1980）。即地的詳細計画の定義に照らして、地区計画は規制と事業が融合している地区レベルの即地的詳細計画であると言える。地区計画創設以前の都市計画は、都市全体をマクロな目で見て決定される用途地域に関する規制のみであり、比較的小規模な土地の区域を対象とした総合的な計画に基づくきめ細い規制は存在していなかった（第Ⅲ部1-3-1）。また、地区計画創設当時、市町村が定める唯一の都市計画であり、地方分権を先取りする制度でもあった。

1-3　地区計画の特徴

　地区計画は、1980年5月都市計画法と建築基準法の一部改正によって都市計画法に導入された。その後、幾度かの改正を経て今日に至っている。それらの改正は、社会情勢の変化に対応しつつ、地区計画の実現手法をメニュー化するものであるが、制定当時の制度枠組み（「一般型」）を基本に運用されている。したがって、本研究では一般型に着目する。

1‒3‒1　地区計画の計画内容

　地区計画は、既存の他の都市計画を前提に、ある一定のまとまりを持った「街区」を対象として、その地区の実情に合ったよりきめ細かい規制を行う制度である。区域の指定された用途地域の規制を強化または緩和することができ、各街区の整備及び保全を図ることを目的としている（法12条の5）。「地区計画等」には幾つか種類がある。「一般型」とされる地区計画の他に、沿道地区計画、防災街区整備地区計画、集落地区計画があり、各計画で決定できる事項、担保措置が異なっている（2016年3月末時点で一般型7,111地区[8]、防災街区整備地区計画26地区、沿道地区計画49地区、集落地区計画15地区）。

　地区計画には、「地区計画等の方針」（区域の整備、開発および保全に関する方針）と「地区整備計画」を定めることとされている。前者は、地区計画の目標と、地区の整備、開発および保全の方針を定め、後者は、前者の方針に従って、**図表Ⅱ‒2**に示した①地区施設、②建築物等の制限（以下「建築制限」）や③樹林地の保全に関して詳細な事項（「計画として決定できる事項」）を定める拘束力のあるものである[9]。

1‒3‒2　地区計画の実効性の担保

　地区計画の実効性を確保するための履行担保措置は次のようなものがある。

　第1は、「届出・勧告」である。地区計画の区域において、土地の区画形質の変更、建築物の建築等を行おうとする者は、事前にその内容を市町村長に届け出なければならず、これに違反すると罰則が適用される（法58条の2第1項、93条1号）。届出を受けた市町村長は、届出にかかわる行為が地区計画に適合しないと認めるときは、設計の変更その他必要な措置をとるよう勧告することができる（法58条の2第3項）。しかし、勧告に従わない場合の措置について定めがなく、法的強制力を伴ったものとは言えない[10]。

　第2は、「開発行為の制限」である。地区計画の区域において開発許可の申

8　都市計画協会（2016）。なお、地区計画一般型158,664.8ha うち再開発等促進区。3,282.1ha。

9　2012年段階（地区計画研究会 2012）、地区計画を策定している6,059地区（732市町村）のうち地区整備計画を定めている地区は5,970地区であり、方針のみを定めているのは89地区である。

請がなされた場合、開発行為の予定建築物等の用途又は開発行為の設計が地区計画の内容（「地区整備計画[11]」等）に「即している」ことが、開発許可の基準となる（法33条1項5号）。したがって、地区計画を定めた都市計画決定が告示によって効力を生ずると、地区計画等の決定が、当該地区内の土地所有者等に、都市計画上の新たな制限を課しまたは従来の制限を緩和することにより一定の法状態の変化を生じさせる。

　第3は、建築条例による制限である。市町村は、「地区整備計画」で定められた建築物等に関する事項のうち、特に重要なものについては、建築基準法に基づく条例の制限として定めることができる（法58条の3、基準法68条の2第1項）。これが「建築条例[12]」である。建築条例で定められた内容は、基準法に基づく建築確認（基準法6条）や計画通知（基準法18条）の審査事項となる。そして、条例の制限に違反した場合には、基準法に基づき是正命令等（基準法9条）を行うことができることから、法的強制力のもとに地区計画の実効性を確保することができる[13]。

　第4は、道路位置指定による建築制限である。市町村長等の特定行政庁（基準法2条33号）が、地区計画の区域において道路位置の指定を行う場合、原則として、地区計画に定められた道の配置又は区域に即して行わなければならない（基準法68条の6。道路指定の特例運用）。また、特定行政庁は、上記区域にお

10　この勧告は、「あるべき都市計画に向けての勧奨であるにとどまり、これをもって当該地区内の土地所有者等の法的地位に直接的かつ確定的な影響を及ぼすものではない」とされている。

11　「地区計画」以外のその他計画の場合は、各計画に準ずる詳細計画が規定されている。例えば、防災街区整備地区計画の場合は、防災街区整備地区整備計画等。

12　建築条例には、建築物の利用上の必要性、当該区域内における土地利用の状況を考慮し、適正な都市機能と健全な都市環境を確保するための合理的に必要と認められる限度において、地区計画で定めるもののうち、特に重要な事項について定めることとされている（基準法68条の2第2項）。

13　制限を定める場合の具体的な基準は、政令（基準法施行令136条の2の4）に示されている。なお、1998年の建築基準法の改正により建築確認業務が民間開放され、建築確認や検査を行う機関として国土交通大臣や都道府県知事から指定された民間の機関「指定確認検査機関」が設けられた。この制度により総合的な調整が必要な地区計画の運用において、庁内組織が相互に連携しあいながら地域の実情に応じた建築行政が行えないことが懸念されている（友岡 2003）。

いて、地区計画に定められた道の配置及び規模又は区域に即して予定道路の指定を行うことができる（基準法68条の7。予定道路の指定）。道路位置の指定、あるいは予定道路の指定がなされれば、当該道路内における建築物の建築は原則として禁止される（基準法44条、68条の7第4項）。

　この他、他の法律との結合によって制限を行う場合もある。[14]

1-4　地区計画策定手続

1-4-1　都市計画決定手続

　都市計画法には、この法が定める拘束力ある計画を民主的な手続に基づき決定するためにその決定手続が定められ、この過程では、計画にかかわる者からの意見を聴取する。つまり、抵抗者による異論が顕在化する過程と言えよう。

　市町村が策定し、住民等の意向を反映する方式を採用することが意図された地区計画では、都市計画決定の一部に地区計画特有の策定手続が追加された。そもそも都市計画法では、都市計画決定手続の一環として、市町村が必要と認める場合に、公聴会の開催等、住民および利害関係人の意向を反映させるための措置を講じ（法16条1項）、縦覧に供する（法17条）ことが義務付けられている。地区計画の決定にあたっては、こうした都市計画一般の決定に義務付けられる都市計画決定手続に加え、地区計画の案はあらかじめ土地所有者その他の土地に関する利害関係者の意見を求めて作成することが追加されている（図表Ⅱ-3）。地区計画創設当時、こうした策定手続については、「これまでの都市計画とはやや異なった視点と手段をもったものであり、その期待は極めて大きい」とされた（大久保 1981）。

1-4-2　地区計画策定手続の特徴と運用

　地区計画策定手続の特徴は、法16条2項に示された次の点にある（図表Ⅱ-

14　地区計画と併せて土地区画整理事業や面的整備を実施する場合は、地区計画の内容に適合するように街区の整備を行っていくことができる。また、景観法の制定（2004年）により形態意匠の制限について、条例（地区計画等形態意匠条例）を制定し、市町村長が計画を認定するという景観地区と同様の仕組みが導入された（景観法76条）。加えて、地区計画等緑化率条例制度として、市町村が、地区計画等の区域内において、条例で建築物の緑化率の最低限度を定め、建築物の緑化率の最低限度への適合を証する証明書の交付をもって建築確認申請が可能となる制度が導入されている（都市緑地法39条）（2012年）。

３）。１つは、「地区計画の案はあらかじめ土地所有者その他の土地に関する者の意見を求めて作成する」という点である。ただし、その意見を求める対象は、必ずしも「住民」（区域内に住所を有する者、地方自治法10条）だけではない。具体的には、都市計画法施行令に基づく「利害関係者」（「案に係る区域内の土地について対抗要件を備えた地上権若しくは賃借権又は登記した先取特権、質権若しくは抵当権を有する者及びその土地若しくはこれらの権利に関する仮登記、その土地若しくはこれらの権利に関する差押えの登記又はその土地に関する買戻しの特約の登記の登記名義人」（都市計画法施行令10条の４））と借家人である（これらを総称して「利害関係者等」）。地区計画創設時に自治体の運用に際して指示された通達においては、「住民等の意向を十分把握し」（都市計画局第190号昭和56年８月５日建設事務次官通達）として、利害関係者等以外の住民に対しても配慮する旨が指示されている。

　２つに、「意見の提出方法その他の政令で定める事項について条例で定める」点である。その他政令で定める事項とは、地区計画等の案の内容となるべき事項の提示方法及び意見の提出方法とされている（都市計画施行令10条の３）。計画の策定手続を条例に委ねるという規定は、都市計画法の他の条項にはないという意味で、市町村の裁量を拡大する手続であった。なかでも、議会の議決を要する「条例」へ委任する規定が地区計画に特徴的な手続として規定された。[15]

　ところで、地区計画創設以前の都市計画決定手続における住民等の意向の反映は、公聴会の開催等と意見書の提出のみであった。つまり、住民等の参加は「参画」にとどまっていたと言える。しかしながら、こうした法制度にもかかわらず、実際の執行過程では個別

図表Ⅱ-3　都市計画および地区計画策定手続

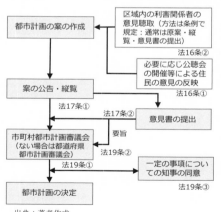

出典：著者作成。
注）地区計画申出制度（法16条３項）および都市計画提案制度（法21条の２）は含んでいない。
凡例. 網かけ：都市計画決定手続
　　　それ以外は、地区計画特有の策定手続。

の地権者の意向確認が広く行われており、自治体が利害関係者や住民の住戸を訪れ、その際に計画への同意を促すことが少なくなかったという（日端ほか1983）。また、特定街区や再開発法などの既存の法制度においては、その計画策定にあたり、利害関係者の全員同意が求められている。このような一定率の同意を計画の利害関係者等から得る「同意調達」という手法が都市計画の決定に際して用いられてきたことから、日本の都市計画決定手続に、利害関係者等の権利利益の擁護についての高い配慮が働いてきたと考えられる。言い換えれば、個別権利利益が優先されるため、「同意調達[16]」という手法が用いられてきた。

　他方で、地区計画の検討がされる1970年代後半、市町村では「地区カルテ[17]」などを策定、検討する動きが活発化し、良好な住環境に対する住民の問題関心や参加意識も高まっていた（内海 2017b）。そして、地区計画の導入と呼応して、住民参加の制度化を模索していた神戸市や世田谷区が、法16条2項の委任事項を含み住民が主体的に計画策定を行うための参加の規定を定めるまちづくり条例を制定し（神戸市1982年、世田谷区1983年[18]）、これらの仕組みが全国に展開されていくことになる（内海 2010a）。具体的には、①地区住民等による協議会

15　この都市計画法の委任規定を受けて定められる条例は「手続条例」といわれ、2012年度段階で、地区計画を定める市町村数が732であるのに対して、手続条例は809市町村で制定されている。

16　本研究において「同意調達」とは、一定率の同意を計画の利害関係者等から得る手法を言う。具体的な定義およびその実態は第Ⅳ部1参照。

17　1973年武蔵野市の第一次長期計画調整計画「地域生活環境指標」が策定される。これには、土地利用や施設が配置、その指標値が示されていた。神戸市では、1973年〜1975年に人口・土地・建築・コミュニティ施設等の総合的地域情報を統計地区毎に整理した「コミュニティカルテ」を策定した。これは、市街地全体をきめ細かく把握することを目的としたもので、地域社会にかかわる政策や計画の実現に活用することが想定されたものであった。さらに神戸市は、市街地整備事業、いわゆる「ハード事業」を実現するための市街地整備のためのカルテ（「環境カルテ」）を作成した。川崎市では、1973年度に「川崎市生活環境図集」「川崎市メッシュ統計報告書」「市民施設ネットワーク研究報告書」が作成し、これを受けて1976年に「川崎市地区カルテ・1976・9」を策定した。町丁目の単位で、住宅・住宅かわりの環境、災害要因、市民施設、地区計画の道路、交通、供給処理など76の項目について、その情報が記載されている。これらは、住民等の参加によって策定されたものであり、地区計画を想定して検討されたものなどもある。内容や実態については、塩原（1978）、君嶋（1978）、垂水（2012）。

を認定し、②その協議会に支援を行い、③当該協議会が策定する計画を、地区における大多数の支持が得られていることを要件として認定し、④地区計画に展開するという、地区の住民および利害関係者等の組織が地区計画の案を起案するいわゆる「協議会方式」と呼ばれるものである。[19]こうした協議会方式は全国的に展開されているものの、多くの地区計画を定める市町村では、法律で委任された事項のみを規定する条例を定めており、神戸市や世田谷区のように、上記の①から④の内容を条例に定める市町村は限られている。本書で素材とする浦安市は、地区計画の運用の多くで協議会方式を採用するものの、条例に定めているのは法律で委任されている事項のみである。

　以上の手続やこれまで、あるいは地区計画手続の想定されていた運用実態を本研究の参加形態・基底価値に照らせば次のように言えるだろう。すなわち、法定上の参加手続には、参加主体が異論を表明する手続が設けられているものの決定作成を参加者が主体的に策定する規定が設けられているわけではないことから、その手続は政府の決定に関与するものの決定作成主体たりえない「参画」の形態である。しかし、16条2項を受けて展開される「協議会方式」に見られるように、参加者が主体的に決定作成主体となっている運用もある。こうした運用は、参加者が決定作成主体となり得る「自治」の形態であると言える。また、大多数の支持が得られていることを計画認定要件とされている点には「同意調達」による（**第Ⅳ部 1 - 3 - 2**「地区計画策定方法の実態」参照）個別権利利益優先の価値観が見てとれる。

18　「神戸市地区計画及びまちづくり協定等に関する条例」1982年制定、「世田谷区街づくり条例」1983年制定。これらは、法律で委任された策定手続等の委任規定と下記に示す協議会方式を定める自主規定を 1 つの条例に定めている。

19　なお、このような運用実績を踏まえ、2000年の都市計画法の改正により、市町村の条例で定めるところにより、地域住民から市町村に対し、地区計画の案を申し出ることができるようになった（法16条3項）。

2　フランスの都市計画法と PLU

2‑1　フランスの都市計画法の基本構造

2‑1‑1　フランスの「都市計画」の意義と目標

　本研究が「都市計画法」と呼ぶ、現在のフランスにおける都市計画に関する法律は、都市計画法典にまとめられており、冒頭の L101‑1 条および L101‑2 条において「都市計画（urbanisme）」の意義と目標に関して次のように定めている（図表Ⅱ‑4）。[20][21]

図表Ⅱ‑4　都市計画法典 L101‑1条および L101‑2条（2018年11月）

> L101‑1条　フランスの国土は、国民の共通の財産である。
> 　それぞれの公共団体は、その権限の枠内においてその管理者であり、その保証者である。
> 　L101‑2条に定める目的の達成のために、各公共団体は、相互にその自治を尊重して、空間利用についての予測及び決定を調和させる。
> L101‑2条　持続可能な開発の目的を尊重しつつ、都市計画に関する公共団体の活動は以下に掲げる各号の目的の達成を目指す。

20　フランスにおける現行の都市計画に関連する法律が法典として編纂されたのは、1973年である。1954年に編纂された「都市計画・住居法典（Code de l'urbanisme et de l'habitation）」が関係の法律を集合させていたのであるのに対して、当法典は、すべての関連法令が示されているわけではないが、より包括的で体系的な構成をもって編纂されている。規律する事項は、開発・整備・創造だけでなく都市ならびにそれを取り込む空間の維持・保全など、広い意味での都市形成にかかわる広範な内容に及んでいる（原田 1993a：8）。

21　都市計画分野において、「環境グルネル」による環境施策を位置づけるため、都市計画法典冒頭に位置する、都市計画の目標と定義を定めていた L110 条がグルネルⅠ法によって改正された（環境グルネルについては後述）。その内容は、温室効果ガスの排出やエネルギー資源の削減、生物多様性の保全などが目的に付記され、各公共団体が、都市計画分野において気候変動対策を行うことが加筆されている。その後、2015年9月のオルドナンス（Ordonnance n° 2015-1174 du 23 septembre 2015 relative à la partie législative du livre Ier du code de l'urbanisme）による条文番号の変更と2016年7月の「創作の自由・建築、遺産に関する法律（Loi n° 2016-925 du 7 juillet 2016 relative à la liberté de la création, à l'architecture et au patrimoine）」による文化遺産に関する部分の若干の変更を経て、現在の形になっている。

　なお、仏語法文番号の L は法律編、R は規則編であることを表している。

1) 以下の各号の間の均衡：

　a）都市区域と農村区域に居住する住民

　b）都市再生、制御された都市開発、市街化空間の再構築、都市的及び農村的中心地の再活性化

　c）自然空間の節約的な利用、農業林業活動に割り当てられた空間の保全及び自然的風景、環境、景観の保護

　d）都市全体の保存及び文化遺産の保護、維持、修復

　e）移動性に関する受容

2) とりわけ都市入口の都市的、建築的、景観的な質

3) 居住様式、経済・観光・スポーツ活動様式、一般利益、公的施設及び商業施設の全体に関する、現在及び将来の需要を区別することなく満足するために十分な建築と改修の能力を予測しながら、とりわけ、雇用、居住、商業、サービスの間の地理的な均衡配置、エネルギーパフォーマンスの改善、電子通信の発達、自動車移動という拘束の減退及び自動車の個人的使用に代替する交通機関の発達という諸目標を考慮に入れながら、都市的・農村的機能の多様性及び居住における社会的ミックス

4) 治安と公衆衛生

5) 予測可能な自然的リスク、鉱山のリスク、技術的リスク、あらゆる性質の汚染、公害の予防

6) 自然環境及び景観の保護、空気、水、土、地下の質、自然資源、生物多様性、生態系及び緑地の保全、生態的連続性の創出、保全及び良質な状態の回復

7) 気候変動との闘い及び気候変動への適応、温室効果ガス輩出の削減、化石資源の節約、エネルギーの制御、再生可能資源に基づくエネルギーの生産

　この規定は、1983年の「コミューン、県、地域圏、国の間の権限配分に関する法律」[22]（以下「権限配分法」）で創設された後、1987年と1991年の追加修正を経て、さらに2009年8月3日の「環境グルネル実施に関するプログラム法」[23]（以下「グルネルⅠ法」）により変更されているが、都市計画法の特徴を表現するものとなっている（原田 1993b）[24]。

22　Loi du 7 janvier 1983 relative à la répartition de compétences entre les communes, les départements, les régions et l'Etat.

23　Loi de programmation relative à la mise en œuvre du Grenelle de l'environnement. グルネルⅠ・Ⅱの変更内容については、岡井・内海（2011）および内海（2013a）を参照。

　都市計画法は、ここに記されている都市計画の目標を実現するために存在し、国土が公共的なもの（国民共通の財産）であることから、その主要な担い手（管理者、保証者）である「公共団体（collectivités publiques）」（コミューン、県、地域圏および国）が、ここで示されている適用範囲について公権力をもって統制するための手法を定めるものである。[25]

2-1-2　フランスの行政機構と都市計画

　フランスの行政機構は、国、18の地域圏（2016年1月1日以降、欧州内13、海外領5）、101の県、そして36,529のコミューン（市町村）の四層制となっている。コミューンの平均人口は2,000人より少なく、零細なコミューンが多数を占める。[26]小さなコミューンは、地域への愛着が高くなり、地域住民同士の共助が機能しやすいという利点がある一方、効率的な行政サービスの提供が難しくなるという問題もある。そのため、コミューンの連合体である「コミューン間協力公施設法人」[27]（以下「EPCI」）が定められている。EPCI は、コミューン単体では困難な環境政策、水道、都市開発、公共交通などの仕事を担っている。政府は、1999年、「シュヴェヌマン法」[28]によってほぼ全てのコミューンを EPCI に組み入れた。EPCI はその規模に応じていくつかの種類が存在する（図表Ⅱ-5）。そして、2000年以降、EPCI は、市民への公共サービスの提供だけではな

24　原田（1993b）では、フランスにおける広義の都市計画（urbanisme）はきわめて広い外延と内容を持っており、日本の都市計画に相当するのは都市の計画化（planification urbaine）であるとし、同一のものでないとするものの、適当な訳がないので、「都市計画」という訳を用いるとしている。本研究も同様の立場に立っている。

25　「統制」とは、一定の計画や方針に従って指導・制限することをいう（フランス行政法研究会 1990：4）。

26　コミューンの平均人口は1,680人であり、1999年国勢調査によれば、人口700人未満のコミューンが本土コミューンの67.6％を占めるなど、零細なコミューンが多数を占めていることがわかる（（財）自治体国際化協会パリ事務所「フランスにおける基礎自治体の運営実態報告」Clair Report No. 331（2008年）30頁、32頁）。

27　Etablissement public de coopération intercommunale. 複数のコミューンから構成される公施設法人であり、意思決定機関である議会を有し、固有の財源を徴収する権限等をもつ。

28　2009年、バラデュール地方分権改革委員はメトロポールを含んだ地方制度改革に関する報告書を作成し、そして、大規模な EPCI が、2014年の「MAPTAM 法」によって設立する。　Loi n° 99-586 du 12 juillet 1999 relative au renforcement et à la simplification de la coopération intercommunale.

図表Ⅱ-5　フランスの行政組織と規模

数値：団体数	団体数合計	（国内）	（海外）
国（État）			
地域圏（Région）	18	13	5
県（Département）	101	96	5
コミューン（Commune）	35,443	35,229	215
EPCI（établissement public de cooperation intercommunale）※1	1,263		
※1：EPCI コミューン間公施設法人：[　] は団体数 ・メトロポール（Métropole）[21] ・大都市共同体（Communauté urbaine）[11] ・都市圏共同体（Communauté d'agglomération）[222] ・基礎自治体共同体（Communauté de communes）[1,009]			

出典：DGCL‐Insee, Recensement de la population, LES COLLECTIVI-
　　　TÉS LOCALES ET LEUR POPULATION, 2018.
注）データは2018年1月1日現在。

く、コミューンととも
に都市計画を決定する
主要な主体となる。し
たがって本研究では、
コミューンとともに、
EPCI も都市計画の決
定主体として取り扱う。
　以下では、フランス
の都市計画法の枠組み
を把握するため、その
存在理由、目的、性
格、適用範囲を確認し
てみたい。[29]

2-1-3　都市計画法の存在理由

　上で見たとおりフランスの都市計画法は、国土を「国民の共通の財産」と規
定している。フランスにおいて都市計画法は次のように定義されている。すな
わち、都市計画法とは「空間の配置とその整備（aménagement）に関する規則
の総体である」。また都市計画法は、公法学、とりわけ、警察規制と公用地役
（servitudes d'utilité publique）[30] として同時に表れる一般利益（intérêt général）[31] を
帯びた強制を定めるものであり、その正当性は、公役務（service public）[32] と公
権力の概念を同時に考慮するところにあるとされている。ここでいう公権力と
は、共同体の利益という観点から、私的利益に対して強制的な特権を有するも

29　フランスの特徴については、主に Jacquot et Priet（2008）を参照している。

30　「公用地役（servitudes d'utilité publique）」とは、一般利益のために土地の所有権と利用
　　権を制限する公法上の地役のこと。公益地役を設定する場合は PLU の付録として明記され
　　なければならない（L151-43条）（Morand-Deviller 2018：27-28）。

31　一般利益の概念、定義については多様な議論がなされてきている（メキ 2009）。例えば、
　　「すべての賛同（adhésion）を調達し得る1つの根拠である」とされる（Deswarte 1988）。

32　公役務とは、行政活動のことであり、フランスでは例えば「当該活動の遂行が社会的相
　　互依存の実現および発展に不可欠であり、かつ為政者の実力の関与なしには完全には実現さ
　　れないが故に、為政者のよって保障され、規制され、監督されなければならないすべての活
　　動」と定義されている（今関 1987）。

のと観念されている（Morand-Deviller 2018：1）。それゆえフランスでは、都市計画は公共政策の１つをなし、都市の空間整備を目的とする土地所有権の特別な統制[33]を行うため都市計画法が創設された（Jacquot et Priet 2008：6）。

　この理由を土地所有者の権利（「所有権（propriété）」）との関係で確認してみたい。フランスにおいては、所有権を「神聖不可侵の権利（droit inviolable et sacré）」（見上 1977：62）であるとする1789年の人権宣言17条[34]に加えて、民法544条において所有権を「物を最も絶対的な仕方で収益し、処分する権利」であるとし（吉田 1990）、また552条は「土地の所有権は、土地の上と下の所有権をもたらす」「所有者は、適当と判断するすべての植樹と建築をその土地の上になすことができる」ことを明確にしている。

　しかし、公共団体が決定した土地利用が、土地所有者の望んでいた用法と一致しない場合に、その権利の行使は公共団体の目的と両立しないことは明らかであり、都市の整備という一般利益のために、公共団体によって所有者の権利の行使を制限しなければならなかった。このような実態は、後述する計画制度の歴史的変遷からも確認でき、フランスにおいて都市計画法の存在理由は、都市計画という一般利益のための土地利用制限という特別な統制の必要性にあることがわかる。

2 - 1 - 4　都市計画法の目的と適用範囲

　コンセイユ・デタの報告書『都市計画：より有効な法のために』（Conseil d'Etat 1992：29）によれば、フランスの都市計画法の役割は「土地を利用する可能な範囲を定義し統制すること」とされている。そしてその範囲において、公共団体の目標である都市全体の調和の取れた整備の実現によって、一般利益に寄与することが都市計画法の目的であるとしている。したがって、公共団体が土地所有者の個別利益に対して一般利益を優先させることができるように、法

33　ここでいう「特別な統制」とは、「計画（plan）」を媒介に連続した空間の物理的基盤として、都市全体を包括的にコントロールする「都市計画」という社会的な技術によって、政府の強力な介入により、都市の物的な行為を総体として計画的に統制することである（第Ⅱ部 1 - 1 - 1）。

34　「所有権は、神聖不可侵の権利であり、何人も法律上認定された公の必要が明白にそれを要求する場合で、かつ事前の正当な保証の条件の下でなければ、これらを奪われることはない。」

律によって公共団体に多くの公権力特権（先買い権[35]、収用権[36]、都市計画地役[37]。以下「都市計画制限」）が付与される。このため、都市計画法には一般利益に基づく都市計画制限の行使が最適解であることを正当化するための策定手続が定められている。

　フランスの都市計画法の適用範囲は、幾つかの側面から確認でき、先に示した日本のそれ（日本の都市計画法４条の１）よりも広範である。

　１つに、空間的な適用範囲である。都市計画法は、単に都市空間のみで適用されるわけではない。都市の内部整備によって提起された問題から誕生した都市計画法ではあるが、現在では、都市か農村地域かにかかわらず国の空間全体をカバーしている。２つに、物的適用範囲である。それはきわめて広く、一部の建築物と工作物を除いて[38]、すべての建築物を対象とするが、それは同時に、分譲、解体、閉鎖、種々の設置と工事（駐車区域、娯楽や運動区域、土地の掘削と盛り土）や一定の樹木の伐採、採石場などにもかかわりを持つ。３つに、隣接法律の適用の統制である[39]。土地占用への影響を有する部門別法律は、原則、相互に自律的であり、それぞれが独立の規定により執行されるが、都市計画法はこれら部門別法律の適用を統制する。具体的には、安全、公衆衛生、自然的または建築された遺産の保存、森林や農業の開拓などといった土地利用に影響を与える諸問題を解決するために制定された部門別法律である。例えば、本研究

35　公権力特権とは、公共団体のみが所持しうるべき公権力による特有の権利。空間の整備及びその使用（内容）の決定は、裁判官によって、私的利益の代表者たちと共有されることのできない公権力特権とみなされる（Fatôme 1993）。

36　売りに出されている不動産を優先的に購入できる権利。コミューンまたは EPCI は PLU の策定により都市先買権（droit de préemption urbain）を設定できる（L211-1条）。

37　都市計画地役とは、都市計画に関し、不動産所有権の行使に対してなされる制限であり、以下「都市計画制限」と示す。なお、これは、公用地役（servitude d'utilité publique）の一種である（見上 1977：65；Morand-Deviller 2018：27-28）。

38　除外されているのは農業生産に関連した土地占用部分の建築物や工作物である。

39　前掲注20で示したように、都市計画法は法典として編纂されており、都市計画法典第4巻第２編以降に、これらの建築行為に対する許可制・事前申出制についての法律が定められている。その他の都市計画および建築規制に関する主要法令としては、建築物の防災、衛生、設備の安全性、不動産開発業、賃貸借等について規定する建設住居法典（Code de la construction et de l'habitation）、歴史、芸術および建築の観点から保護するべき建造物・建築物については、歴史遺産法典（Code du patrimoine）がある。

が素材とする「都市計画ローカルプラン（PLU）」には、土地利用にかかわる
制限内容が規定され（L151-43条）、他の法律が規定する諸事項が PLU に示され
ることで、はじめて都市計画制限の対象となる。そして、PLU に定められた
制限内容を伴う土地利用は、建築許可によって制限される。[40]

2‒1‒5　フランスの都市計画法の展開

(1)　都市計画法の創設と二層の都市計画

　フランスで最初の都市計画に関する法律は、1919年3月14日の「都市の整
備・美化・拡大に関する法律[41]」とされており、そのなかで「都市整備・美化・
拡大計画[42]」が定められた。この法律制定の理由は「都市計画という一般利益の
ための土地利用制限という特別な統制の必要性」（Merlin et Choay 2005）に
あったとされている。それ以前の衛生的または歴史的遺産の保存などという、
個別の建造物に対して制限を強いる空間整備の方法とは異なり、都市の外延的
拡大による粗悪な宅地開発への対処と第一次世界大戦後の都市の再建を計画的
に進めるための方法である整備計画が必要とされた。特に、この計画は、画地
分譲者が行う宅地の分割分譲に伴い、地域の目標像となる空間の総合的な調整
を可能とするプランを定め、かつ街区レベルの詳細な目標像（配置計画）に基
づいて基礎自治体が建築許可（permis de construire）を執行することで実現す
るものであった。つまり、フランスでは都市計画法創設当初から「即地的詳細
計画」が存在していた。

　後に「偉大な都市計画の法律」（ストゥルイユ・亘理 2012：136）と言われるよ
うになる、「1943年6月15日の都市計画に関する法律[43]」が制定される。この法
律による主な変更点は、第1に、都市計画による地役負担の「無補償原則」が

40　許可制としては、「建築許可（permis de construire）」、「整備許可（permis d'aménager）」
　　及び「解体許可（permis de démolir）」の3種類が、それぞれ L421-1条、L421-2条、L421
　　-3条によって規定されている（服部 2011）。

41　Loi sur les plans d'aménagement, d'embellissement et d'extension des villes.

42　Projets d'aménagement, d'embellissement et d'extension des villes. この計画内容は、①
　　道路の新設・修復予定、広場、公園、空地、緑地などの配置を定める計画と、②衛星、美
　　観、史跡保護の観点からの建築制限、建築高度などに関する地役（制限）を定めるプログラ
　　ムからなる。

43　Loi du 15 juin 1943 d'urbanisme.

明示された点である。これは、都市計画による諸規定は補償をも生じさせない
という考え方[44]として現行法典まで引き継がれている（L105-1条）。第2に、「コ
ミューン間整備計画」と「コミューン整備計画」が創設された点にある[45]。いず
れの計画も国の決定により策定、履行されるという、いわば「国家事務化」の
下で運用されるものである。このため、基礎自治体であるコミューンの長
（maire）（以下「市長」）の権限であった建築許可権限が国の地方出先機関たる
「地方長官（préfet）[46]」に移された。

　急激な都市化や都市への人口集中に対して、1967年12月30日の「土地利用の
方向づけの法律[47]」の中で「整備・都市計画指導スキーム（SDAU）[48]」と「土地占
用プラン（POS）」という2つの計画が規定された。つまり、二層の都市計画
体系が確立された。ただし、長期的な方針であるSDAUは土地利用を拘束す
る計画でないのに対し、原則コミューン単位の計画であるPOSは、個別の土
地利用規制を定める即地的な計画であり、建築許可等と結合することで実効性
を担保できる計画であった。

(2)　地方分権化と即地的詳細計画

　1970年代後期に入ると、戦後の住宅不足が解消されるとともに、オイル
ショック等による経済衰退等を背景に、社会的政策の見直しが行われるように
なったほか、景観保全、市民参加などに関する改革が行われる。とりわけ、
1981年には地方分権化が積極的に進められ（Commission des communes de
France 1978）、その結果、都市計画に関する権限は、原則、コミューンへと移
譲された[49]。1983年1月7日の「権限配分法」によってSDAUは「指導スキー
ム（SD）[50]」に改称され、都市部以外の国土も対象とする計画になった。また、

44　既得権益の侵害、または直接の物的かつ確実な損害を引き起こす従前の状況の変更をも
　　たらす場合を除く。

45　前者は複数のコミューンで構成される「都市計画団体（groupement d'urbanisme）」、後
　　者は人口1万人以上のコミューンをそれぞれ対象にしている。

46　各県には、政府によって任命され、県における国の受任者および県行政事務の執行機関
　　長の役割を果たす地方長官が置かれていた。コミューンにおいては県の地方長官が国の受任
　　者として役割を果たす。

47　Loi n° 67-1253 du 30 décembre 1967 d'orientation foncière.

48　Schéma directeur d'aménagement et d'urbanisme.

POS の策定に関してもコミューンへと権限が移譲され、名実ともに即地的詳細計画となった。そして、建築許可にも重要な変更が加えられる。具体的には、POS が策定された場合、建築許可権限はコミューンに移譲されるが、POS がないコミューンにおいては、その権限は国（地方長官）に残され、その場合には、原則、現在市街化されているところでしか建築が許可されないという「建築可能性の制限の原則（principe de la constructibilité limitée）」（L111-3条〜 L111-5条等）が導入された。[51]

　他方、従来、公衆の意向を反映する手段として機能していた公開意見聴取（enquête publique）手続は、特定事案の最終計画案についての諮問を目的としたものであり、この時点で住民に知らされても遅すぎること、反対を表明したとしてもその結果は必ずしも考慮されないことから[52]、より早い段階での参加手続が必要であると認識されてきた（久保 1995：39）。そのため、都市計画法を改正した1985年 7 月18日の法律（以下「1985年法」）によって[53]、手続としての「コンセルタシオン（concertation）」[54]が創設される。

2-2　フランスの都市計画法と PLU の位置付け
2-2-1　SRU 法による都市計画体系の再構築（SCOT・PLU）

　以上のように幾度かの法改正を繰り返し、その後、現状の計画体系を導いた「2000年12月13日の都市の連帯と再生に関する法律」[55]（以下「SRU 法」）によっ

49　第二次世界大戦後、フランス政府は都市の人口増加に伴う住宅不足に対処するために、1950-70年代に国家主導で大規模団地を大量に建設していった。しかし、徐々にそうした大規模団地での問題が認識されはじめた。そうしたなか、社会党政権下で1983年に首相に提出されたH・デュブドゥ（Hubert Dubedout）の「共にまちを作りなおす（Ensemble, refaire la ville）」が後の政策に影響を与えたとされる。そこで強調されたのは、物的な施策と社会的施策の一体的実施、住民主体、コミューン主導の施策の 3 点であった（森 2016：100-103；中田 2005：第 5 章）。

50　Schéma directeur.

51　なお、POS を定めていないコミューンは、「都市計画全国基準（RNU: Règlement national d'urbanisme）」が適用される。都市計画でカバーされない地域の建築制限を目的として創設された基準（L111-1条）である。

52　Atger（2000：43）によると、「重要な修正を考慮することは難しい」とされている。

53　Loi n° 85-729 du 18 juillet 1985 relative à la définition et à la mise en œuvre de principes d'aménagement.

て、都市計画法典に大幅な修正が加えられ、フランスの都市計画は新たな局面
に入ったと言われている（Tribillon 2001：14）。SRU 法による都市計画法制の主
要な変更点は、1967年以来運用されてきた SD と POS を、都市圏の整備に関
する総合的な方針である「広域一貫スキーム（SCOT）[56]」と、即地的詳細計画で
ある PLU に再構築した点にある。そこでは、PLU はコミューンが策定し、
SCOT は複数のコミューンの連合体である「コミューン間協力公施設法人
（EPCI）[57]」が策定することとされた。

　SRU 法は、「連帯の要求」「持続可能な開発と生活の質」「民主主義と地方分
権」という 3 つの原理に基づいて空間整備政策の法的枠組みを更新することを
目的とした[58]。土地利用規制にかかわる主な改正点は、① SCOT・PLU が、経
済面、環境面など、従前より広範かつ多面的な諸要素を包摂するものとなった
こと、②都市計画に関する公共政策の目標を定める文書として新たに「整備と
持続可能な開発発展の構想（PADD）[59]」が規定されたこと、③ POS や PLU 同様
に、SCOT についてもそれが策定されない場合には市街化が制限されること、
④ PLU は SCOT との整合が義務付けられるなど、SCOT を中心として諸計画
間の整合・考慮が義務付けられたこと、⑤都市計画文書の策定手続の簡素化が
図られる一方でコンセルタシオンの対象を拡大したことなどである（原田
2004）。なかでも③により、PLU の中で新たな市街化の区域を定めるには、
SCOT の中で市街化する区域を記載することが必須となり、SCOT が策定さ

54　「コンセルタシオン」という言葉には、「協議、協調、（住民参加の）合議」などの意味が
　　あり、特定の事物をさすものではなく、その意味するところは広く曖昧である。しかし、都
　　市計画法典中においてこの語句は、（関係者等との）会談と議論の場という合意形成上重要
　　な概念をもつ用語として用いられている。なお、「事前協議」と訳している文献もあるが、
　　「より集まって相談すること」を意味する協議と、後述するように情報提供や意見聴取など
　　も含む広い概念に若干の差異があることから本研究では「コンセルタシオン」と表記するこ
　　ととする（岡井 2008：4.3）。

55　La loi n° 2000-1208 du 13 décembre 2000 relative à la solidarité et au renouvellement
　　urbains.

56　Schéma de cohérence territoriale.

57　Etablissements publics de coopération intercommunale.

58　Projet de loi relative à la solidarité et au renouvellement urbains, Assemblée Nationale,
　　n° 2131, février 2000.

59　Projet d'aménagement et de développement durables.

れていないコミューンにおいては、原則、新たな市街化を行うことは不可能で
あるとされ（L142-4条）、「市街化の制限の原則（principe d'urbanisation limitée）」
という土地利用規制の原則が定められた。

2-2-2　グルネルⅠ法・Ⅱ法と ALUR 法による展開

「持続可能な発展」を実現する１つの取り組みとして、2007年に「環境グル
ネル懇談会[60]」が開催された。そして、そこでとりまとめられた基本方針を具現
化するための法律としてグルネルⅠ法が2009年に制定される[61]。この法律により
環境施策を都市計画分野に位置付ける基本法的枠組みが示され、すでにのべた
ように、都市計画法典の冒頭に位置する都市計画の目標と定義が改正された
（現 L101-1条、L101-2条）。

　次いで、これらの諸目標を達成するため、より技術的で詳細な内容に落とし
込んだグルネルⅡ法が2010年に制定される。この法律では、「持続可能な都市
の発展」という SRU 法の目的を実現するためには明確な目標設定とプログラ
ムが必要であるとの認識により都市計画文書の内容が変更される[62]。なかでも、
PLU に関する改正部分は、① PLU を SCOT の実現手段として強化し、②規
則書（règlement）の内容を充実し、③整備とプログラムの方針（以下「OAP」[63]）
を計画化し、④ EPCI が決定する PLU を位置付けることで[64]、即地的詳細計画
の実現を広域行政により強化するものであった（ARPE 2011：8-11）。

60　2007年７月、政府、地方公共団体、雇用者団体、労働者組織、NGO といった多様なス
　テークホルダーの代表が集められ、「環境グルネル懇談会」が開催された。そこでは、①気
　候変動対策とエネルギー需要の抑制、②生物多様性および天然資源の保全、③健康に配慮し
　た環境の創設、④持続可能な生産・消費形態の採用、⑤エコロジーな民主主義の構築、⑥雇
　用と競争力を促進するエコロジーな開発形態の奨励という６つのテーマごとにワーキンググ
　ループが設置され、３カ月にわたる討議を経て基本方針案が策定された。その後、国民への
　意見聴取を経て、268の基本方針がとりまとめられた。なお、グルネル懇談会の「グルネル」
　という表現は、1968年５月にパリで学生と労働者が自由・平等・自治を求めて共闘し、全国
　に拡大したゼネスト「五月革命」を収拾するべく、グルネル通りにある労働省で政府・労働
　者・使用者の代表者会議を開催したことに由来している。
61　グルネルⅠ法は、「気候変動対策としての温室効果ガス排出の削減」、「自然環境と生態系
　の保護・回復」、「健康や環境へのリスク管理」を目的としている。
62　グルネルⅠ法、Ⅱ法の意図や経緯、変更内容については、岡井・内海（2011）参照。
63　Orientations d'Aménagement et de Programmation. OAP は、la Loi Robien（urbanisme
　et habitat）により2003年に位置づけられ都市計画法に導入される。

　そして、グルネルⅠ法・Ⅱ法の目的を具現化するために、都市の拡散と市街化を抑制し、住宅問題を解消することを目的とした「住居へのアクセスと都市計画の刷新のための法律」[65]（以下「ALUR法」）が2014年に制定される。この法律の制定は、既述の2つの原則（建築可能性の制限の原則・市街化の制限の原則）を前提として、①適用対象の拡大、②計画体系の強化、③計画内容と履行担保手段の社会情勢の変化ならびに地域の実情に即した強化、④計画策定手続における策定主体の自主性の拡大を図るものであった。特に、①②に関連し、EPCIが決定するPLUの策定が促され、③④を実現するため、POSからPLUもしくはEPCIが決定するPLUへの期限を定めた移行義務が課され、OAPの策定が求められた。[66]

2-3　PLUの特徴とOAP

　ここではALUR法制定時点における都市計画制度について、PLUと、PLUが定める地区レベルの計画、すなわちOAPを中心に概観する。なお、フランスの都市計画にかかわる法律の制定経緯や内容、PLUの全国的な運用実績の把握については、エコロジー・持続可能な開発・エネルギー省（以下「持続可能省」[67]）のPLU担当者に聞き取り調査等を実施した。[68]

2-3-1　PLUの計画内容とその実効性の担保

　PLUの構成文書は、①説明報告書、②PADD、③OAP、④規則書である（L151-2条）。[69] これらの計画文書の機能をPLUによる統制という観点から見れば次のようになる。説明報告書に基づくPADDという構想を定め、これを実現するために地区レベルの具体の整備事業とそのプログラムを示したOAP

64　EPCIが決定するPLUをPLU intercommunalという。フランスでは「PLUi」と呼ばれている。

65　Loi n° 2014-366 du 24 mars 2014 pour l'accès au logement et un urbanisme rénové.

66　Ministère de logement de l'égalité des territoires 2014 : 4-6.

67　Ministère de l'écologie, du développement durable et de l'énergie. なお、2017年にエコロジー・連帯転換省（Ministère de la Transition écologique et solidaire）に改変されている。

68　2014年9月2日に持続可能省で聞き取り調査を行い、併せてPLUの策定状況等のデータを入手した。

69　これらの文書には、図面を含むとされている。

と、4つの区域（zones[70]）ごとに制限内容を定めた規則書によって定められる。そして、これらの実現は、OAPと規則書に基づく建築許可制度によって担保される（L151-4条〜L151-42条）。つまり、OAPと規則書による統制が行われる[71]。また、PLUがSCOTに整合していることで、SCOTに統合される計画がOAPと規則書によって実現するということになる。なお、規則書がOAPとの整合を欠く場合、行政裁判官（juge administratif）は、そのPLUを取り消すことができる（ストゥルイユ・亘理 2012：140）。

2-3-2　OAPの内容

規則書及びOAPはともにPADDを尊重しなければならず（L151-6条、L151-8条）、文書及び図面によって示される。規則書が対象とする都市の領域すべてで定めることが義務付けられているのに対して（L151-9条）、OAPは、市街化予定区域（AU）で市街化を行う場合にその策定が義務付けられているが、その他の区域は任意である（L151-7条）。また、規則書は、土地占用の性質、計画・土地・施設の条件、土地占用の上限などを定めるものであるが[72]、OAPは、空間整備、住宅、輸送、交通に関する規定、及び山岳区域においては、「新規観光地区（UTN[73]）」に関する規定を定める計画である（Certu 2013：ARPE PACA 2011）。

このように、規則書とOAPは異なる性質の文書であるが、OAPを定める地区は、規則書が定められ規制と事業が一体のものとして両者が補完しあう形で運用される。とくに、OAPは、PLUにおいて自治体が改善、改修、整備をしたい方法を定めるものとして位置付けられており、協議整備地区（ZAC[74]）、

70　4つの区域とは、U区域（zones urbaines：市街化区域）、AU区域（zones à urbaniser：市街化予定区域）、A区域（zones agricoles：農業区域）、それにN区域（zones naturelles et forestières：自然森林区域）である（R151-18条〜R151-24条）。

71　建築可能性の制限の原則、市街化の制限の原則は前提となる。

72　規則書（L151-8条）は、土地の配置及び建築用途（L151-9条〜L151-10条）と、次の内容を含む都市・建築物・環境・景観の質について定められる。生活環境の質（L151-17条〜L151-25条）、密度（L151-26条〜L151-29-1条）、駐車場（L151-30条〜L151-37条）、施設、上下水道、専用地（L151-38条〜L151-42条）。

73　Unités touristiques nouvelles. 都市計画法L122-15条以下に定められる山岳区域における特別な都市計画のこと。「新規観光地区」に関する規定には観光用の建築物、施設、空間整備の計画などが含まれる。

都市再生計画、公用地役や建築計画の予定を定めることが有効であるとされている。

　OAP は、地区の都市計画プログラムであり、公用地役の設置と取扱い、地区の維持、改善、創造すべき緑地の方向性、道路の新設、改善や道路網の方針などが定められている。具体的には、**図表Ⅱ‐6** の内容を規定することができる（L151-7条）。これまで策定された OAP の実態を踏まえ、持続可能省は、OAP を「SRU 法により創設され、グレネルⅡ法によって充実が図られたOAP は、効果的かつ広く評価された戦略的な計画実現手段であることが判明している」と評価し、「規制」と「事業」を一体的に運用する手段として策定を促している。[75]

図表Ⅱ‐6　OAP の規制内容

> ・生態学的な連続性、景観、文化遺産を含む環境の保全、衛生対策、都市再開発、コミューンの発展に必要な活動と事業の内容
> ・空間整備、建設または改修事業を行う場合の小売店舗の配置を規定することによる都市機能の複合性を促進する内容
> ・市街化予定区域での市街化の実施とそれに対応する施設整備の暫定的な工程表
> ・価値を高め、改修し、再編し、整備すべき地区またはセクター（secteurs）[76] に関することがら
> ・道路及び公共空間の主要な特徴
> ・交通の利便性に応じた OAP の範囲の設定。
> ・山岳区域についての「新規観光単位」の場所、性格、当該単位の施設全体での受入能力

74　協議型の事業的都市計画であった ZAC（zone d'aménagement concerté）の制度は、2000年、PLU の中に包摂され、ZAC 内での都市計画規制の特則をなした区域整備プラン（PAZ: Plan d'aménagement de zone）や区域整備規則（RAZ: règlement aménagement de zone）の制度は廃止された。これ以降、ZAC は、規則書および OAP に即さなければならない。

75　持続可能省（Ministère de l'écologie, du développement durable et de l'énergie）へのヒアリング調査（2017年）。

76　PLUi では、コミューン領域を単位として、1つまたは複数のコミューン領域を対象にした区域を「セクター（secteurs）」と呼び、PLUi にセクターを対象にした「セクター計画（plans de secteur）」を含むことができる（L151-3条）。

　以上のように、PLU は、コミューンないし EPCI という自治体の意思により策定した、即地的で詳細な計画を法的強制力によって実現する都市計画であると言える。そして、OAP と規則書が定められる OAP 地区は、地区レベルの事業と規制を融合する地区であり、その展開が期待されている（具体的な計画および策定過程については、第Ⅳ部 2 参照）。

2-4　PLU の策定手続

　PLU の決定は、「公的決定」であり、その策定手続は法律に定められている。具体的には、コンセルタシオンの後に、公開意見聴取を行い、策定主体の議会の議決により承認される（L153-21条）。

2-4-1　コンセルタシオン

(1)　コンセルタシオンの意味と対象

　「コンセルタシオン（concertation）」という語の定義は諸説ある（Pipard-Thavez 2002 : 184）。一般には「情報を提供し、意見を求め、共に作ること」と解釈され、その中には、「コミュニケーション」「インフォメーション」「意見聴取（consultation）[77]」やさまざまな参加手法が含まれると考えられている。なお、「共に作る」という概念には、他者の意見を聞き、その意見を考慮し、またその意見が考慮されなかった場合にはその理由を説明する準備はできているが、策定主体が常に決定の権限を持つとされている（Atger 2000 : 8, 19）。

　コンセルタシオンは、1983年の権限配分法に伴う1985年の都市計画法の改正（1985年法）によって創設され、2000年の SRU 法の制定により、改正が加えられている。コンセルタシオンの現在（2019年 8 月段階）の内容を規定している都市計画法 L103-2条には、計画案作成開始時点から最終計画案が決定されるまでの全期間にわたって、住民、アソシアシオン[78]、その他関係者を参加させるコンセルタシオンが義務付けられており、情報を事前に周知し、あらかじめ住民等の意見を聴取することを主な目的としている。なお、環境省が作成した手引書「コンセルタシオン憲章」[79]（1996年）によれば、「コンセルタシオンは、特に、

77　「意見聴取」の概念については、亘理（2004）、岡井（2008）に詳しい。

78　1901年の「アソシアシオンの契約に関する法（Loi relative au contrat d'association）」に基づき結成された非営利団体である。

議員、アソシアシオン、私人など、参加したい者全てを関与させなければならない。（中略）近隣住民のみならず、関係する者全てに開かれる」とされており、コンセルタシオンが多様な主体の参加を前提としていることがわかる。

　従来コンセルタシオンの対象は、a）将来の市街化区域の全部もしくは一部を市街化する「土地占用計画（POS）」の変更または改定、b）「協議整備区域（ZAC）[80]」の設定、c）事業の規模またはその性質から実質的に市町村の生活環境または経済活動に影響を及ぼすもので、a）またはb）の区域に位置しない、コミューンによって実施される都市整備事業となっていた。そして、SRU法によりその基本原則の1つである民主主義と地方分権の強化を反映した、SDとPOSからSCOTとPLUへの移行に伴うこれらの策定と改定についても、コンセルタシオンの実施が義務づけられている。なお、その後、ALUR法により「都市再生計画」[81]が付記され現行の規定（図表Ⅱ-7）に至っている。

図表Ⅱ-7　都市計画法典におけるコンセルタシオン条文（2019年8月段階）

L103-2条　以下の各号は、計画案策定の全期間にわたって、住民、地域のアソシアシオン及びその他の関係者を参加させるコンセルタシオンの対象となる。
　　1）　SCOT又はPLUの策定または改定
　　2）　ZACの設定
　　3）　実質的に生活環境とりわけ環境法L122-1の意味での環境に影響を与えるまたは経済活動に影響を与える可能性のあるコンセイユ・デタのデクレによって列挙される空間整備及び建築の案ならびに事業
　　4）　都市再生計画
L103-3条　コンセルタシオンの達成目標と方法は、以下の各号によって明確に示される。

79　Charte de concertation réalisée en juillet 1996 par le ministère de l'Environnement avec le concours de représentants de la société civile.

80　Zone d'aménagement concerté. 協議整備区域（ZAC）とは、土地整備を行う、もしくは行わせるために、公共団体または所轄の公益法人が開発介入する区域である。特に土地については、当該公共団体または公益法人が将来的に公私の利用者に売却または譲渡する目的で収用または取得するものとする。市街地の創設・再開発、活動区域の創設または保留地の形成を目的として、国が指定する将来の整備事業区域であり、公共団体や、公的主体が14年間に渡り先買権を行使することができる（鈴木 1994）。

81　Projets de renouvellement urbain.

　　1）　都市計画文書または事業が国家の発案であるときは、権限ある国家行政
　　　　当局
　　2）　それ以外の場合は、公共団体もしくは公施設法人の議決機関
　しかしながら、コンセルタシオンが L103-2条の 2 号または 3 号の適用により必
要なとき、またはコンセルタシオンが義務でないが実施されるときは、コンセル
タシオンの達成目標と方法は、公共団体もしくは権限ある公施設法人の議決機関
の長によって明確に示されることができる。
L103-4条　コンセルタシオンの方法は、十分な期間かつ当該案の重要性と特徴に
　応じた適切な手段によって、公衆が案に関する情報及び適用法令の規定が求める
　意見を知ることができ、かつ所見及び提案を行えるようにするものである。公衆
　から提示された所見及び提案は権限ある当局によって登録され保存される。
L103-5条　整備事業が L103-2条の 2 号または 3 号の適用によりコンセルタシオン
　の対象となり、かつ SCOT または PLU の改定を必要とするときは、コミューン
　または権限ある EPCI は、都市計画文書の改定と事業を単一のコンセルタシオン
　の対象とすることを決定できる。この場合、コンセルタシオンの達成目標と方法
　は、コミューンまたは EPCI によって明確に示される。
L103-6条　コンセルタシオンの終了時、L103-3条の当局は総括を決定する。
　　当該案が環境法第 1 部第 2 篇第 3 章に従って実施される公開意見聴取の対象で
　あるときは、コミューンの総括は公開意見聴取資料に付加される。
L600-11条　都市計画文書及び L103-2条ならびに L330-2条の事業は、L103-1条か
　ら L103-6条で定める方法及び L103-3条に規定する決定または議決が尊重される
　限りにおいて、コンセルタシオンを損なう余地のある瑕疵の事実のみをもって違
　法とはならない。土地占用もしくは利用の許可は、当該議決もしくはその実施の
　方法を損なう余地のある瑕疵の事実のみをもって違法とはならない。

(2)　コンセルタシオンの規定と法的効果

　上記の規定の通り、コミューンもしくは EPCI が PLU の策定または改定を
行う場合のコンセルタシオンの実施（L103-2条）における達成目標と方法は、
コミューンもしくは EPCI の議会が議決によって定めることとされている
（L103-3条、L153-11条）。その際、コンセルタシオンの方法については、公衆
が、十分な期間かつ適切な手段によって、案に関する情報を知ることができ、
所見及び提案を行えるようにするものでなければならない（L103-4条）。また、
コンセルタシオンの終了時にコンセルタシオンを総括した報告書を決定するこ
とも義務付けられている（L103-6条）。ただし、ここで言う提案とは、あくまで

も政府の案に対する市民の立場としての提案であって、参加主体が決定作成を行うことを想定したものではない（第Ⅳ部参照）。

　他方、コンセルタシオンの対象となる PLU と事業は、コンセルタシオンの瑕疵という事実のみをもって違法とはならず、また土地占用許可や土地利用許可は、コンセルタシオンの議決もしくはその実施の方法の瑕疵という事実のみをもって違法とはならない（L600-11条）。つまり、手続上の瑕疵だけで違法性を問わないこととされ、多様な主体の参加を保障しつつその後の訴訟提起が制限される規定となっている。

(3)　コンセルタシオンと関係団体間の調整

　コミューン議会もしくは EPCI 議会は、PLU の策定の開始を決定し、L103-3条に従い、達成目標とコンセルタシオンの方法を明確にする。この議決は、L132-7条及び L132-9条に記載された公法人に通知される[82][83]。PADD の一般方針に関する議論は、遅くとも PLU 原案の検討開始の 2 カ月前に行わなければならない（L153-12条）。

　EPCI の議決機関またはコミューン議会は PLU 原案を決定する（L153-14条）。EPCI 加盟コミューンの 1 つが、当該コミューンに直接関係する OAP または規則の規定に否定的な意見を発するとき、EPCI の権限ある議決機関は改めて審議し、投票総数の 3 分の 2 以上の多数をもって PLU 原案を決定する（L153-15条）。決定された PLU 原案は意見を求めるために関係機関に付託される[84]（L153-16条）。そして、この PLU 原案は、その要請によって、次の機関にも付託される（L153-17条）。すなわち、①隣接コミューン、②直接関係する EPCI、③「自然的、農業的、森林的空間の保全に関する県の委員会」（農村・

82　L132-7条には、SCOT および PLU の策定に参画する公法人が列挙されている。具体的には、国、地域圏、県、都市公共交通機関の運営組織、地域住宅プログラム（Programme local de l'habitat: PLH）に関する権限を有する EPCI、地域圏立自然公園管理組織、国立公園管理組織、商工会議所、手工業会議所、農業会議所などである。L132-9条で言う公法人とは、新都市圏組合（syndicats d'agglomération nouvelle）、PLU 対象地域が SCOT 対象地域でない場合は、当該 SCOT 策定管理権限を有する EPCI である。

83　なお、コミューン議会もしくは EPCI 議会は、L424-1条に定めた条件と期限に従って、PADD（整備と持続可能な開発発展の構想）の一般方針に関する議論が実施されたときは、将来の計画の実行を危うくしまたはその実行により多くの費用が生じるような性質を持つかもしれない建築、設置または事業の許可申請に関する決定を延期することができる（L153-11条）。

沿岸漁業法 L112-1-1条）である。

2-4-2　公開意見聴取

　決定された PLU 案は、環境法第 1 編第 2 部第 3 章に従って EPCI の長また
は市長によって実施される公開意見聴取に付される（L153-19条）。公開意見聴
取は、行政と住民以外の第三者である意見聴取官又は意見聴取委員会（以下、
「意見聴取委員会」）が、環境に影響を与える工事、建築又は開発で環境影響評価
を伴うものに対する公衆からの意見・要望等をとりまとめ、都市計画等の公益
性を判断し、それらの意見と結果を公開する制度である（環境法典 L123-1条）。

2-4-3　PLU の承認

　公開意見聴取の終了の後、PLU（場合によっては公衆から出された意見や意見聴
取官または意見聴取委員会の意見を考慮して修正された PLU）は、次のような条件
のもとで承認される（L153-21条）。すなわち、1)EPCI 加盟コミューンの市長
から構成されるコミューン連合体会議[85]の際に、資料に付加された意見、公衆の
意見、及び意見聴取官または意見聴取委員会の所見が書かれた報告書が紹介さ
れた後に、EPCI の議決機関によって投票総数の過半数、2)PLU が1)の EPCI
に加盟していないコミューンの発案と責任によって策定される場合は市議会そ
して、承認された PLU は公衆に供される（L153-22条）。

　以上のコンセルタシオンおよび公開意見聴取による参加手続は、参加主体が
異論を表明することを可能にしているものの、決定作成を参加者が主体的に策
定する規定を設けているわけではない。したがって、コンセルタシオンと公開
意見聴取は、政府の決定に関与するものの決定作成主体たりえない「参画」の
形態である。

84　① PLU 策定に参画する、L132-7条および L132-9条に列挙される公法人、② PLU 原案
　が、承認済み SCOT が対象とする区域外に所在のコミューンまたは EPCI を対象とし、か
　つ PLU が自然的、農業的、森林的空間の面積の縮小の効果を持つときは、「自然的、農業
　的、森林的空間の保全に関する県の委員会」（農村・沿岸漁業法 L112-1-1条）、③ PLU 原案
　が PLH の代わりとなるときは、「住宅宿泊に関する地域圏委員会」（建築居住法 L364-1条）、
　④ PLU 原案が本法 L151-7条の Ⅱ に規定する条件の下で 1 つまたは複数の「新規地方観光地
　区（unités touristiques nouvelles locales）」を規定するときは、県の自然、景観、観光地に
　関する委員会の特別部会で特別に構成された組織。

85　Conférence intercommunale.

3　小　括

3-1　本研究の素材としての日仏の即地的詳細計画
3-1-1　本研究の素材としての都市計画

　都市計画は、政府の強力な介入により、都市の物的な行為を総体として計画的に統制することが意図された。この統制の道具が都市計画法である。日本の場合、土地所有は、単なる財産所有のみならず、政治的支配力や社会的威信の基礎であり、象徴でもあった。他方で、フランスの場合、都市計画は私的利益に対して政府が強制的な特権を有するものと観念されている。こうした土地の所有権や私的利益に直接かつ密接にかかわる「都市計画」は、当然、利益対立が激しく、公権的行為によって財産権である土地所有権の自由な行為を制限するという基本構造によって、政府が行う都市計画の決定に対する抵抗も顕在化しやすいと言える。

　なかでも、即地的詳細計画は、住環境に関する拘束力あるさまざまな内容を有しており地域住民等の抵抗が直接顕在化しやすい制度である。

　それゆえ、日仏ともに即地的詳細計画の決定手続を義務付けるに至っており、その内容は、住民や利害関係者、公衆などの意見を聴取するものであり、政府の決定に対して、異論を申し立てる仕組みが用意されている。

3-1-2　日仏の即地的詳細計画

　日仏の都市計画は1919年に創設され、その後、二層の都市計画体系として形作られ、その二層のうちの１つが、即地的詳細計画である。フランスにおいては都市計画創設当初から、日本においては1980年に創設されるが、「自治体を対象に、自治体の意思決定により策定した即地的で詳細な計画を法的強制力によって実現する都市計画」という定義に照らせば、日仏ともに1980年代初頭に、このような特徴を持つ制度を持つに至ったと言えよう。

　現行法では、日本の地区計画、フランスのPLUがそれにあたるが、日本は地区、フランスは行政区域を対象とする点で異なっている。しかし、PLUは地区レベルの計画であるOAPを含む。そして、地区の即地的で詳細な計画を法的拘束力によって実現する制限内容が類似している点、あくまでも決定主体

は行政区域を管轄する自治体であるという点で、地区計画と PLU は比較に値する。[87]

　また、これらの即地的詳細計画は、当該対象地区に対して、規制と事業を一体的に運用する点において類似している。もっとも、日仏には建築の自由・不自由という違いがある。これは、後述する基底価値の違いに関連し、フランスでは、「一般公益優先」という基底価値が社会に流布しているため、「建築可能性の制限の原則」や「都市化の制限の原則」などとして建築不自由を可能にしていると考えられる。

3-2　日仏の即地的詳細計画と参加形態・基底価値
3-2-1　日仏の参加制度と参加形態
　日本の地方分権改革は1999年の「地方分権一括法」まで待たなければならなかったが、地区計画はこれに先立ち市町村決定の都市計画として、また、住民や利害関係者等の参加の必要性から創設され、都市計画決定手続に加えて地区計画特有の手続が付加された。一方、フランスは、1983年「権限配分法」により、当時の即地的詳細計画である POS はコミューンが策定することとなり、また、1985年に参加手続であるコンセルタシオンが創設された。そして、2000年 SRU 法により POS は PLU に置き換えられ、PLU の策定および改定においてコンセルタシオンが義務化された。これらの策定手続では、日本もフランスもいずれも法令により、その参加主体と方法が決定主体である自治体に委ねられている。つまり、法令に委任された制度により自治体はその裁量で多元的な参加を可能にすることができる。
　以上のように、「参加形態」という観点から見れば、日仏の即地的詳細計画を定める都市計画法は、近年の地方分権・参加民主主義を背景として参加制度を定めた注目すべき法律である。そして、その即地的詳細計画を策定するにあたっては、市町村やコミューン・EPCI にその方法等を委ね、参加者の意見を

86　いずれもマスタープランのような目標を定めるものではなく、即地的に土地利用を制限するものである。
87　地区計画においては基礎自治体である市町村、PLU においては基礎自治体であるコミューンもしくはその共同体（EPCI）。

聴取するための手続が設けられてきている。

　これらの日仏の即地的詳細計画の策定手続を本研究の参加形態の定義に照らせば、日本とフランスの法定上の参加手続は、参加主体が異論を表明する手続が設けられているものの、決定作成を参加者が主体的に策定する規定が設けられているわけではなく、政府の決定に関与するものの決定作成主体たりえない「参画」の形態である。しかし、日本の場合はこれに加え、16条２項を受けて展開される「協議会方式」等が運用上展開されている。これは、参加者が主体的に決定作成主体となっており、参加者が決定作成主体となり得る「自治」の形態であると言える。つまり、日仏の「参画」の形態と日本の「自治」の形態の比較により、参加形態が決定の正当化技術に影響を与えるか否かを検討することができると考える。

3-2-2　日仏の土地所有権、都市計画の存在理由と基底価値

　日本においては、明治における近代土地所有権の成立事情により、「土地所有権そのものを極度に尊重する日本の思想傾向」や「ある特定の個人に土地を絶対的・排他的に支配させようとする」土地所有権思想が形成されてきたと言われている。こうした土地所有権思想が「建築の自由」という特徴を有する日本の土地利用規制法制の基礎となったと考えられている。一方、フランスにおいて都市計画法の存在理由は、都市計画という一般利益のための土地利用制限という特別な統制の必要性にある。とりわけ、警察規制と公用地役として同時に表れる一般利益を帯びた強制を定めるものであり、その正当性は、公役務と公権力の概念を同時に考慮するところにあるとされている。

　以上の思想や都市計画の存在理由を「基底価値」という観点から都市計画を見れば、日仏の都市計画法は、土地所有権等に対する思想や歴史などより、日本は「個別権利利益優先」、フランスは「一般公益優先」という、異なる価値観に基づいていると言える。つまり、日仏の基底価値の違いが正当化技術に影響を与えるか否かを検討することができると考える。

3-3　まとめ

以上をまとめるならば次のように言える。

　第１に、都市計画法およびこれの一部である即地的詳細計画は、財産権をめ

ぐる利益対立が激しい分野である。そして、これらの法律は、公権的行為によって財産権である土地所有権の自由な行為を制限する「公的決定」を有する基本構造となっており、政府の決定（実体的決定）への抵抗が顕在化しやすい法制であると言える。

第2に、日仏の即地的詳細計画は、地方分権、参加民主主義を背景に多元的な参加を可能にしている点、規制と事業を一体的に運用するという機能を持つ制度である点で類似している。これを前提として、「参加形態」と「基底価値」の違いが正当化技術に影響を与えることを比較できる。すなわち「参加形態」の場合は、日本の地区計画策定手続に「参画」と「自治」を運用できうる制度枠組みが存在し、フランスの PLU は「参画」の制度枠組みが規定されているため、これらの仕組みの違いが決定の正当化技術に影響を与えているという仮説が立てられる。一方で、「基底価値」について日本の都市計画法制では、「個別権利利益優先」という価値観によって運用され、フランスの都市計画法制度は、「一般公益優先」という価値観に基づき運用されているという仮説を立てることができる。

これらのことから、本研究の問いに答えるにあたり、日仏の即地的詳細計画を検討素材とすることが適切であることが分かる。

第Ⅲ部　**立法過程における正当化技術**
　　　　──実証研究その１──

1　日本の地区計画策定手続の立法過程

1‐1　本章の対象と構成

　立法過程は、即地的詳細計画の策定手続にどのアクターをどのように参加さ
せるかという制度枠組みを創設する過程であり、それは中央政府が地方政府に
参加形態の設定を委ね、多元的な参加を実現する制度を決定する過程である。
日本の場合、地区計画策定手続の創設という制度変化によって都市計画法にお
ける多元的な参加の可能性を広げた。具体的には、「個別権利利益優先」とい
う基底価値が流布している日本において、参加主体が政府の決定に関与するも
のの決定作成主体たりえない「参画」と、協議会方式等の参加者が決定作成者
となる運用を想定して条例に委ねられた「自治」という２つの参加形態をとる
制度枠組みが創設された（第Ⅱ部）。

　後述するように、日本の都市計画関連法の立法過程は一般的に内閣提出法案
であるため、調査・研究、審議会諮問、原案作成、各省協議、法制局審査、与
党対応及び閣議決定、国会審議というプロセスを経る。ここでの法律案におけ
る主導アクター[1]は所管官庁であり、地区計画の場合、建設省の都市局と住宅局
であった。立法過程では、法案の作成段階で、建設省が独立単位であり、省内
及び他省庁との調整が単独で行われること、専門的知見から研究者やこれを含

1　本研究が分析対象とする決定の主体はあくまで政府であるが、決定作成を牽引するのが政
　府内の一部局である場合もあり、また、「自治」概念で定義したように、参加主体が決定作
　成主体となり決定作成を牽引する場合もあり得る。したがって、本研究では、決定作成を牽
　引するアクターを「主導アクター」と呼ぶこととする（第Ⅰ部4‐4参照）。

む学界の影響があること、主導アクター以外の省庁や公共団体等の関与、影響
を受けることがあること、政治アクターである議員も国会審議の外で影響力を
持つことなどから、政府によって正当化理由が示される国会審議はもとより、
法案作成過程への種々の影響により法案が変更される可能性が高いと考えられ
る。

　日本の地区計画策定手続創設の立法過程については、「個別権利利益優先」
という基底価値のもとで構想された「参画」「自治」という２つの参加形態を
とる制度枠組みに着目して、「公的決定」「実体的決定」「正当化理由の決定」
のうち「正当化理由の決定」を中心に分析する。具体的には、政府案に対して
異論が出され、それに対して政府が正当化理由を用いて正当化を試みるのは国
会審議の場面であるため、正当化理由の分析の中心は国会審議となる。ただ
し、上記のように日本の場合、国会審議以外の法案作成過程への種々の影響が
考えられるため、政府の「正当化理由の決定」の「時期の特定」、「理由の源
泉」や「理由の選択」を明らかにするためには、調査・研究、審議会諮問、原
案作成、各省協議、法制局審査、与党対応および閣議決定、国会審議までのす
べてのプロセスを検討する必要がある。したがって、上記のプロセスすべてに
ついて決定作成主体担当者への聞き取り調査や決定作成にかかわる報告書など
によりその経緯を検討した上で、法案の趣旨説明、法案における全体の審議、
逐条検討に関する資料、審議の結果としての法文や通達、想定問答集などを素
材として、「個別権利利益優先」という基底価値のもとで構想された「参画」
「自治」の形態をとる制度枠組みに着目して、国会審議の法案の修正、法案に
対する異論と政府の正当化理由を分析する。

　本章の構成は次の通りである。まず、創設の背景と立法過程にかかわるアク
ターを整理した上で（1-2）、地区計画策定手続創設の立法過程を検討する
（1-3）。次に、以上の検討結果から、正当化理由がいつ決定されるのか
（when：時期の特定）、誰によって正当化理由はもたらされるのか（who：理由の
源泉）、政府が何をもって正当化理由とするのか（what：理由の選択）を分析す
ることで、政府はどのように決定を正当化するのか（how：正当化技術）を明ら
かにする。そして、なぜ、特定の正当化技術になるのか（why：因果関係）を解
明するための素材として、個別具体の正当化理由が決定された原因を整理する

（1-4）。

1-2　地区計画創設の立法過程とアクター

1-2-1　地区計画法案の立法過程

　日本の法律案は議員提出法案と内閣提出法案からなっており、現在、通常国会1会期における提出法案のうち、約7割を内閣提出法案が占め、成立する法律のほとんどは内閣が提出したものである。都市計画法については、そのほとんどが内閣提出法案であり、地区計画導入時の改正法案（都市計画法及び建築基準法の一部を改正する法律案（衆議院送付1980年4月23日））（以下「地区計画法案」）もそれである。

　一般的には、内閣提出法案の原案は、それを所管する各省庁が調査、研究などを経て第一次案を作成し、関係省庁や与党との意見調整、審議会への諮問、公聴会での意見聴取などが行われ、所管官庁で法律の原案を作成する。次に、原案は内閣法制局の予備審査を受ける。予備審査が終わると、主任の国務大臣から内閣総理大臣に対し、国会提出について閣議請議の手続を行う。閣議請議の窓口である内閣官房は、受け付けた請議案を内閣法制局に送付する。そして、内閣法制局は最終的な審査を行い、必要に応じて修正し、内閣官房に回付する。閣議請議された請議案は、閣議において、内閣法制局長官からその概要の説明が行われる。異議なく閣議決定されると、正式な法律案となる。この法律案は、内閣総理大臣から国会（衆議院または参議院）に提出される。以上の過程は、調査・研究、審議会諮問、原案作成、各省協議、法制局審査、与党対応および閣議決定、国会審議といった段階に整理できよう。

　このような段階を経る立法過程を捉えたとき、本章で言う「政府」とは、具体的には内閣および中央官庁であり、主導アクターは所管官庁である。地区計画法案の所管官庁は建設省であった。

1-2-2　建設省内のアクター：都市局と住宅局

　地区計画法案の立法時の建設省の組織構成（1948年7月8日建設省設置法）は、大臣官房、建設経済局、都市局、河川局、道路局、建設局（後の住宅局）であり、他に8つの地方建設局および252の事務所が存在していた。旧来、建設省は、技官の力が強く、建設省の目的は、「住宅・社会資本の整備」であるとさ

れていた。建設省は、行政分野のなかでもいわゆる「現場型」と言われる分類に位置付けられている（天野・城山 1999：148）。この「現場型」では、「専門分化による各部局の独立性の高さ」という特徴から、局あるいは課で所掌業務が専門化している「独立単位」を形成している。この組織は、政策を実現する予算を個別に確保するとともに、他省庁との調整も独自に行い、関連部局が直接衝突して調整がつかない現象も見られるという。後述するように、地区計画創設にあってもその性格が表れたが、地区計画法案の検討にあたっては2つの局が担当した。

　具体的には、都市局と住宅局がそれぞれの所掌の目的を実現するという利益の下で地区計画法案にかかわっている。当時の建設省設置法によれば、都市局の所掌は、「都市計画及び都市計画事業に関する事務を管理し、並びに都市計画事業を実施し、広告物取締法の施行に関する事務を管理し、水道及び下水道の工事の指導及び監督を行うこと、並びに、市街地建築物に関する事務を管理」することとされている。一方、住宅局は、「宅地の利用の調整に関する調査及び企画、戦災地その他の災害地における土地物件の権利に関する事務を管理し、不良住宅地区改良に関する事務を管理し、建築の発達及び改善の助長並びに建築に関する監督、住宅等の建設、供給、改善及び管理並びにこれらの助成及び監督、住宅の緊急措置に関する事務の管理」を行うこととされている。両局は、次のような政策投資の執行や宅地開発をはじめとする民間投資の誘導を行うことで、宅地の整備・改善を執行することを職責としていた。例えば、地区計画に関して、都市局は、都市計画決定に代表される都市計画に関する手続の管理と、都市計画区域における都市施設の整備・市街地開発事業と開発許可による土地利用制限を行い、住宅局は、主に宅地を中心に個別の建築物等と宅地開発についての建築確認による制限を行う。

1-2-3　発案の源泉とアクター

　「現場型」である建設省において、種々の都市計画制度の発案は、現場での必要性に基づき、問題と課題を政策で対応すべきであると考えた者が発案者となっていた（天野・城山 1999）。内部の自発的発案で多いのは、本省の技官、課長補佐によるものだが、課長、局長によるものも少なくない。出先機関による発案もあり得る。いずれにしてもその基礎にあるのは、現場の感覚であり、中

央と地方を往復する人事システムはその感度を高めていたとされている。また、建設省によれば、受動的発案の源泉には議員（国会議員、都道府県会議員、市町村会議員）や市民団体などがあり、さまざまな立場から現場での必要性から発せられ、これに加え、後述する地区計画の発案のように、研究者から発案されることもあるという。加えて、研究者は研究者団体という形で発案に影響を与えるとともに、審議会等を通じて、専門的知見を提供する。このように建設省における発案の主要なアクターは、官僚、議員、市民団体、研究者等の学識経験者であると言えよう。

　建設省においては、専門的知見の確保から、法律によりその権限に属させられた事項を調査審議させ、及び建設大臣の諮問に応じ都市計画に関する重要事項を調査審議させる組織として都市計画中央審議会（法76条の3）がある。一方、建設大臣の諮問に応じて建築及び建築士に関する重要事項を調査審議し、当該事項について関係行政庁に建議し、並びに建設大臣の諮問に応じて官公庁施設の建設等に関する法律の施行に関する重要事項を調査審議し、当該事項について関係国家機関に建議する建築審議会（建設省組織令74条）が設置されている。審議会は、上記のアクターの公開審議の場であると言えよう。

1-2-4　研究者と学界

　法律案に影響を与えるアクターとして、研究者やその団体からなる学界があげられ、これら研究者は、大臣が諮問する各種審議会に参加する構成員でもある。地区計画法案の作成において、研究者は、後述のとおり自らの理想とする地区の詳細計画の実現を求めて専門的な知見を提供するという利益から立法過程にかかわっている。具体的には、B-Plan 委員会、河中財団委員会、建築審議会、都市計画中央審議会、合同会議という立法過程における公開審議の構成員となり、また、これに至る個別のあるいは団体としての活動がなされていた。また、研究者は、同テーマに関する他省庁の研究会に参加し、他省庁と情報共有することで、情報の媒介役としても機能する可能性がある。

1-2-5　建設省以外の省庁等の関与

　立法過程の中の各省協議においては、法案内容に関して、各省庁の所掌する

2　2001年1月6日の中央省庁再編の実施に伴い、社会資本整備委員会に移行している。

事務の目的に関わる利益、不利益に関して協議が行われる。地区計画法案の場合、地区レベルのきめ細かな都市計画であるという特徴から、自治省が推進していたコミュニティ・モデル事業と重複する点があることや（内海 2017a）、市町村が策定し、決定する都市計画であったことから、自治省の所掌事務との関係で協議が行われた。自治省組織令（廃止）によれば、自治省は、地方行政に関わる権限の行使に関することや、地方自治に影響を及ぼす国の施策の企画、立案および運営に関し、必要な意見を関係行政機関に申し出ることが定められていたが、地区計画法案の内容がそれに該当するからである。また、農林水産省は、農業の多面にわたる機能の発揮、森林の保続培養および森林生産力の増進などを職責とするため、これらの土地利用にかかわる観点から地区計画法案[3]に関与した。さらに、大蔵省とは、制度創設に伴う財政負担の観点から協議が行われた。

　内閣法制局は、閣議に付される法律案、政令案および条約案を審査し、これに意見を付し、および所要の修正を加えて、内閣に上申することを所掌事務の１つとしている。したがって、「法制局審査」は、法案に盛り込まれた政策の内容が法制度的な観点から見て論理的に妥当なものであるか（立法内容の法的妥当性）、また条文の書きぶり（法律案の形式、個別の条文の一字一句の文言）が正しいものであるかという点に関して、法案の審査が行われる場である（田丸 2000）。

　他方で、法案作成過程においては、その法案の内容に応じて自治体の職員などが審議会に参加したり、自治体の職員や公共団体へのアンケートやヒアリングの内容が参照されたりするケースも少なくない。地区計画法案についても、自治体の関与が報告されている（建設省住宅局 1981）。

1−2−6　国会審議と政治的アクター

　法律案は、提出された議院の議長により、委員会に付託される。地区計画法案の場合、建設委員会に付託された。法律案が付託された委員会では、議員から国務大臣・副大臣・大臣政務官その他の公務員（地区計画創設当時は、国務大

3　農林水産業の発展、農林漁業者の福祉の増進、農山漁村および中山間地域等の振興、農業の多面にわたる機能の発揮、森林の保続培養および森林生産力の増進ならびに水産資源の適切な保存および管理を図ることを職責とする。

臣および省庁局長クラスの政府委員）などに対し、法律案に関する質疑応答の形
式で審査が行われる。委員会における法律案の審査が終了した後、法律案の審
議は本会議に移される。本会議では、法律案を付託された委員長から委員会で
の審査について報告が行われ、討論の後、議長から委員会表決の結果報告が告
知され、採決に入る。地区計画法案については、衆議院建設委員会で2回、参
議院建設委員会で1回審議行われ、その後の両院での本会議を経て、1980年4
月23日に可決成立した。こうした一連の国会審議のアクターは議員である。議
員は、党派の政治思想に基づいて質疑応答、採決に参加することで、有権者か
ら支持を得るという利益を追求する。

　立法過程における議員の影響力の行使の場は国会審議のみではない。地区計
画法案が検討・審議された1980年頃には、各省庁と自民党の政務調査会部会・
族議員との間の長期的に安定した関係が個々の政策分野を仕切っていた。その
ため、地区計画の被治者となる事業者（土地所有者、デベロッパーなど）および
その利益集団などを支持母体とする自民党議員が（佐藤・松崎 1986）、政務調査
会において影響力を行使したと考えられる[4]。

1-3　地区計画立法過程の検討

　通常、法案の作成には、まず、調査・研究や、審議会への諮問が行われた後
に、原案の作成が行われる（「法案作成期」）（田丸 2005：68-86）[5]。その案をもっ
て各省協議、法制局審査、与党対応、閣議、国会審議という手続がとられ、その
後、法律の改正および施行令・施行規則、通達が出される（「立法期」）。地区
計画成立に関する経過を示したものが**図表Ⅲ-1**である。以下では、地区計画
の策定手続の導入に関する文献とこれにかかわった所管官庁担当者へのヒアリ
ングを素材として、地区計画制度ならびにその策定手続がなぜ考案され、どの
ように決定に至ったのかを検討する。分析にあたっては、「法案作成期」と

4　いわゆる、55年体制における「鉄の三角形」である。このため、建築の自由の下で、官僚
　が土地利用の規制を実現しがたい、または実現しようとしない構造が存在していたと言え
　る。
5　田丸は、主に各省庁協議から与党対応に着目して、法律事務官の思考様式および行動様式
　を検討している。

図表Ⅲ-1 地区計画制定に関する年表

年	月日	地区計画制度化に向けた主な動き
1961	1月	【研】日笠端（当時建設省建築研究所）がヨーロッパの都市計画制度を視察・調査（地区詳細計画については主にスウェーデンの制度を研究）
1962	1月	【研】日笠端が雑誌「新都市」1月号で「都市計画としての地区計画の法制化」を発表
	10月	【研】日笠端が「建築雑誌」10月号で「日本と外国の都市計画の相違点」を発表
1971	7.28	【住】建築審議会に対し諮問「市街地環境の整備の促進のための方策」
1974	1.28	【住】建築審議会「市街地環境の整備の促進のための方策に関する答申 -第1次-」：日照問題が中心。今後の検討事項として「西欧諸国に見られる詳細計画のごとき手法」として「建築計画制度」の導入の必要性に言及
	1.3	【研】B-Plan 委員会設置（日笠端委員長）。1）西独の現行都市計画制度とその背景、2）地区詳細計画制度の位置付け、内容、運用等を研究。行政実務家として建設省から7名参加（ドイツの専門家も来日）
1975	5.12	【研】B-Plan 委員会最終委員会
1976	7.21	【都】都市計画中央審議会に「長期的視点に立った都市整備基本方向について」を諮問
1977	8.31	【都】都市計画中央審議会総合部会（以降計14回）
	3月	【住】第一次答申のうち、日照については対応したので、今後検討する必要がある事項として指摘された地区詳細計画等については引き続き市街地環境分科会で審議することを確認
	7.1	【研】河中自治振興財団が地区詳細計画に関する研究委員会発足（日笠端委員長。委員計22名）（～78.9.30）
	10月	【研】B-Plan 委員会の成果を「西ドイツの都市計画制度と運用：地区詳細計画を中心として」（日本建築センター）として発行
1978	3月	【都】都市計画中央審議会総合部会「総合部会の審議について―中間とりまとめ―」：市街地整備における計画体系のあり方として「コミュニティレベルの計画導入」に言及
	4.16	【都】都市計画中央審議会総合部会総合的市街地整備方策分科会設置：良好な市街地形成の方策のひとつとして「地区計画」の検討
	9月	【研】河中自治振興財団が研究委員会の成果を「新しい街づくりの計画手法に関する研究―西ドイツの地区詳細計画と我が国への導入―」として発行。「地区計画制度」の方向性を提言
	11.6	【住】建設審議会建築行政部会市街地環境分科会で専門委員会の設置を提案・了承
	11.24	【住】第1回建築審議会建築行政部会市街地環境分科会専門委員会（～6.15の中間案まで計8回開催）
	12月	【合】住宅・都市政策推進委員会設置：全省的な視点で政策全般を検討

1979	6.15	【住】第8回建築審議会建築行政部会市街地環境分科会専門委員会が中間報告（案）とりまとめ」「地区建築計画（仮称）制度」を提案
	7.6	【合】建設省住宅・都市政策推進委員会第一次報告「住宅・都市政策の方向と施策－明日の居住環境の創造のために」：「地区建設計画制度（仮称）」の導入明記
	8月	【都】都市計画中央審議会総合部会総合的市街地整備方策分科会報告：「地区計画（仮称）制度」を提案
	9.26	【合】第1回都市計画中央審議会総合部会、建築審議会建築行政部会市街地環境分科会合同会議：地区建設計画（仮称）制度の概要について
	10.3	【合】第2回合同会議：地区建設計画の整備及び負担について
	10.17	【合】第3回合同会議：地区建設計画（仮称）制度についての報告（案）について
	10.24	【合】第4回合同会議：地区建設計画（仮称）制度についての報告（案）とりまとめ：「地区建設計画（仮称）制度」を提案
	11.28	【住】建築審議会建築行政部会及び総合建築審議会より答申「市街地環境の整備の促進のための方策に関する答申―地区建設計画制度等について（第二次）―」：「地区建設計画制度」含む
	12.5	【都】都市計画中央審議会答申「長期的視点に立った都市整備の基本方向について」：「地区建設計画制度」含む
1980	2月	法制局の審査過程で、制度名称は「地区計画制度」へ
	3.12	都市計画法及び建築基準法の一部を改正する法律案閣議提出
	3.14	都市計画法及び建築基準法の一部を改正する法律案閣議決定
	4.23	都市計画法及び建築基準法の一部を改正する法律成立
	5.1	都市計画法及び建築基準法の一部を改正する法律公布：「地区計画制度」創設
1981	4.24	都市計画法施行令及び建築基準法施行令の一部を改正する政令公布
	4.25	都市計画法及び建築基準法の一部を改正する法律、政令、省令施行
	8.5	建設省事務次官通達「都市計画法及び建築基準法の一部改正について」
	10.6	建設省計画局・都市局・住宅局局長通達「都市計画法及び建築基準法の一部改正について」

出典：大澤・桑田・加藤・室田・中西（2017）をもとに著者作成。

凡例．【研】研究・研究会、【住】住宅局・建築審議会関連、【都】都市局・都市計画中央審議会関連、【合】住宅局・都市局の合同会議。

「立法期」[6]という時系列的な枠組みを設定した上、法律案を2つのレベル（「地区計画」という制度レベルと、これに含まれる「地区計画策定手続」という手法レベル）に分けて検討する。そして、各時期において、「地区計画」という制度と

6　ここで言う「立法期」とは、議員の任期満了までを示す「議会期」ではなく、田丸（2000）に従い、立法過程の時期区分を表す概念として用いている。

その中に規定されている「地区計画策定手続」の案をアクターが共有し、決定に至るプロセスを検討する（**図表Ⅲ‒1**）。

1‒3‒1　地区計画創設の背景

　地区計画創設にあたりその検討を行った建設省住宅局内の官僚を構成員とする建築行政研究会によれば、地区計画制度創設には、次のような背景があったという（建設省住宅局 1981）。

　第1に、個別宅地から発生する問題の顕在化である。日本の高度経済成長に伴う産業構造の高度化は、人口の激しい都市集中をもたらした。この現象により、大都市周辺部においては旺盛な宅地需要が生じ、いわゆる「バラ建ち」と言われる単発的開発が行われ、無秩序な市街化拡散現象（「スプロール現象」）が顕在化し、それに伴い不良市街地の形成、公共投資の非効率化、農業の荒廃といった多くの弊害も生じていた。こうした問題に対処するために都市計画法が制定された（1968年）。しかし、1970年代半ばの経済の鈍化に伴い開発圧力の勢いは衰えるが、無秩序なスプロールは止まらず、用途の混在や中高層建築物と低層建築物の混在、木造密集市街地の存在、細街路網の未整備などが問題視される。くわえて、小規模な開発区域において狭小な敷地の住宅を連たんして建築するいわゆる「ミニ開発」が増加するという、主に個別の宅地から発生する問題が顕在化していた。とりわけ、個別の宅地から派生する日照やミニ開発による環境の悪化等については、住民と事業者との間の紛争が社会問題化しており、与野党議員からも政府に対して指摘がされていた（建築行政研究会 1981）。こうした状況に対して、自治体は緊急避難的に、いわゆる「宅地開発指導要綱」を定め事業者に対して行政指導を行っていたが、建築物の建設や開発行為（総称して「建築行為等」）を行う事業者の政治的圧力などを背景として行政指導の行き過ぎが通達（宅地開発指導要綱関連通達）などにより指摘されていた（田村 1980：内海 2002）。

7　建設省計画局長・自治大臣官房長「宅地開発指導要綱の運用について」（建設省計民発50号・自治政101号、1982年10月27日）の通達と建設事務次官「『宅地開発等指導要綱に関する措置方針』について」（計民発54号、1983年8月2日）の通達以降、宅地開発指導要綱に関する行き過ぎなどについて、建設省建設経済局長・建設省住宅局長「宅地開発等指導要綱による行政指導の積極的な見直しの徹底について」（住街発119号・経民発41号、1985年12月27日）など。

　第2に、都市計画制度の不備である。当時の都市計画に存在していたのは、都市全体をマクロな目で見て決定される用途地域に関する規制のみであり、比較的小規模な土地の区域を対象とした総合的な計画に基づくきめ細い規制は存在していなかった。[8]

　第3に、住民参加の機運の高まりである。都市化の進展の過程のなかで、良好な住環境に対する住民の要請が高まるとともに、自治省のコミュニティ政策の検討（地方自治制度研究会 1973；同1975；同1977）と相まって、学界などから地区レベルの都市計画において住民等の意向を反映させる地域民主主義が求められるようになってきた（内海 2017a）。

　以上のように、地区計画制度創設は住民参加の要請という地域民主主義的な観点を背景にしているものの、地方分権改革論議とは無関係に登場した。しかしながら、当時、ほとんどの都市計画の決定主体が国もしくは都道府県であるなかで、地区計画はその策定および決定主体を市町村とした制度であったことから、都市計画分野における地方分権の先取りであったと評価できる。

1-3-2　法案作成期

(1)　調査・研究

1)　制度レベル──地区計画案の共有──

ア)　研究者と自治省の調査・研究

　日本における地区計画の本格的な調査・研究は1961年に遡る。ヨーロッパへ調査研修に赴いた日笠端がスウェーデンの地区詳細計画を学び、帰国後、地区計画の法制化に関する論文を発表したが、[9]所管官庁での検討には至らなかった。

　他方、自治省は、武蔵野市などの市町村の取り組みや（内海 2017a）、国民生活審議会報告を受け、[10]1969年にモデル・コミュニティの形成およびコミュニティに関する調査・研究を実施し、1970年には、その具体的な施策として「コ

8　比較的小規模な土地の区域を対象とした事業制度としては、「特定街区」「区画整理」「総合設計」「再開発」があった。

9　日笠（1962a）、日笠（1962b）。しかし、「世の中は開発ブームの時代にさしかかっていたため、地区計画などという地味な話題には社会的な関心も低く、わが国ではあまり問題にされなかった」ことから、所管官庁での検討には至らなかったという（日笠 1980：5）。

ミュニティに関する対策要綱」を定め、各都道府県に通知した。この要綱により日本の地域コミュニティ政策の基本的な考え方や枠組みが定まり、これ以降、この要綱に沿って、国や自治体において、さまざまな地域コミュニティに関する取り組みが進められることになる。自治省ではこうした事業の目的を、「快適で安全な生活環境のもとで、健康で文化的な生活を営むために、近隣社会の生活環境の整備」を図ることとしていた。この事業により全国で概ね小学校区を範囲とする地区を指定し（1971～1973年に83箇所）、各地区においてモデル・コミュニティ事業などが実施された。[11] 後述するように、地区計画の法制化にあたっては、建設省と自治省との間で「近隣社会の生活環境の整備」について調整は図られてはいない。しかしながら、例えば、神戸市真野地区もモデル・コミュニティ事業が行われた地区であるが、後にモデル・コミュニティ事業の参加の取組みが影響し、地区計画を策定する際に「協議会方式」（第Ⅱ部1－4参照）を用いる先駆的事例を誕生させる（内海 2017a；内海 2017b）。これは、他省庁の事業が制度変化に影響を与えた例として捉えることができよう。

　他方、こうしたコミュニティ政策を発展させるために、モデル・コミュニティ地区に指定された自治体職員や研究者を交えた自治省行政局[12]が主催する「コミュニティ研究会」が設置される（1971～1975年）。[13] この研究会では、都市計画研究者である日笠端と森村道夫らによってコミュニティと都市計画及びコミュニティ・プランニングについて検討が加えられ、これらの諸例として地区計画が紹介されている。[14]

10　国民生活審議会調査部会コミュニティ問題小委員会「生活の場における人間性の回復」1969年9月29日。

11　コミュニティ施設の整備、その地区の援助等を行う市町村経費の財源措置等。

12　自治省組織令（廃止）14条　行政課においては、次に掲げる事務をつかさどる。一　地方自治注その他の法律に基づき自治大臣に属せしめられた地方行政に関する権限の行使に関すること。（振興課の所掌に属するものを除く。）二　地方自治に影響を及ぼす国の施策の企画、立案及び運営に関し、必要な意見を関係行政機関に申し出ること。三　地方公共団体の組織及び運営に関する制度を企画し、及び立案すること。（振興課の所掌に属するものを除く。）

13　砂子田隆（当時自治省行政局長）を座長とする、社会研究者、都市計画研究者、自治体担当官による研究会。なお、1969年に基本構想の地方自治法における法定化がされている。

　イ）　建設審議会

　これとは別に、1971年7月28日に、住宅局が所掌する建築審議会に対して、「市街地の環境整備のための方策」について建設大臣から諮問がなされた。この諮問の内容のうち、日照問題については、早期の対応が必要であるとの考えから、日照問題専門委員会および日照基準専門委員を設けて調査を行い、建築審議会は各専門委員から中間報告を受けている。こうした取扱い方からもわかるとおり、当時、中高層建築物による高密度化の進行は、日照紛争を急激に増加させ、社会問題化していた。このようなことから諮問に対する建築審議会答申「市街地環境の整備の促進のための方策に関する答申―法制の整備等について（第一次）」（1974年1月28日）は、日照問題を中心としたものとなる。この答申を受けて、後に日影規制が建築基準法に導入された（1977年）。

　しかし、地区計画についてもこの一次答申は重要な意味を持っていた。建築審議会の担当官らは、「すでに西ドイツで実施された地区詳細計画を検討せよ」という内容が一次答申に付記されていたことを強調している。正確には、現行制度の規制がマクロ的な都市計画に偏った内容であるため、「建築計画制度たとえば西欧諸国にみられる詳細計画のごとき手法」の検討が必要であると明記された（建築行政研究会 1981：1）。

　その理由の1つとして、当時、日照問題と併せて、国会の建設委員会などでミニ開発を問題視する意見が出されていた点があげられる。このような状況をうけて、建築審議会で、地区計画という制度の必要性が急速に浮かびあがったのである。建築審議会のメンバーに自治省のコミュニティ研究に参加していたメンバーが加わっていたことなどから、上記の「研究者と自治省の調査・研究」の項で示した調査・研究の内容が地区計画案に影響を与えたことが考えられる。

　ウ）　委員会による調整

　建設省住宅局は、1974年の建築審議会第一次答申直後から、地区計画を検討する官僚と専門家からなる委員会を設置し、制度の検討を行った。

14　旧自治省コミュニティ研究会（1971年開始）では、コミュニティ運動とコミュニティ計画の必要性などから住民参加が議論されている。例えば、地方自治制度研究会（1973）、同（1975）。

　その委員会の１つが「B-Plan 委員会」である。建築審議会第一次答申が公表された２日後の1974年１月30日、建設省と日本住宅公団が西ドイツの地区詳細計画を研究のための委員会（日笠端委員長）を設置した。委員会は、都市計画学者、法学者、建設省（住宅局、都市局）と住宅公団の担当者らを中心に計14名で構成され、西ドイツの地区詳細計画の歴史的・社会的・経済的背景、制度の現状や課題がとりまとめられ、1977年10月に報告書「西ドイツの都市計画制度の運用」が公表された。[15]

　いま１つは「河中自治振興財団[16]」による研究委員会（以下「河中財団委員会」）である。1977年７月に財団の中に地区詳細計画に関する研究委員会が設置された。その成果は1978年９月に報告書「新しい街づくりの計画手法に関する研究：西ドイツの地区詳細計画とわが国への導入」として公表されている（以下「河中財団報告書」）（河中自治振興財団 1978）。B-Plan 委員会と同様に日笠端が委員長を務め、都市計画学、法学、行政学、政治学、社会学等の研究者や実務家（自治体職員やコンサルタント）のほか、行政担当者を含む計22名が委員に名を連ねた。行政担当者としては、建設省住宅局、都市局に加え自治省からも参加していた。

　委員会では、西ドイツの地区詳細計画のみならず、日本の地区レベルの計画事例も本格的に調査された。地区計画の制度化を見据えた方向性も検討され、報告書には、方針と計画の二層制、策定主体を市町村にすること、住民参加の重要性、計画内容の多様性、法的拘束力のある規制等、その後の地区計画制度の骨格ともいえる内容が盛り込まれた（以下「河中財団草案」）。

　以上の参加者の構成や検討内容から、地区計画は、「B-Plan 委員会」「河中財団委員会」という２つの委員会により具体的内容が形づくられたことがわかる。こうして作られた地区計画の具体案が審議会の審議にかけられることになる。その意味でこの２つの委員会での検討や議論が種々のアクターにおいて地

15　なお、この委員会は、地区計画の被治者となりうる住宅公団の助成事業として実施されている。

16　河中自治振興財団は、当時自治省の外郭団体であり、地方自治に関する調査研究および助成事業を業務としている。河中財団委員会は、総合研究開発機構の1977年度第一類研究（地方都市の直面する問題とその対応）助成にかかる当該財団の自主研究である。

区計画制度案が共有される局面であったと言える。

2)　手法レベル――地区計画策定手続案の共有――

「地区計画策定手続」に関する内容も委員会の中で議論され、河中財団報告書の中で公表される。地区計画策定手続という手法の源泉の１つは委員会にあった。

そこには、地区計画策定の要件として、計画の必要性に関する社会的合意と適切な住民参加に対する措置が明記された（河中自治振興財団 1978：175）。河中財団委員会で議論されていた当時、西ドイツでは法改正が行われ、計画に関する公開討議、その結果を公衆に公表する縦覧などの住民参加手続の拡充が図られたが、こうした西ドイツでの制度改革も、参加の重要性が強調された１つの要因と考えられる（日本建築センター 1977：51）。河中財団報告書では、地区計画には、指針を示す「市町村地区整備基本計画」と拘束力を持つ「地区詳細計画」が必要であるとされた（内海 2017b）。報告書では、どちらについても住民参加の必要性に言及しているものの、地区詳細計画については拘束力のある計画であることから「住民の合意が特に必要」（河中自治振興財団 1978：176）とされている。これは、財産権の制約に対する配慮から利害関係者の権利利益の尊重が強調されたものである。[17]

ところで、学界では、1970年代前半のコミュニティ計画と住民参加をめぐる議論を踏まえつつ（地方自治制度研究会 1973；同1975）、都市計画を中心とした策定手続に関する議論が始まっていた。

地区計画策定手続に関する研究者の言説を見ると（図表Ⅲ‐2）、1960年代後半に噴出していた居住環境問題に対する住民運動から派生した、住民参加を重視した地区計画的な試みについて、例えば、策定・決定・実施過程への住民参加は必須の条件との考えや（高見沢 1978：54-60）、現行制度では住民参加に限

17　以下のような考え方がこの段階でも議論になっている。「問35　現行の規制に上乗せした規制が地区計画でかけられるが制限を受ける者の意見を十分聴くべきではないか。（答）地区計画の内容如何によっては、区域内の関係権利者に新たな負担が課せられる場合がないわけではないので、本法案により都市計画法を一部改正し、都市計画に定める地区計画の案は、区域内の関係権利者の意見を求めて作成するという新たな規定を設けることとしており、この規定の運用により、十分住民の意見が尊重された計画決定がなされることになると考えている」（建設省・想定問答集 1980：63）。

図表Ⅲ-2　学界等における地区計画手続に関する議論内容

記事タイトル	年月	策定手続に関する記述内容
建設省都市局都市計画課「地区詳細計画に関するパネルディスカッションその2」※1	1977.8	住民参加というのは、いわば逆の意味で言えば住民の学習でもありまして、こういうことを通じてしか先ほど言いましたような土地所有には全面的な開発の自由とか建築の自由はない、開発の自由とか建築の自由というのは本来その地域のコンセンサスの上にしか成り立たないんだということを、学習していく場でもあるわけで、この点は避けては通れない。
高見沢邦郎「地区計画をどう理解するか（特集：地区計画と住民）」※2	1978.3	地区計画の策定過程、決定過程、実施過程において住民が「参加」することは必須の条件である。なぜならば計画の全段階において地区計画は極めて住民に身近な問題を扱うがゆえに、地区における住民の生活実態、価値観、行政への要求といったものを把握し反映しなければ計画のリアリティを失うからである。
河中自治振興財団「新しい街づくりの計画手法に関する研究-西ドイツの地区詳細計画とわが国への導入-」※3	1978.9	一般市民が受ける財産権の社会的拘束は都市計画の専門的技術的手段を通じて行われるものであるが、そのような手段の行使の背景を市民が理解しうる。とくに、従来のような、一方的な行政側の規制といった被害者意識の目から脱却しうる可能性があり、市民と行政の、都市計画の実現に対する相互の責任・義務・権利を明らかなものにすることができよう。
日笠端「わが国の都市の現状と地区計画の必要性」※4	1979.6	地方自治体では住民の環境改善の要求に応えるため、基本構想、基本計画の立案に当ってさまざまな形の住民参加方式をとり入れ、（中略）地区計画の立案にとり組む市町村が多くなってきた。ただ、地区計画の実現をはかるいわゆる新しい街づくりの試みについては、（中略）現行制度による手法を運用によって最大限に駆使し、その及ばない部分については、条例、要綱、協定、行政指導で補うといった苦労が見られる。（中略）現在のような運用には限界があり、また時に行き過ぎも考えられるので、地区計画を都市計画の法制度として認知し、その手続と手法のメニューを明確化することが必要であろうと考えられる。
中嶋泰、土田旭、土井幸平、高見沢邦郎「建築と都市を結ぶもの」※5	1979.6	ガイド・プランを地区住民が全員賛成する情況にあるならば、プランに法的な拘束力をもたす（たとえば計画のすべてを都市計画決定してしまう）ことも考えられる。しかし、現実にプランへの全員合意が得られるとは考え難い。

出典：内海・室田・大澤・杉田（2017）。

凡例.※1：建設省都市局都市計画課（1977）、※2：高見沢（1978）※3：（財）河中自治振興財団（1978）、※4：日笠（1979）、※5：中嶋・土田・土井・高見沢（1979）。

界があり地区計画の法制度化と手続や手法のメニューの明確化が必要との考え
が専門家から示される（中嶋・土田・土井・高見沢 1979；日笠 1979）。その理由
は、地区計画は住民の生活実態・価値観を反映しなければリアリティを失い
（高見沢 1978）、生活ニーズを反映することが必要だからであるという。

　一方、河中財団報告書では、都市の将来像には民主的手続に基づいた合意を
経る必要が議論されたことは、先に述べた通りであるが、その理由としては、
市民が受ける財産権の制限を市民自身が理解し被害者意識から脱する利点があ
るという考えのほか、計画策定過程における参加は、「建築の自由が地域合意
の上にしか成立しないことを学ぶ機会」（建設省都市局都市計画課 1977）だとの
考えなどが提示された。他方、策定主体について、河中財団報告書では、地区
計画の策定は「地域住民に密着度の最も高い市町村が当るのが適当」とされて
いる（河中自治振興財団 1978：31）。これらは、西ドイツの地区詳細計画が検討
のベースだったことも影響していたと考えられる。一方、都道府県の関与につ
いては、指導・助言・協力・手続への参加程度にとどめるのが妥当であるとさ
れた（河中自治振興財団 1978：182-183）。

(2)　審議会への諮問

1)　制度レベル──地区計画案の共有──

　1974年1月の建築審議会第一次答申で検討課題として示された「建築計画制
度」は、同審議会の市街地環境分科会で審議されることになり、分科会の下に
設置された専門委員会（日笠端委員長・図表Ⅲ-3）で具体案が検討されることと
なった。[18]地区詳細計画については「地区建築計画（仮称）制度」（後の「地区計
画制度」）として提案された（以下「住宅局案」）。[19]

　一方、都市局では、直ちに地区計画の制度化が議論されたわけではない。
1978年3月に作成された「総合部会の審議について─中間とりまとめ─」で、
スプロールやミニ開発等の市街地環境の悪化に対する市街地整備手法の1つと
してはじめて「コミュニティレベルの計画導入」が明示され、同年4月に設置

18　専門委員会は1978年11月から1979年6月までに計8回開催され、中間報告（案）がとり
まとめられた。

19　住宅局案は建設省住宅局（1981：131-136）掲載のものを参照した。住宅局では、建築基
準法に位置付けられる制度として創設することを想定していた。

図表Ⅲ-3　地区計画に関する主な委員会に参画した研究者等

分野	氏名	肩書（当時）	B-Plan委員会	河中財団※1	建築審※2	都計審※3	合同会議※4
期間			1974.1-75.5	1977.7-78.9	1978.11-79.6	1978.4-79.8	1979.9-79.10
都市計画	日笠端	東京大学教授	◎	◎	◎	-	○
	日端康雄	東京大学助手	△	○	○	-	-
	林泰義	計画技術研究所所長	△	○	-	-	-
	小林重敬	横浜国立大学助教授	△	-	○	-	-
	石田頼房	東京都立大学助教授	-	-	-	○	○
	佐々波秀彦	建設所建築研究所第6部長	○	-	-	-	-
	柴田正昭	計画技術研究所取締役	△	-	-	-	-
	赤崎弘平	大阪市立大学助手	△	-	-	-	-
	山川仁	東京都立大学講師	△	-	-	-	-
	土井幸平	都市環境設計研究所所長	-	-	-	-	-
	大村謙二郎	東京大学助手	-	-	-	-	-
	新谷洋二	東京大学教授	-	-	-	-	-
	伊藤滋	東京大学助教授	-	-	-	-	○
建築	大高正人	大高建築設計事務所代表取締役	-	-	○	-	○
	市浦健　※5	市浦都市開発建築コンサルタンツ	○	-	-	-	-
	河合正一	横浜国立大学教授	○	-	-	-	-
	西村紀夫	市浦都市開発建築コンサルタンツ	△	-	-	-	-
農村	井出久登	東京大学助教授	-	-	-	○	-
環境	丸田頼一	東京大学助教授	-	-	-	-	-
法律	成田頼明	横浜国立大学教授	-	-	-	◎	-
	藤田宙晴	東北大学教授	-	-	○	-	○
	好美清光	一橋大学教授	-	-	○	-	○
	塩野宏	東京大学教授	○	-	-	-	-
	磯部力	東京都立大学助教授	-	-	-	-	-
	阿部泰隆	神戸大学教授	-	○	-	-	-
	遠藤浩	学習院大学教授	-	-	-	○	-
社会	倉沢進	東京都立大学助教授	-	○	-	○	○
行政	河中二講	成蹊大学教授	-	-	-	-	-
経済	西村周三	横浜国立大学助教授	-	-	-	○	-
	野口悠紀雄	一橋大学助教授	-	-	-	○	-

出典：大澤・桑田・加藤・室田・中西（2017）。

凡例．◎：委員長もしくは主査、○委員、△：幹事会メンバー。氏名の順番は分野別に参加委員会数が多い順。参加委員会数が同数の場合は参加時期が早い順に並べている。※1：河中自治振興財団研究委員会、※2：建築審議会建築行政部会市街地環境分科会専門委員会、※3：都市計画中央審議会総合部会総合の市街地整備方策分科会、※4：建築審議会・都市計画審議会合同会議（専門委員）、※5：市浦都市開発建築コンサルタンツ代表取締役。

された都市計画中央審議会総合部会総合的市街地整備方策分科会（成田頼明主
査・**図表Ⅲ-3**）で「地区計画（仮称）制度」の導入が検討されることになり、
1979年8月に分科会報告（以下「都市局案」[20]）としてまとめられる。

　そして、1979年9月、都市計画中央審議会総合部会と建築審議会建築行政部
会市街地環境分科会が合同会議（専門委員10名・**図表Ⅲ-3**）を開催し、「地区建
設計画（仮称）制度についての報告」がとりまとめられた（以下「合同会議案」[21]）。
この成果を踏まえて、建築審議会が「市街地環境の整備の促進のための方策に
関する答申―地区建設計画制度等について（第二次）」（1979年11月）、都市計画
中央審議会が「長期的視点に立った都市整備の基本方向」（1979年12月）を答申
し、マクロな都市スケールを対象とした都市計画法と個別敷地に着目した建築
基準法の中間領域としての「地区建設計画」の導入の必要性が明示された。

　以上の「合同会議案」を作成するにあたっては、局間の調整に加え、自治体
への聞き取り調査や、内閣法制局への事前協議なども行われ、その過程で、都
市局が所掌する土地利用や手続の必要性が示されている。[22]

　以上のように、合同会議で調整された合同会議案に基づいた地区計画制度の
原案は住宅局と都市局との合同で作成されるに至った。

　2）　手法レベル――地区計画策定手続案の共有――

　「住宅局案」では、策定手続に関し、市街地環境の問題点と対策の基本的考
え方として、「土地利用と建築行為に関して、私権の制限の強化を図るととも
に、住民参加等の私権との調整プロセスの充実を図る必要があること」、講ず
べき施策として、「地区建築計画は市町村が定め、都道府県知事の承認を要す
こととする。この際、住民の意思を反映できるよう、住民参加手続に配慮す
る」ことが示される。このように住民参加手続の必要性には言及しているが、
具体的な内容は示されなかった。

　その後の合同会議案では、都市局が所掌する従前の都市計画決定手続に基づ
いて定めることとなった。しかしここでは、都市計画決定手続においても、ド
イツの事例などが引用され、「できるだけ早い時期から住民の意見が反映でき

20　分科会報告の資料が入手できなかったため、その2カ月前の高山委員会メモ（1979年6
　　月13日）に記された分科会の地区計画案をもとに分析を行った。

21　合同会議案は建設省住宅局（1981：313-316）掲載のものを参照した。

るように努めることが必要」とされるように、従来の手続では十分ではないという意見が示されている。また、「制度としては最小限の手続を定め、具体的な手続は住民参加も含めて市町村に委ねたらどうか」などとして市町村の裁量を求める意見が付記された。さらに、「規制内容によっては住民の合意が手続として必要」「特定街区制度に準じて全員合意ではないか」など、「財産権の制[23]限」という権利侵害から利害関係者を擁護する必要性が言及された（建設省住宅局 1981：140）。

(3)　原案の作成

　そして、以上の審議会の答申を踏まえて、都市計画中央審議会建築審議会合同会議の「地区建設計画（仮称）制度についての報告」（1979年10月24日）において、「地区建設計画は、現行の都市計画の手続により定めるものとするが、住民の積極的な協力なくしてはその実現が期待できないと考えられるので、市町村は、できるだけ早い時期から地域の特性、実情に応じ住民の意見が反映で

22　当初の局案に変更を加えている部分もある。例えば、住宅局案では「計画に適合しない建築物の建築は不可とし、建築確認により担保できる措置を講じる」と、原則として地区計画の実現手法について拘束力のある規制が想定されていた。しかし合同会議案では、建築または開発の制限は原則「届出・勧告制度」となり、但書として、特に必要と認められる場合に、強制力のある規制措置（市町村長の是正命令制度、条例で定める事項を許可制度対象とするまたは建築確認及び開発許可の基準とする等）を講ずるとした。つまり、先の住宅局案と異なり、柔軟な届出・勧告制を原則とする形に逆転したわけである。これは、都市局が、建築確認のみでなく当該局が所掌する土地利用について実現手法を模索していたこと、地方公共団体から実務面で運用が困難と指摘されたことに加え、法制局への事前相談の際、地区計画を全域ではなくスポット的にかけるのであれば、財産権保護の関係で緩やかな手段を原則とすべきであり、建築確認の事項については、地域の合意を前提に条例で議決すれば拘束力を高めることが可能と指摘されたことを原因とする（国土交通省 2007：168、建設省・想定問答集 1980：41）。当時建設省にて地区計画制度の創設や運用に携わった高橋進氏（1978年6月から80年6月まで都市局都市計画課課長・2017年2月10日実施）、松野仁氏（1977年9月から79年7月まで住宅局市街地建築課課長補佐・2016年8月3日実施）、石川哲久氏（1979年8月から81年7月まで住宅局市街地建築課課長補佐・2016年12月20日実施）に聞き取り調査を行った。

23　特定街区とは、1961年に都市計画法に地域地区のひとつとして導入された制度で、市街地の整備改善を図るため街区の整備又は造成が行われる地区について、その街区内における建築物の容積率並びに建築物の高さの最高限度及び壁面の位置の制限を定める街区（都市計画法9条20号）。策定にあたっては、対象区域内の利害関係者の全員の同意が必要となる。

きるよう務めることが必要である」ことが記された。

　その後、住宅局、研究者（審議会メンバー）により「建築審議会『市街地環境の整備の促進のための方策に関する答申──地区建設計画制度等について（第二次）』」（1979年11月28日）と、都市局、研究者（審議会メンバー）による「都市計画中央審議会答申『長期的視点に立った都市整備の基本方向について』」（1979年12月5日）が示されるが、これらは、合同会議報告を踏襲するものであった。

1-3-3　立法期

　建築審議会および都市計画中央審議会の答申から法律施行までの約1年半が地区計画の立法期であると言える。各省協議等を経て「都市計画法及び建築基準法の一部を改正する法律案」（1980年2月13日）（以下「法律案」）が政府部内でまとめられ、国会に提出されたのが1980年3月であり、法案が国会で可決成立後公布されたのは同年5月である。[24]

　建築審議会答申は、「現行都市計画法と建築基準法との中間領域として地区建設計画の導入を図る必要がある」としており、立法にあたっては原案を基本として「単独法（新規立法）」か「両法の一部改正」のどちらの道をとるべきであるかが検討された。用途地域制等の現行制度において両方が計画策定（都市計画法：都市局）と建築規制（建築基準法：住宅局）に関し連携しつつ分担していることおよび当該制度の導入については、都市計画中央審議会と建築審議会で別々に検討が進められた経緯を踏まえ、制度化に最適の法律案は「両法の一部改正」であるとされた。この事前調整により、地区計画制度が都市計画法と建築基準法の両法にまたがる新たな制度として成立することになる。とりわけ、両審議会案においては、地区計画は、市町村が主体となって住民の意見を求めて案を作成する新しいタイプの都市計画として位置付けられた。

(1)　各省協議

　「各省協議」は、法案に対して、閣議およびそれに先立つ事務次官等会議において、他省庁から拒否権を発動されることのないよう、事前に詳細に議論を交わし、全省庁の了承を取り付ける過程である。

　この各省協議で建築審議会および都市計画中央審議会の案から変更を加えら

24　本法律の施行は公布より1年以内に政令で定める日とされており、実際に施行されたのは、約1年後の1981年4月25日であった。

れたものとしては、次のようなものがある。例えば、住宅局では、都市計画区域内を対象範囲とするが、必要に応じて地域で活用するとし、市街化調整区域での適用も想定していた。しかし、農地の保全を求める農林水産省からの反対もあり市街化調整区域での適用は除外されることとなった[25]。また、地区計画の区域内で、街路をはじめとする地区施設の整備を行うことが想定されていたが（日端 1988：233）、新たな財政支出をする制度に対しては対応が厳しく、予算要求につなげることについて大蔵省から拒否された[26]。農林水産省との協議では「市街化調整区域では地区計画は策定しない」、大蔵省との協議では「地区計画を理由に新たな財政負担を生じさせない」という覚書が交わされたという[27]。

　「地区計画策定手続」にかかわるものとして、自治省との協議があげられる。既述のように、1970年代の自治省コミュニティ研究会等の議論を背景に、自治省では、コミュニティの物的環境を総合的一体的に計画し整備する必要性が求められ、コミュニティ施設（教育施設、保育所、幼稚園、児童公園、公民館、図書館など）を統合できる仕組みも提案されていた。その後、各省協議において自治省は、行政局で狭域計画に関する制度策定を検討しており、各省協議の段階で建設省提案に対し「共管制度として構成したい」「自治省として議論を深めるために１年の猶予がほしい」などの内容を建設省に要請し、当該国会での法案提出に反対した。両省の協議の結果、都市政策として当該国会での立法が必要との建設省の主張が通った形で、自治省と共管する単独法ではなく都市計画法及び建築基準法の一部改正という形で決着を見た（高橋 1984：44）[28]。当時の住宅局担当者によれば[29]、自治省は、この時点から地区計画という制度には関与しなかったという。ただし、新しい制度を運用するにあたり、手続の執行に手間がかかるので、自治体に過度な負担をかけないことが自治省から建設省に要請された。

25　前掲注22ヒアリング石川（2016）。

26　前掲注22ヒアリング高橋（2017）。

27　前掲注22ヒアリング石川（2016）。

28　前掲注22ヒアリング松野（2016）、ヒアリング石川（2016）。

29　前掲注22ヒアリング石川（2016）。

(2) 法制局審査

「法制局審査」は、法案に盛り込まれた政策の内容が法制度的な観点から見て論理的に妥当なものであるか、また条文の書きぶりが正しいものであるかという点に関して、法案の審査が行われる場である。審査のポイントは、「必要性」「公益性」「法律事項」「整合性」である（田丸 2000）。[30]

まず、法制局審査にあたり提示された法律案における地区計画策定手続は、合同会議報告で「従来の都市計画決定手続」に基づくとされていたためか、この時点では市町村による地区計画特有の手続の規定はなかった。しかしその後、1980年2月25日の建設省都市局と内閣法制局（田村参事官）の事前協議（法制局審査の前に行われる法制局に対する事前の相談）により、法律案に、「市町村は、地区計画について都市計画の案を作成しようとするときは、建設省令で定めるところにより、当該区域内の土地の所有者その他政令で定める利害関係を有する者の意見を求めるものとする」を16条2項として加えることになった。このように、内閣法制局との事前協議で法律案に「地区計画策定手続」が表れた。そして、1980年3月5日の法制局審査時には、「都市計画に定める地区計画の案は、建設省令で定めるところにより、当該区域内の土地の所有者その他政令で定める利害関係を有する者の意見を求めて作成するものとする」という文言として法律案に示された。その理由は、「地区計画が策定されると地区内の土地の所有者等の関係権利者に新たな制限、負担が課せられる場合があるので、地区計画の案の作成に当たっては十分関係権利者の意見を反映させるものとして、都市計画手続の一環として本法案において新たな規定を設ける」必要があるとされたからである（建設省・想定問答集 1980：61-62）。

(3) 与党対応および閣議決定

与党対応は、法案を固めるにあたって、あるいは省内において確定した法案を与党議員に説明し、その賛同を得る過程である。この過程で、野党に対して

---

30 「必要性」とは、新しい法制度はなぜ今必要なのか。「公益性」とは、それは必要なだけの公益性を持ち合わせているのか、権利を制限したり義務を課したりするような場合には、法律に書かれるべき政策がそれだけの公益性を持ち合わせているかどうか、また過度の権利制限となりはしないか。「法律事項」とは、既存の法制度では解決困難であるのか、そもそも法律で書き表さなければならない必要があるのか。「整合性」とは、憲法に適合的であるか、既存の法体系と整合性が保たれているかどうかというものである。

も法案説明がなされ、意見聴取されており、このほか、閣議、国会の審議に先立ち種々の協議がなされている。まず、建設省は、自民党政務調査会建設部会との事前の協議を行っている。それとは別に、国会議員は自らの支持母体である大小のデベロッパー、不動産業界などから意見を聴取している[31]。そこで最も多くの意見を出したのが不動産業界であったという。不動産業界は、基本的に規制強化を好まない。これに対して、自らの開発の価値を高めようとする大手デベロッパーには、地区計画は建築協定よりも堅固に環境を維持できるので不動産価値が高まるという説明がなされ、概ね了解が得られたという。また、当時、開発指導要綱により自治体の行政指導を快く思っていなかったミニ開発事業者には、地区計画によって手続と基準があらかじめ示されることで、行政指導による過度な制限は生じないとの説明がなされた。建築事務所などからなる「日本建築家協会」からは、建築の自由性が失われると反対意見が出たが、西ドイツでも建築活動が行われていることを紹介し、建築界も設計界も地区計画策定時にかかわり地元のまちづくりに積極的に参加することを促したという[32]。

　内閣法制局審査の後、閣議までの間で地区計画策定手続の主要な変更がなされている。具体的には、1980年3月5日時点で、「都市計画に定める地区計画の案は、建設省令で定めるところにより、当該区域内の土地の所有者その他政令で定める利害関係を有する者の意見を求めて作成するものとする」であったものが、閣議に提出された法律案（1980年3月12日）では、策定手続について、「都市計画に定める地区計画等の案は、意見の提出方法その他の政令で定める事項について条例で定めるところにより、その案に係る区域内の土地の所有者その他政令で定める利害関係を有する者の意見を求めて作成するものとする」（16条2項）となった。意見を求める方法の決定が「建設省令」から「条例」に変更されたのである。この変更理由は明らかにされていないが、自治体との意見交換会や個別のヒアリングをとおして出された、使いやすい手続にしてもらいたいという意見を踏まえたものであった（建設省・想定問答集 1980：41）。また、合同会議案においても、制度としては最小限の手続を定め、具体的な手続は住民参加も含めて市町村に委ねるという方法が示されていた。

31　前掲注22ヒアリング石川（2016）。

32　同上。

(4)　国会審議および付帯決議

　地区計画策定手続に関する国会の審議内容を整理したものが、**図表Ⅲ-4**である。審議は、1980年3月28日、4月4日、4月15日の衆議院建設委員会で行われ、主に、共産党、社会党、公明党、民社党から質問されている。国会議員は、政治理念に基づく都市像や参加像を実現しようとするか、または、支持者や支持母体の利益の代弁者として行動するが、先に見たように、利益の代弁者としての行動は、事業者らによる事前の意見聴取とその意見に対する了解がなされているためか出されることはなく、国会審議では理念に基づく都市像や参加像の主張に基づく質問が出された。

　内容は、「地区計画による規制と補償（自制的な規制）」「従来の都市計画手続との差異」「公聴会の義務化の必要性」「利害関係者の範囲（借家人の取り扱い）」「地区計画制度創設にあたって自治体意見の反映」「合意形成の方法（意見調整の方法）」に整理できる。

　1980年3月28日および4月4日の衆議院建設委員会では、次のような質疑応答がなされた。第1に、地区計画による新たな規制が生じる可能性があるため、「憲法第29条3（項）のいわゆる「正常な補償」の対象となる」と考えられるにもかかわらず、補償について規定がない点について質問が出された。これに対して、建設省都市局長は市町村や地域住民の活動実態を踏まえて「地区権利者の皆さん方の合意によっていい町づくりを推進していこうという趣旨で考えさせていただいたつもりでございますので、そのための必要最小限の自制的な規制が伴うという考え方で立法を構成させていただいたつもりでございます」と答弁している。これは、地区の利害関係者自らが合意に基づいて規制を行うから、地区計画による新たな規制が補償の対象とならないと説明されているものである。また、「必要最小限の自制的な規制が伴うという考え方で立法を構成させていただいた」という答弁は、地区計画策定手続の立法趣旨が述べられたものである。ただし、法文上には地区による「自制的な規制」という考えは反映されていないため、地区による「自制的な規制」を運用に委ねた形となっている。

　第2に、「地区権利者の皆さん方の合意」としつつも、従来の都市計画決定手続から変化がないのではないかという質問がなされた。これに対しては、

図表Ⅲ-4　国会での質疑（地区計画策定手続に関連して）

テーマ	国会議員の質問	政府答弁
自制的な規制 ：衆議院建設委員会 1980/3/28	○渡部行雄（衆議院議員、社会党） 「【※地区計画に基づく規制によって】そうなると当然民法第二百六条及び第二百七条のいわゆる使用、収益処分の自由あるいは土地の上下に対する権利、こういうものの一部が制限を受けることになってくるわけでございますから、憲法第二十九条三のいわゆる『正常な補償』の対象となるものと思うわけでございますが、本法では、この補償については何ら考えられていないようでございます。このことは憲法第二十九条の次元を乗り越えることなしには法理論上おかしいのではないかと思うわけであります。」	○升本達夫建設省都市局長 「いわば規制の面を持つと同時に、地区内の権利者の行為を誘導するという性格もあわせ持つものでございまして、むしろ、地区権利者の皆さん方の合意によっていい町づくりを推進していこうという趣旨で考えさせていただいたつもりでございますので、そのための必要最小限の自制的な規制が伴うという考え方で立法を構成させていただいたつもりでございます」
自制的な規制 ：衆議院建設委員会 （1980/3/28）	○瀬崎博義委員（衆議院議員、共産党） 「十分に手続を民主化して、住民自身がつくったんだという意識を住民自身に持ってもらうということが事業成功のかぎでありますから、ひとつ大臣の方でもこれは検討をしてもらって、せっかく新たな地区計画制度をつくる以上は住民が進んでその計画づくりに乗ってくるような方向をとっていただきたいと思うのです。」	○升本達夫建設省都市局長 「一点御説明を加えさせていただきますと、地区計画制度はそもそもその対象となる区域の権利者の方々のいわば自発的な開発を、みずから全体の統一ある、バランスのある計画の中で積極的に実施していただきたいという願いが発足に当たってあるわけでございますので、そのような制度の趣旨を十分御理解いただくことがまず第一に大切ではないか、その上で最小限の規制を皆様方が守っていただくということになるのではないか、その制度の趣旨の御理解がまず先決ではないかというふうに私ども考えさせていただきたいと思います。」
従来の都市計画手続との差異 ：衆議院建設委員会 （1980/3/28）	○瀬崎博義委員（衆議院議員、共産党） 「都市計画すべてについて、住民こそ主人公だ、こういう立場で進められなければならないと思うのですが、まあ地区計画制度は導入されるものの、住民の意見の反映という点では、従来の都市計画を一歩も出ていないわけですね。そうじゃないのでしょうか。」	○升本達夫建設省都市局長 「今回の地区計画制度の導入に当たりましては、特に地区計画の案を作成する段階で、関係の権利者の方々の意見を求めて案をつくるという手だてを講じさせていただいております。これによって実質的に住民の方々の意思を集約できるというふうに考えております。」
公聴会の義務化の必要性 ：衆議院建設委員会 （1980/3/28）	○瀬崎博義委員（衆議院議員、共産党） 「当然都市計画についても公聴会は各計画について必ず開く、このぐらいになってしかるべきではないかと思うのですが、いかがでしょうか。」	○升本達夫建設省都市局長 「一般の公共事業その他の事業の推進に当たっての制度、手続の制度化との均衡を考えますと、都市計画の現行の公聴会制度というのは必ずしも劣った制度ではない、御指摘の線に沿った制度ではないかと私ども考えているわけでございます。」
住民参加の方法 ：参議院建設委員会 （1980/4/15）	○茜ケ久保重光（参議院議員、社会党） 「建設大臣は、都市計画における住民参加について、どのような認識か、また、都市整備を進める上でのシビルミニマムについてはどのような所見をお持ちであるか。私は、住民参加という一つの、と申しますか、都市計画を進めるに当たってどうしても理解と協力を得なければならぬ、いま申しました住民参加、こういうことを非常に重大視しているものであります。」	○渡辺栄一建設大臣 「今回、行おうとしております地区の計画というものにつきましては、これらの制度【※従来の都市計画法に基づく手続】のほかに、さらに地区計画の案をその区域内の土地の所有者などの意見を求めまして作成するということにいたしておりまして、その運用に当たりましては法の趣旨が十分生かされますように指導徹底してまいらねばならぬ、かように考えております。」
合意形成の方法（意見調整の方法） ：衆議院建設委員会 （1980/3/28）	○和田一仁（衆議院委員、民社党） 「やはりこれは地区の合意なしには全然いけないと思うのですが、地区関係者、地権者を初めとして利害関係者の意見を聞く。反対者が出た場合にどういうふうにして合意を形成していくか。これは一〇〇％の合意というのはなかなかむずかしいと思いますけれども、それを制度の上ではどうとらえて——本当のことを言って、実際にこれがないと進まないと思うのですけれども、この辺で見切り発車できるのだ、そういったものなのか、それとも、あくまでも合意形成のために尽くすべきものは尽くす	○升本達夫建設省都市局長 「この制度、手続の進行過程においてすべての意見が集約されることが期待をされているわけでございますが、反面から申しますと、そのような手続を経て定められるものである以上は、法制度上必ずしも一〇〇％の合意がなくても実施することは可能であるし、ある程度の効果を上げることはできるものと考えられます。しかしながら、実際の運用におきましては、この地区計画制度の性格、目途からいたしまして、やはり関係権利者全員の御理解、御協力をいただくことが必要でございますので、

	していくという方針でいくのか。後者であるとすれば、これは実際に今度の改正をやっても、現実の意味での効果が一体上がるかな、そういった感じもちょっとあるわけですけれども、大丈夫でしょうか。」	現実の運用に当たりましては全員の御理解が得られるように努力をしてまいるということになろうかと思います。」
利害関係者の範囲：参議院建設委員会（1980/4/15）	○茜ケ久保重光（社会党、参議院議員）「土地所有者と政令で定める利害関係者を対象としているが、利害関係者の範囲についてはどうなっているか。」	○升本達夫建設省都市局長「意見を求めるべき利害関係者の範囲ということでございますけれども、これは地区計画の制度が土地利用に関する制限を定めるものでございますので、土地所有者とそれからやはり土地について権利を有する方、具体的に申し上げますと借地権者でございますとか、あるいは使用収益権を土地について持っておられる方といったような方、あるいは抵当権者等の担保権者も土地に対する権利者ということで含まれるかと思います。こういった方々を対象として考えているわけでございます。」
利害関係者の範囲（借家人の取り扱い）：衆議院建設委員会（1980/3/28）	○瀬崎博義委員（衆議院議員、共産党）「法律や制度に定められただけではなしに、実際に住民の意見を聞くと言いながら、今度の地区計画の案策定の段階で、意見を聞く住民から大事な借家人を排除するわけですね。いま言われるところの政令で意見を聞く住民の中に入れないのか、こういう問題が起こってきます。もう一遍まとめて、せめてこれぐらいは手続の民主化としての努力してほしいと申し上げてみたいと思うのです。　それは、第一に、計画づくりの段階から借家人、借地人を含めて住民参加を保証する。それから第二には、必ず公聴会を開く。第三には、地方議会に各種都市計画の内容について実質的な審議権を与える。それから第四には、計画案を関係住民一人一人に文書で配付して事前に知らせる。いまのように告示だけで、いつ掲載されたのかわからないうちに二週間たったというようなことのないようにしようということです。（中略）いかがでしょうか。」	○升本達夫建設省都市局長「いまおただしの中の手続の面につきましては、具体の手続は条例をもって定めるという措置をいたしておりますので、その過程において御意見の趣旨が反映できるような手続になるように指導してまいりたいというふうに考える次第でございます。」「意見を聞く対象として借家人を含めるべきであるという御指摘は、私どもは、この都市計画の制度は土地利用の合理化、土地利用にかかわる制度というふうに理解しております。したがいまして土地利用に対する権利を有する者という者を第一次的な意見を求める対象者として考えるべきではないか。その対象者はおのずから他の権利者とは権利の内容において差異があるということ、これは否定することがむずかしいのではなかろうか。」「現実の運用に当たりましては、この制度面と並行して各般の権利者の御意見をできるだけ広い範囲に集約してまいるというような手だては講じていかなければならないだろうというふうに考えております。」
利害関係者の範囲（借家人の取り扱い）：参議院建設委員会（1980/4/15）	○茜ケ久保重光（社会党、参議院議員）「借家人、間借り人等はこのいわゆる利害関係者に含まれていないようだが、これではいわゆる弱者の切り捨てになるんじゃないか、こういうことが考えられる。」	○升本達夫建設省都市局長「借家人、間借り人等が含まれていないのは不当ではないかというおただしでございますけれども、これはこの制度の計画の立案、そのことについて第一次的な利害関係を有する方は土地についての権利者であろうというこ とから、先ほど申し上げましたような範囲に一応直接的な意見聴取の対象を限定いたしておりますけれども、しかしながら、最初に申し上げました都市計画として定めます場合の案の縦覧、それに対して意見書を提出していただく、その意見書の提出のほうは借家人の方々、間借り人の方々も当然関係権利者として提出をしていただけるわけでございますから、そういう機会を十分御利用いただく、あるいは説明会等についての御意見も一般の利害関係者として当然に御発言の機会があるべきでございますので、そういった機会を利用していただくというふうに考えております。法制度上もそのようなふうに考えさせていただいておりますけれども、実際の運用に当たりましては、先ほど都市計画課長が申し上げましたように、実際の都市計画決定、事業の推進に当たりましては、こういった法制度上の手続以外に、細かに権利者とは接触し、御説明を申し上げ、御意見をいただくというふうに積み重ねをしております。これからも同じような進行が考えられるところであり、また、そうしなければならないというふうに考えておる次第でございます。」

出典：建設省・想定問答集（1980）をもとに著者作成。

「今回の地区計画制度の導入に当たりましては、特に地区計画の案を作成する段階で、関係の権利者の方々の意見を求めて案をつくるという手だてを講じさせていただいております。これによって実質的に住民の方々の意思を集約できるというふうに考えております」として、地区計画策定手続を創設することで、従来の都市計画決定手続とは異なること、新たな手続によって地区の利害関係者の合意形成が可能であることが述べられている。

　第3に、参加制度の充実の観点から都市計画決定手続の中の公聴会実施を義務化すべきという意見が出された。これに対しては、「一般の公共事業その他の事業の推進に当たっての制度、手続の制度化との均衡を考えますと、都市計画の現行の公聴会制度というのは必ずしも劣った制度ではない、御指摘の線に沿った制度ではないかと私ども考えているわけでございます」として、都市計画行政の実績に基づいて、現行制度の正当性が述べられ、公聴会実施の義務化の提案が退けられている。

　第4に、地区の利害関係者の範囲について質問がなされ、意見を聴く範囲に借家人を含むべきとの立場から質問が出されている。これに対しては、「意見を聞く対象として借家人を含めるべきであるという御指摘は、私どもは、この都市計画の制度は土地利用の合理化、土地利用にかかわる制度というふうに理解しております。したがいまして土地利用に対する権利を有する者という者を第一次的な意見を求める対象者として考えるべきではないか。その対象者はおのずから他の権利者とは権利の内容において差異があるということ、これは否定することがむずかしいのではなかろうか」として、これまでの都市計画行政の実績に基づいて、従来の制度の正当性が主張されている。その反面、「現実の運用に当たりましては、この制度面と並行して各般の権利者の御意見をできるだけ広い範囲に集約してまいるというような手だては講じていかなければならないだろうというふうに考えております」として、制度と運用を分け、より広い範囲を利害関係者等として対象とすべきという議員の主張に対して運用上で対応することが述べられている。

　第5に、地区計画制度創設にあたって自治体の意見がどれだけ組み入れられたかが質問されている。これに対しては、地区計画制度を使いやすいものにしてもらいたいなどという自治体の意見を紹介しているが、具体的な法改正への

影響については述べられていない。

　第6に、地区の利害関係者の100％の合意形成ができなかった場合の対応策についての質問が出された。これに対しては、「すべての意見が集約されることが期待」されているものの、すべての意見を集約しようとする手続を経ていれば、「法制度上必ずしも100％の合意がなくても制定することは可能である」との考えが示される一方、「実際の運用におきましては、この地区計画制度の性格、目途からいたしまして、やはり関係権利者全員の御理解、御協力をいただくことが必要でございますので、現実の運用に当たりましては全員の御理解が得られるように努力をしてまいる」と答弁し、法制度上は100％合意がなくても地区計画の制定は可能であるという都市計画決定手続の正統性を主張しながら、実際の運用では100％合意を目指す必要性を述べている。これは、これまで都市計画法で運用されてきた「同意調達」により実現されることが想定されている（第Ⅱ部1-4-2参照）。

　参議院建設委員会に場を変えて、引き続き次のような質疑応答がなされた（1980年4月14日）。

　第1に、都市計画における住民参加の重要性を主張した質問に対して、渡辺栄一建設大臣は、地区計画について、従来の都市計画法に基づく手続のほかに、「さらに地区計画の案をその区域内の土地の所有者などの意見を求めまして作成するということにいたしておりまして、その運用に当たりましては法の趣旨が十分生かされますように指導徹底してまいらねばならぬ、かように考えております」として、新たに設けた地区計画策定手続の運用によって住民参加が実現されると答えている。

　第2に、参議院においても利害関係者に借家人を含めないのは「弱者の切り捨て」だという趣旨の質問が出されている。これに対して建設省都市局長は、都市計画決定手続において案の縦覧の際に借家人も意見書を出せるという事実をあげ、従来の都市計画決定手続が制度として弱者を切り捨てているわけではないとして、従来の制度の正当性を述べている。しかし、「御指摘の趣旨に沿うように」運用上では借家人を含めて広く意見を聴いていくとして、議員の主張には運用で対処する旨を答弁している。

　上で述べた「合意形成の方法（意見調整の方法）」に関しては、建設省内にお

いても、「全員同意である必要はなく、都市計画手続があるわけだから仮に同意がゼロでも、必要なものは作ったらどうか[33]」のように、都市計画行政の実績を根拠に従来の制度の正当性を主張する考えがあった一方、「日本の都市計画制度は、一部反対している人がいるとなかなかできない[34]」から同意調達が必要だという考えもあった。

　そして、「利害関係者の範囲（借家人の取り扱い）」については、上記の争点も含み、附帯決議を受けて（建設省住宅局 1981：144）、建設省通達で「地区計画の区域内において現に商業その他の業務を行っている者や居住者等についても、その意見が十分反映されるよう配慮すること[35]」とされた。

1-4　小　括

　立法過程では、「個別権利利益優先」という基底価値が流布している日本において、法文上は「参画」の形態をとるものの、運用上は「自制的な規制」という立法趣旨に即して「自治」の形態をとる制度枠組みが決定されたこと、その決定がどのような利益対立を経て制度案が決定（実体的決定）され、正当化理由が決定されたかを検討した。

　以下では、法案の決定過程で正当化理由が決定された実態をまとめた上で、正当化理由がいつ決定されるのか（when：時期の特定）、正当化理由は誰によってもたらされるのか（who：理由の源泉）、政府が何をもって正当化理由とするのか（what：理由の選択）を分析することで、政府はどのように決定を正当化するのか（how：正当化技術）を明らかにする。そして、なぜ、特定の正当化技術になるのか（why：因果関係）を解明するための素材として、個別具体の正当化理由が決定された原因を整理する。

1-4-1　地区計画策定手続の創設の実態と正当化理由

　日本の都市計画関連法（一般に内閣提出法案）の立法過程では、以下で整理す

33　前掲注22ヒアリング石川（2016）、ヒアリング松野（2006）。

34　前掲注22ヒアリング高橋（2017）。

35　建設省計画局長、建設省都市局長、建設省住宅局長通達「都市計画法及び建築基準法の一部改正について」（建設省計民発第29号・建設省都計発第122号・建設省住街発第72号、1981年10月6日）。

るように、法案作成期（調査・研究、審議会諮問、原案作成）、立法期（各省協議、法制局審査、与党対応および閣議決定）において決定作成モデルに即して政府の実体的決定がなされ、国会審議において抵抗が顕在化する。政府は、それぞれの決定についての抵抗として出された異論すべてに対して、その決定が社会や人々に対して説得力を持つように正当化理由を用いて、決定を正当化していた。また、「正当化理由の決定」により実体的決定が修正されることが確認できた。以上のことから、政府の決定には「正当化理由の決定」が存在していることがわかる。

　以下では、立法期に用いられる正当化理由と深くかかわる法案作成期における法案の趣旨を整理した上で、立法期における地区計画決定手続にかかわる争点、これに対する正当化理由を整理し、考察を加えてみたい。なお、政府の正当化理由の決定という意味では、分析の中心的な対象は政府以外のアクターが法定手続のなかで顕在化する国会審議の場面となるが、政府の「正当化理由の決定」の「時期の特定」、「理由の源泉」や「理由の選択」を明らかにするために、各省協議、法制局審査、与党対応における利害調整も分析する。

(1)　法案作成期における原案の趣旨

1)　調査・研究

「地区計画」の制度化の発案は、研究者や自治省などの調査・研究と呼応するなかで、主に建設省住宅局が主導アクターとなり、建設審議会・委員会（B-Plan 委員会、河中自治振興財団）の議論のなかで共有される。その際の各アクターにとって、地区計画の制度化の必要性の理由は次のようなものであった。主導アクターである建設省（住宅局・都市局）にとっては、ミニ開発への対応という諸課題に対して効果的な解決を提供するというもの、研究者にとっては自らの理想とするきめ細かな都市計画を実現するというもの、自治省にとってはコミュニティ政策の推進、自治体やコンサルタントにとっては、ミニ開発の問題の解決に有効であるというものであった。

　上記の地区計画制度の必要性の共有の過程で「地区計画策定手続」の手法の導入が共有されるが、その理由は2つ存在した。1つは、ドイツの事例を根拠として参加民主主義的観点からの「住民参加の必要性」という理由であり、いま1つは地区計画が財産権に制約を加える計画でもあることから「住民の合意

が特に必要」だという理由である。他方、策定主体については「地域住民に密着度が最も高い市町村が当たるのが適当」とされた。

　これらを決定作成モデルと照らし合わせれば、法案作成期の調査・研究は、問題解決の手段の選択を規定すべき価値を認識し、これを一元的な体系として構成する段階（第1段階）であったと言える。

2）　審議会への諮問

　審議会への諮問におけるアクターの利益対立は、決定作成モデルに照らすと、上記の認識に立って、価値を達成する可能なすべての手段をひろいあげ（第2段階）、これらの手段を採用したときに起こり得る結果を総合的に検討する段階（第3段階）であった。この段階から建設省住宅局のみでなく、都市局も主導アクターとなり、検討が行われている。

　「地区計画策定手続」については、都市計画手続を所掌する都市局が主導し、従前の都市計画決定手続に基づくこととされた。つまり、「参画」の形態（参加主体が政府の決定に関与する形態）をとる手続が維持された。しかし、調査・研究段階で示されたのと同じ理由で、「①早期段階での参加」、「②住民合意手法の必要性」、「③策定主体は市町村」が指摘され、合同会議案に付記された。特に②については、「自治」の形態（参加主体が決定作成主体である形態）を含む手続が想定されていたと言える。また、「規制内容によっては住民の合意が手続として必要」「特定街区制度に準じて全員合意ではないか」など、「財産権の制限」という権利侵害から利害関係者を擁護する必要性が言及された。

3）　原案の作成

　原案の作成は、決定作成モデルに照らせば、価値の達成をならしめると考えられる手段を選択する段階（第4段階）であると言ってよい。実際には、合同会議の報告書に基づき、言い換えれば、建設省都市局、住宅局、専門家等に共有された理由に基づき①②③を実現する原案が設定された。

　以上のように法案作成期において、地区計画創設については、ミニ開発への対応・きめ細かな都市計画の実現という点、地区計画策定手続については、参加民主主義的観点からの住民参加の必要性、財産権に制約を加える計画でもあることから住民の合意の必要性という点を趣旨に原案が決定された。つまり、決定作成モデルの第1から第4の段階によってもたらされる「実体的決定」で

ある。ただし、地区計画策定手続については、都市計画行政の実績に基づいて「参画」の形態をとる従来の都市計画手続を維持するという意図と、研究者が要請した住民参加の必要性という趣旨に基づいて「自治」の形態をとる手続も実現すべきという意図が混在し暫定的なものとなった。また、「規制内容によっては住民の合意が手続として必要」「特定街区制度に準じて全員合意ではないか」など、「財産権の制限」という権利侵害から利害関係者を擁護する必要性が言及された。

　(2)　政府内での利害調整

　立法期では、主導アクターによって作成された原案に対して、政府内部での異論が示され、主導アクターは理由を付してその異論を無力化するよう試みる。政府内での争点には次のようなものがあった。

　1)　各省協議

　「各省協議」は、法案に対して、他省庁から拒否権を発動されることのないよう、事前に議論を交わし、全省庁の了承を取り付ける過程である。この協議では、地区計画制度そのものについて農林水産省・大蔵省・自治省から異論が出された。農林水産省からは「農地の保全が必要であり、市街化調整区域を対象外にすべき」、大蔵省からは「新たな財政支出をする制度に対しては対応が厳しい」という指摘に対して、原案が修正されている。これは、法案作成期の実体的決定が修正された場面である。また、自治省においてはともに当該制度を検討するため「1年の猶予がほしい」という要望に対して、主導アクターである建設省は「都市政策として当該国会での立法が必要」として自治省の要望を退けている。

　2)　法制局審査

　法案作成期の原案作成段階まで混在していた地区計画手続の中にあった参加形態「参画」と「自治」の整理が試みられたのが内閣法制局審査の段階であった。具体的は、内閣法制局が「関係権利者に新たな制限、負担が課せられる」ためにこれまでの都市計画決定手続以外の地区計画策定手続を設けるよう異論が出された。これに対して、建設省は、内閣法制局の示した理由と内容で、原案（実体的決定）を修正した。

3)　与党対応および閣議決定

　与党対応および閣議決定の時期は、法案を与党議員に説明し、その賛同を得る過程であるが、不動産業界、ミニ開発事業者、建築家協会（以下「業界団体」）の指摘と、市町村の要望が示された。まず、業界団体の指摘は、私的利益の制限に対する懸念であり、これに対して、建設省は、地区計画制度がこれらの異論者の利益を損ねずむしろ向上させることを理由として示し理解を得ている。一方、市町村の要望は地区計画策定手続を柔軟に運用したいというもので、建設省は市町村の運用に依存する形で地区計画策定手続の方法について原案で示す規定を「建設省令」から「条例」に委ねる変更がされた。言い換えれば、原案で暫定的であった参加形態「参画」か「自治」かの判断を市町村に委ねたと言える。以上のプロセスを経て、国会に提出する法案が閣議決定された。すなわち、ここで政府内部での実体的決定がなされた。

(3)　**国会審議における争点**

1)　**国会審議および附帯決議**

　国会審議では、法案に対して野党から法案の修正が求められ、これに対して正当化理由が示される。ここでは、地区計画策定手続について、概ね５つの項目が争点となった（**図表Ⅲ-5**）。以下では、「正当化理由の決定」を解明するために各争点における正当化理由について本研究の問いの視点から実態をまとめる。

ア）　**地区計画による規制と補償**

　まず、法案における「地区計画による規制と補償」の関係性を問う指摘については、内閣法制局が指摘した「関係権利者に新たな制限、負担が課せられる」とする知見を前提に、立法趣旨として地区の利害関係者自らが合意に基づいて規制を行うというものであるから、地区計画による新たな規制が補償の対象とならないことが正当化されている。特に、「地区権利者の皆さん方の合意によっていい町づくりを推進していこうという趣旨」であり、そのためには「必要最小限の自制的な規制が伴うという考え方で立法を構成させていただいた」という答弁に見られる「地区の合意」に基づく「自制的な規制」は、法案作成期に混在していた参加形態「参画」と「自治」の関係において重要である。内閣法制局審査の段階では、地区計画の新設で生じる新たな規制に対する補償は、「地区計画策定手続」（16条2項）の新設で回避可能であると判断され

図表Ⅲ-5　地区計画策定手続創設の国会審議にみられる正当化理由

争点	抵抗者の異論	正当化理由の概要	修正の有無	when	who	what	how	why
ア)　地区計画による規制と補償	補償の必要性を指摘	市町村の裁量で自制的な規制により対応する	原案	後	① 政府（内閣法制局）② 研究者、市町村	①財産権に関する専門知を主張 ②地域や市町村の運用を尊重（自治の形態を構想）	①専門知・②依存	① 参・②基自
イ)　従来の都市計画手続との差異	従来の都市計画決定手続から変化がない（16条の2は不要ではないか）	従来の都市計画決定とは趣旨が異なる（16条の2は実質的に住民の方々の意思を集約することができる）	原案	後	政府（内閣法制局）	条文の趣旨と制度の解釈	法解釈	参
ウ)　公聴会の義務化の必要性	公聴会を義務化すべき	都市計画行政の実績に基づいて現状の手続で劣っていない	原案	後	政府	実績を踏まえた現行制度の有用性	実績	参
エ)　利害関係者の範囲	意見を聴く範囲に借家人を含むべき	①制度：利害関係者とその他の者の権利が異なる②運用（通達）：意見を聞く対象に借家人を含む	①原案②修正	①後②前	① 政府（内閣法制局）②抵抗者（議員）	①法律の解釈②議員の主張の受諾	①法解釈・②妥協	①②基・参
オ)　合意形成の方法	100%の合意形成ができなかった場合の対応策の必要性	①法制度上は100％合意がなくても一定の手続を経ていれば十分②運用（通達）地区計画制度の性格、目途からして利害関係者の理解、協力が必要	①原案②修正	①後②前	①政府②抵抗者（議員）	①法律の解釈②議員の主張の受諾	①法解釈・②妥協	①②基・参

出典：著者作成。

凡例．修正の有無：実体的決定の修正の有無、when：時期の特定（実体的決定より「前」か「後」それとも同時か）、who：理由の源泉、what：理由の選択、how：正当化技術、why：因果関係（基底価値と参加形態の影響）、基底：基底価値、参：参加形態「参画」自：参加形態「自治」、基底：基底価値、法解釈：法解釈型、専門：専門知型、実績：実績型、妥協：妥協型）。

た。しかし、国会審議の段階では、市町村の運用を尊重し、立法趣旨は「地区の合意」に基づく「自制的な規制」であることが述べられ、地域の合意によって解決するという運用に委ねた。これは、市町村によって地区の利害関係者自らが合意に基づいて規制し参加主体が決定作成にかかわる協議会方式等の試みがされていたことなどが背景にある。これにより、法文上では「参画」の形態をとる手続、運用上では「自治」の形態をとる手続が混在することとなった。要約すると、補償措置の必要性を指摘する抵抗者の主張に対して、内閣法制局が「関係権利者に新たな制限、負担が課せられる」ことを前提に、市町村の裁量で自制的な規制により対応するという正当化理由が用いられた。そして、この理由により政府が示した法案は維持された。

　これを、正当化という視点から考察すれば、２つの正当化理由が決定されたと言える。すなわち、１つには、立法期の内閣法制局との協議における実体的決定時に（when）、内閣法制局からもたらされ（who）、その専門的知見を尊重して（what）、内閣法制局の専門知を活用する形で決定された。いま１つの正当化理由は、立法期の与党対応および閣議決定における実体的決定時に（when）、研究者や市町村からもたらされ（who）、地域や市町村の運用を尊重して（what）、実体的決定に決定的な影響を与えた者（研究者・市町村）に依存する形で決定された。本研究では、専門的知見を活用する正当化理由の用い方（how：正当化技術）を「専門知型」とし、実体的決定に決定的影響を与えた者やその行為への依存によって示された正当化理由の用い方（how：正当化技術）を「依存型」とする。

　イ）　従来の都市計画手続との差異

　次に、「従来の都市計画手続との差異」という争点については、「地区権利者の皆さん方の合意としつつも、従来の都市計画決定手続から変化がないのではないか」という異論が出されている。これに対して政府は、「地区計画創設に伴って、従来の都市計画決定手続とは異なる新たな手続が必要であるために地区計画独自の策定手続を設けた」として、関係権利者に新たな制限、負担が課せられるため16条２項により合意を図ることが想定されているという理由を示している。そして、この理由により政府が示した法案は維持された。

　これを、正当化という視点から考察すると、ここでの正当化理由は、立法期

の内閣法制局との協議における実体的決定時に（when）、内閣法制局からもたらされ（who）、条文の趣旨と制度を説明して（what）、政府の法解釈を示す形で決定されたと言える。本研究では、このような法解釈を示して説明する正当化理由の用い方（how：正当化技術）を「法解釈型」とする。

　　ウ）　公聴会の義務化の必要性

　「公聴会の義務化の必要性」という争点については、参加制度の充実という観点から、公聴会を義務化すべきという異論が出された。これに対し、政府は、都市計画行政の実績に基づいて、現状の手続は劣っていないという理由を示し、公聴会実施の義務化という異論を退けた。法案作成期の原案作成段階の合同会議報告で都市計画決定手続については維持することが確認されていたからである。ここでの正当化理由は、法案作成期の実体的決定時に（when）、政府によってもたらされ（who）、政府の実績を踏まえた現行制度の有用性を主張して（what）、政府自らの実績を示す形で決定されたと言える。本研究では、このような政府自らの実績を示して説明する正当化理由の用い方（how：正当化技術）を「実績型」とする。

　　I）　利害関係者の範囲

　「利害関係者の範囲（借家人の取扱い）」という争点については、借家人を利害関係者に含めるべきという異論が出された。これに対して政府は、２つの正当化理由を示して対応している。その１つは、制度面での対応である。政府は、「利害関係者とその他の者の権利は異なる」という理由を示して利害関係者に借家人を含めないという従来の制度の維持を正当化し、異論者の主張を退けている。いま１つは、運用面での対応である。制度面では従来の制度の維持を主張するものの、より広い範囲を利害関係者等として対象とすべきという議員の主張を受け入れるため「広範な意見集約が必要」として運用で対応するとされた。具体的には、建設省通達で「地区計画の区域内において現に商業その他の業務を行っている者や居住者等についても、その意見が十分反映されるよう配慮すること」とされたが、これは、野党議員をはじめとして国会において借家人を含めるよう繰り返し主張され、国会の合意として附帯決議となったからである。つまり、制度面での正当化理由は、法案作成期における実体的決定時に（when）、政府によってもたらされ（who）、法律上の「利害関係者」概念

を解釈して（what）、政府の法解釈を示す形（how：「法解釈型」）で決定された
と言える。一方、運用面については、抵抗者である野党議員がもたらした
（who）理由により、実体的決定が修正される前の国会審議および附帯決議の際
に（when）、抵抗者の主張を受け入れて（what）、政府の主張を取り下げる形で
決定された。本研究では、この後者のような、政府が自身の主張を取り下げ、
抵抗者の異論を受け入れる正当化理由の用い方（how：正当化技術）を「妥協
型」とする。

　オ）　合意形成の方法

　「合意形成の方法（意見調整の方法）」という争点については、「100％の合意
形成ができなかった場合の対応策」が必要だという異論が出された。これに対
して、政府は、「法制度上は100％合意がなくても一定の手続を経ていれば十
分」であるが、「一部の反対者があると制度が機能しないため、運用では100％
を目指す」という制度面・運用面の2つの正当化理由を示す答弁を行ってい
る。制度面での正当化理由は、法案作成期における実体的決定時に（when）、
政府によってもたらされ（who）、法律上の「利害関係者」概念を解釈して
（what）、政府の法解釈を示す形（how：「法解釈型」）で決定されたと言える。一
方、運用面については、野党議員である異論者がもたらした（who）理由によ
り、実体的決定が修正される前の国会審議および附帯決議の際に（when）、抵
抗者の異論を受け入れ（what）、政府が自身の主張を取り下げる形（how：「妥協
型）で決定された。

(4)　正当化技術と参加形態・基底価値の関係

1)　参加形態と正当化技術

　日本の地区計画策定手続の立法過程では、「参画」の形態をとる制度が構想
された。中央政府は、法案作成期と立法期を通して研究会・審議会や立法過程
による調整等の結果、自らの実績を根拠に地方政府の決定が最善であるとし
て、地方政府が団体のルールを定立し、地方政府の判断により裁定する制度を
決定し、それを「法解釈型」「専門知型」「実績型」の正当化技術によって正当
化した。例えば、これらは、「従来の都市計画手続との差異」「公聴会の義務化
の必要性」などの争点に見てとることができる。

　ただし、争点「地区計画による規制と補償」などに見られるように、日本の

地区計画策定手続は、「参画」の形態をとる制度が構想されたものの、立法期に、制度の運用に関して「自治」の形態をとる運用が登場する。外部環境の求めに応じて示された参加形態「自治」は、「自制的な規制」という表現に見て取れた。中央政府は地区による「自制的な規制」に基づく方法をとるか否かを運用として自治体に委ねた。このとき、中央政府は、これまで「自治」の形態での手続を運用してきておらず、自らの実績や知見とこれを生み出す科学的根拠に基づくことができないため、市町村や地区住民による「協議会方式」等の運用や抵抗者の異論内容を踏まえ、地区計画策定手続を「自制的な規制」という「自治」の形態をとる運用を「依存型」の正当化技術によって正当化した。このとき、市町村や地区住民による「協議会方式」等の運用、すなわち参加形態「自治」の経験が正当化理由を用いる政府の知能や技能の資源となったと言える。

2）　基底価値と正当化技術

　基底価値に関する内容は、法案作成期から立法期において議論されている。例えば、法案作成期では、「財産権の制限」という権利侵害から利害関係者を擁護する必要性が言及された。また、立法期においても、個別の権利利益の尊重への配慮を見てとることができる。

　そして、国会審議の争点「地区計画による規制と補償」などに見られるように、日本の立法過程では、基底価値「個別権利利益優先」の観点から、政府は、外部環境の求めに応じて、個別の権利利益を尊重することを市町村や地域住民の活動実態を踏まえて「自制的な規制」という理由を用いて「依存型」によって正当化したが、結果的には同意調達のような手法は法文上制度化されず、条例に委ねられることになった。また、借家人の利益を踏まえることが附帯決議で示され、これを受け入れざるを得ず、「妥協型」によって正当化し、通達に示すこととなった。これらは、社会に流布する「個別権利利益優先」という価値観を退けることができず、運用としてではあるが、市町村等への依存や抵抗者の異論を受け入れることで「依存型」や「妥協型」となったと言える。以上の正当化理由の用い方から、これまで都市計画制度運用に根付いた「個別権利利益優先」という価値観が正当化技術に影響を与えていることが見て取れる。

2　フランスのコンセルタシオン創設の立法過程

2-1　本章の対象と構成

　フランスにおいても立法過程は、即地的詳細計画の策定手続にどのアクター
をどのように参加させるかという制度枠組みを創設する過程であるが、「一般
公益優先」という基底価値が流布している点は日本と異なっている。フランス
の場合、即地的詳細計画の策定手続として「コンセルタシオン（concertation）」
が創設され、多元的な参加を実現する制度枠組みが決定された。ただし、この
コンセルタシオンにより多元的な参加の可能性が広がったものの、参加主体が
主体的に決定作成を行う規定が設けられておらず、また想定されているわけで
もない。つまり、フランスの参加形態は参加主体が政府の決定に関与するもの
の決定作成主体たりえない「参画」の形態であると言える。

　本研究が素材とするフランスの即地的詳細計画が現行の PLU へと変更され
たのは、2000年の SRU 法によってである（詳細は**第Ⅱ部**参照）。この法律は、
「連帯の要求」「持続可能な開発と生活の質」「民主主義と地方分権」という 3
つの原理に基づいて空間整備政策の法的枠組みを刷新したとされている。[37] この
刷新の主要な制度の 1 つに「コンセルタシオン」があげられている（原田
2004）。しかし、コンセルタシオンは、SRU 法により創設されたわけではなく、
1983年の権限配分法に関連して制定された1985年 7 月18日の「空間整備原則の
定義と実行に関する法律」[38]（以下「1985年法」）によって創設された。SRU 法制
定時に部分的改定がなされたものの、1985年法制定の趣旨を踏まえ現在でも即
地的詳細計画策定手続の中の参加手続として運用されている。

　なお、1980年代の分権改革以前、自治体の自由行政（libre administration）の

36　「同意調達」が用いられてきた背景については、**第Ⅱ部 1 - 4 - 2**参照。これは前述の「日
　　本の都市計画制度は、一部反対している人がいるとなかなかできない」から同意調達が必要
　　だという政府の認識を裏付けるものである。

37　Projet de loi relative à la solidarité et au renouvellement urbains, Assemblée Natio-
　　nale, nº 2131, février 2000.

38　Loi nº 85-729 du juillet 1985 relative à la définition et à la mise en œuvre de princi-
　　pes d'aménagement.

原則は憲法34条と72条によって曖昧に定められていた。そこで社会党政権下
で、各自治体レベルの基本的使命に即して国の権限を自治体に移譲すること、
自治体間の上下・従属関係をなくすこと、国の権限移譲に伴う権限遂行手段を
移譲すること、さらに市民参加を含む地方の民主化を目指して1982年に分権改
革が行われた（自治体国際化協会 2001：4）。自治体の自律性の強化に関しては、
自治体に対する国の「事前後見監督（tutelle a priori）」制度が廃止され、国か
らの派遣官吏である県知事（préfet）は、地方長官（commissaire de la Répub-
lique）と改められ、専ら地方行政について、適法性審査等々の事後的な事務に
携わるのみとなった。[39] 各レベルの自治体では、人口規模に応じ、法律で定めら
れた一定数の議員が選挙民から選ばれ、議会で互選された議長（président）が
当該自治体の首長を兼ね、執行部を形成するという制度に改められた（門
2003：3-4）。政府の自律性を「固有の権限や公選の諸機関による管理運営が行
われていること」（ドゥブイ 1998：1440）と捉えるならば、1980年代の分権改革
によって自治体は、中央政府の後見的支配を脱して、自律的に行政活動を行う
こととなった。また、1985年法は市民参加を含む地方の民主化の文脈に位置付
けられる。[40]

　他方、フランスでは、日本と異なり、国会審議で実質的審議が行われ、多く
の修正が加えられる。その意味で、政治アクターの国会審議における役割は大
きく、そのプロセスで政府の立場に立つ国民議会ともう１つの議院である元老
院の対立が顕在化する。言い換えれば、国民議会案に元老院からの異議や代替
案の提示など抵抗が示される。そのため、フランスの立法過程においては国会
審議（委員会および本会議）に焦点を当ててコンセルタシオンの立法プロセスを
検討することが適切であろう。なお、本章では、主導アクターを政府・国民議
会として設定した。

　そこで、フランスの立法過程では、「一般公益優先」という基底価値のもと
で構想された「参画」の形態をとる制度枠組みに着目して、コンセルタシオン
に関する1985年法の法案の修正と、法案に対する異論およびこれに対する政府

39　1988年以降、再び職名が「préfet」とされた。Décret n° 88-199 du 29 février 1988 relat-
if aux titres de préfet et de sous-préfet.
40　フランスの分権改革については、川崎（1982）、磯部（1982）、大山（1994）も参照。

の正当化理由について、「正当化理由の決定」を中心に検討する。具体的には、1985年法の常任委員会報告書（法案の趣旨説明、法案における全体の審議、逐条検討、修正案の内容、審議の結果などを記した報告書）を素材として、コンセルタシオンに関する法案の修正、法案に対する異論と政府の正当化技術を分析する。

　本章の構成は、次のとおりである。まず、創設の背景と立法過程に関わるアクターを整理した上で（2-2）、本研究の問いを検討するため、コンセルタシオン創設の立法過程を分析する（2-3）。次に、以上の分析結果から、正当化理由がいつ決定されるのか（when：時期の特定）、正当化理由は誰によってもたらされるのか（who：理由の源泉）、政府が何をもって正当化理由とするのか（what：理由の選択）を分析することで、政府はどのように決定を正当化するのか（how：正当化技術）を明らかにする。そして、なぜ、特定の正当化技術になるのか（why：因果関係）を解明するための素材として、個別具体の正当化理由が決定された原因を整理する（2-4）。

　なお、日本の立法過程の分析では、地区計画という制度と地区計画策定手続という手法に分けて分析を行った。しかし、フランスの即地的詳細計画という制度とコンセルタシオンという手法の発案と制度化の時期は連続しておらず、日本の地区計画と地区計画手続と同じ関係にない。また、本研究は、参加制度における政府の正当化理由に着目する。したがって、フランスの立法過程の分析にあたっては、コンセルタシオンという手法のみに焦点を当てることとする。

2-2　フランスの立法過程とコンセルタシオン立法過程時のアクター

2-2-1　フランスの立法過程

　一般に、フランスの立法過程は主に3つに分けて説明される（植野 2014）。第1の段階は政府による法律案の準備である。第2の段階は議会における法律案の検討のための審議とその採択のための投票である。そして、第3の段階は、議会後の段階であり、通常は法律の審署（promulgation）[41]となる。

　法案を提出者で大別すると、首相が提出する政府提出法案（projet de loi）と議員提出法案（proposition de loi）がある。しかし、実際は、多くの場合、政府提出法案による。[42]即地的詳細計画の策定手続に関するコンセルタシオンを導入

した1985年法の法案も政府提出法案である。

　フランスの議会は下院にあたる国民議会（Assemblée nationale）、上院にあたる元老院（Sénat）の二院から成り立っており、原則的に同一の立法権限を有している。したがって、すべての政府提出法律案、議員提出法案は、議会を構成する国民議会と元老院で一致に至るまで検討される。

　法律の起案については、当該法律案のテーマに対して管轄する省の部局（service）が準備をする。交渉や調整が必要とされるときは首相の下に各省会議が開催される。この会議の事務局は政府事務総局（Secréral général du Gouvernement）であり、法律案から公布の経過の遂行と調整役を担う官僚組織である。草案は、政府の法律顧問であるコンセイユ・デタ（Conseil d'Etat）に送られ、法文に対して、憲法適合性や法典における適宜性などが確認される。

　次に、法案は大臣会議で審議され、両議院のいずれかの理事部（Bureau de l'Assemblée）[43]に提出され、それぞれの常任委員会で審議される。法案が付託された委員会においては、委員のうちから報告者（rapporteur）が任命される。通常、まず関係省庁の大臣・公務員、有識者・利害関係者等から説明や意見を聴取する公聴会（audition）[44]が開催され、続いて法案の逐条審査が行われる。委員会においては、報告者が委員会の決定の方向を定め、説明する。多くの場合、報告者の意見や修正の提案が賛同をえることになる。報告者はこのために、一人で、もしくは委員会で、必要なすべての聴取を行い、報告書案を作成し、必要なら修正案も作る。そのため、フランスの委員会「報告者の役割は、他国の議会におけるよりも非常に活動的または決定的なものであると言われる」（植野 2014：9）。

41　審署とは、「国家元首が、法律の存在を公式に認証し、かつ、それに執行力を与える行為」であり（中村ほか 2012：343）、具体的には大統領による法律の公布である。

42　例えば、第14議会期（législature）（2012年6月から2017年6月）の法案提出数は、政府提出法案が449、議員提出法案が1,837。これに対して法案成立数は政府提出法案が339、議員提出法案は110であり、成立法案数に占める政府提出法案は約7割を占めている。Assemblée nationale, Statistiques de l'activité parlementaire sous la XIVᵉ législature (http://www2.assemblee-nationale.fr/14/statistiques-de-l-activite-parlementaire-sous-la-xive-legislature).

43　議長、副議長、財務・行政担当理事、書記担当理事からなる各議院の理事会。

44　V. Article 45 du Règlement de l'Assemblée nationale.

　そして、本議会で法律案の審議が行われる。本会議審議は、一般討論および逐条審議の２つの段階に分かれる。政府提出法案の場合には、まず法案を所管する大臣が発言し、次に所管委員会の報告者が発言する。逐条審議が終了すると、法案全体が表決に付される。なお、法律案の修正は、議員の当然の権利と考えられ、フランスの本会議では日本と異なって修正案が多く提示される。

　以上の立法過程を整理すると、原案作成、各省協議、コンセイユ・デタの審議、大臣会議、国会審議（委員会審議の後、本会議）、審署というプロセスに整理できる。また、これらの立法過程におけるアクターは、政府事務総局、コンセイユ・デタ、関係省庁（国家官僚）、議員（国民議会議員、元老院議員）、公聴会で聴取に応じる関係省庁の大臣・公務員、有識者・利害関係者等があげられる。

2-2-2　本会議の構造

　フランスでは本会議と事前の委員会において実質審議が行われ、実際に多くの修正が委員会と本会議で行われることから見て、国会審議が立法過程における重要な過程であると言える。

　本会議は一般討論（discussion générale）から始まる。一般討論は、まず担当大臣により、ついで報告者により開始され、それぞれが法律案について意見を述べる。また、この一般討論は時間的に限られたものであり、会派毎に会派の人数に応じて全体の時間の中で配分されていく。手続に関する動議（motions）の審議が行われることもある。違憲性の疑いのある問題や事前に問うべき問題があるような場合は、法律案の廃棄に相当する採決を行ったり、委員会に差し戻したりする。法律案の検討を逐条的に行う詳細審議は、修正案および再修正案の審議の際に行われる。法律案の最も遠いところから近い所に位置するものに対して行う。競合する修正案が存在するときは、例外なく、共通審議に付される。採決は１つ１つの修正案について、ついで１つ１つの条文についてなされる。

　すべての法律案は、共通の法文で採択されるまで２つの議院で検討される。１つの議院から他の議院に法律案が移送されることを「ナヴェット（navette）」と言う。それぞれの議院は、審議に付されている条文に対してしか、すなわちまだ一致の対象となっていない条文に対してしか意見を述べることができな

い。2つの議院が一致した法文はもはや審議の対象ではない。理論的には、ナヴェットは2つの議院が法律案の条文すべてについて一致の確認に至るまで続けられる。しかしながら政府がこのナヴェットを短縮することのできるメカニズムが存在する。それぞれの議院の第2読会のあとで（もしくは政府が迅速審議手続（procédure accélérée）を始めることを決定したなら第1読会のあとで）、政府は調整のための委員会を開催することができる。それを同数合同委員会（commission mixte paritaire）と呼ぶ。

　同数合同委員会は、7人の国民議会議員、7人の元老院議員からなり、また審議中である条文について提案する責務を負うものである。同数合同委員会とその後の議院の審議には2つのケースがある。1つは、同数合同委員会で妥協が得られた場合、そしてその妥協案が両議院で賛成されると、法律案は最終的なものと解され、審署のために送られる。もう1つは、同数合同委員会で妥協が得られない場合、あるいは妥協が両議院で承認されなかった場合、政府は、それぞれの議院での新しい読会のあと、国民議会に最終的に決定するよう要求する（植野 2014：12）。

　PLU の策定手続で重要な位置を占めるコンセルタシオンを導入した1985年法の立法過程（1984年から1985年）においても、両院の第2読会で一致した法文に至らなかった。同数合同委員会が開催されたが妥協が得られず、両院での新しい読会の後に国民議会で最終的に決定が要求された。

2-2-3　国民議会と元老院の性質とアクター

　国民議会は、任期5年、小選挙区2回投票制で議員が選出される。1985年法審議の直近の1981年総選挙後の会派別の議席配分は、社会党285、共産党44、右派の共和国連合88、中道右派のフランス民主連合62、無所属12、合計491議席であった。[45] 当時与党を構成していた社会党と共産党で67%の議席を占めていた。一方、元老院は、コンセルタシオンを導入した1985年法の審議がされた1984年当時は任期9年で3年ごとに3分の1が間接選挙で選ばれていた（現在は任期6年で3年ごとに半数を改選）。元老院議員選挙の選挙人団は国会議員全員

---

[45] Assemblée nationale, Effectifs des groupes à l'Assemblée nationale de Septième législature（1981-1986）（http://www.assemblee-nationale.fr/elections/historique-2.asp）。なお数値は1981年7月2日時点のもの。

と一部の地方議会議員から構成される。1983年の改選後の元老院の会派別の議席配分は、社会党70、共産党24、民主的左翼39、進歩民主中道連合71、共和・独立連合50、共和国のための集合58、無所属５、合計317議席であった[46]。元老院では社会党と共産党は約30％の議席しか占めていなかったことがわかる。

　元老院は、地方公共団体を代表するものと憲法で規定されており（24条３項）、また、地方議会議員が選挙人団を構成するという選挙制度の影響で農村部過剰代表の傾向にあり、農村部の保守的な利益を代表しやすいと言われている[47]。実際、1984年時点で国民議会は与党（社会党、共産党）で６割以上の議席を占めていたが、元老院では少数与党であった。選挙制度によって生じるこうした「ねじれ現象」が法案審議に影響を与えることも考えられる（滝沢 2020：138以下：大山 2013：86以下）。

2-2-4　本章の検討対象とアクター

　これまで述べてきたように、フランスの立法過程（政府提出法案）は、原案作成、各省協議、コンセイユ・デタの審査、大臣会議、国会審議（委員会および本会議）というプロセスを経る。日本と同様に、各省協議やコンセイユ・デタによる法案審査などの法案作成段階でも修正が加えられるが、日本と異なるのは、国会審議で実質的審議が行われ、多くの修正が加えられることである。その意味で、政治アクターの国会審議における役割は大きい。また、フランスの議会は二議院から成っており、原則的に同一の立法権限を有している。このうち、元老院は、フランスの農村部、零細な町村の声がより強く反映される傾向があると言われる。そのため、社会党のような革新系大統領多数派と国民議会多数派が一致する場合は、政府・国民議会多数派と元老院の意見が対立する場合もありうる。国会審議で実質的審議が行われるため、国会審議の場で利益対立が顕在化する。

　1985年法によるコンセルタシオンの創設においては、国民議会第１読会

46　Sénat, Nombre de sièges au Sénat en 1983（http://www.senat.fr/fileadmin/Fichiers/Images/archives/D50/senat_1983.pdf）. なお、数値は1983年９月25日時点のもの。

47　元老院議員は間接選挙で選出される。国民議会議員、地域圏議会議員、県議会議員のすべておよびコミューン議会議員の代表者が、県単位に選挙人団を形成し選出する（山﨑 2006：34-36；滝沢 2010：140；辻村・糠塚 2012：124）。

（1984年6月）、元老院第1読会（1984年10月）、国民議会第2読会（1984年12月）、元老院第2読会（1985年4月）、国会同数合同委員会（1985年5月）、国民議会第3読会（1985年5月）、元老院第3読会（1985年6月）、国民議会の最終読会（1985年6月）という経過をたどった。

　そこで、委員会および本会議での審議内容の検討に焦点を当てる。それは、第1に、コンセルタシオンの創設の理由やその性格づけの理由が委員会報告者によって明示的に表明されるからであり、第2に、コンセルタシオンの創設における決定の正当化理由が明らかになるからである。

　このように、フランスの立法過程では、アクターの利益対立と決定の正当化理由が国会審議（委員会および本会議）で顕在化すると考えられる。したがって、本研究では、この国会審議に着目し、コンセルタシオン創設の過程を検討する。また、本研究では、主導アクターである政府を執行機関に限定しているが、本章では国会審議に焦点を当てるため、国民議会を執行機関（政府）と実質一体と捉え、それ以外を外部環境として設定する。それは、コンセルタシオンが創設される1985年法の立法過程（1984年時点）では、国民議会が与党（社会党、共産党）であり、国民議会が執行機関の実績や論理を踏まえて作成された法案基づき国会審議を主導したからである。つまり、コンセルタシオンを定める法案決定の主導アクターは国民議会であり、国民議会の言説にコンセルタシオン創設の正当化理由が表れるからである。

2-3　コンセルタシオンの立法過程の検討

2-3-1　国民議会第1読会（1984年6月）：生産交換委員会審議[48]

(1)　報告者による趣旨説明

　本法案の国民議会での委員会報告者（rapporteur）は、社会党のジャン＝ピエール・デストラード（Jean-Pierre Destrade）（法案審議時点では、ビアリッツのコミューン議会議員を兼職）である。本法案における最初の委員会でもあり、報告者より法案の背景と趣旨説明がなされた。

48　「生産交換委員会」は、2002年に「経済問題・環境・領土委員会」に名称変更。さらに、2009年に「経済問題委員会」に名称変更して現在に至る。国民議会にある8つの常任委員会の1つ。

　報告者は最初に、本法案の背景を説明している。「都市計画法は従来、すべてのコミューンに画一的な規制が適用される集権的な行政を実現する構造となっており、地方の実情に応じた例外的な手続さえ法律によるものであった。そのため、毎年のように都市計画法が改正されてきた。なによりも、こうした集権的な立法や行政運用によって、住民は、自分たちが生活する街の環境や生活条件の改善のための決定から遠ざけられており、一部の専門家やテクノクラートによって決定されていることに強い不満を感じている。1981年に社会党が政権を獲得し、コミューンへの権限移譲政策が進められるなか、こうした問題を抱える都市計画分野の政策を転換する必要がある」（Assemblée nationale 1984a：5-7）。

　そして、法案の趣旨が説明される。「地方分権による権限配分法の1983年の都市計画法の改正により、土地占用プラン（POS）の決定権限とPOS策定を条件として建築許可権限がコミューンに移譲された。（中略）これらの権限移譲は、コミューンが自ら目標を決定し、住民との対話（dialogue）を行うことを前提としている」（Assemblée nationale 1984a：12）として、コミューンの自律性を強調し、コンセルタシオンの重要性を説明している[49]。

　また報告者は、コンセルタシオンは、「整備事業（opérations d'aménagement）の可能な限り早い段階で開始されなければならず、すべての住民をかかわらせなければならない。そうしなければ、住民の現実的なニーズは明らかにならないし、住民の生活環境の管理とその方法の策定に住民を参加させることはできない。一言で言うならば都市計画を日常の現実に近づけることはできない」（Assemblée nationale 1984a：12）と述べ、コンセルタシオンによって都市計画が住民に身近になることを強調している。また、「このコンセルタシオンは、土地所有者、施主といった他の発言者にも向けられなければならない」（Assemblée nationale 1984a：13）と述べ、財産権の擁護に対する配慮も説明している。

49　なお、こうした議会での理由付けに加えて、コンセルタシオン創設の背景には、都市整備に関する権限が国からコミューンに移譲されることで、コミューン議会、さらにはコミューンの長（市長）に大幅な権限が集中することを避ける意図もあったと言う論者もいる（Morand-Deviller 2018：7）。

さらに、都市計画法「L300-2条は、空間整備分野においてコミューンが追求する目標を定めること、コミューンの領域の一部において市街化が実施される以前に行いかつ、住民の生活環境に関して影響を及ぼすあらゆる整備事業の前に行うコンセルタシオンの方法を決定することをコミューンに義務付けている」、「コミューンの取り組みを尊重する本法案は、（住民等との）対話の手段と形態を構想することをコミューンに委ねている」（Assemblée nationale 1984a：14）として、コンセルタシオンの実施は法律上の義務付けではあるが、コミューンにその規範設定を委ねていることに言及している。

(2) 都市計画・住宅大臣ポール・キレスに対する公聴会

当時の都市計画・住宅大臣であるポール・キレス（Paul Quilès）は社会党所属で大臣を複数回務めており、法案審議時点ではパリのコミューン議会議員を兼職していた。1984年6月12日に委員長ギュスタヴ・アンサール（Gustave An-sart）（共産党所属）出席のもと、「整備の刷新のための法案」に関して、キレスに対する公聴会が開催された。

ポール・キレスは、コンセルタシオンの条文（L300-2条）に関して、「コンセルタシオンが義務とされる関連事業のリストは、コンセイユ・デタのデクレによって決定される」（Assemblée nationale 1984a：29）ことを説明している。その理由は、「コミューンの整備活動を麻痺させないため」（Assemblée nationale 1984a：14）であるとする。コンセルタシオンを原則義務にすることで、コンセルタシオン手続が増え、コミューンの活発な整備事業を困難にするからである。

次に、ポール・ショマ（Paul Chomat）（共産党所属。1984年時点ではロワール県の県議会議員。本委員会の4名の副委員長の1人）が、L300-2条に関して、住民への情報提供と最小限のコンセルタシオンが、事業が実施されるコミューンだけでなく、隣接コミューンでも行われることを要求した（Assemblée nationale 1984a：30-31）。

(3) 法案の検討

法案の検討にあたっては、冒頭で本委員会の委員であるロベール・ギャレー（Robert Galley）（保守系政治家。法案審議時点でオーブ県の県議会議員とトロワ市長を兼職）が法案を受理すべきでないとの意見を述べた。彼は、法案がコミューン

実施の事業については、コンセルタシオンが義務付けられているのに対して、国が実施する事業はコンセルタシオンの対象とされていないことを問題視した（Assemblée nationale 1984a：34）。これに対して報告者は、国が実施する事業において公衆の意見を聴く機会は「公開意見聴取」という制度によって確保されているという事実をあげて、本法案でコンセルタシオンをコミューン実施の事業に限定していることを正当化した。

　なお、国民議会第1読会の審議の結果、コンセルタシオンに関する部分について、政府提出案がどのように修正されて国民議会で可決されたかについては、次の元老院第1読会委員会の項に、元老院第1読会委員会提案までの法文としてまとめているので、参照されたい（図表Ⅲ-6）。

2-3-2　元老院第1読会（1984年10月）：経済問題・計画委員会

(1)　報告者による趣旨説明

　本委員会の報告者は、中道右派のマルセル・リュコット（Marcel Lucotte）（法案審議時点でブルゴーニュ地域圏議員、オタン県議会議員を兼職）である。報告者は、コンセルタシオンに関して本法案の利点を次のように説明している。

　1つに、地方公共団体によるビジョンの提示である。「本法案に示される諸規定は、整備事業を決定する地方公共団体が目指す意図をよりよく表明することを可能にし、住民の将来に関する地方公共団体のビジョンをよりよく提示することを可能にするはずである」とする。ただし、報告者はコンセルタシオンの参加対象に関わる次の問題点を指摘する。「都市の活動を専ら強調しすぎであり、農村部を無視している。（中略）空間整備が都市のために農村部を利用するものであってはならず、調和によって農村部を守り、整序するものでなければならない」（Sénat 1984：9）と述べている。これは、元老院が制度上、地方公共団体を代表するものであり、事実として農村部の地域が過剰代表されていることから、農村部の利益を表明したものと考えられる。また、当時の元老院は社会党が少数与党であり、報告者が野党議員であったことから、政府批判も含まれると考えられる。

　2つに、コンセルタシオンの方法の決定をコミューンの裁量に任せている点を評価している。その理由を「本法案の利点は、市街化予定区域（zone d'urbanisation future）の一部または全部を市街化するPOSの修正、ZACの設定、

図表Ⅲ-6　第1読会による委員会提案の対照表

政府提出法案の法文	国民議会第1読会で可決した法文	元老院第1読会委員会の提案
L300-2条 　コミューン議会は、市街化予定区域（zone d'urbanisation future）の一部または全部の市街化を実施するあらゆるPOSの修正または改定に先立って、もしくはあらゆるZACの設定に先立って、達成目標と住民との事前のコンセルタシオンの方法を議決する。 　コミューン議会は、コミューンが直接実施するまたは実施させる整備事業について、それが、その規模と性質によって、コミューンの生活環境と経済活動を実体として変更する時は、その事業に先立って、insertion localeと住民との事前のコンセルタシオンの方法を議決する。土地の占有と使用の許可は、当該議決の不在もしくは議決が無効になるような瑕疵があるという事実のみでは、違法ではない。当該事業が前項に定める議決の対象となるセクターに立地する時は、コミューン議会はあらたな議決を免除される。 　コミューン議会は、案に関する認識についての所見を議決する。	L300-2条 　市街化予定区域（zone d'urbanisation future）の一部または全部の市街化を実施するあらゆるPOSの修正または改定に先立って、あらゆるZACの設定に先立って、または、L300-1条の意味での整備事業であって、上記に定めるコンセルタシオンの対象であるセクターに立地せず、かつ、コンセイユ・デタのデクレで定められる特徴に相応する事業であって、コミューンによってまたはコミューンの負担で実施される事業に先立って、コミューン議会は、空間整備の達成目標及び、案の策定のすべての時期において、住民及びその他の利害関係者を参加させるコンセルタシオンの方法を議決する。 　このコンセルタシオン終了後に、市長はコンセルタシオンの報告書をコミューン議会に提出する。案の最終資料は公衆に供されなければならない。 　コミューンがEPCIの一部をなし、当該コミューンが上記に定める事業のいずれかを実行する権限を当該EPCIに委任し、または当該EPCIが法律によって事業を実施する権限を有するとき、当該EPCIは、コミューンとの合意の下で定められた条件の下で行使するのと同様の義務を負う。 　ZACがコミューン以外の公法人によって設定される時、当該公法人は、コミューンと同様の義務を負う。当該公法人は、コミューンとの合意の下で定めた条件の下でコンセルタシオンを企画する。	L300-2条 Ⅰ．コミューン議会は、以下に掲げる事項に先立って、達成目標及び、案の策定のすべての時期において、住民及びその他の関係する自然人もしくは法人を参加させるコンセルタシオンの方法を議決する。 a）市街化予定区域（zone d'urbanisation future）の一部または全部の市街化を実施するあらゆるPOSの修正 b）コミューンの発議による、あらゆるZACの設定 c）コミューンが直接実施するまたはコミューンの負担で実施させる整備事業で、それが、その規模と性質によって、コミューンの生活環境と経済活動を実体として変更する時、かつ当該事業がa）またはb）における議決の対象となるセクターに立地しない時。 　このコンセルタシオン終了後に、市長は、コンセルタシオンの報告書をコミューン議会に提出し、コミューン議会は報告書を議決する。 　案の最終資料はそのときにコミューン議会によって決定され、公衆に供されなければならない。 Ⅱ． 〔同左〕 Ⅲ．ZACがコミューン以外の公法人によって設定される時、当該公法人は、コミューンとの合意の下で定めた条件の下で行使するのと同様の義務を負う。

またはいかなる規模であっても整備事業についてコンセルタシオンを義務化している点である」（Sénat 1984：9）とする。

(2)　法案に対する逐条検討

コンセルタシオン関するL300-2条について、元老院第1読会本委員会は、国民議会の5つの修正が法文を明確にし、より良いものとしたとして、5つの修正を支持している。ただし、国民議会で採用された修正によって若干複雑になった本条の文章表現を明確にする必要があり、コンセルタシオンについてコミューン議会内部の手続の詳細を規定する必要があるとして、修正が提案されている（図表Ⅲ-6）。

具体的には、L300-2条のⅠとして、コミューンがコンセルタシオンの目標と方法を決定しなければならない3つの場合をa）、b）、c）と番号を付してわかりやすくしている。また、このⅠの最後の2つの段落では、市長によって提出されたコンセルタシオン報告書をコミューン議会が議決する手続を定めている。この議決の後に、即地的詳細計画案がコミューン議会によって決定される（Sénat 1984：16）。

また、元老院第1読会の委員会は、コンセルタシオンの対象から、「市街化予定区域の一部または全部の市街化を実施するPOSの改定（révision）」を削除した。その理由は、「都市計画法規則編R123-18条が、市街化予定区域において、POSの修正、ZACの設定、または区域の一貫した空間整備と両立可能な整備事業もしくは建築事業の実施の場合に市街化が可能であるとしており、POSの改定の場合を含んでいないからである」（Sénat 1984：17）とした。つまり、対象計画について、他条文との不整合を理由としてPOSの「改定」を削除した。

委員会の後の元老院第1読会本会議の結果、国会議会の第1読会案（以下「国民議会案」）に対して元老院の第1読会での案（元老院案）では2つの変更がされている。1つは、元老院案によりコンセルタシオンの参加対象に「農業界の代表者」が入った点である。これは、先に述べた元老院報告の「都市の活動を専ら強調しすぎであり、農村部を無視している」（Sénat 1984：9）という指摘が法文に反映されたものである。また、元老院案は、国民議会によって削除されていた、手続の瑕疵が直ちに土地の占有と使用の許可を違法としないとい

う規定を再度法文に盛り込んだ。その理由は、整備事業を停止させる争訟を避けるという配慮である。この点は両院の第2読会委員会で再度議論となる。

　なお、元老院第1読会委員会案では、国民議会によって追加された、コンセルタシオン対象事業をデクレで列挙するという規定が削除されていたが、元老院本会議によって、コンセルタシオンの対象とならない事業をデクレで列挙するという規定に修正されている。この点についても両院の第2読会で再度争点となる。

2‐3‐3　国民議会第2読会（1984年12月）：生産交換委員会審議

　本委員会の報告者は、第1読会と同じである。ここでは、元老院によって採択された本条の構造を維持することを表明した上で（Assemblée Nationale 1984b：5）、元老院案に対する指摘と新たな提案を行っている。主な争点は次の4点である。

　争点の第1は、参加対象についてである。国民議会第2読会案（以下「国民議会再案」）では、元老院案で追加された、対象に農業組織の代表者を含むとした内容が削除された。その理由として、参加させるべき具体的対象を法文にすべて列挙することは不可能である点、参加させるべき者の選択は地方公共団体の裁量にすべきとする法の精神に則ること、市街化区域など常に農業界の代表者が関係するわけではないという3点があげられた（Assemblée Nationale 1985b：7-8）。なお、こうした理由とともに、コンセルタシオンの対象としているアソシアシオンをよりよく定義することが提案されている（Assemblée Nationale 1984b：6）。

　第2に、元老院案がコンセルタシオンの対象計画の中から、POSの「改定」を削除して、POSの策定と「修正」にとどめた点である（Sénat 1984：17）。国民議会第2読会委員会では、再度「改定」を明記した。国民議会第2読会の報告書の該当箇所にはその理由は述べられていない。ただ、元老院第1読会の修正全体について、国民議会は、「元老院第1読会での修正は、国民議会で採択した法文の射程を短くし、効果を弱めるようなものだった」（Assemblée Nationale 1984b：4）と批判的に捉えていた。これを解釈すれば、POSの修正と改定を対象とすることで、市民参加や地域民主主義の発展に貢献する本法案の意義を元老院案では狭めてしまうと考えたからであると言える。

　第3は、対象事業についてである。元老院案が、コンセイユ・デタのデクレによって、コンセルタシオンの適用対象とならない整備事業のリストを定めると提案していたのに対して、国民議会第2読会委員会では、デクレによってコンセルタシオンの対象となる整備事業のリストを定めるという原則が提案された。その理由は、コンセルタシオンを原則義務にすると、コンセルタシオン手続が増え、コミューンの活発な整備事業を困難にすると考えられたからである（Assemblée nationale 1984a：14）。

　第4は、手続の瑕疵についてである。元老院で追加された、「土地の占有と使用の許可は、この議決もしくは（コンセルタシオン）実施方法を損なう余地のある瑕疵のみでは違法とはならない」ことに対して、国民議会案では、コミューン議会の議決またはコンセルタシオン手続の瑕疵をもって土地の占用と使用の許可に違法性をもたらす性質を与えており（つまり、議決とコンセルタシオンの瑕疵を違法とする）、国民議会再案でもその立場が維持された（Assemblée Nationale 1984b：6）。その理由は、ここでは明確に述べられていないが、国民議会第3読会報告書によれば、国民議会は、コミューン議会がL300-2条のコンセルタシオン実施義務を過小評価することがないようにさせることを意図していた（Assemblée Nationale 1985b：8）。

2-3-4　元老院第2読会（1985年4月）：経済問題・計画委員会

　本委員会の報告者は、保守系議員であるアラン・プリュシェ（Alain Pluchet）である。報告者から、2回の読会を踏まえた国民議会の可決のまとめと元老院での提案内容が以下のように説明された。

　国民議会第2読会での第1の争点である参加対象については、国民議会がコンセルタシオンに参加する人を「住民、地域のアソシアシオン、及び関連する人々」であるとして、法文を修正したのに対して、元老院の委員会は、農業界の代表の記載を再び導入することが提案された。それは、ほとんどの整備事業が、農業用であった土地を市街化することを目的とするため、コンセルタシオンが農業界の代表者にかかわることは本質的であることを理由とする（Sénat 1985c：5）。第2の争点である対象計画ついては、事前のコンセルタシオンを必要とする事業の中に、POSの改定を含むとした、国民議会再案を受け入れることが提案された。第3の争点である対象事業については、コンセイユ・デタ

のデクレがコンセルタシオンを義務とする整備事業の特徴を定めるという国民議会再案を受諾した。第4の争点である手続の瑕疵については、手続の瑕疵が直ちに土地の占有と使用の許可を違法としてしまうことで、「コンセルタシオンに関する規定が、地方自治体の整備事業の実施を妨げる際限のない争訟の源になってはならないと考える」という理由で、元老院が第1読会（「元老院案」）で変更した内容を再度採用することが提案された（Sénat 1985a：6-7）。

　そして、報告書では、国民議会第1読会可決以降の法文上の経過が下記のように整理されている（図表Ⅲ-7）。

2-3-5　国会同数合同委員会（1985年5月）

　それぞれの第2回読会までで、国民議会と元老院で同一法文に至ることができなかったので、国会同数合同委員会が開催された。国会同数合同委員会には両院の代表者のみ出席するため、委員会の結果がそれぞれの議院で報告される。実際、審議結果が国民議会と元老院のそれぞれの委員会で報告されている。本委員会の国民議会側の報告者は、第1読会と同じくジャン＝ピエール・デストラードであり、元老院の報告者は、アラン・プリュシェである。国会同数合同委員会においても、両院に提案できる同一法文への妥協は失敗した旨が報告されている（Assemblée Nationale 1985a：4; Sénat 1985b：4）。

2-3-6　国民議会第3読会（1985年5月）：生産交換委員会審議

　本委員会の国民議会側の報告者は、第1読会と同じくジャン＝ピエール・デストラードである。報告者は、第2読会でも元老院が、都市計画法L300-2条（事前のコンセルタシオン）に関する2点について、その立場を維持した旨を報告し、それに対する本委員会の取るべき立場を提案している。

　第1の争点である参加対象については、第1読会と同じ理由で報告者は農業界の代表者を例示するという元老院の案を削除するように提案された（Assemblée Nationale 1985b：7-8）。

　第2の争点である手続の瑕疵については、国民議会の意図は、コミューン議会がL300-2条のコンセルタシオン実施義務を過小評価することがないようにさせる点にあったことが確認されている。その上で、元老院が提案する「土地の占有と使用の許可は、この議決もしくは（コンセルタシオン）実施方法を損なうような瑕疵のみでは違法とはならない」という規定が、この国民議会の立場

図表Ⅲ-7　第1読会以降の委員会提案の対照表

国民議会第1読会可決法文	元老院第1読会可決法文	国民議会第2読会可決法文	元老院第2読会委員会提案
L300-2 条 市街化予定区域（zone d'urbanisation future）の一部または全部の市街化を実施するあらゆる POS の修正または改定に先立って、あらゆる ZAC の設定に先立って、または、L300-1 条の意味での整備事業であって、上記に定めるコンセルタシオンの対象であるセクターに立地せず、かつ、コンセイユ・デタのデクレで定められる特徴に相応する事業であって、コミューンによってまたはコミューンの負担で実施される事業に先立って、コミューン議会は、空間整備の達成目標及び、案の策定のすべての時期において、住民及びその他の利害関係者を参加させるコンセルタシオンの方法を議決する。	L300-2 条 Ⅰ．コミューン議会は、以下に掲げる事項に先立って、達成目標及び、案の策定のすべての時期において、住民、<u>農業界の代表者といった関係す</u>る<u>自然人もしくは法人、さらに団体及びアソシア</u>シオンを参加させるコンセルタシオンの方法を議決する。 <u>a）市街化予定区域（zone d'urbanisation future）の一部または全部の市街化を実施するあらゆる POS の修正</u> <u>b）コミューンの発議による、あらゆる ZAC の設定</u> <u>c）コミューンが直接実施するまたはコミューンの負担で実施させる整備事業で、それが、その規模と性質によって、コミューンの生活環境と経済活動を実体として変更する時、かつ当該事業がa）またはb）における議決の対象となるセクターに立地しない時。コンセイユ・デタのデクレは、本段落の義務に服さない整備事業の特徴を定める。</u>	L300-2 条 Ⅰ．コミューン議会は、 （中略） …住民、地域アソシアシオン及び、その他の利害関係者を参加させるコンセルタシオンの方法を議決する。 a） （略） POS の修正と改定 b） （修正なし） c） （略） は、本段落の義務に服する整備事業の特徴を定める。	L300-2 条 Ⅰ．コミューン議会は、 （中略） 　　　　　　　及び、 <u>農業界の代表者といった</u>その他の利害関係者を参加させるコンセルタシオンの方法を決議する。 a） （修正なし） b） （修正なし） c） （修正なし）
このコンセルタシオン終了後に、市長はコンセルタシオンの報告書をコミューン議会に提出する。案の最終資料は公衆に供されなければならない。	このコンセルタシオン終了後に、市長は、コンセルタシオンの報告書をコミューン議会に提出し、<u>コミューン議会は報告書を議決する。</u>	（修正なし）	（修正なし）

	土地の占有と使用の許可は、この議決もしくは（コンセルタシオン）実施方法を損なうような瑕疵のみでは違法とはならない。	（削除）	土地の占有と使用の許可は、この議決もしくは（コンセルタシオン）実施方法を損なうような瑕疵のみでは違法とはならない。
	案の最終資料はそのときにコミューン議会によって決定され、公衆に供されなければならない。	（修正なし）	（修正なし）
コミューンが EPCI の一部をなし、当該コミューンが上記に定める事業のいずれかを実行する権限を当該EPCI に委任し、または当該 EPCI が法律によって事業を実施する権限を有するとき、当該 EPCI は、コミューンとの合意の下で定められた条件の下で行使するのと同様の義務を負う。	II. 〔同左〕	（修正なし）	（修正なし）
ZAC がコミューン以外の公法人によって設定される時、当該公法人は、コミューンと同様の義務を負う。当該公法人との合意の下で定めた条件の下でコンセルタシオンを企画する。	III. 整備事業を発議するその他の公法人は、同じ義務に服する。当該公法人は、当該公法人は、コミューンとの合意の下で定めた条件の下でコンセルタシオンを企画する。	（修正なし）	（修正なし）

を問題視しているわけではないこと、そして、建築許可申請者等に対して、自らが当事者たり得ない、議決を軽視する手続の瑕疵の影響を受けさせることは論理的でないことを理由にあげて、委員会としては、元老院が第2読会で可決したL300-2条第5段落の「土地の占有と使用の許可は、この議決もしくは（コンセルタシオン）実施方法を損なうような瑕疵のみでは違法とはならない」とする元老院再案を維持することを提案するとした（Assemblée Nationale 1985b：8）。つまり、コンセルタシオン実施を過小評価しない点で元老院と同じ立場であることを確認した上で、コミューンの責務による手続の瑕疵が建築許可申請者等に影響を与えることの非合理性という独自の理由を用いて元老院の案を受諾したと言える。

2-3-7　元老院第3読会（1985年6月）：経済問題・計画委員会

本委員会の報告者は同じくアラン・プリュシである。

　報告者は、参加対象について、国民議会が農業界の代表者とのコンセルタシオンの例示を削除した旨を報告した。それに対して、農業界の代表者がコンセルタシオンにかかわることは「一般利益」にかなう本質的なものであるとの主張が再度展開される。その理由として、ほとんどの整備事業がこれまで農業用であった土地が、これから市街化することを目的とする土地にかかわるからであるという点があげられる。そして、委員会として、農業界の代表者とのコンセルタシオンという考え方を再導入することが提案されている（Sénat 1985c：5）。

　以上のコンセルタシオンの義務的対象者として農業界の代表者を例示する参加対象については、最終的に政府・国民議会と元老院との間で意見の共有ができなかった。

2-3-8　国民議会の最終読会（1985年6月）

　本委員会の国民議会側の報告者は、第1読会と同じくジャン＝ピエール・デストラードである。国民議会と元老院において、同一法文の採択ができない場合は、同数合同委員会を開催し、同一文言の案を模索する。それが不可能な場合、再度、両院で議論し、それでも妥協できない場合は、政府は国民議会に対して最終可決を要請する（フランス共和国憲法45条）。

　国民議会の最終読会の委員会では、国民議会第3読会で可決したとおりに可決することが提案される（Assemblée Nationale 1985c：3）。そして、以下が最終的に可決成立した85年法によって改正された都市計画法 L300-2条の内容である（図表Ⅲ-8）。

図表Ⅲ-8　都市計画法 L300-2条（1985法制定後）

Ⅰ　コミューン議会は、以下に掲げる事項に先立って、達成目標及び、案の策定のすべての時期において、住民、地域アソシアシオン及び、その他の利害関係者を参加させるコンセルタシオンの方法を議決する。

a）　市街化予定区域（zone d'urbanisation future）の一部または全部の市街化を実施するあらゆる POS の修正と改定

b）　コミューンの発議による、あらゆる ZAC の設定

c）　コミューンが直接実施するまたはコミューンの負担で実施させる整備事業で、それが、その規模と性質によって、コミューンの生活環境と経済活動を実体として変更する時、かつ当該事業がa）またはb）における議決の対象となるセ

　クターに立地しない時。コンセイユ・デタのデクレは、本段落の義務に服する
　整備事業の特徴を定める。

　　土地の占有と使用の許可は、当該議決もしくはコンセルタシオン実施方法を損な
　う余地のある瑕疵という事実のみでは違法とはならない。

　　このコンセルタシオン終了後に、市長は、コンセルタシオンの報告書をコミュー
　ン議会に提出し、コミューン議会は報告書を議決する。

　　案の最終資料はそのときにコミューン議会によって決定され、公衆に供されなけ
　ればならない。

　Ⅱ　コミューンがEPCIの一部をなし、当該コミューンが上記に定める事業のいず
　れかを実行する権限を当該EPCIに委任し、または当該EPCIが法律によって当該
　事業を実施する権限を有するとき、当該EPCIは、コミューンとの合意の下で定め
　られた条件の下で、同様の実施義務を負う。

　Ⅲ　整備事業を発議するその他の公法人は、同じ義務に服する。当該公法人は、当
　該公法人は、コミューンとの合意の下で定めた条件の下で、コンセルタシオンを企
　画する。

　なお、ここで争点となった参加対象と手続の瑕疵については、その後法改正
により法文の内容が修正される。まず、参加対象については、1985年法では農
業界の代表者をコンセルタシオン対象者として例示するという元老院の提案は
否決された。しかし、1988年法[50]の57条で、再度挿入された（それ以降、SRU法
においても変更されていない。ただし、現行の都市計画法のコンセルタシオンの記載部
分には存在しない[51]）。また、手続の瑕疵については、2003年の「都市計画・住居
法」によってコンセルタシオンへの異議の申立ての可能性が制限されている。
都市計画法典法L300-2条にあるように、議会の議決によって定義されたコン
セルタシオンの方法が尊重された場合には、コンセルタシオンの暇庇の事実の
みをもって、コンセルタシオンの対象とされた都市計画文書や事業が無効とは

50　Loi n° 88-1202 du 30 décembre 1988 relative à l'adaptation de l'exploitation agricole à
　son environnement économique et social.

51　2012年1月11日のオルドナンス6条でL300-2条が改正され、その際に農業界の代表者が
　コンセルタシオン対象者から除かれた（Ordonnance n° 2012-11 du 5 janvier 2012 portant
　clarification et simplification des procédures d'élaboration, de modification et de révision
　des documents d'urbanisme）。

ならない旨が付記された。[52]

　なお、現行（2019年8月段階）の法文については**第Ⅱ部2の図表Ⅱ-7**を参照されたいが、1980年では即地的詳細計画がPOSであったものからSUR法によりPLUに変更されている。これにより、SRU法創設の際に、都市計画（SCOT、POS、PLU、PDU）の策定についてコンセルタシオンの実施と公開意見聴取が求められた。

2-4　小　括

　立法過程では、「一般公益優先」という基底価値が流布しているフランスで、「参画」の形態をとる制度枠組みが決定され、その決定が、どのような利益対立を経て制度案が決定（実体的決定）され、正当化理由が決定されたかを検討した。

　以下では、法案の決定過程で正当化理由が付された実態をまとめた上で、正当化理由がいつ決定されるのか（when：時期の特定）、誰によって正当化理由は作り出され、あるいはもたらされるのか（who：理由の源泉）、政府が何をもって正当化理由とするか（what：理由の選択）を分析することで、政府はどのように決定を正当化するのか（how：正当化技術）を明らかにする。そして、なぜ、特定の正当化技術になるのか（why：因果関係）を解明するための素材として、個別具体の正当化理由が決定された原因を整理する。

2-4-1　コンセルタシオンの創設の実態と正当化理由

　国会審議は次のような過程を経た。1985年法によるコンセルタシオンの創設においては、両院の二度の読会に同数合同委員会を開催し、その後の読会でも一致に至らず国民議会最終読会で最終的に可決された。以下で整理するように、検討した国会審議において法案に対する異論のすべての抵抗に対して、正当化理由が用いられている。また、「正当化理由の決定」により実体的決定が修正されることが確認できる。以上の確認から、政府の決定には「正当化理由

52　「都市・居住法（Loi n° 2003-590 du 2 juillet 2003 urbanisme et habitat）」の43条で追加された。その後、Ordonnance n° 2015-1174 du 23 septembre 2015 relative à la partie législative du livre Ier du code de l'urbanisme によって条文番号が変更され、現在は、L600-11条に規定されている。

の決定」が存在していたことがわかる。

　以下では、国会審議に見られる法案の趣旨と争点、そしてコンセルタシオンに関わる法案決定の正当化理由を整理し、考察を加えてみたい。

(1)　1985年法の趣旨

　地方分権による権限配分法の1983年の都市計画法の改正により、POS の決定権限がコミューンに移譲され、POS 策定を条件として建築許可権限もコミューンに移譲された。この刷新に示される内容に照らして、報告者は、「この刷新は、コミューンが自らの目標の内容を決定し、住民との対話を開始することを前提としている」として、コミューンの自律性を強調し、コンセルタシオンの重要性を説明している。また、「コミューンの取り組みを尊重する本法案は、（住民等との）対話の手段と形態を構想することを地方公共団体に委ねている」として、コンセルタシオン実施は法律に義務付けているが、コミューンにその規範設定を委ねていることを強調している。

(2)　1985年法制定の国会審議における争点

　国会審議では、国民会議が示した法案に対して元老院から法案の修正が求められ、これに対して正当化理由が示される。ここでは、コンセルタシオンについて、概ね５つの項目が争点となった（図表Ⅲ-９）。以下では、「正当化理由の決定」における正当化技術を解明するために各争点における正当化理由について本研究の問いに照らして実態をまとめる。

1)　参加対象

　コンセルタシオンに参加できる対象に「農業組織の代表者」を含めるかどうかが争点となった。「空間整備が都市のために農村を利用するものであってはならない」とする元老院の主張に対して、国民議会は、第１に、参加させるべき具体的対象を法文に列挙することは不可能である点、第２に、参加させるべき者の選択は地方公共団体の裁量にすべきとする地方分権関連法の精神に則る点、第３に、市街化区域など常に農業界の代表者が関係するわけではない点を正当化理由としてあげた。この争点は、第１読会から第３読会まで議論され、元老院は、「ほとんどの整備事業が農業用に関わる」ことから「農業組織の代表者」を参加させることは「一般利益」にかなうという理由で、コンセルタシオン参加対象者に「農業組織の代表者」を法文に明記することを求めた。しか

し、国民議会最終読会では、個別利益の優遇・冷遇は行わないという一般利益の観点に立った法の運用が伝統的に行われてきたという実績を背景に、「農業組織」という個別産業分野の代表を常にコンセルタシオンに参加させるという元老院の主張を退け、実体的決定・正当化理由の決定は覆されることはなかった。

　以上の争点における正当化理由の決定を、正当化という視点から正当化理由別に考察すれば、次のようになる。第1の理由は、法案作成期の実体的決定時に（when）、政府によってもたらされ（who）、立法上の技術を主張して（what）、政府の法解釈を示すという形（how：「法解釈型」）で決定されたと言える。第2の理由も実体的決定時に（when）、政府によってもたらされ（who）、地方分権に基づく制度を構想し、法律への適合を主張して（what）、政府の法解釈を示すという形（how：「法解釈型」）で決定された。第3の理由は、実体的決定時に（when）、政府によってもたらされ（who）、実績に基づき農業界への個別の対応を排除して（what）、政府自らの実績を示すという形（how：「実績型」）で決定された。

　2）　対象計画

　ここでは、コンセルタシオンの対象に関し、「POSの修正または改定に先立って、あらゆるZACの設定に先立って、または、L300-1条の意味での整備事業であって、上記に定めるコンセルタシオンの対象である」という法案からPOSの「改定」を削除するかが争点となった。元老院が他法律の条文との整合を指摘してPOSの「改定」の削除を求めた。これに対して国民議会は、POSの「改定」の削除は住民等の参加や地域民主主義の発展に貢献する本法案の趣旨を狭めることになるという理由で元老院の主張を退けた。結局、元老院第2読会で国民議会の案（実体的決定）が受諾された。

　この正当化理由は、法案作成期の実体的決定時に（when）、政府によってもたらされ（who）、地方分権・参加民主主義という本法案の趣旨を解釈して（what）、政府の法解釈を示すという形（how：「法解釈型」）で決定されたと言える。

　3）　対象事業

コンセルタシオンの適用対象事業をデクレに記載するか、適用除外対象事業

図表Ⅲ-9　1985年法制定の国会審議に見られる正当化理由

争点	抵抗者の異論	正当化理由の概要	修正の有無	when	who	what	how	why
1）参加対象	農業組織の代表者をコンセルタシオン対象に含めるべき	①参加させるべき具体的対象を法文に列挙することは不可能である②参加させるべき者の選択は地方公共団体の裁量にすべきとする法の精神（本法案の趣旨）に則る③市街化区域など常に農業界の代表者が関係するわけではない	原案	同・後	政府	①立法上の技術②法律への適合③農業界への個別の対応を排除	①②法解釈③実績	①②③参・基
2）対象計画	他条文との整合を指摘してPOSの「改定」を削除するべき	POSの「改定」の削除は市民参加や地域民主主義の発展に貢献する本法案の趣旨を狭める	原案	同・後	政府	法律への適合	法解釈	参
3）対象事業	コンセルタシオンを行わない事業を記載すべき	コンセルタシオンを原則義務にすると、コンセルタシオン手続が増え、コミューンの活発な整備事業を困難にする	原案	同・後	政府	コミューンの活動を麻痺への懸念	実績	参
4）手続の瑕疵	訴訟を避けるため、コンセルタシオン手続の瑕疵では、土地の占有と使用の許可は違法とならないようにすべき	議決を軽視する手続の単なる瑕疵の影響を甘んじて受けさせることは論理的でない（議会の瑕疵の責任を事業者に負わせるのはコンセルタシオンの趣旨からして論理的でない）※抵抗者の異論とは異なる理由	修正	前	政府	コンセルタシオンの過少評価になるという自らの論理	専門	参・基

出典：著者作成。
凡例．修正の有無：実体的決定の修正の有無、when：時期の特定（実体的決定より「前」か「後」それとも同時か）、who：理由の源泉、what：理由の選択、how：正当化技術、why：因果関係（基底底価値と参加形態の影響、基：基底底価値、参：参加形態「参画」自：参加形態「自治」、法解釈：法解釈型、専門：専門知型、実績、実績型）。

を記載するかが争点となった。元老院は、コンセルタシオンを原則義務として、デクレにはコンセルタシオンを行わない事業を記載することを主張した。これに対して国民議会は、「コンセルタシオンを原則義務にすると、コンセルタシオン手続が増え、コミューンの活発な整備事業を困難にする」という理由を付して、デクレには、コンセルタシオンを行う整備事業を記載することを提案した。この理由は、コミューンの議会議員を兼任しているキレス氏の「コミューンの空間整備活動を麻痺させる」という言説からもわかるように、すべての開発を対象とすることは自治体の実績を踏まえて現実的ではないと主張するものであることがわかる。そして、この争点は、元老院第2読会で国民議会の案（実体的決定）が受諾されることになった。

　この正当化理由は、法案作成期の実体的決定時に（when）、政府によってもたらされ（who）、コミューンの活動の実態からみた懸念をもって（what）、政府自らの実績を示すという形（how：「実績型」）で決定されたと言える。

　4）　手続の瑕疵

　コンセルタシオン手続の瑕疵の効果が争点となった。国民議会案では、コンセルタシオン手続の瑕疵がコミューンの議決である土地の占用と使用の許可に違法性をもたらす規定となっていた。これに対して元老院は、「整備事業を停止させる性格を有する争訟を避ける」という理由で、手続の瑕疵が直ちに土地の占有と使用の許可を違法としないという変更を提示した。その後、国民議会は、国民議会第3読会で元老院の案文を受け入れた。すなわち、実体的決定を覆した。国民議会はその理由として、元老院が示す「免除規定の射程が国民議会の立場を問題視しているわけではないこと、そして、建築許可申請者等に対して、自らが当事者たり得ない、手続の単なる瑕疵の影響を甘受させることは論理的でないこと」をあげている。つまり、元老院がもたらした抵抗の理由とは別に、地方議会の瑕疵の責務を事業者に負わせるのは論理的ではないという政府独自の理由を用いて法案を修正した（実体的決定の修正）。

　この正当化理由は、元老院の考えがコンセルタシオンの実施を過小評価しない点で国民議会と同じであることを確認した上で、実体的決定が修正される前に（when）、修正の理由として国民議会によってもたらされ（who）、抵抗者（元老院）の理由ではなく、コンセルタシオンを軽視すべきでないという国民議

会自らの主張を維持して（what）、専門的知見を活用するという形（how：「専門知型」）で決定されたと言える。

(3)　正当化技術と参加形態・基底価値の関係

1)　参加形態と正当化技術

　フランスのコンセルタシオンの立法過程でも、国会審議を通して「参画」の形態をとる制度が構想された。国民議会が示した正当化理由は、一貫して、自らの理論や政府の実績に基づき地方政府の決定が最善であるとして、地方政府が団体のルールを定立し、地方政府の判断・責務により裁定する制度を決定し、それを「法解釈型」「専門知型」「実績型」の正当化技術によって正当化した。以上のことから、「（住民等との）対話の手段と形態を構想することを地方公共団体に委ねている」とされたものの、あくまでも決定作成主体は地方公共団体の自律に基づく「参画」が想定されており、そうした考え方が政府の知能や技能の資源として正当化技術に影響を与えていることが見て取れる。

2)　基底価値と正当化技術

　フランスの立法過程において、基底価値「一般公益優先」が影響したと考えられるのはコンセルタシオンへの「農業組織の代表者」の参加を法文上明記するか否かの場面だった。元老院は、「農業組織の代表者」をコンセルタシオンに常に参加させることが一般利益にかなうと主張した。これに対し、政府は、一般利益の観点に立った法の運用が伝統的に行われてきた実績を踏まえれば、「農業組織」という個別産業分野の代表を常にコンセルタシオンに参加させることは一般利益に反するという理由をもって、「実績型」の正当化技術によって元老院の主張を退けることを正当化した。また、「手続の瑕疵」に関する正当化理由も「一般公益優先」という価値観が影響したと考えられる。元老院の整備事業を停止させる争訟を避けるという異論に対して、修正を加えるものの、地方議会の瑕疵の責務を事業者に負わせるのはコンセルタシオンの趣旨からして論理的ではないという「一般利益」に基づく自らの理由、すなわち「専門知型」の正当化技術によって正当化した。このような「一般利益」に即した活動実績が正当化理由として用いられている実態は、社会に流布する「一般公益優先」という価値観が正当化理由の論拠として用いられていることを表している。

　以上のことから、「一般公益優先」という価値観が政府の知能や技能の資源として正当化技術に影響を与えていることが見て取れる。

第Ⅳ部　執行過程における正当化技術
──実証研究その２──

1　日本の地区計画策定手続の執行過程

1‒1　本章の対象と構成

　地区計画策定手続の執行過程は、立法過程で創設された制度を地方政府が運用する過程であり、多元的な参加を実現する法制度を実際に執行することで、アクター間の利益対立の調整を図りながら地区計画が決定される過程である。またそれは、具体的に地区計画の決定の正当化理由が明らかになる場面である。

　立法過程で明らかにしたように、1970年代に入り、ミニ開発という社会問題を解決し、住民参加によるきめ細かな都市計画を実現するために、1980年に地区計画制度が導入され、その立法過程では「自制的な規制」が運用に求められた。具体的には、法制度上は、「地区計画等の案は、意見の提出方法その他の政令で定める事項について条例で定めるところにより、その案に係る区域内の土地の所有者その他政令で定める利害関係を有する者の意見を求めて作成するものとする」（法16条2項）という「参画」の形態をとる手続として表現されたものの、国会答弁では、地区計画策定手続には地域の「自制的な規制」を実現するために「自治」の形態をとる手続の運用が期待されることが表明された。

　実際の地区計画制度の執行過程においても、「参画」の形態をとる手続で運用される事例がある一方、立法過程で制度の趣旨に込められた地域の「自制的な規制」を地区に求め、地区で策定された計画案を自治体が受容し、決定に至るという「自治」の形態をとる手続を運用する事例が存在する。この2つの事例の比較によって、参加形態の違いがもたらす正当化技術への影響も見えると

考える。

　ところで、都市計画の目的は、「計画を意思決定し執行する」ことで「公共の福祉」を実現することにあり（中井 2004：9）、そこには計画の起案、策定の段階から計画の執行の段階に至るまでの間に合意をつくりだそうとする場面がいくつか存在している（内海 2008；内海 2019）。つまり、都市計画という政策過程には、合意の連鎖により階層性を成し、それぞれに応じた時期（後述では「期」）が存在している。計画起案期・計画策定期・計画決定期である。さらに、「自治」の形態をとる手続が運用される場合、計画起案期で、地区内における合意と地区と市町村との合意の手続を条例や準則などで定め、実際に市町村において運用されている。

　なお、本研究でいう「合意（consensus）」とは、意見の表明を抑圧する人為的介入が存在しない条件下において、表立った非同意が顕在化しない、もしくは顕在化しても関係当事者によって考慮されない状況のことである（齊藤・嶋田 2018）。また、合意形成とは合意が問い直される非同意から始まる合意に至るプロセスである。また「同意（consent）」とは、ある案に対する「受け入れ」態度を指し、本研究において「同意調達」とは、一定率の同意を計画の利害関係者等から得る手法を言う。

　そこで、日本の地区計画策定手続の執行過程の検討では、研究の枠組み（第Ⅰ部）で示したように、基底価値が「個別権利利益優先」である日本において、決定に対する市民の権限の強さから見たとき、参加主体が政府の決定に関与するものの決定作成主体たりえない「参画」の事例と、参加主体が決定作成主体である「自治」の事例を検討する。具体的には、地区計画決定プロセスにおいて、法令の規定の範囲で参加を行い市町村が決定作成を行う「参画」の形態の事例と、条例の運用により地域の「自制的な規制」を地区に求め、地区で策定された計画案を自治体が受容し、法令の規定に基づき決定に至るという「自治」の形態をとる手続のもとで決定された事例を取り上げる。そして、「公的決定」「実体的決定」「正当化理由の決定」のうち「正当化理由の決定」を中心に分析する。具体的には、政府案に対して抵抗がなされ、それに対して政府が正当化理由を用いて正当化を試みるのは、法律でその手続が規定されている意見聴取や公聴会などの場面である。そのため、正当化理由の分析の中心はそ

こになる。

　ただし、政府の「正当化理由の決定」の「時期の特定」、「理由の源泉」や「理由の選択」を明らかにするためには、計画起案期・計画策定期・計画決定期にわたるすべてのプロセスを検討する必要がある。したがって、上記のプロセスすべてについて、地区計画策定過程の決定作成主体への聞き取り調査や決定作成にかかわる報告書などによりその経緯を検討した上で、計画策定期と計画決定期の意見聴取や意見書、審議会の記録などなどを素材として、「個別権利利益優先」という基底価値のもとで運用された「参画」「自治」の形態に着目して、原案および案の修正、これらに対する異論と政府の正当化理由を分析する。

　本章の構成は次の通りである。まず、地区計画制度にかかわるアクター設定を行った後に（1－2）、全国の市町村における地区計画策定手続の運用実態をアンケート調査に基づいて検討することで、参加形態「参画」と「自治」の両方の場合があることを確認し、参加形態「参画」と「自治」の場合の地区の合意に関するアクターの傾向を示す（1－3）。次に、事例として取り上げる千葉県浦安市を紹介（1－4）した後に、参加形態「参画」の事例として浦安市の「日の出・明海及び高洲地区」地区計画（以下「日の出・明海及び高洲」）を取り上げ（1－5）、参加形態「自治」の事例として、同じく浦安市の「東野三丁目コモンシティ浦安地区」地区計画（以下「コモンシティ浦安」）を取り上げ（1－6）検討する。[1] 浦安市という同一の自治体を対象とすることで、参加形態「参画」と「自治」の違いが決定の正当化理由の違いにどのように表れるかがより鮮明になると考えるからである。

　日本の研究素材として浦安市を選定した理由は、上記のように、地区計画の運用にあたって参加形態「参画」と「自治」の２つの形態で運用している点、「自治」の形態として協議会方式を採用するものの、自主規定を定める条例を用いず任意で運用するという日本での一般的なケースである点があげられる。また、「参画」と「自治」の違いを鮮明にするため、土地の所有に対するアク

1　浦安市都市整備部都市計画課「浦安の都市計画」（2018年10月）。そのほか、浦安市担当者、コモンシティ浦安地区自治会長及び担当アドバイザーに聞き取り調査を行い、資料を入手した（2018年１月16日）。

ターが複雑でない点、例えば、土地に対する所有や借地などが分離していない
分譲埋立地であることも選定理由の１つである。

　最後に、以上の２つの事例の分析結果から、正当化理由がいつ決定されるの
か（when：時期の特定）、正当化理由は誰によってもたらされるのか（who：理
由の源泉）、政府が何をもって正当化理由とするのか（what：理由の選択）を分
析することで、政府はどのように決定を正当化するのか（how：正当化技術）を
明らかにする。そして、なぜ、特定の正当化技術になるのか（why：因果関係）
を解明するための素材として、個別の正当化理由が決定された原因を整理する
（1 - 7）。

1 - 2　地区計画策定手続の執行過程とアクター

1 - 2 - 1　地区計画策定手続の執行過程

　本章冒頭で述べたとおり、執行過程は、都市計画法に規定された地区計画制
度を地方政府が運用する過程である。都市計画法では、都道府県又は市町村が
都市計画の案を作成しようとする場合において必要があると認めるときは、都
市計画の案を公聴会の開催等住民の意向を反映させるための措置を講じ（法16
条１項）、都市計画の案を縦覧に供し、住民及び利害関係人からの意見書を受
領し（法17条２項）、都市計画審議会の議を経て（法19条１項）都市計画を定める
ことができる。都市計画法に義務付けられているこの策定および決定のプロセ
スを「計画決定期」と呼ぶことができ、そこでは、計画の案を作成しようとす
る地方政府（都道府県又は市町村）が主導アクターとなる。地区計画の場合、市
町村が決定権者であるため、「計画決定期」では市町村が地区計画という都市
計画の主導アクターになる。

　これに加えて、地区計画では、「都市計画に定める地区計画等の案は、意見
の提出方法その他の政令で定める事項について条例で定めるところにより、そ
の案に係る区域内の土地の所有者その他政令で定める利害関係を有する者の意
見を求めて作成するものとする」（法16条２項）とされている。ここでいう「地
区計画等の案」とは、計画を起案・策定する過程に示される案を意味し、ここ
では、それぞれの過程を「計画起案期」と「計画策定期」と呼び、「計画起案
期」で起案された案を「素案」、「計画策定期」の過程で素案をもとに検討・策

図表Ⅳ-1　地区計画策定手続の執行過程

【計画起案期】　　　【計画策定期】　　　　　　　　【計画決定期】

| 区域内の利害関係者の意見徴収
（方法等は条例で規定：法律に記載のある表記としては原案の縦覧・意見書の提出）
（法16条②） | 必要に応じ公聴会の開催等による住民の意見の反映
（法16条①） | 都市計画の案の公告縦覧（法17条①）・意見書の提出（法17条②） | 都市計画審議会の会議
（法19条①） | 都市計画決定 |
| 「素案」の作成
↓＊意見聴取
「素案」の決定 | 「原案」の作成
↓＊意見書の提出
「地区計画案」の決定 | 「都市計画（地区計画）の案」に対する＊意見の反映 | 「都市計画の案」に対する＊意見書の提出 | 一定の事項について知事と協議
（法19条③） |

出典：著者作成。
凡例．実線：法令で定める規定、点線：意見聴取に関する法律の運用、一点破線：意見聴取に関する法律に委ねられた運用。
注）地区計画申出制度（法16条3項）および都市計画提案制度（法21条の2）は含んでいない。

　定され提示された案を「原案」、そして、この過程で決定された案を「地区計画の案」と呼ぶこととする。そして、「地区計画の案」は上記の「計画決定期」において、「都市計画の案」として縦覧・意見書の提出等の手続を経て都市計画決定に至る（図表Ⅳ-1）。

1-2-2　計画起案期の地区のアクター

　計画起案期は、地区計画の案を策定する上で、あらかじめ意見を求めるという場面である。ただし、都市計画法施行令によれば、意見を求める対象は「住民」（「区域内に住所を有する者」地方自治法10条）ではなく「利害関係者」である。利害関係者とは、「案に係る区域内の土地について対抗要件を備えた地上権若しくは賃借権又は登記した先取特権、質権若しくは抵当権を有する者及びその土地若しくはこれらの権利に関する仮登記、その土地若しくはこれらの権利に関する差押えの登記又はその土地に関する買戻しの特約の登記の登記名義人」（都市計画法施行令10条の4）とされている。しかし、国会審議の結果、通達によって意見を求める対象に追加された「借家人」と、「住民等の意向を十分把握し[2]」という事務次官の通達内容からして、住民もまた、規制にかかわる可能性があるという点で地区計画の被治者であり、アクターであると言える。

　そして、上記のアクターが構成する地域団体が存在する。例えば、自治会・町内会およびその連合会、婦人会や福祉、防犯、環境などの活動団体などである。しかしながら、法16条2項が想定する意見を求める対象は、土地に対する

2　都市計画局第190号昭和56年8月5日建設事務次官通達。

権利利益にかかわる地縁組織を対象として一定範囲に限定されている。例えば、条例で位置付けられた協議会や自治会などである。これらの構成員は、法令に規定される利害関係者、借家人、住民と合致するわけではない。したがって、地区計画の策定を前提とした計画を起案する場合、当該地区の利害関係者、借家人を含む地区計画の対象地区の構成員がアクターであると言える。さらに、これらの活動を支えるコンサルタントや専門家も計画起案期に関与するアクターである。

1-2-3　計画策定期と計画決定期のアクター

　計画策定期と計画決定期のアクターは市町村と参加主体である。市町村は、当該行政区域の良好な環境の維持と形成のために、「都市の整備、開発その他都市計画の適切な遂行に努める」（法3条）という観点から、計画起案期に起案された素案を計画策定期に地区計画の原案として策定し、16条2項が定める条例による手続（意見聴取）を経て決定された地区計画の案を都市計画案として都市計画決定手続を実施する。

　計画決定期においては、先に示したように法律に定められたアクターの関与および意見聴衆等が定められている。まず、計画策定期に決定した地区計画の案を都市計画の案とし、必要に応じて公聴会の開催などで住民の意見を反映させるための措置を講じる。ここでいう「住民」とは、地方自治法10条で定める行政区域内に住所を有する者すべてを指している。ただし、法16条1項には、公聴会の開催などを必要に応じて行うこととされており、これを常に実施している市町村は多くない（建設省都市局都市計画課 1977：16-27）[3]。次に、都市計画の案について意見書が提出できるアクターは住民及び利害関係人となっている（法17条）。ここでいう「住民」は16条2項と同じであるが、「利害関係人」は、その対象が法令に規定されているわけではない[4]。

　くわえて、都市計画審議会の議を経ることが都市計画決定手続に義務付けられており（法19条1項）、都市計画審議会の構成員は地区計画に影響を与えるアクターであると言える。都市計画の決定権限は、1968年に成立した新都市計画法により、原則的に国から地方公共団体へと移行した。このため、地方におい

3　2000年建設省が実施した調査によれば、都市計画決定の際に公聴会を開催している自治体（都道府県、市町村）のうち30.3%、原則として行わない6.1%であるという。

ても都市計画に関する重要事項を調査審議するための機関が必要とされ、地方の都市計画審議会が法制化された。しかし、都市計画法には、都道府県の都市計画審議会しか規定されず、1980年に創設された地区計画を除いて都市計画権限のほとんど（一部の用途地域、小規模な都市施設や市街地開発事業を除いたほとんどの都市計画権限）は都道府県にあった。このため、市町村が行う都市計画決定については、都道府県都市計画審議会が審議を行っていた。その後、市町村の都市計画審議会は地方分権改革に伴う都市計画法の改正により法制化されることになる（2000年）。都市計画審議会の構成員は、学識経験者、議会の議員、関係行政機関、地域団体の代表、および公募市民などが市町村の条例により定められている。委員を選任するのは自治体の首長であり、その点で行政の意向が通りやすいという問題が指摘されている（長野・饗庭 2007）[5]。

1-3 地区計画策定手続運用の全国的傾向

1-3-1 参加形態「参画」「自治」による策定手続と「同意調達」

地区計画創設以前の都市計画決定手続における住民等の意向の反映は、公聴会の開催等と意見書の提出のみであった。つまり、住民等の参加は「参画」にとどまっていたと言える。しかしながら、こうした法制度にもかかわらず、実際の執行過程では個別の地権者の意向確認が広く行われており、自治体が利害関係者や住民の住戸を訪れ、その際に計画への同意を促すことが少なくなかったこと（日端ほか 1983）、計画策定にあたり、利害関係者の全員同意が求める都市計画制度があることは**第Ⅱ部1-4-2**で述べたとおりである。このような

---

4 国土交通省都市局都市計画課／監修『都市計画法の運用 Q&A』（1998）によれば、17条2項の利害関係人は「都市計画を決定されようとする施設また事業区域内の土地の権利を有する者のほか、ひろく、その土地の周辺の住民、決定される施設を利用する者も利害関係人とする」とあり自治体はこれに準じて運用している。ただし、その解釈は都道府県によって異なるという。千葉県浦安市では、千葉県の要請により、都市計画区域の住民すなわち、浦安市全住民と解釈して運用しているという。

5 都市計画審議会は、都市計画法77条（都道府県都市計画審議会）および同法77条の2（市町村都市計画審議会）に基づき設置される附属機関である。その組織および運営については、「都道府県都市計画審議会、及び市町村都市計画審議会の組織、及び運営の基準を定める政令」（昭和44年政令第11号・2000年4月改正）の基準に従い市町村の条例により定めることとなっている。

実態から、日本の都市計画決定手続に、利害関係者等の権利利益の擁護についての高い配慮が働いたと考えられる。言い換えれば、個別権利利益が優先されるため、「同意調達」という手法が用いられてきた。

　こうしたなか、立法過程（第Ⅲ部 1）で検討したように、地区計画制度の創設により、地区計画策定手続（法16条 2 項）が都市計画法に規定された。そして、市町村では、次の 2 つの方法でこの地区計画策定手続を運用している。

　 1 つは、法令が規定する公聴会の開催等や縦覧、意見の提出方法などの参加手続を条例で定めるという方法である。[6]この場合、条例では上記のような法律が想定する手続にとどめ、参加主体が政府の決定に関与するものの決定作成主体たりえない参加形態「参画」の形態であると言えよう。ただし、上で述べたように、これと併せて市町村が個別に利害関係者等に同意調達を行うケースは考えられる。いま 1 つは、法令が規定する参加手続を条例で定めた上で、地区の住民および利害関係者等の組織が地区計画の案を起案する仕組み（「協議会方式」等）を運用する方法である（内海 2002；内海 2010a；内海 2010b）。具体的には、①地区住民等による協議会を認定し、②その協議会に支援を行い、③当該協議会が策定する計画を、地区における大多数の支持が得られていることを要件として認定し、④地区計画に展開するという方法である（第Ⅱ部 1 - 4 - 2）。この方法は、参加主体が決定作成主体である参加形態「自治」の形態であると言える。なお、①から④の仕組みを条例に定め運用する場合もあれば、任意に[7]運用される場合もある。

　以下では、地区計画策定手続におけるこれら 2 つ方法にかかわる全国的実態を見てみたい。

6　条例に委ねる部分、すなわち条例に定めることができる内容は、政令で定める事項（「地区計画等の案の内容となるべき事項の提示方法及び意見の提出方法」（都市計画法施行令10条の 3 ）であり、それを拡大解釈したとしても、法律にすでに規定している事項（公聴会の開催、縦覧など）を超えるようなものは想定されていなかったと言える（以下、法16条 2 項の条例を「手続条例」）。

7　法律にすでに規定している参加手続（公聴会の開催等・縦覧、意見の提出方法など）を手続条例として定め、任意の仕組みとする場合は、手続条例と①から④の仕組みをまちづくり条例（憲法94条、地方自治法14条 1 項を根拠とする自主条例）として定めている場合がある（内海 2010a；内海 2010b）。

1 - 3 - 2　地区計画策定方法の実態

(1)　参加形態「参画」と「自治」

2018年3月31日段階の地区計画の都市計画決定状況を分析すると[8]、全国で7,628地区（798市町村）、決定面積は165,240.5ha、国土に対する地区計画が決定されている割合は、総面積の約0.4％、可住地部分の約1.3％であり[9]、1地区計画の平均面積は約22haである。また、近年の経年変化を見ると、新規の地区計画の決定は毎年250程度とコンスタントに増加しているが、一部の自治体が限定された地区で計画を決定している（図表Ⅳ-2）。

地区計画を決定する市町村は、その策定に先立ち、市町村に1つ、あるいは地区ごとに、法律により委ねられる手続条例を定めている。その内容は、法律に規定している方法に準じて「縦覧」と「意見の提出方法」のみを規定するものが多い（内海 1998）。しかし、条例には規定されてはいない手続を任意で、あるいは自主条例を制定することで運用する自治体もある。その実態について、地区計画を策定する自治体にアンケート調査を行った（「2015調査」および「2017調査」）[10]。図表Ⅳ-3は、地区計画を定める市町村に参加主体の意向を反映させる方法の主要なものについて尋ねた結果である。これを見ると、「住民への意見聴取」（72.5％）という法定手続に続き、住民や利害関係者等の「同意」（28.1％）、「協議会による検討」

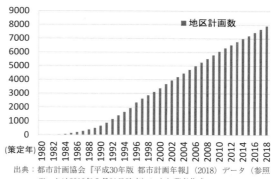

図表Ⅳ-2　地区計画策定合計数

出典：都市計画協会『平成30年版 都市計画年報』（2018）データ（参照データは2018年3月31日時点）により著者作成。

8　都道府県都市計画担当課に調査に基づき、国土交通省で整理・集計地区計画研究会の編集を経たもの（2018年3月31日段階）を分析（国土交通省 2018）。地区計画には種類があるが、そのうち策定数が全体の90％以上を占め、策定のねらいとして「自制的な規制」に基づき良好な住環境の維持を目的としている市町村が多いと考えられる「一般型」を対象としている。

9　各県の面積については、「総務省統計局統計データ（2017年現在）」から引用・算出した。

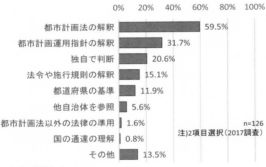

図表Ⅳ-3　意向の反映方法

	0%	20%	40%	60%	80%	100%
地区住民等への意見聴取					72.5%	
住民や利害関係者等の同意		28.1%				
協議会による検討		27.7%				
アンケート		21.0%				
利害関係人の訪問・説明		18.8%				
関係団体の代表への説明	10.7%					
テーマ別検討会	5.8%					
その他	12.3%					

n=448
注)複数回答(2017調査)

出典：著者作成。

図表Ⅳ-4　同意調達の理由

	0%	20%	40%	60%	80%	100%
都市計画法の解釈				59.5%		
都市計画運用指針の解釈		31.7%				
独自で判断		20.6%				
法令や施行規則の解釈		15.1%				
都道府県の基準	11.9%					
他自治体を参照	5.6%					
都市計画法以外の法律の準用	1.6%					
国の通達の理解	0.8%					
その他	13.5%					

n=126
注)2項目選択(2017調査)

出典：著者作成。

（27.7%）を選択する市町村が多い（2017調査）。この調査結果から、「参画」によって地区計画を策定する自治体があると同時に、協議会という方法のもと「自治」によって地区計画を策定する自治体が存在し得ることが確認できる[11]。法律に定められている意見聴取に次いで、住民や利害関係者等の同意と協議会による検討が多いことがわかる。

（2）　同意調達

　図表Ⅳ-3の中の「同意調達」でこれを採用する理由を示したものが、図表Ⅳ-4である。図表Ⅳ-4が示すように、その理由は「都市計画法の解釈」「都市計画運用指針の解釈」とするものが多い。これは、都市計画運用

10　「2015調査」：調査対象：2012年3月31日現在、地区計画を決定している全国の市町村760団体、有効回答数472団体（回収率62%）、調査期間2015年1月5日～1月30日。1980年代に実施された地区計画に関するアンケート調査（1983年、1984年に実施された全国調査）と比較する内容を質問項目とした地区計画運用全体を検討するアンケート。「2017調査」：調査対象：2016年3月31日現在。地区計画を決定している全国の市町村760団体、有効回答数448団体（回収率59%）、調査期間2017年1月4日～2月14日。2015年度調査の合意形成に関する内容（とりわけ、主体と手法）をさらに詳細に検討するためのアンケート調査。

11　ここで言う「協議会」が全てで「自治」の形態で運用されているかは確認できていないが、地区住民等により計画の作成にかかわる協議組織である。

図表Ⅳ-5　主体別同意調達の方法

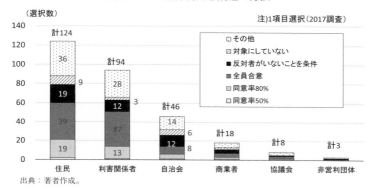

出典：著者作成。

指針において「特に地区計画等詳細な土地利用計画の策定は、地道な努力の裏打ちが必要」（国土交通省 2015-2019：6）と記されるとともに、2003年に創設された都市計画提案制度では、地区計画の運用実態を踏まえて、同意調達の規定が法文に盛り込まれた（法21条の2第3項）ことなどが影響を与えていると考えられる。他方で、地区計画創設以前から都市計画運用にあたり実施されていた「利害関係者の住戸を訪れ説明をした」という回答も18.8％を占めている（図表Ⅳ-3参照）。

　同意調達を条件とする運用手法について、さらに具体的な手法とその対象を尋ねた（図表Ⅳ-5）。「全員合意」や「同意率80％」「同意率50％」のように一定の同意率を求める手法を用いる市町村が多く、同意率の割合については80％を求める市町村が多くを占めている。

　他方、策定手続において出される意見の内容を主体別にみると（図表Ⅳ-6）、住民や利害関係者は「個別利益」にかかわる意見が多いが、自治会や協議会では、「個別利益」に対して「地区全体の利益」を示す選択数が多い。この結果は、「個別利益」を主張する住民や利害関係者が参加をする自治会や協議会によって「地区全体の利益」を主張している可能性を表している。

（3）　法定手続に関する傾向

　地区計画の決定は、地区計画特有の手続である法16条2項の条例に委ねられた手続の後に、一般の都市計画決定手続が行われる。都市計画決定手続には、

図表Ⅳ-6　策定手続における意見の内容

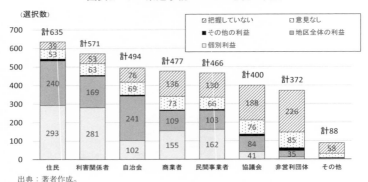

出典：著者作成。

図表Ⅳ-7　意見が出される時期

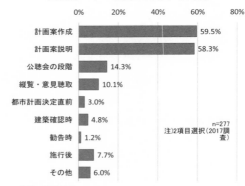

出典：著者作成。

図表Ⅳ-8　地区計画策定の動機

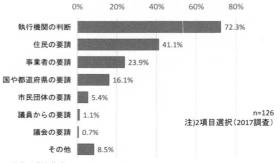

出典：著者作成。

公聴会等の開催（法16条１項）が規定されているが、公聴会の開催は、必要に応じて行うこととされており、これを常に実施している市町村は多くない[12]（建設省調査、2000年調査）。また、**図表Ⅳ-7**に示すように、公聴会に先立ち法16条２項の手続を含む計画案作成や計画案説明の段階において、多くの意見が出されている。この結果から、「計画起案期」「計画策定期」の早期段階でアクターの抵抗が表明されていることがわかる。

(4)　地区計画策定の動機

地区計画を策定する動機について市町村に尋ねた結果が**図表Ⅳ-8**である。これを見ると、「地域課題を執行機関として判断」「住民の要請」が多く、「議員や議会による要請」はほとんどない。この結果から、地区計画は、地方政府が地域課題の解決のために必要だと判断して作成される場合と、地区の住民の要請に基づいて市町村によって決定される場合が多いことがわかる。これに対して、議員は、都市計画決定手続に義務付けられている都市計画審議会の委員として関与する場合はあるものの、地区計画策定の要請や策定にあまりかかわっていない。

1-4　検討素材——千葉県浦安市——

本研究では、参加形態が決定の正当化技術に影響を与えることを想定している。その場合、研究素材としては、参加形態以外の要因ができるだけ同じであることが適当である。上述のように（1-2）、地区計画の参加主体としてのアクターは、当該地区の利害関係者、借家人を含む地区計画の対象地区の構成員である。地区住民と利害関係者等が必ずしも合致するわけではなく、利害関係者等ではない地区住民や住民でない利害関係者等が存在するなど、その関係が複雑な場合が多い。また、自治会などの地域団体の構成員や地域団体の地理的範囲が、上記の参加主体や地区計画の範囲と合致するわけではない。参加主体が地区計画策定の理由に影響を与える可能性を考えれば、参加形態の作用そのものを観察するためには、地区住民と利害関係者等ができるだけ同一であることが望ましい。

12　建設省都市局の（2000年）の調査によれば、「常に実施していない」30.3％。「原則として行わない」6.1％であった。（国土交通省国土交通政策研究所 2005：11）。

　以下に取り上げる千葉県浦安市は、１つの自治体で上記の「参画」「自治」という２つの参加形態で決定された地区計画が存在する事例であり、参加形態以外の要因が合致するところが多い。しかも両地区は、埋立地であるため市街地としての歴史が浅く、計画にかかわる関係当事者[13]が明快であり、「参画」「自治」の違いが顕著であるという特徴を有している。

　浦安市は、1981年４月の市制施行から約40年、人口は当時の65,000人から165,000人へと約2.5倍に増え、2015年に人口減に転じたものの、埋め立てによる市街地の拡大と大規模住宅開発によって、東京ベイエリアの中核都市として発展してきた。浦安市は、東京湾の湾奥、旧江戸川の河口部デルタ地帯に位置する平坦地であり、河口部の三角州や広大な干潟を公有水面埋立事業によって造成された土地が市域の約４分の３を占めている。

　第１期埋立事業は、千葉県開発庁が予納分譲方式[14]によって行った事業で、1965年に着工し、1975年に完了している。都市計画の下敷きとなった埋立許可時の土地利用構想[15]は、住宅用地・工業用地・レクリエーション用地の３つから構成され、現在の土地利用は、ほぼこの構想通りである。第２期埋立地事業は、1971年に着工し、1980年に完成している。事業主体および事業方式は、第１期埋立地と同様で、土地利用構想は、住宅用地・工業用地の２つから成っている。

　現在の浦安市は、古くからの市街地を中心とする「元町」、住宅・商業用地として整備され発展してきた「中町」、計画的に都市開発が進められている「新町」、そして、鉄鋼流通などの工業が集約されている「工業ゾーン」と、東京ディズニーリゾートとホテル群を中心とした舞浜「アーバンリゾートゾーン」の５つの地域（エリア）に分けられている（**図表Ⅳ-9**）。このうち、ここで検討素材とする「日の出・明海及び高洲」は「新町」に位置し、「コモンシティ浦安」地区は「中町」に位置している。浦安市のなかでも「新町」「中町」

13　ここで言う「関係当事者」とは、「住民」「利害関係者等」「利害関係人」の総称。

14　進出を希望する企業から土地造成費の予納を受けて工事を開始し、工事完了後に予納分に見合った土地を譲渡する方式。

15　株式会社オリエンタルランド・京成電鉄株式会社・三井不動産株式会社「オリエンタルランド　商住地区開発基本計画」1973年。

図表IV-9　浦安市の都市構造

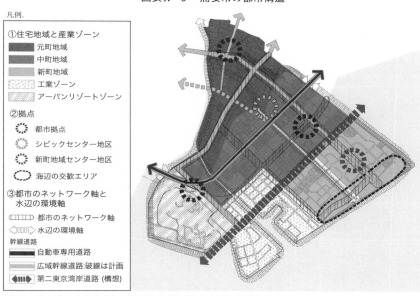

出典：浦安市都市計画課『浦安の都市計画』（2018）をもとに著者作成。

は、埋め立て事業により新たに整備された市街地であり、住民と利害関係者等がほぼ同一で、住民が自治会などの地域団体の構成員となっている。ただし、後述するように「日の出・明海及び高洲」については、その一部を住宅・都市整備公団（以下「公団」）と千葉県企業庁が保有している。

　浦安市の最初の地区計画は1986年に定められた。2017年段階で、最後に定められた「コモンシティ浦安」を含め17地区で定められており、そのうち行政主導で「参画」の参加形態で定められた3地区を除き、14地区が地区住民等の要望に基づき「自治」の参加形態で定められている。

　以下では、「参画」事例として「日の出・明海及び高洲」、「自治」事例として「コモンシティ浦安」を素材として（**図表IV-10**）、政策形成過程のうち、両

16　「参画」事例3地区において「日の出・明海及び高洲」地区以外の地区計画は、利害関係者等が一者の地区計画である。

17　浦安市の都市計画担当者によれば、「自治」事例14地区のうち「コモンシティ浦安」が最も参加が充実していた地区であるという。

図表Ⅳ-10　浦安市の地区計画と対象地区

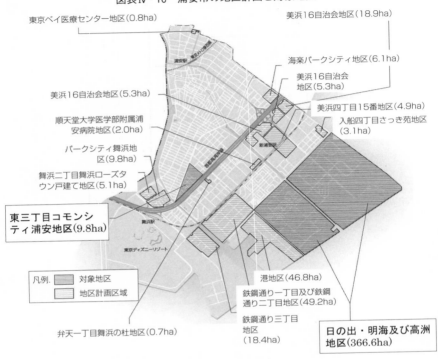

出典：浦安市都市計画課『浦安の都市計画』（2018）をもとに著者作成。

地区で地区計画が決定されるまでの「計画起案期」「計画策定期」「計画決定期」を検討する。

1-5　「参画」事例としての日の出・明海及び高洲地区の分析

1-5-1　日の出・明海及び高洲地区の土地利用と地区計画

(1)　浦安Ⅱ期地区の土地利用計画と地区計画の策定

　日の出・明海及び高洲地区は、第2期埋立地事業により開発された「新町」の住宅系ゾーンに位置し、日の出・明海地区は公団の土地区画整理事業で、高洲地区は千葉県企業庁の埋立造成事業で、主な基盤整備が行われ、ブロックごとに住宅開発が行われてきた。

　第2期埋立地事業地区（以下「浦安Ⅱ期地区」）の土地利用は、公有水面埋立

事業における住宅地整備のマスタープランである「浦安地区住宅地基本計画」（千葉県企業庁、1978年）（以下「土地利用計画」）の策定と、この土地利用計画を受けて決定された用途地域や都市計画道路等の都市計画（1979年）を端緒とする。[18]

　その後、社会的・経済的環境が大きく様変わりし、また、私立大学の進出などにより、一部の土地利用の見直しの必要性が生じた。さらに、隣地である千葉県市川市の「市川第二期埋立計画」や墓地公園の見直しなどが問題化するなかで、県企業庁、浦安市、公団の関係3者で協議を行い、「複合機能都市」を[19]有する街づくりへ軌道修正することを骨子とする「浦安地区第2期住宅基本計画（変更）報告書」（千葉県企業庁 1989年）（以下、これに示す基本計画を「土地利用計画（第1回変更）」）がとりまとめられた。浦安市では、この土地利用計画を具体的に規制・誘導するため、用途地域などその他の都市計画の変更とあわせて地区計画の策定を行った。この地区計画策定にあたっては、1989年4月に日の出・明海地区と高洲地区を1つの地区として捉え、地区全体についてまちづくりの基本的な考えを明らかにするため、地区計画の「地区計画の整備・開発及び保全の方針」（法12条の5第2項3号）（以下「方針」）を定めた。しかし、「方針」は具体的な拘束力を持たないことから、1992年4月に「地区整備計画」（法12条の5第2項1号）が定められた。具体的には、地区全体の約336.6haの[20]うち、108.2haについて地区施設の配置・規模、建築物の用途の制限、建築物[21]の敷地面積の最低限度、壁面の位置の制限、建築物の形態または意匠の制限、垣または柵の構造の制限の6項目を定める都市計画決定がなされた（浦安市1999：114-156）。なお、方針から地区整備計画を定めるまでの間、浦安Ⅱ期地区では、伊藤滋東京大学教授（当時）を座長に県、県企業庁、公団、浦安市を構成員とする「浦安Ⅱ期地区まちづくり懇談会」「浦安Ⅱ期地区まちづくり懇

18　法律に位置付けられた計画ではないが、この土地利用計画の策定は、埋め立て事業地の要件とされている（浦安市都市計画担当者へのヒアリング（2019年6月3日））。

19　単一機能の住宅都市をつくるのではなく、複合的な機能を持つ総合的な都市環境のなかで、多種多様な人々が暮らし、働き、あるいは休息することができるような都市。

20　地区計画は「地区計画の整備・開発及び保全の方針」（法12条の5第2項3号）と「地区整備計画」（法12条の5第2項1号）からなる。

21　第一種低層住居専用地域、第一種中高層住居専用地域、第一種住居地域、第二種住居地域、近隣商業地域が街区ごとに定められている。

話会」が組織され、当該地区についての検討がされている。

　以上のように、「方針」（1989年）と「地区整備計画」（1992年）を定めた「日の出・明海及び高洲」という地区計画は、土地利用計画（第1回変更）に基づき、浦安市が県、県企業庁、公団と協議し、三者の同意を得て発意したものであった。当初、住宅地においては、区画整理事業中で住民が少なかった（浦安Ⅱ期地区で人口2,000人未満、主な利害関係者は県企業庁、公団）ことなどもあり、地区計画の原案および案の策定は、行政主導で行われた。都市計画決定手続においても法律に定める縦覧のみで、説明会も行われなかった。つまり、参加主体が政策決定のプロセスに関与するだけの場合を指す「参画」の形態で策定されたと言える。そして、地区計画の決定の理由は、「土地利用計画（第1回変更）の実現化」とされた。

(2) 土地利用計画の見直しと地区計画の変更

　地区計画決定後、1995年には、シンボルロード沿道における業住融合街区の誘致施設の導入など、当該地区が魅力ある都市として成長していくため、土地利用計画の見直しが行われる（土地利用計画（第2回変更））。そして、第2回変更後10年余りが経過し、「市川第二期埋立計画」の中止や業住融合街区の見直しなど、浦安Ⅱ期地区をとりまく環境が大きく変わり、2007年に土地利用計画（第3回変更）が行われる。そして、これに伴い、2008年に地区計画の変更が決定される。具体的には、県企業庁、公団が所有する、未利用地について、建築物の用途の制限、建築物の敷地面積の最低限度の変更が行われた。

　この地区計画の変更の際には、1992年時と比べ、より充実した参加が地区住民から求められた。それは、住民参加の機運の高まりにより地区住民の地区計画への関心が高かったこと、区画整理事業も進み、住民の数も増え（約2万人）、地域団体等も組織されていたからである。ただし、1992年の地区計画創設時と同様に、土地利用計画の見直しに伴い県企業庁、公団と浦安市が協議をして、浦安市が地区計画変更を発意したものであり、浦安市主導で地区計画の変更が行われた。都市計画決定された内容は、地区施設（道路、その他公共空間の設定）、用途、敷地面積、壁面の位置、形態規制、生垣である（地区計画面積366.6ha、このうち地区整備計画230.6ha）。

　このように、地区計画の決定（1989年・1992年）とその変更（2008年）、いずれ

図表Ⅳ- 11　日の出・明海及び高洲地区策定過程

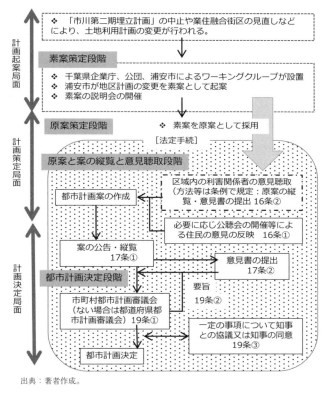

出典：著者作成。

も「参画」の形態で運用されていたが、以下では、後述する「自治」事例と参加形態における違いを鮮明にするため、充実した参加が地区住民から求められた2008年の地区計画の変更過程の正当化理由を検討する（図表Ⅳ- 11）。

1-5-2　日の出・明海及び高洲地区計画の変更過程

(1)　計画起案期

　計画起案期は、地区計画を策定することが起案される段階である。土地利用計画の調整および都市計画の策定に関しては、これまで、千葉県企業庁、都市再生機構（前記の「住宅・都市整備公団」。以下、同様に「公団」）、浦安市の三者によるワーキンググループが設置され（2007年）、この三者協議のなかで、地区計画などの都市計画の変更内容も議論され、地区計画においては変更主体である

浦安市が主導した。そして、上記の協議及び同意を受けて、「土地利用計画を実現」することを理由としてかかげ、浦安市が地区計画の変更を素案として起案した。

(2)　計画策定期

1)　原案の策定段階

計画策定期は、原案を策定し、原案に対して法令の委任に基づく条例で規定された意見聴取が行われ、地区計画の案として決定する時期である。原案は、先に示したワーキンググループの協議内容を踏襲して、浦安市都市計画担当者により作成された。日の出・明海及び高洲地区における県企業庁、公団が所有する、未利用地3街区について、建築物の用途の制限、建築物の敷地面積の最低限度の変更を加えるという原案である。

まずは、この原案に対して、2007年6月に5回にわたり当該計画地内の明海小学校で「説明会」が行われた[22]。説明会の主催は浦安市、千葉県企業庁、公団千葉地域支社であり、参加者は計画地の住民と利害関係者等、延べ人数は326名であった。この説明会は、法令上はあくまでも任意であり、原案の説明を趣旨とするものであったが、その際、次のような質問や意見などが出された。「街区公園の形状など財産権を侵害しないよう十分配慮してほしい」などの手続に関するもの、「駐車場対策は配慮されているのか」「日々の買い物が不便であり、店舗の入る余地があったのではないか」「区域の細分化を防止するため、これらを未然に防ぐ建築協定を締結する必要があったのではないか」「新町と中町のアクセス改善を市が計画すべきだ」などの集合的に追求される地域全体の価値に関するもの、「土地利用変更に伴い、新町地区の計画人口は変わるか」「アパートの建設は町のイメージが変わる」「利便性が悪く防災上も不安がある」などの地区計画によって生じる問題点の指摘などである。その他には、計画を市民全体に知らせ、パブリックコメントを行う必要性などの意見が出されている。主催者は、質問には答えるものの、意見については聞き置くのみにとどまった。

22　6月8日に1回、9日に2回、10日に2回開催された。都市計画審議会資料（2007年12月21日）：浦安市・千葉県企業庁・都市再生機構千葉地域支社「日の出・明海及び高洲地区の土地利用計画の変更（案）及び都市計画の変更（原案）に関する説明会について」参照。

図表Ⅳ-12　パブリックコメントの意見に対する対応方針

計画案等に反映された意見	
A：意見を受けて土地利用計画の変更（案）を加筆・修正したもの	3件
B：すでに土地利用計画の変更（案）に意見の考え方が含まれているもの	35件
新町地域に関する意見で、計画案等には直接関係のない意見	
C：今後の整備・取り組みの参考としたもの	51件
計画案等に反映されなかった意見	
D：計画案に意見の考え方が反映・修正されないもの	28件
計画案等に直接関係のない意見	
E：土地利用計画の変更（案）以外のもの	8件

出典：浦安市「『新町地域（日の出・明海及び高洲地区）の土地利用計画の変更（案）』へのパブリック
コメント実施結果」（2007年9月）。

2）　原案への意見聴取段階

ア）原案への意見聴取

　以上の説明会を踏まえ、浦安市都市整備部都市政策課が法律に委ねられた条例に定める意見聴取としてパブリックコメントを実施した。パブリックコメントでは、原案が2007年8月15日広報特集号と市のホームページで公表され、同年8月15日〜9月4日まで意見聴取が行われ、その後、意見に対する千葉県企業庁・都市再生整備機構・浦安市の三者の対応方針がホームページに掲載された。意見提出実人数は70人、125件（直接提出0件、郵便52件、ファクス5件、電子メール68件）であった。対応方針では、出された意見に対して次のように整理がされた（**図表Ⅳ-12**）。

　土地利用計画の変更（原案）に影響を与えた意見は少ない。多くは、グランドデザインの必要性や騒音問題などを背景とする道路の幅員やテニスコートの設置、高等学校の位置等の施設配置などに対する異論であり、これに対して、市は、交通量等の調査結果や法律による基準を示して異論を退けている。一方、「緑道及び公園を変更する今回の変更（案）は、近隣の住民にとりましては、現在の計画で確保されている財産権に関し『侵害』を与える可能性のあるもので、ご再考いただきたい」という緑道等の設置に関する3件の要望に対して、市は、「ご意見を踏まえ、街区公園の形状を変更するとともに、外周緑地との間に新たな緑道を設ける」と答えている。つまり、少数の異論ではある

が、近隣住民の財産権を根拠とする異論を考慮して、土地利用計画の趣旨の範囲で公園の形状、緑地の配置等を一部変更した。

　原案に対する意見聴取により「緑道等の設置」に関する一部修正を除いてほぼ原案のまま地区計画の案として実体的決定がなされた。

(3)　計画決定期

　計画決定期は、計画策定期に実体的決定がされた地区計画の案を都市計画の案として決定する過程である。当該地区では、2007年10月27日に公聴会が開催され（法11条1項）、2007年11月30日～12月14日の期間で縦覧とこれに対する意見書の提出が行われた。つづいて、2007年12月21日に地区計画の変更案を都市計画審議会に付議し、県知事の同意を得て（2008年2月5日）、都市計画決定がされた（2008年2月12日）。

1)　都市計画の案の公聴会

　公聴会では、4名の公述人から、計画地区全体のグランドデザインにかかわる計画変更を求める意見や、素案・原案の策定過程における参加手続の充実を求める意見が述べられた[23]。これに対して、浦安市は、グランドデザインに関する異論に対しては、「土地利用計画の変更を受けてその土地利用の実現に向け計画の素案を作成したものであります」、「都市計画の用途地域などは、建物の用途、規模、密度などをある程度の幅に絞り込むよう制限をかけるものであり、私権を制限するものであるので、土地権利者の理解なく指定、変更は難しいものと考えております」と回答している。また、手続の充実を求める異論に関しては、「説明会、さらにはパブリックコメントを経て作成された内容であります」などと答え、いずれも異論を退けている。

2)　縦覧・意見書の提出

　都市計画の案の縦覧に対して12名、延べ25件の意見が寄せられた。これらの意見とそれに対する浦安市の回答および対応をまとめると次のようになる。

23　例えば、「このような重要な計画変更案の作成に、実質的な市民参画がなく、私たちが立ち上げた『新町のまちづくりを考える会』の参加者（延べ80人参加）へのアンケートでも『計画変更案決定の前に新町地区全体のデザインを市民と行政が協働すべきだ』という意見に9割以上賛成している。このような市民の真摯な反応があるにもかかわらず、強引に進めるのはどうでしょうか。市民と行政による『新町地区開発検討委員会』等を設立し、その場で残された土地の利用方法を決定していきたい」などの意見があった。

　まず、地区計画の計画内容に関する意見が16件あった。例えば、「環境資源や地域特性を活かす必要がある」「店舗併用、店舗兼用住宅などを検討すべきである」「パークウェイ沿道は海岸線を活かす空間やスペースを確保すべきである」などである。これに対して、浦安市は、「土地利用計画に即して計画をしている」、「当該計画の案で実現できる」という回答を示して異論を退けている。そのなかで１件、「緑地や景観に配慮してほしい」という意見に対しては、「法的以外の部分については必ずしも事業者に受け入れられていないことは事実である」とした上で、現在進めている景観法の運用にて対応するとした。

　次に、当該計画の案の策定手続あるいは策定過程に関する意見が６件あった。例えば、「情報提供が不十分である」「手続を延期するなどして、時間をかけて検討すべきである」「住民参加をしていないのに審議会に通すのは賢明でない」などである。これに対して浦安市は、「これらの意見全てに、法定手続は遵守しており、さらに議会への説明、住民説明会、パブリックコメントを行なっている」と回答している。

　さらに、グランドデザインに関する意見が３件あった。地区の長期的な目標像であるグランドデザインは地区住民で発案されるものであり、これを決定作成の段階で検討すべきであるという要望である。例えば、「浦安市にはグランドデザインがないので、これを位置付けるべきだ」「計画内容は、グランドデザインがあってはじめて意味をなすものである」などの意見である。これに対して、浦安市は、「本計画は、具体的な制限を行う土地利用計画であり、これは、新町地域の東京湾岸域における位置付けや役割を踏まえて設定したものである」として異論を退けている。

3）　都市計画審議会への付議と都市計画決定

　その後、「日の出・明海及び高洲」の地区計画の変更が都市計画審議会に付議された[24]。審議会では、「日の出・明海及び高洲」について、地区の概要や地区計画作成の経緯、都市計画の手続を確認し、説明会、パブリックコメント、地区計画の案縦覧の実施結果と縦覧の際に提出された意見要旨が示され、地区計画を都市計画決定すべきかどうかが審議された。審議の結果、地区計画の変

24　審議会の構成員は、市議会議員、学識経験者、関係団体者。

更の決定について、地区計画の（変更）案の内容について適当と認められたが、「なお一層の市民参加が実現するようにしていただきたい」という一文が審議会答申に付記された[25]。こうした審議会の結果は、「土地利用計画の見直しに伴い、良好な市街地の形成のため地区計画の変更を行う」（浦安市告示16号「理由書」）という浦安市が起案当初から述べていた理由の妥当性が認められた一方で、公聴会等の地区計画策定プロセスにおいて、充実した参加を求めた参加主体の意向に配慮するものであった[26]。

　その後、法19条3項の規定に基づく、県知事の同意を得て[27]、市長により都市計画決定がされ、都市計画決定の理由書（浦安市告示16号「理由書」）には、「土地利用計画の見直しに伴い、良好な市街地の形成のため地区計画の変更を行う」と記された。

1-6　「自治」事例としてのコモンシティ浦安地区の分析

1-6-1　東野三丁目コモンシティ浦安地区

　東野三丁目コモンシティ浦安地区は、第1期埋立事業により開発された「中町」の低層住宅ゾーンに位置し、良好な住環境を保護する用途地域等（第一種低層住居専用地域：建ぺい率60％、容積率150％、建築物の絶対高さ10m）が定められ（1970年7月31日）、「コモンシティ浦安」という地区計画が定められるまで[28]、この都市計画が維持されてきた。

　なお、分譲時には地区計画制度（1980年）はまだ創設されていなかった。当時でも、市街地の環境を確保するため必要な場合に建築物の敷地面積の最低限度を定めることができたが（法8条3項2号イ）、浦安市はその必要を認めず、敷地分割の制限は定められなかった。

1-6-2　「コモンシティ浦安」地区計画

　「コモンシティ浦安」は、2017年7月28日に決定した、面積9.8haの地区計

25　浦安市都市計画審議会会長「浦安市都市計画地区計画の変更について（答申）」2007年12月21日。

26　浦安市「第16回浦安市都市計画審議会議事録」2007年12月21日、参照。

27　千葉県知事「浦安市都市計画地区計画（日の出・明海及び高洲地区計画）の変更について（回答）」2008年2月5日。

28　全地区で「方針」および「地区整備計画」が定められている。

画である。新規住宅開発により誕生した当該地区では、第1期埋立事業完了時に住宅地を購入した土地所有者のほぼ全員がそのまま現在の住民となっている。また、分譲時に割り当てられた区域に基づく自治会の構成員は維持されており、自治会への加入率も8割を大きく上回る[29]。そして、当該地区計画の関係当事者のほとんどは、自治会構成員である。

　人口減少・経済縮小、加えて高齢化を背景として[30]、土地の相続なども発生し、住居の売却を検討する住民が現れはじめるなかで、該当地区では2010年頃から、開発された当時とは異なる建物（ワンルーム・アパート等）や、概ね150 m² というゆとりある敷地を分割するミニ開発などが計画されるようになる。これらの開発や建築行為を契機に、地区住民は、閑静な住環境と地区のコミュニティが脅かされるのではないかという懸念から、自治会を中心に「コモンシティ浦安地区計画素案」を合意し、2016年11月に「地区計画制定要望書」（以下「要望書」）を浦安市に提示した。

　「市町村の都市計画に関する基本的な方針」（法18条の2、以下「マスタープラン」）[31]において、当該地区を「豊かな環境を次世代に引き継ぐ戸建住宅地のまち育て」と位置付けている浦安市では、良好な街並み保全のための仕組みづくりや多様な世代が住まう環境づくりを支援していく方針であることから、市はこれに合致する地区の要望書を受けて、地区計画の決定を行った（浦安市「地区計画決定の理由」2017年7月28日）。地区計画の内容は、「130 m² 以下の敷地分割」「3戸以上の長屋の建設」「共同住宅・寄宿舎の建設」の禁止である。なお、現行の都市計画法には、「地区計画の申出」（法16条3項）や「都市計画の提案」（法21条の2）が規定されているが、これらの手続を活用するには、条例を制定する必要性があり、また、提案要件を満さなければならず、浦安市では、これらの制度は運用していない。

　以下では、コモンシティ浦安地区の地区計画の策定過程を検討する（**図表Ⅳ-13**）[32]。

29　コモンシティ浦安地区の戸数は400戸、自治会員は347名である（2017年7月段階）。

30　分譲時の住民の年齢層は40歳代であったが、こうした人々が現在80歳代をむかえようとしている。

31　この制度が都市計画法に定められたのは1992年であり、浦安市では2003年に策定されている。

1-6-3　「コモンシティ浦安」の策定過程

(1)　計画起案期

　計画起案期は、地区計画を策定することが起案され、参加主体の合意形成が図られ、地区計画の素案が策定される段階である。

1)　地区計画の起案

　2014年4月、東野三丁目の戸建て住宅地に、これまで維持されてきた住環境にはそぐわないワンルーム・アパート建設の計画が持ち上がったことを契機として、当時の自治会長を含む3名（自治会長または副会長経験者）が発起人となり、「まちづくりを考える会」（以下「考える会」）を立ち上げる。構成員は発起人を含む自治会員の有志18名である。同時期、一区画の宅地を分割して戸建て住宅2戸の新築分譲を行う計画に対して近隣住民が反対ののぼり旗を立てるなどの反対運動も起きていた。

　こうしたなか、当該地区において、発起人らは開発および建築行為に関する反対署名を集める。敷地を分割するミニ開発については、自治会員344戸中278戸（80%）、ワンルーム・アパート建設については、306戸（89%）の反対署名が集まった。しかしながら、これらの活動ではその行為の阻止はできず、4区画8戸の分譲住宅と、1区画に6部屋のワンルーム・アパートが完成した。こうした結果を受けて、発起人を中心とした「考える会」は、反対運動のみで住環境を維持することに限界を感じ、検討を重ねた結果、地区のルールを定めることを全員一致で合意する。この「地区のルール」がその後の地区計画素案（以下「素案」）の端緒となることになる。ここでは、非同意あるいは同意に関する関係当事者のすべての意思が一致している状態を「全員一致型合意」と呼ぶことにする。

2)　地区計画素案の作成

　次に、「考える会」で合意した当時の都市計画に対する非同意に基づいて、「地区のルール」策定に向けた法定関係当事者（住民、利害関係者等、利害関係

32　内海（2019）では、コモンシティ浦安の参加主体の合意形成を中心に検討しているため、参加主体による地区計画の作成を「計画起案期」「計画策定期」に設定している。しかし、本研究では、地方政府の決定作成という観点から検討しているため、参加主体による地区計画作成を「計画起案期」までとしている。

図表Ⅳ-13　コモンシティ浦安策定過程

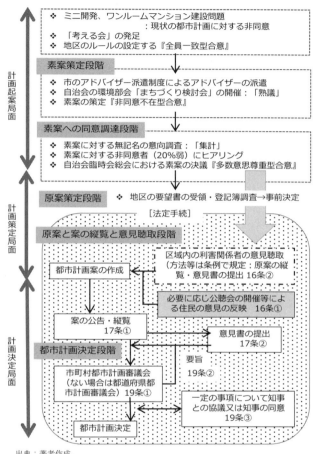

出典：著者作成。
注）16条1項の公聴会等は実施されていない。

人）の合意を図る活動が行われる。これらの法定関係当事者には、①地区の土地利用について、良好な住環境を形成するために現状の土地利用を規制したいとする意思と、逆に、②個人の持つ土地所有権、すなわち財産権を、自由に行使したいという意思が混在している。

　そして、この時期には合意を図るべき2つの段階がある。「素案策定段階」

と「素案への同意調達段階」である。

ア）　素案策定段階

　素案策定段階は、「考える会」の構成員を拡大し、法定関係当事者の合意を図るために勉強会や話し合いを重ね、具体的な素案を策定した段階である。

　まず、「考える会」の発起人らが従前の都市計画では制限できない開発および建築行為に対して、「地区のルール」作りを目指そうと、初めて市に相談をもちかけた。当時の都市計画に対する非同意の原因となった問題の解決策を求めて市に接触したのである。「考える会」は、「地区計画」の具体的な制度内容を市との接触で知ることとなり、地区計画策定という目標を設定した。

　市は、「考える会」が合意した内容を聞いて、都市計画制度の説明と、市のアドバイザー派遣制度（浦安市まちづくりアドバイザー派遣事業要綱（2004年8月10日施行））を紹介した。この制度に基づいて、素案が自治会で合意され、自治会として要望書を市に提出するまでの間アドバイザーが派遣されることになる。アドバイザー派遣にあたっては、市と「考える会」において「制度化を視野に入れ、地区のルールを策定する」という同じ目的を目指していることが確認されている。言い換えれば、市と地区（「考える会」）という当事者間での合意を前提としてアドバイザーが派遣された。派遣されたアドバイザーによれば、上記の目的に寄与するため、参加者のアドボケイト、意見交換の円滑化、意思決定や調整に関する専門的知見の図面や模型等を用いた提供を行い、ときには、発起人や参加者の士気を高めることなども行ったという。

　その後、制度化を視野に入れることになった「考える会」では、任意の組織ではなく自治会の環境部会の中に「まちづくり検討会」（以下「検討会」）を発足させる。環境部会は自治会の下部組織に位置するが、「考える会」が環境部会に移行したということは、合意の関係当事者の範囲を自治会の有志から自治会会員全体に拡大させたことを意味する。発起人によれば、このような公開の議論の場を設定した理由は、活動の印刷物等にかかる財源を確保し、活動の代表性を担保するためであったという。[33]以上の組織の拡大は、法定関係当事者が意識され、検討会の地区における正統性や代表性の確保など、制度変化を可能

33　以上、2018年1月18日、浦安市都市計画課、コモンシティ浦安元自治会長、コモンシティ浦安アドバイザーにヒアリングをした。

にする支持調達の準備がされたと言える。

　「検討会」は、コモンシティ浦安地区の自治会員を中心とし[34]、月1回の定例会を35回開催している（2014年7月から2017年12月まで）。出席者の延べ人数は561名（出席経験者90名）である。素案策定にあたっては、「検討会」で勉強会や話し合いが行われたが、そこに常時参加していたのは、「考える会」メンバーを中心とした十数名である。そして、話し合いにより設定された素案に対しては、「検討会」の参加者から非同意が表明されず、合意された。このような合意の状態を「非同意不在型合意」と呼ぶことにする。

　具体的な計画内容は、「最低敷地面積は150m^{2}以下」「3戸以上の長屋禁止」「共同住宅・寄宿舎禁止」（2016年9月30日段階）である。つまり、現状の都市計画では制限されていない基準を地区自ら設定しようとする内容である。まさに、関係権利者に新たな制限、負担が課せられることを前提に、地区計画の合意に基づき決定を正当化する「自制的な規制」と言える素案が示された。

　ところで「検討会」では、浦安市都市計画課や当該地区を分譲した住宅メーカーによる都市計画や土地利用制度の勉強会、他都市のまち歩き、アドバイザーの情報提供に基づく現状分析、開発事業や施設建設が住環境に与える影響などの問題や課題の整理、「検討会」の今後の進め方、などが話し合われている。この「検討会」では、公平な情報を与えられ、かつ偏りのないファシリテーションにより討議が行われ、「何がなされるべきか」ということについて集団の意思を決定しようとするものであることから[35]、いわゆる「熟議」（フィシュキン 2011）が行われていたと捉えることができよう。

　イ）　素案への同意調達段階

　次に、「検討会」で策定された素案について、地区計画の市への要望書提出を視野に入れた地区の合意が図られる段階へと移行する。実際、「検討会」はアドバイザーや発起人を中心とした熱心な参加者が作成した素案に対して、より多くの関係当事者の理解を促す試みを行っている。具体的には、2度にわたる「アンケート」や「まちづくりニュース」などである。なお、「アンケート」

34　「まちづくり検討会」には、当該自治会構成員以外の浦安市住民、関係者などが参加をしている。ただし、市議会議員は参加をしていない。

35　2018年1月18日ヒアリングの際に入手した検討会議事録。

は、意思の「集計」のためというよりは、「検討会」の検討状況を周知することと、より広い意見を参考に検討を続けるために実施されたという。

　このアンケートを踏まえ、第27回「検討会」に向けて素案に対する記名式の意向調査が行われる（2016年８月、自治会員を含む地区住民と若干数名の住民ではない利害関係者等が対象）。この意向調査は、素案策定段階での「熟議」を経た後の多数意思を特定するための「集計」であったと言えよう。素案の内容は、「最低敷地面積は150m² 以下」「３戸以上の長屋の禁止」「共同住宅・寄宿舎の禁止」を地区計画で制限するというもので、その理由は、これまでの環境を維持していこうとするものである。

　その結果は、それぞれについて賛成81％、87％、87％であった。意向調査の際に出された素案に対する非同意の理由は、「ワンルーム・アパートや敷地分割をしないと売却価格が高くなり売却が難しい」というような個別の利益や不利益に深くかかわる理由、「若い人たちが住めない地域になる」「空き家が増え地区が衰退する」といった、地区全体の住環境の維持あるいは発展に関わるような集合的に追求される価値の善し悪しにかかわる理由があげられている。

　その後、この意向調査において、素案への反対を示した者（非同意者）と「わからない」と答えた者に対して、発起人である自治会長が個別訪問をして素案に対する意向を確認するためのヒアリングを行っている。このヒアリングでは、素案を説明し、同意の強制はしないものの同意を促した。ヒアリングにおいても、不在の人、分からない、答えられないという人も少数ではあるが存在していた。しかし、これらにも増して多かったのは、意向調査の際には非同意を示したが、ヒアリングにより意思を変更する人である。具体的には、「みなが賛成すれば反対はしない」という人たちが多くを占めたのである。これは、地区計画が目指す利益や土地所有者などの個人の利益の内実からは独立して、地区の決定（地区住民の大多数の意思）に反対することによって生じる不利益が考慮されたと言える。発起人である自治会長によれば、これらの意見には、コミュニティの中から外れることを避けたいとの考えや、「検討会」が行ってきた検討に対する信頼などがあったという。

　その後、第27回「検討会」（2016年10月16日）では、参加者に意向調査とヒアリングの結果が報告され、住民説明会および自治会臨時総会で決議をすること

が示された。この検討会への参加者はこれまでで最も多かった（通常は10数名、第27回は41名）。この段階でも少数ではあるが非同意者がいたが、10月23日に臨時役員会が開かれ、10月27日および30日に「検討会」主催の住民説明会が行われ、11月13日に臨時自治会総会で採決された後、11月14日に要望書が自治会長名で市に提出される。

　以上の決議に見られる合意は、素案に対する関係当事者（約400世帯）の意向調査において、すべての関係当事者が同意したわけではないことが明らかになり、非同意者に対して同意調達を行った上でなお非同意者がいたとしても、素案を自治会として承認することで、素案が組織として受容された状況であると言える。このように、意思の「集計」により少数の非同意者が存在する場合に、同意調達を行った上で、なお非同意者がいたとしても大多数の意思を尊重して、組織として承認される状況を「多数意思尊重型合意」と呼ぶことにする。「多数意思尊重型合意」は、同意調達のプロセスを経るという点で、単に多数決で決定し、少数意見を排除するというものとは異なったものであった。

　以上の計画起案期のプロセスが示しているのは、参加主体が主導アクターとなり、通常地方政府が担う決定作成を参加主体団体である地区住民が担っていたということである。

(2)　計画策定期：素案の地区と市での共有と原案の意見聴取

　計画策定期は、自治会が合意し、要望書として市に提出された地区計画の素案（「最低敷地面積は150㎡以下」「３戸以上の長屋禁止」「共同住宅・寄宿舎禁止」）を市が受容し、都市計画法に基づく手続を行った時期である。この時期は、法律の手続に即してさらに２つの段階に整理することができる。「原案策定段階」と「原案の縦覧と意見聴取段階」である。

1)　原案の策定段階

　原案策定段階は、自治会が合意し、要望書として市に提出された素案を市が受け止め、都市計画決定を行うための原案を策定した段階である。

　まず、市では、地区からの要望書の内容（素案）を市の案としてよいか否かを検討している。浦安市の地区計画においては、まず、地区から提示された素

36　2018年１月18日ヒアリングの際に入手した検討会議事録。

案について、登記簿調査を行い、利害関係者等を特定し、素案に対する同意が全国的傾向と同様におよそ8割以上なされているのかなどを確認した[37]。これは、利害関係者等の意見を求めることが法16条2項に規定されているためであるが、具体的には地区において実施された意思の「集計」が法定関係当事者に即しているかが確認された。あわせて、素案の内容が精査されているが、コモンシティ浦安の場合、地区内に150 m² を下回る敷地が存在したため、「最低面積150 m² 以下」の規定を「130 m² 以下」に修正している。素案の基本的な方向性や内容については、アドバイザー派遣の際、あるいは地区での素案作成経過の報告を通じて、市によって受容されており、上記の箇所を修正した素案が法定地区計画の原案（以下「原案」）とされた。

　ところで、浦安市によれば、地区の素案を受容する要件として次の3点をあげている。第1に、素案の法律との適合、第2は、市のマスタープランに示される目標像との合致、第3は、浦安市の利益を侵害しないことである。ただし、実際には、浦安市では「住民の要請」に基づく地区計画の場合、法律に適合し、法定関係当事者において多くの同意が得られている場合は、地区から要望された案を受容し、原案として手続を進めるという。

　2)　原案の意見聴取段階

　原案と案の縦覧と意見聴取段階は、市の原案を作成し、これらに対して利害関係者等や住民に意見聴取する過程である。市が主導アクターとなり法手続に基づく原案の縦覧と意見聴取により支持調達を図る時期である。この段階は法律およびこれが委任する条例により2つの手続が設定されている。まず、法16条2項では、この規定が委ねる条例に基づき[38]、市が原案の縦覧を2週間実施し、利害関係者等は意見書を提出することができる。

　コモンシティ浦安においては、2017年2月18日に原案の説明会を開催し、2月21日から3月6日までの間、都市計画法が委任する条例に基づく地区計画原案の縦覧が行われ、8名が縦覧し、7名（賛成5名、反対2名）から意見書の提

37　「全国地区計画推進協議会平成15年度地区計画行政研究会報告　地区計画マニュアル2004（応用編）」などを参照し調査を行っている。

38　浦安市の場合「浦安市地区計画等の案の作成手続に関する条例」（1985年）を定めている。

出があった。

　具体的な意見の内容を見てみると、反対の理由としては、「市場のニーズに任せて子育て世帯に手の出しやすい土地の広さ、価格に近づけることは多様な世帯が住まう環境づくりに大切なことです。当該地域の不動産市場のニーズにそぐわない制限を行政が課すことによって、売り家の売れる機会が減り、良好な代謝が進まず、地区の問題を悪化させる可能性があります」といった意見が出されている。また、計画起案期で出されていなかった意見としては、「無記名の取り扱いは排除するということでよいのでしょうか。また、敷地面積の制限に賛成を表明した人は都市計画対象地域地権者総数（共同名義の場合はその人数を含む）を分母にして算出していないのではないですか」などがある。

　以上のような意見への対応として、市は回答書を作成し公開している。例えば、地区の将来像をめぐる反対意見に関しては、「地区住民の大多数が現状の住環境の保全を望んでいることから、地区計画による制限を課すことが公共の福祉の増進に寄与できると考える」とし、手続の瑕疵については、「自治会が自主的に実施したものであり、市の手続ではない」と回答して異論を退けている。このような回答から2つのことが分かる。1つは、市が地区の最大多数の利益を地区の「公共の福祉」であると認識していることである。いま1つは、計画起案期における地区の合意形成プロセスについて市は関知せず、地区に任せているということである。これは、「自制的な規制」を地区に求め、地区で策定された計画案を自治体が受容したことの帰結であると言えよう。また、回答書によって案に対する反対意見を取るに足りないものとして処理することで、市民の大多数の意思を尊重する「多数意思尊重型合意」が図られたとして扱われた。

(3)　計画決定期：案の決定

　計画決定期は、法17条に従って都市計画決定を行う時期である。まず、市が原案に対する意見書などを踏まえて都市計画（地区計画）の案を作成して、法17条に基づく縦覧を2週間実施し、関係市町村の住民および利害関係者は、意見書を提出することができる。つまり、原案については、区域内の利害関係者等、案については関係市町村の住民および利害関係人が異議を申し立てることが可能である。そして、地区計画案を都市計画審議会に付議し、市の合意とし

て市長が都市計画決定を判断する。なお、都市計画法では、こうした原案と案の縦覧手続の間に「公聴会の開催」（法16条１項）が想定されているが、必要に応じて行うこととされており、当該地区では運用されていない。コモンシティ浦安の場合、市は2017年５月11日付けで千葉県との協議を依頼し、５月26日付けで「異存なし」の回答を得た後、次のような過程を経た。

1)　案の意見聴取段階

法17条に基づく案の縦覧が６月８日から22日まで行われ、意見提出者は５名（賛成４名、反対１名）であった。このように意見の提出が少ないのは、すでに地区内で合意が図られているためであると考えられる。具体的には、手続の瑕疵についてのみであり、これに対して市は、「自治会が自主的に実施したものであり、市の手続ではない」と回答して、異論を退けている。しかし、原案の反対意見と案の反対意見がほぼ同じで、しかも自治会で実施した意向調査後のヒアリング時と類似した内容であることから、計画起案期で非同意を示した者の意見が、計画策定期に再び表明されたと考えられる。

2)　都市計画審議会への付議と都市計画決定

2017年７月上旬、地区計画「コモンシティ浦安」が都市計画審議会に付議された。審議会では、コモンシティ浦安について、地区の概要や地区計画作成の経緯、都市計画の手続を確認し、地区計画の案縦覧の実施結果と縦覧の際に提出された意見要旨を提出して、地区計画を都市計画決定すべきかどうかが審議された。審議の結果、地区計画の決定について、全会一致で適当と認められた。審議会委員は、市議会議員５名、学識経験者７名、関係団体者３名で構成されている。こうした審議会の結果は、「地区住民の大多数が現状の住環境の保全を望んでいることから、地区計画による制限を課すことが公共の福祉の増進に寄与できると考える」「自治会が自主的に実施したものであり、市の手続ではない」という市の判断に準じたと言える。そして市長により2017年７月28日に都市計画決定が行われた。

なお、浦安市の場合、地区内で合意が図られている地区計画案に対して、審議会ないし市長の決定がなされなかったものはこれまでない。これは、都市計画審議会の形骸化とも考えられるが、都市計画審議会の役割が「住民等からの幅広い意見を踏まえて、公正・透明な審議を通じた判断」（国土交通省 2015）を

行うことであるとすれば、「自制的な規制」を地区に求め、地区で策定された
計画案を自治体が受容したことの帰結であると言える。

1-7 小 括

日本の地区計画策定手続の検討においては、「個別権利利益優先」という基
底価値によって、同意調達という方法が用いられるとともに、参加主体が政府
の決定に関与するものの決定作成主体たりえない「参画」という参加形態と、
自制的な規制という立法趣旨を踏まえ条例を運用し、参加主体が決定作成主体
となる「自治」という参加形態をとる手続が運用されていることが、全国調査
より確認できた。そして、「個別権利利益優先」という日本において、参加形
態の「参画」事例と「自治」事例を両者の参加形態で地区計画策定手続を運用
する浦安市を取り上げてその実態を検討してきた。

地区計画の決定においては、計画策定期の地区計画原案に対する意見聴取と
計画決定期の都市計画の案の決定に対する公聴会等と縦覧・意見書の提出とい
う抵抗者からの異論が出されたが、これら法定手続によって顕在化したすべて
の異論に対して、正当化理由が用いられている。政府は、それぞれの決定につ
いて、その決定が社会や人々に対して説得力を持つように正当化理由を用い
て、決定を正当化していた。また、「正当化理由の決定」により実体的決定が
修正されることが確認できる。

そこで以下では、各事例について、計画起案期における種々の利益対立の実
態をまとめた上で、計画策定期と計画決定期の法定手続において争点となった
正当化理由について、正当化理由がいつ決定されるのか（when：時期の特定）、
正当化理由は誰によってもたらされるのか（who：理由の源泉）、政府が何を
もって正当化理由とするのか（what：理由の選択）を分析することで、政府は
どのように決定を正当化するのか（how：正当化技術）を明らかにする。そし
て、なぜ、特定の正当化技術になるのか（why：因果関係）を解明するための素
材として、個別具体の正当化理由が決定された原因を整理する。

1-7-1 「日の出・明海及び高洲」決定の正当化理由

「日の出・明海及び高洲」は、「個別権利利益優先」という基底価値によっ
て、同意調達の方法が用いられるとともに、「参画」の形態をとる手続が運用

された事例である。「日の出・明海及び高洲」は、地区計画の「方針」を1989
年に、「地区整備計画」を1992年に定め、同地区において地区計画の変更が
2008年に行われた。いずれも「参画」の形態をとる手続が運用されたが、2008
年の決定の過程では、地区住民からの求めにより参加の充実が図られた。以下
では、充実した住民参加のもとで実施され、多くの異論が出された2008年の地
区計画の決定を対象とし、その原案の趣旨を示した上で、計画策定期と計画決
定期に出された異論とそれに対する政府の正当化理由を分析考察する（**図表Ⅳ-
14**）。

(1)　地区計画原案の趣旨（計画起案期）

「日の出・明海及び高洲」の地区計画の変更の決定（2008年）は地区計画の策
定の決定（1989年・1992年）と同様に、土地所有者である県企業庁・公団と協議
し、浦安市が発意したものであった。これらの決定は、いずれも社会経済情勢
等の変化に伴う土地利用の問題を背景に変更された「土地利用計画を実現す
る」ためであり、地区計画変更によって現在の諸問題に対して効果的な解決を
提供できるからという趣旨であった。とりわけ、地区計画の変更にあたって
は、計画変更を生じる街区の利害関係者である県企業庁、公団の同意を得て策
定したものであることが強調された。

(2)　地区計画原案および案の争点（計画策定期）

地区計画原案（以下「原案」）については、説明会を経て、法律に委ねられた
条例に定める意見聴取の位置付けで、パブリックコメントが行われたが、その
意見は70名125件であり、重複する内容が多く、主な争点は以下のようなもの
であった。

1)　緑地等の設置

提出件数のうち、異論によって原案に変更が加えられものは３件と少なく、
これらは緑道等の設置に関するものである。例えば、「緑道及び公園を変更す
る今回の変更（案）は、近隣の住民にとりましては、現在の計画で確保されて
いる財産権に関し侵害を与える可能性のあるもので、ご再考いただきたい」と
いう要望であった。これに対して、市は、「ご意見を踏まえ、街区公園の形状
を変更するとともに、外周緑地との間に新たな緑道を設ける」という理由を付
して、近隣住民の財産権を主張する異論を考慮して、土地利用計画の趣旨の範

図表Ⅳ-14 「日の出・明海及び高洲」決定の正当化理由

	争点	抵抗者の異論	正当化理由の概要	修正の有無	when	who	what	how	why
計画策定期…意見書	1）緑道等の設置	緑道及び公園を変更する原案は、近隣の住民にとって、現在の計画で確保されている財産権に関し「侵害」を与える可能性がある	ご意見等を踏まえ、街区公園の形状を変更するとともに、外周緑地との間に新たな緑道を設ける	修正	前	抵抗者	近隣住民の財産権を考慮	妥協	参・基
	2）施設配置に関する要望	道路の幅員やテニスコートの設置、高等学校の配置、騒音問題などへの異論	交通量等の調査結果や法律による基準により原案は適切	原案	同・後	政府	原案の妥当性を主張	専門・法解	参
計画決定期…公聴会	1）グランドデザイン	グランドデザインを策定し、これに基づき計画を変更すべき	①土地利用計画の変更を受けてその土地利用の実現に向け計画を作成したもの②土地権利者の理解なく指定、変更は難しい	案	同・後	政府※	①土地利用の実現②財産権	①専門②法解	参・基
	2）手続の充実	素案・原案の策定過程における参加手続の充実を求める	説明会、パブリックコメントを経て作成された内容である	案	同・後	政府	手続をした実績	実績	参
	3）土地利用	パークウェイ沿道は海岸線を活かす空間やスペースを確保すべき、店舗併用、店舗兼用住宅などを検討すべき等	土地利用計画に即して計画をしている	案	同・後	政府※	土地利用計画の尊重（同意）	専門	参・基
計画決定期…意見書	4）景観等への配慮	緑地や景観に配慮してほしい	地区計画の範囲内では当該地区計画の内容及び景観法で対応可能	案	同・後	政府	案の妥当性を主張	法解	参
	5）手続の充実	情報提供が不十分である、手続を延期するなどして、時間をかけて検討すべきなど	意見全てで法定手続に遵守し、さらに議会への説明、住民説明会、パブリックコメントを行なっている	案	同・後	政府	手続をしたという実績を主張	実績	参
	6）グランドデザイン	グランドデザインを策定すべき。計画内容は、グランドデザインがあってはじめて意味をなす	本計画は、具体的な制限を行う土地利用計画であり、これは、新町地域の東京湾岸域における位置付けや役割を踏まえて設定した	案	同・後	政府※	土地利用計画の尊重	専門	参

出典：著者作成。

凡例．修正の有無：実体的決定の修正の有無。when：時期の特定（実体的決定より「前」か「後」それとも同時か）、who：理由の源泉、what：理由の選択、how：正当化技術、why：因果関係（基底価値と参加形態の影響：基底底価値、参：参加形態「参画」自：参加形態「自治」、専門：専門知型、法解：法解釈型、妥協：妥協型）。※県企業庁及び公団、（同意）：利害関係者等の同意。

囲で公園の形状、緑地の配置等を一部変更した（実体的決定の修正）。これを、正当化技術という視点から考察すると、ここでの正当化理由は、意見書によって近隣住民である抵抗者がもたらした（who）理由により、計画策定期の実体的決定が修正される前に（when）、財産権を主張する異論を考慮するという理由で政府が自身の主張を取り下げ、抵抗者の異論を受け入れて正当化理由として用いて（what）、「妥協型」によって決定されたと言える。

2）　施設配置

　このほか、計画策定期においては、道路の幅員やテニスコートの設置、高等学校の配置、騒音問題などへの要望や反論が提示された。これに対して市は、「交通量等の調査結果や法律による基準により原案は適切である」という正当化理由を示して抵抗者の異論を退けている。ここでの正当化理由は、計画起案時の実体的決定時に（when）、政府によってもたらされ（who）、政府の計画的な技術による原案の適切性の証明と、これが法律に適合しているという主張を示して（what）、政府自らの専門的知見を活用する形（how：「専門知型」）と政府の法解釈を示す形（how：「法解釈型」）で決定されたと言える。

（3）　地区計画案に対する争点（計画決定期：公聴会・意見書）

　計画決定期は、法令に基づく都市計画手続に従って都市計画（変更）の案、すなわち地区計画案の決定を行う時期である。公聴会では、4名の公述人による異論が出され、また、その後の地区計画案の縦覧を経て提出された意見書は25件であった。これらの異論によって、次のような争点が示された。

1）　グランドデザインと土地利用計画

　「グランドデザインを策定し、これに基づき計画を変更すべき」等とする抵抗者の要求に対して、すでに地域の目標像を示した土地利用計画を利害関係者等の同意を得て策定しており、この地区計画の策定が土地利用計画の実現にあるという正当化理由を示して異論を退けている。また、都市計画の用途地域等は私権を制限するものであるので、土地権利者の理解なく指定、変更は難しいとして正当化理由を示して異論を退けている。これらの正当化理由は、計画起案時の実体的決定時に（when）、県企業庁、公団との協議を得て、政府によってもたらされた（who）ものである。そして、これらの正当化理由は、土地利用計画の実現という地区計画の趣旨と財産権に関する解釈を主張して（what）、

政府自らの専門的知見を活用する形（how：「専門知型」）と政府の法解釈を示す形（how：「法解釈型」）で決定されたと言える。

2）　手続の充実

「素案・原案の策定過程における参加手続の充実を求める」とする抵抗者の要求に対して、「説明会、パブリックコメントを経て作成された内容である」という正当化理由を示して異論を退けている。ここでの正当化理由は、計画起案期の実体的決定時に（when）、政府によってもたらされ（who）、手続を十分行っているという政府の実績を主張して（what）、政府自らの実績を示すという形（how：「実績型」）で決定されたと言える。

3）　土地利用の実現

「パークウェイ沿道は海岸線を活かす空間やスペースを確保すべき、店舗併用、店舗兼用住宅などを検討すべき」などとする抵抗者の主張に対して、「土地利用計画に即して計画をしている」という正当化理由を示して異論を退けている。この正当化理由は、計画起案期の実体的決定時に（when）、政府によってもたらされ（who）、土地利用計画に即しているという上位計画との整合（計画適合性）を主張して（what）、政府自らの専門的知見を活用する形（how：「専門知型」[39]）で決定されたと言える。

4）　景観等への配慮

「緑地や景観に配慮してほしい」とする抵抗者の要求に対して、「地区計画の範囲内では住戸ごとに対応可能であり、景観法でも対応を検討する」という正当化理由を示して異論を退けている。ここでの正当化理由は、計画起案期の実体的決定時に（when）、政府によってもたらされ（who）、地区計画の範囲においては、景観等への配慮は当該地区計画の内容および景観法で対応可能であるという（what）、政府の法解釈を示す形（how：「法解釈型」）で決定されたと言える。

---

[39]　フランスの都市計画法では、PLU の上位計画との計画適合性は法律で義務づけされているため、フランスの場合は「法解釈型」となる。日本の場合は、当該事例の土地利用計画への地区計画の整合が法定上の義務ではないので、都市計画の計画技術として主張されている。

5)　手続の充実

「情報提供が不十分である」「手続を延期するなどして、時間をかけて検討すべき」などの抵抗者の主張に対して、「意見全てで法定手続を遵守し、さらに議会への説明、住民説明会、パブリックコメントを行っている」という正当化理由を示して異論を退けている。ここでの正当化理由は、計画起案期の実体的決定時に（when）、政府によってもたらされ（who）、手続を十分行っているという政府の実績を主張して（what）、政府自らの実績を示すという形（how：「実績型」）で決定されたと言える。

　なお、公聴会の場で示された「3）グランドデザインと土地利用計画」に関する争点は、地区計画案の意見徴収においても議論されるが、政府は同様の正当化理由で異論を退けている。

　上記の地区計画原案および案の縦覧・意見書の提出の後、地区計画（変更）の案は都市計画審議会での審議に付された。この審議の結果、地区計画（変更）の案の決定に対して意見聴取や公聴会などの意見を踏まえ、参加手続の充実という附帯意見が添えられたものの、これまで地方政府が示した正当化理由に基づいて地区計画（の変更）の案は認められ、県知事の同意を得た上で都市計画決定に至った。

1-7-2　「コモンシティ浦安」決定の正当化理由

「コモンシティ浦安」は、「個別権利利益優先」という基底価値によって、同意調達の方法が用いられるとともに、自制的な規制という立法趣旨を踏まえ、計画起案期に法16条2項に基づく意見聴取等の運用を充実することで「自治」の形態をとる手続が運用された事例である。具体的には、地区の住民および利害関係者等によって地区計画の素案が作成、合意される。そして、市は、計画起案期に地区で合意された素案を地区計画の原案として受容し、原案への意見聴取（縦覧および意見書の提出）を行う。その後、計画決定期に都市計画決定手続に基づき、縦覧及び意見書の提出が行われる。以下では、計画起案期における地区の合意の実態と計画策定期に受容される素案の趣旨を整理した上で、計画策定期と計画決定期に出された異論とそれに対する政府の正当化理由を分析する（**図表Ⅳ-15**）。

(1)　地区計画原案の趣旨（計画起案期）

1)　地区計画の起案

「考える会」は、ワンルーム・アパート建設およびミニ開発への反対運動を経て、現在の諸問題に対して効果的な解決を提供できるという期待から素案の端緒となる「地区のルール」の策定を発案し、地区のルールを定めることを全員一致で合意した（全員一致型合意）。この合意で共有された理由は、反対運動のみで住環境を維持することができず、現在の諸問題に対して効果的な解決を提供できるというものであった。

2)　地区計画素案の作成

ア)　素案策定段階

「素案策定」にあたっては、「考える会」メンバーを中心とした十数名の「検討会」によって勉強会や話し合いがもたれ、「最低敷地面積は150 m² 以下」「3戸以上の長屋禁止」「共同住宅・寄宿舎禁止」という内容が、参加者から非同意が表明されない形で合意が図られた（非同意不在型同意）。これらの合意には、地区における検討会の正統性や代表性の確保など、制度変化を可能にする支持調達の準備がされ、個別の利益を抑制し、自らを制限することで決定を正当化する「自制的な規制」を実現する「自治」の形態が成立している。その上で、検討会等での議論や集団の意思を決定しようという熟議により、問題解決の方法が共有された。

イ)　素案への同意調達段階

自治会という集団の意思の「集計」により少数の非同意者が存在する場合に、同意調達を行った上で、なお非同意者がいたとしても大多数の意思を尊重して合意が図られた（多数意思尊重型合意）。この合意で共有された理由は、これまでの環境を維持していくためというものであった。

ただし、この合意においては、素案に対する非同意を示す者もあり、その理由は、「ワンルーム・アパートや敷地分割をしないと売却価格が高くなり売却が難しい」「若い人たちが住めない地域になる」「空き家が増え地区が衰退する」といったものであった。また、「みなが賛成すれば反対はしない」という人たちが多くを占め、コミュニティの中から外れることを避けたいとの考えや、「検討会」が行ってきた検討や熟議に対する信頼などによって、地区計画

が目指す利益や土地所有者などの個人の利益ではなく、地区の決定（地区住民の大多数の意思）に反対することによって生じる不利益が考慮されていた。

　以上の地区による検討過程は、「第1に、問題解決の手段の選択を規定すべき価値を識別し、これを一元的な価値体系に構成する。第2に、これらの価値を達成するに可能なすべての手段をひろいあげる。第3に、これらの手段を採用したときに起こりうる結果をそれぞれの手段ごとに総合的に調べる。そして、第4に、価値の達成を最大ならしめると考えられる手段を選択する」という決定作成モデルに即して説明できるだろう。

(2)　地区計画原案における争点（計画策定期）

　浦安市によれば、地区の素案を受容する要件として次の3点をあげていた。第1に素案の法律との適合、第2に市のマスタープランに示される目標像との合致、第3に浦安市の利益を侵害しないことである。こうした要件を踏まえて、第1の要件に関する微修正を行った後、地区計画の原案が設定された。つまり、計画起案期段階の実体的決定が修正されたと言える。そして、この原案に対して縦覧・意見書の提出が行われた。意見書提出者は7名、そのうち2名から次のような点に関する異論が示された。

1)　土地利用の制限

　「不動産市場のニーズにそぐわない制限を行政が課すことによって、売り家の売れる機会が減り、良好な代謝が進まず、地区の問題を悪化させる」など、計画起案期の合意形成の際に示された主張が提示された。これに対して政府は、2つの正当化理由を示して抵抗者の主張を退けている。その1つは、「地区住民の大多数が現状の住環境の保全を望んでいることから」という地区の合意した内容を理由とし、いま1つは、「都市計画マスタープランと適合している」として上位計画への適合を根拠に原案の妥当性を主張している。

　前者の正当化理由は、計画起案期に（when）、地区の合意主体によってもたらされ（who）、政府が地区の合意を尊重して（what）、実体的決定をもたらした者やその行為に依存する形（how：「依存型」）で決定されたと言える。一方、後者の正当化理由は、計画策定期における実体的決定時に（when）、政府によってもたらされ（who）、法律の制度上の解釈に即して（what）、政府の法解釈を示す形（how：「法解釈型」）で決定されたと言える。

図表Ⅳ-15 「コモンシティ浦安」決定の正当化理由

	争点	抵抗者の異論	正当化理由の概要	修正の有無	when	who	what	how	why
計画策定期	1）土地利用の制限	不動産市場のニーズにそぐわない制限を行政が課すことによって、売り家の売れる機会が減り、良好な代謝が進まず、地区の問題を悪化させるなど	①地区住民の大多数が現状の住環境の保全を望んでいることから、地区計画による制限を課すことが公共の福祉の増進に寄与できる②都市計画マスタープランと適合している。	原案	同・後	①利害関係者等②政府	①地区計画内の合意の尊重②計画への適合	①依存②法解釈	①自・基②自
	2）手続の瑕疵	敷地面積の制限に賛成を表明した人は都市計画対象地域地権者総数を分母にして算出していないのではないか	自治会が自主的に実施したものであり、市の手続ではない	原案	同・後	利害関係者等	地区の手続の尊重	依存	自
計画決定期	手続の瑕疵	検討期間の不足	地区内での検討が十分に行われている	案	同・後	利害関係者等	地区の手続の尊重	依存	自

出典：著者作成。

凡例．修正の有無：実体的決定の修正の有無。when：時期の特定（実体的決定より「前」か「後」それとも同時か）、who：理由の源泉、what：理由の選択、how：正当化技術、why：因果関係（基底価値と参加形態の影響：基底底価値、参：参加形態「参画」自：参加形態「自治」、法解：法解釈型、依存：依存型）。

2）手続の瑕疵

「敷地面積の制限に賛成を表明した人は都市計画対象地域地権者総数を分母にして算出していないのではないか」として手続の瑕疵を主張するものであった。これに対して市は、「自治会が自主的に実施したものであり、市の手続ではない」という理由を示して地区の合意した内容を正当化し、抵抗者の主張を退けている。この正当化理由は、計画起案期に（when）、地区の合意主体によってもたらされ（who）、地区の合意手続を尊重して（what）、政府が地区の手続（実体的決定をもたらした者やその行為）に依存する形（how：「依存型」）で決

定されたと言える。

(3)　地区計画案に対する争点（計画決定期）

　計画決定期は、法令に基づく都市計画手続に従って都市計画（変更）の案、すなわち地区計画案の決定を行う時期である。コモンシティ浦安の場合、必要に応じてという法文を解釈し公聴会（法16条1項）は行われなかった。地区計画案の縦覧を経て出された意見書（法17条）の中で示された異論は次の1件であった。

　「検討期間が不十分である」として手続の充実を求める主張に対して、政府は「地区内での検討が十分に行われている」という理由を示して地区の合意した内容を正当化し、抵抗者の主張を退けている。この正当化理由は、計画起案期に（when）、地区（自治会）が合意することでもたらされ（who）、地区の合意手続を尊重して（what）、地区の手続（実体的決定をもたらした者やその行為）に依存する形（how：「依存型」）で決定された。

(4)　正当化技術と参加形態・基底価値の関係

1)　参加形態と正当化技術

　全国的な調査の結果から、法律に基づく「参画」の形態をとる手続によって地区計画を策定する自治体があると同時に、協議会という方法によって「自治」の形態をとる手続により地区計画を策定する自治体がありうることが確認できた。また、これらの参加形態に関連して、地区計画の動機として「地域課題を執行機関として判断」「住民の要請」という2つが多くを占めている。

　また、参加形態と正当化技術との関係については、次のようなことが明らかになった。

　「参画」事例である「日の出・明海及び高洲」の事例では、政府は、地区計画の内容を「法解釈型」と、自らの知見とこれを生み出す科学的根拠に基づく「専門知型」、そして自らの実績に基づく「実績型」の正当化技術によって決定正当化した。この中には、異論とは異なる専門知を用いて（「専門知型」）、実体的決定を修正するものもあった。一方、「自治」事例である「コモンシティ浦安」の事例では、地方政府は参加主体の合意された過程や意思に依存することで、地区計画の内容を「依存型」により正当化した。これは、「地区住民の大多数が現状の住環境の保全を望んでいる」「自治会が自主的に実施したもので

ある」「地区内での検討が十分に行われている」といった正当化理由を政府が用いたように、参加主体が決定作成主体であるという「自治」の参加形態が、政府が正当化理由という道具を用いる知能や技能の資源となっていることを表している。

2) 基底価値と正当化技術

全国調査では、同意調達の理由として「都市計画法の解釈」「都市計画運用指針の解釈」とするものが多い。市町村では、法令等が同意調達を促していると理解していることがわかる。一方で、「利害関係者の住戸を訪れ説明をした」という団体が約2割を占めており、運用上も個別の権利利益に対する対応が図られていることがわかった。また、市町村は、地区計画策定にあたり、地区の利害関係者等の「全員合意」や「同意率80％」「同意率50％」のように一定の同意率を求める手法を用いる市町村が多くを占めており、個別権利利益が地区計画策定において重要な要素であることがわかった。

また、基底価値と正当化技術との関係については、次のようなことが明らかになった。

日の出・明海及び高洲地区の場合は、「グランドデザイン」の争点では、「土地権利者の理解なく指定、変更は難しい」として「個別権利利益優先」の基底価値に基づく見解が示されるが、あくまでも「専門知型」「法解釈型」によって正当化している。また、「緑道等の設置」の争点では、政府は、近隣住民の財産権を主張する異論を考慮して「妥協型」によって正当化し、実体的決定を一部変更した。一方、コモンシティ浦安では、いずれの争点も、地方政府は構成員の財産権を偏重し、決定内容が地方政府の構成員の個々人の意思を尊重した結果であることを強調するために、「依存型」によって決定を正当化した。また、計画決定期の都市計画審議会においては、「大多数の住民が保全を望んでいるから」という「依存型」が強調されて、決定に至った。

こうした点から、「個別権利利益優先」という基底価値が、財産権の主張を受け入れざるを得ないという形で政府の知能や技能の制約になったと考えられる。また、地区住民等の同意調達という行為を利用したという意味で、参加主体の決定作成における行為が政府の知能や技能の資源となって正当化技術に影響を与えたと言える。

2　フランスの PLU 策定手続の執行過程

2-1　本章の対象と構成

　フランスにおいても執行過程は、多元的な参加を実現する法制度を実際に執行することで、アクター間の利益対立の調整を図りながら PLU が決定される過程である。またそれは、具体的に PLU の決定の正当化理由が明らかになる場面である。

　「フランスの都市計画法と PLU」（第Ⅱ部 2）で示したように、フランスの即地的詳細計画は、1919年の都市計画法創設時から存在していたが、実質的に自治体の意思決定により策定することとなるのは1983年の権限配分法以降である。他方、コンセルタシオンは、分権改革の趣旨に即して自治体の自律性が強化される中で1985年に創設され（第Ⅲ部 2-1）、当時の即地的詳細計画（POS）の策定手続に加えられることとなった。そして、2000年、SRU 法により POS にかわって PLU が創設され、これに伴いコンセルタシオンの対象も改正された。その後、2010年のグルネルⅡ法により、コミューン間協力公施設法人（以下「EPCI」）が PLU を策定できるようになり、国の政策としてその策定が促されている。また、PLU は、説明報告書・PADD（整備と持続可能な開発発展の構想）・OAP（整備とプログラムの方針）・規則書（図面文書を含む）を必要文書とし、これらは、PLU の一部をなす文書としてコンセルタシオンを経て策定される。なかでも2003年に都市計画法に導入され、グレネルⅡ法および ALUR 法によって補完された OAP は、地区レベルの即地的詳細計画として効果的かつ戦略的な手法として期待されている（Ministère du logement et de l'habitat durable 2016）（第Ⅱ部 2 参照）。

　それまでフランスの即地的詳細計画は規制手法を中心としていたが、OAP の創設により、PLU の OAP と規則書が併せて運用されることとなり、PLU が規制手法と事業手法を住民に身近な地区レベルで一体的に定める制度の側面を強めるようになった。この点で OAP 対象地区にとって、OAP を含む PLU

40　EPCI が策定する PLU を PLU intercommunal（PLUi）と言う。

は日本の地区計画に類似した計画であると言える。フランスの中で OAP を積極的に活用推進している EPCI がトゥールーズ・メトロポールである。トゥールーズ・メトロポールは、142の OAP を含む PLU を策定している（2019年4月11日施行）。その意味で、トゥールーズ・メトロポールの PLU とこれが含む OAP は、フランスが推し進めている即地的詳細計画策定プロセスおよび決定の実態把握に適していると考えられる。また、トゥールーズ・メトロポールの PLU 策定は、参加形態を「参画」と位置付けることができるものの、フランスの他都市と比較して、計画策定に積極的に住民等を参加させている都市であるとされており、日本の「自治」と比較する上で、その形態による違いを鮮明にすることができる。

　他方、日本と同様に、都市計画の決定過程には、それぞれに応じた時期が存在している。計画起案期・計画策定期・計画決定期である。

　そこで、フランスの PLU の執行過程の検討では、研究の枠組み（第 I 部）で示したように、フランスの基底価値、すなわち、個々人には帰属し得ない一般公共の利益を優先する価値観「一般公益優先」を前提に、参加主体が政府の決定に関与するものの決定作成主体たりえない「参画」の形態をとる手続のもとで PLU を決定したトゥールーズ・メトロポールの事例を取り上げる。そして、「公的決定」「実体的決定」「正当化理由の決定」のうち「正当化理由の決定」を中心に分析する。具体的には、政府案に対して抵抗がなされ、それに対して政府が正当化理由を用いて正当化を試みるのは、計画策定期のコンセルタシオンによる意見聴取と計画決定期の公開意見聴取の場面であるため、正当化理由の分析の中心はそこになる。ただし、政府の「正当化理由の決定」の「時期の特定」、「理由の源泉」や「理由の選択」を明らかにするためには、計画起案期・計画策定期・計画決定期にわたるすべてのプロセスを検討する必要がある。したがって、上記のプロセスすべてについて「一般公益優先」という基底価値のもとで運用された「参画」の形態に着目して、原案および案の修正、これらに対する異論および政府の正当化理由を分析する。なお、検討にあたっては、PLU 策定過程の決定作成主体への聞き取り調査や決定作成にかかわる報告書などによりその経緯を検討した上で、計画策定期と計画決定期のコンセルタシオンや公開意見聴取の記録などを素材とする。

　本章の構成は次の通りである。まず、PLU 策定手続におけるアクターを明確にした上で（2-2）、PLU を含む即地的詳細計画の運用状況と人口 8 万人以上のコミューンに対するアンケート調査、計画策定手法の先駆的事例からコンセルタシオンの運用実態に関する全国的傾向を示す（2-3）。そして、**第Ⅰ部**に示した本研究の問いに答えるために、事例を分析する。具体的には、まず、即地的詳細計画の決定が正当化される過程をトゥールーズ・メトロポールの PLU の事例を取り上げ検討する（2-4）。次に、この計画に含まれる OAP の策定過程を明らかにするため、トゥールーズ市「ビュット地区」OAP のコンセルタシオンの事例を取り上げ検討する（2-5）。最後に、以上の事例分析結果から「正当化理由の決定」の時期を特定し、正当化理由がいつ決定されるのか（when：時期の特定）、正当化理由は誰によってもたらされるのか（who：理由の源泉）、政府が何をもって正当化理由とするのか（what：理由の選択）を分析することで、政府はどのように決定を正当化するのか（how：正当化技術）を明らかにする。そして、なぜ、特定の正当化技術になるのか（why：因果関係）を解明するための素材として、個別の正当化理由が決定された原因を整理する（2-6）。

2-2　PLU 策定手続の執行過程とアクター

2-2-1　PLU 策定手続の執行過程

　第Ⅱ部で述べたように、都市計画法典による PLU の決定は、コンセルタシオンの後、公開意見聴取を実施し、議会で承認することが義務付けられている。このうち、コンセルタシオンは、計画案策定の全期間にわたって実施し（L103-2条）、コンセルタシオンの達成目標と方法は、コミューンもしくは EPCI 議会で議決をすること（L103-3条）、その際、コンセルタシオンの方法については、公衆が、十分な期間かつ当該案の重要性と特徴に応じた適切な手段によって、案に関する情報及び適用法令の規定を求める意見を知ることができ、かつ所見及び提案を行えるようにするものであること（L103-4条）、コンセルタシオンの達成目標と方法は、コミューンまたは EPCI によって明確に示されること（L103-5条）、コンセルタシオンの終了時、報告書を了承すること（L103-6条）とされている。

第Ⅳ部1では、日本の地区計画の決定過程を「計画起案期」「計画策定期」「計画決定期」の時期に分けて検討し、政府の決定にあたり、政府が、どのような正当化理由を用いたのかを明らかにした。フランスのPLUの決定においても、参加形態や参加主体は異なるものの、決定に至るプロセスにおいては、この3つの時期で整理することができる。3つの時期に上記の、PLUの法定手続を当てはめると次のようになる。

「計画起案期」は、計画の達成目標と方法が地方議会で議決されるまでの期間が該当する。「計画策定期」は、「計画起案期」で決定された方法を実施し、その総括を記した報告書が議決されるまでの時期である。そして、「計画決定期」は、公開意見聴取が行われ、PLUが議会で承認された後に公衆に供されるまでの期間が該当する（詳細は第Ⅱ部参照）。

2-2-2　PLUの策定および決定にかかわるアクター

すでに述べてきたように、PLUの策定主体はコミューンおよびEPCIである。フランスは議会議長が執行機関の長を兼務する制度となっており、議会多数派が行政機関に深くかかわっている。そこで、本研究では、議会多数派を含めて地方政府として扱っている。また、PLUの決定作成を行うのも執行機関と議会多数派議員であり、これらが主導アクターと言える。特に、計画起案期では、これらのアクターが中心となって、コンセルタシオンの方法および達成目標が検討される。

一方、計画策定期では、コンセルタシオンに参加する主体がアクターとなる。環境省が作成した手引書「コンセルタシオン憲章[41]」（1996年）によれば、「コンセルタシオンは、特に、議員、アソシアシオン（associations）、私人など、参加したい者すべてを関与させなければならない。（中略）近隣住民のみならず、関係する者すべてに開かれる」とされており、コンセルタシオンが多様な主体の参加を前提としていることがわかる。特に、地域の都市計画について、利得の分配以外の目的で結成され、独自の規約を備えて恒常的に活動を行う非営利組合（結社）である1901年法に基づくアソシアシオン（中田 2005、高村 2007）や、アソシアシオンのうち、住区を範域に活動する任意の住民組織で

41　Charte de concertation réalisée en juillet 1996 par le ministère de l'Environnement avec le concours de représentants de la société civile.

ある「住区委員会（comité de quartier）[42]」の役割が大きい。また、「近隣民主主義法[43]」においてコミューン内を複数の「住区（quartiers）」に区分し、住民等の参加を促進するための機関として設置された「住区評議会（conseils de quartier）」（中田 2015）もコンセルタシオンのアクターとなる。

　他方、計画決定期で運用される公開意見聴取は、行政と住民以外の第三者である意見聴取官または意見聴取委員会（以下「意見聴取委員会等」）が、環境に影響を与える工事、建築または開発で環境影響評価を伴うものに対する公衆からの意見・要望等をとりまとめ、都市計画等の公益性を判断し、それらの意見と結果を公開する制度である（環境法典 L123-1条）。PLU の決定にあたっては、意見聴取委員会等の役割が大きく、当該過程におけるアクターであると言えよう。この意見聴取委員会等は、利害関係者等を除外した上で、事前に作成された名簿の中から行政裁判所長によって選任されている（環境法典法 L123-4条、L123-6条、R123-8条、R123-9条）、また、公開意見聴取に先立ち、計画策定主体は、関係公法人や関係コミューンに意見聴取しなければならない[44]（L153-16条、L153-17条）。この関係公法人や関係コミューンもアクターと言える。

2-3　PLU 運用・計画策定の全国的傾向

2-3-1　PLU の策定状況

　2017年12月31日段階、フランスにおける PLU、POS といった即地的詳細計画の策定状況は、**図表Ⅳ-16・Ⅳ-17・Ⅳ-18・Ⅳ-19**に示す通りである。

42　日本におけるフランスの住区委員会に関する先行研究として、中田（1990）、高村（2003）がある。

43　Loi du 27 février 2002 relative à la démocratie de proximité.

44　決定された PLU 案は関係機関に意見聴取しなければならない（L153-16条）。ここにいう公法人等とは、① PLU 策定に参画する、L132-7条及び L132-9条に列挙される公法人、② PLU 案が、承認済み SCOT が対象とする区域外に所在のコミューンまたは EPCI を対象とし、かつ PLU が自然的、農業的、森林的空間の面積の縮小の効果を持つときは、「自然的、農業的、森林的空間の保全に関する県の委員会」（農村・沿岸漁業法 L112-1-1条）、③ PLU 案が PLH の代わりとなるときは、「住宅宿泊に関する地域圏委員会」（建築居住法 L364-1条）、④ PLU 案が本法 L151-7条のⅡに規定する条件の下で１つまたは複数の新しい地方観光単位を規定するときは、県の自然、景観、観光地に関する県の委員会の特別部会で特別に構成された組織を指す。

図表IV-16　PLU・POS・CC・RNU の策定状況（2017年12月31日）

	手続	策定数	%	人口	%	面積（km²）	%
CC	CC 承認済	3,474	9.8	1,297,917	1.9	55,562.76	8.8
	CC 承認済（PLU 策定中）	2,593	7.3	1,237,020	1.8	38,408.73	6.1
	CC 修正中	283	0.8	140,751	0.2	4,652.36	0.7
	合計	6,350	17.9	2,675,688	3.9	98,623.85	15.6
POS	POS 承認済	13	0.0	29,925	0.0	186.84	0.0
	POS 承認済（CC 策定中）	1	0.0	1,641	0.0	6.00	0.0
	POS 承認済（PLU 策定中）	1,272	3.6	1,993,562	2.9	23,160.42	3.7
	合計	1,286	3.6	2,025,128	2.9	23,353.26	3.7
PLU	PLU 承認済	7,770	21.9	25,626,932	37.8	134,171.92	21.2
	PLU 承認済（CC 策定中）	1	0.0	665	0.0	14.43	0.0
	PLU 改定中	7,193	20.3	31,641,286	46.6	172,041.47	27.2
	合計	14,964	42.3	57,268,883	84.4	36,227.82	48.4
RNU	RNU のうち CC 策定中	722	2.0	185,137	0.3	16,334.52	2.6
	RNU のうち PLU 策定中	6,334	17.9	4,483,070	6.6	107,545.63	17.0
	RNU	5,760	16.3	1,234,051	1.8	81,050.46	12.8
	合計	12,816	36.2	5,902,258	8.7	204,930.61	32.4
全国数		35,416	100.0	67,871,957	100.0	633,135.54	100.0

出典：Emilie Bonnet-Derivière Cheffe du bureau de la planification urbaine et rurale et du cadre de vie DGALN / DHUP / QV / QV3.

　PLU の承認および改定中の文書数は全コミューンの42.3％、面積は国土の48.4％、人口（PLU 適用地域の居住者）で見ると84.4％をカバーしている。一方、まだ PLU に移行していない POS の数は、全コミューンの3.6％、面積は国土の3.7％、人口の2.9％であり、このうちのほとんどが PLU への移行中である。このような運用実績から、PLU は、従前の POS を更新する形で計画が策定されており、POS と PLU の策定数を合計すると全コミューンの数の半数

図表Ⅳ- 17　PLUi の策定状況（2017年12月31日）

手続		策定数	%	人口	%	面積（km²）	%
PLUi	PLUi 策定済	22	1.7％	1,061,285	1.6％	55,562.76	8.8％
	PLUi 策定中	324	25.7％	16,626,799	24.5％	38,408.73	6.1％
	合計	346	27.4％	17,688,084	26.1％	143,454.00	14.8％

出典：Ministère de la cohésion des territoires, bases de données PLU, PLUi et SCoT du ministère de la Cohésion des Territoires et des Relations avec la Collectivités Territoriales au 31 décembre 2017に基づき著者作成。

注）図表Ⅳ- 16に記されている PLU・POS・CC・RNU のうち、PLUi の策定中と重複するものがある。また、策定済は、第三者に効力が及ぶ施行状態を指している。

図表Ⅳ- 18　PLUi の策定状況（2017年12月31日）　　　　図表Ⅳ- 19　2021年の PLUi の策定状況

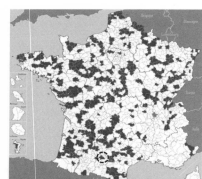

出典：図表Ⅳ- 18は、Ministère de la cohésion des territoires, bases de données PLU, PLUi et SCoT du ministère de la Cohésion des Territoires et des Relations avec la Collectivités Territoriales au 31 décembre 2017をもとに著者が加筆。図表Ⅳ- 19は、Ministère de la cohésion des territoires が2017年の策定状況から2021年の策定状況を予測したもの。

凡例．■：PLUi 策定中・■■：PLUi 策定済（■は修正中）、点線丸枠：本研究の対象 EPCI（トゥールーズ・メトロポール）

近くを占め、面積においては5割弱、人口にいたっては8割強をカバーしていることわかり、即地的詳細計画による統制が広範になされている実態が見て取れる（**図表Ⅳ- 16**。EPCI が策定する PLU を含まず）。

　また、PLU を定めていないコミューンに対応する、「都市計画全国基準（RNU）[45]」については、RNU の枠組みのなかで具体的な適用方法を規定する「コミューン図（CC）[46]」がコミューン議会もしくは EPCI 議会によって策定され

る。この CC についても PLU に移行するものが少なくない（**図表Ⅳ-16**）。

しかし他方で、EPCI が策定する PLU（PLUi）は、近年にかけて急速にその策定が進められており、策定済と策定中を合わせると346カ所（全コミューンの27.4％、面積は国土の14.8％、人口で見ると27.4％）（**図表Ⅳ-17・18**）で策定が進められ、2021年にはこれらの都市すべてで策定済になる予測がたてられている（**図表Ⅳ-19**）。また、これらは、CC や RNU を取り込んできていることが報告されている[47]。

2-3-2　コンセルタシオンの運用実態

以下では、2016年 9 月 1 日現在、即地的詳細計画を策定している人口 8 万人以上の53コミューンに対して実施した[48]、PLU の策定状況・計画内容・運用上の課題や問題点に関するアンケート[49]（有効回答数は23コミューン）に基づき PLU 策定の実態を分析する。

1）　策定状況

回答した23団体のうち、PLU を定めている団体は21（91.3％）団体であり、定めていない団体 2 （8.7％）についても定める予定であると答えている。コミューンとして PLU を定める団体は10（43.5％）、EPCI として PLU を定める団体は13団体である。すべての団体で2000年以前の即地的詳細計画であるPOS を改定して現在の PLU を制定している。また、PLU を定めている団体のうち OAP を定めている団体は、17団体であった。

2）　コンセルタシオンの方法

有効回答数23のうち PLU を策定している21団体にコンセルタシオンの方法について尋ねた。その結果、コミューンレベルの公開集会（réunion publique）

45　Règlement national d'urbanisme. 1955年に都市計画でカバーされない地域の建築制限を目的として創設された規則（L111-1条）。

46　Carte Communale. SUR 法により、PLU より簡易なこの CC が導入された。

47　Projet de loi pour l'accès au logement et un urbanisme rénové, 25 juin 2013.

48　調査期間は、2016年 9 月26日から11月31日まで。フランスの基礎自治体であるコミューンは規模が小さいため、住区評議会を設置しなければならない 8 万人以上のコミューンを対象とした。

49　PLU あるいは EPCI が策定する PLUi を定めているコミューン（担当所管課）に対して、依頼文をメールにて送付し、回答をメールにて提出する方法で実施した。

図表Ⅳ-20 コンセルタシオンの方法

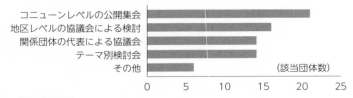

出典：著者作成。

図表Ⅳ-21 PLU（PLUi を含む）の主要な内容

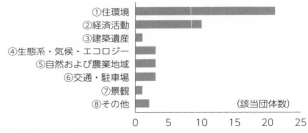

出典：著者作成。

はすべての団体で行われており、約7割の自治体で地区レベルの協議会（commission de concertation）、テーマ別検討会、関係団体の代表による協議会が実施されている（図表Ⅳ-20）。その他、住民や議員によるワークショップ、パネル展示、意見箱、市報や雑誌への掲載、インターネットによる情報提供と意見聴取などが実施されており、EPCI が策定する PLU の場合は EPCI レベルで公開集会が行われている。すべての団体で公開集会や協議会が行われ、多様な参加手法が用いられていることがわかる（コンセルタシオンの事例については、後述の2-3-3参照）。

　一方、OAP を定めている団体（17団体）について地区レベルの意見聴取の方法を尋ねると、地区レベルの協議会を実施する団体は4団体、テーマ型の協議会を実施する団体は3団体と少なく、9団体が関係団体の代表による協議会を開催している。なお、ここで示す協議会とは、団体代表者に対して意見聴取を行う場であり、日本における住民や利害関係者等による協議会方式とは異なる。

3）　計画内容

PLU に反映されている課題を①住環境、②経済活動、③建築遺産、④生態系・気候・エコロジー、⑤自然および農業地域、⑥交通・駐車場、⑦景観から主要なものを 2 つ選択した結果が**図表Ⅳ- 21**である。これから、住環境、経済活動が主要な課題であることがわかる。これら以外については、地域の活性化をあげる団体、プロジェクトの環境への適合をあげる団体があった。この結果は、日本の地区計画の策定背景と類似している。

財産権にかかわる内容を規則書に定めている団体は21団体中16団体、その他の団体は財産権を制限するようなものではないと答えている。また、規則書を定めている団体でこの「規則書についてコンセルタシオンで詳細を説明していない」とする団体が 4 団体あった。説明をしている団体であっても、詳細な説明を行った（あるいは技術的な説明を行った）が「参加者のほとんどが理解していない」とする団体が 7 団体存在した。詳細な内容や技術的な内容を住民等の参加者に理解してもらうことが難しいと考える団体が少なくないことがわかる。

他方、住民や利害関係者からの提案された内容を定めた団体は、21団体中 4 団体、合意形成を図ったとする団体が 3 団体存在するが、これらの提案や合意は、その方法について尋ねてみると地区での同意調達が図られたものではない。これは、住民や利害関係者などの意向をふまえ、合意形成に取り組む団体はあるものの、日本の地区計画の主要な手法として用いられている同意調達という手法は用いられていないことを表している。

4）　反対意見

コンセルタシオンおよび公開意見聴取に関する反対意見について答えた18団体を対象にその内容を尋ねた。コンセルタシオンで反対意見が出たとする団体が13団体、公開意見聴取で反対意見が出たとする団体が13団体であった。これらの団体から示された反対意見の要約を以下に列挙する（**図表Ⅳ- 22**）。

図表Ⅳ- 22　コンセルタシオンおよび公開意見聴取での反対意見

・住民やアソシアシオンによる「景観保護に関して、制限が強すぎる、あるいは十分ではない」という意見
・住民やアソシアシオンによる「私的利益（intérêt privé）に対する恐れから変更

を望まない」という意見
・住民や企業による「個別利益（intérêts particuliers）を守る必要がある」という意見
・公開意見聴取の際、多数の住民や農家により、「建築許可、湿地区域に関して心配」という意見
・一人の土地の所有者による「区域内の建築の可能性」に関する意見
・住民やアソシアシオンによる「環境保護のための計画であるべき」とする意見
・住民及び土地所有者よる「緑地空間における学校建設に対する反対」の意見
・協議会の議論において、「駐車場の問題」に関する意見
・住民、アソシアシオンよる「政治的反対」に関する意見
・住民による「自らの土地を建築可能にしてほしい」とする意見、逆に、「隣人の土地は建築可能にしないようにしてほしい」という意見
・アソシアシオンによる「PLU が経済開発のために多くの土地を都市化可能にし過ぎている」という意見
・自然区域に変更された区域の住民よる「個別利益との関係からの所有権の侵害である」という意見
・住民や土地所有者よる自らの「土地を建築可能区域にしてほしい」という意見
・住民やアソシアシオンによる「地区の高密度化に反対する」という意見

注）18団体に対して「コンセルタシオン及び公開意見聴取で出された主な反対意見を記してください」という質問を行い、それに対して示されたすべての回答を要約して示したものである。「　」では、記載された表現をそのまま採用している。

　以上の意見から、住民やアソシアシオンからは、環境の保全、高密度化への反対、都市化の抑制、建築物や駐車場設置等に対する問題等の意見が出される一方、住民や土地所有者からは、私的利益（intérêt privé）・個別利益（intérêts particuliers）という表現を用いて、自らの利益が尊重されることを求める意見が少なくないことがわかる。

　他方、PLU を策定している21団体に、個別権利利益と一般公益の関係を示した上で、21団体に「PLU の策定および運用にあたり、職員は『一般利益（intérêt général）』を理解していますか」という問うたところ、すべての団体で「理解している」という回答が得られた。また、「PLU の策定および運用にあたり、住民や利害関係者は『一般利益』を理解していますか」という問いに対して、「理解していない」という回答は 4 団体にとどまっている。

　これらの結果は、「一般利益」が認知されているものの、実際の計画案に対

する抵抗においては個別権利利益が主張されている実態があることを表している。

5)　コンセルタシオンの問題点

コンセルタシオンの問題点を尋ねると（記述式）、**図表Ⅳ-23**のような回答が示された。

図表Ⅳ-23　コンセルタシオンの問題点

・PLU の完成のために議員から義務付けられた期限に対してコンセルタシオンの方法を見つけること
・アイディアや要望を表明したからと言って、それが必ずしも計画の中で採用されるとは限らないことを市民に理解してもらうこと
・個別利益を超えて一般利益に基づいて理解してもらうことが困難
・参加者の偏りなどの住民参加の欠陥
・決定されたコンセルタシオンの方法を尊重しなければならないこと
・参加者に一般利益の概念を理解してもらうのが難しいこと
・市民を計画の策定に関与させること
・市民に十分な知識を与え、PLU に関して興味深いテーマを議論すること
・専門的・技術的な内容に市民を参加させること
・多くの人々を動員する（参加させる）ことの難しさ
・参加者の中心がアソシアシオンであり、多様性がない
・住民には会議やワークショップに参加するための時間を確保することが出来ないため、住民を参加させることが難しく、大半は高齢者、退職者である
・コンセルタシオンは他の人より要求の強い人、より専門性の高い人によって支配される可能性がある
・EPCI が策定する PLU は範囲が広がりすぎて、住民に理解してもらうのに限界がある
・会議に参加する住民は市民全体を代表するものとは言えない（若者、働いている人、女性が非常に少ない）
・戦略的課題について市民を参加させるのは難しい
・コンセルタシオンの会議に150名以上集まることは稀だし、特に反対者を集めるものであると同時に、利用者や住民の要望があまりにも違いすぎる
・コンセルタシオンの方法は、議決の中で定められ、あまりにも硬直しすぎている（たとえ、コンセルタシオンの種類を後から問題なく追加することが出来るとしても、最初に定めたものに従わないということは出来ない）
・私的利益を主張する人だけが意見を表明し、一般利益について議論をする市民を

動員（参加させる）ことの難しさ
・コンセルタシオンに参加する住民は、彼ら自身の利益を守るために参加する
・訴訟による手続のリスクと手続の長期化

注）PLU を策定している21団体に対して「コンセルタシオンの問題点を記述ください」という質問を行い、それに対して示されたすべての回答を要約して示したものである。

　図表Ⅳ- 23の内容は、主に、議会の議決による硬直性の問題、計画内容や計画範囲に関する問題、参加者の集客や属性・代表性、手続における訴訟リスクに関する問題などが指摘されているが、なかでも私的利益や個別利益を主張する計画内容に対する抵抗者に対して、一般利益によって理解を得ることの難しさを示すものが目立つ。また、日本の地区計画策定における課題が合意形成であるのに対して、そのような内容を言及するものはない。

2-3-3　コンセルタシオン推進の考え方と先駆的事例

　PLU を策定するためにはコンセルタシオンを実施しなければならないが、住民を参加させることの難しさがコミューンや EPCI から表明されている。こうした課題に対して、計画策定手法に関する先駆的事例が国によって示されている（Club PLUi 2014）（図表Ⅳ- 24）。

図表Ⅳ- 24　先駆的事例

コンセルタシオンの伝達方法に関する事例

　CUB（Communauté urbaine de Bordeaux）では特別なグラフィックチャーター（ロゴと色）が創設された。専用サイトですべての文書を掲示した。伝達手法は複数の形態をとった。具体的には、地元ラジオ、地元新聞、バスやトラムでの掲示、自治体広報誌、自治体のインターネットサイトによる情報提供である。住民をフォーラムや公開集会に招くために、チラシが各戸に投函された。

　CCCP（Communauté des communes Cœur de Puisaye）では、公開集会と巡回展示会を予告する手紙が各会の前にすべての世帯に送付された。この手紙送付という手法は、各イベントの内容を住民に知らせるためにとても有効であったことが明らかになった。担当職員は、住民ではない地権者にもこの手紙が送られた方がよかったと反省している。

用語法と媒体についての事例

　CCCP では、街の姿を表現した三次元媒体（街の三次元模型）を使い、それが議

論を始めるきっかけとして非常に役に立った。

展示会、説明パネルの事例

　CAPF（Communauté d'Agglomération du Pays de Flers）では、「PLU とは何か」「コンセルタシオンがどのように進められるか」を説明するパネルは多くの公衆を引きつけなかった。こうしたパネルをスーパーマーケットのホールに置こうという考えも出された。パネルの脇には請願書（苦情受け付け用紙）も置かれた。平日には、説明のために都市計画担当職員も配置された。

公開集会の事例

　CUB では、開始フォーラムが EPCI レベルで行われた。続いて、公開集会が自治体レベルで企画された。この2つのレベルの公開集会の間に位置付けられた考察のための中間フォーラムが EPCI レベルでの現状を明らかにすることに役立った。企画された集会は参加型であった。つまり、参加者は会の最初からテーブルごとに分かれていた。説明を受けた後で、まずは紙に意見を書き、次にテーブルごとに討論した。

　CAPF では、公開集会は PLU 策定の局面ごとに企画された。診断と PADD の局面で EPCI レベルの公開集会が開かれ、規則とゾーニングについては各自治体で公開集会が企画された。

　CCCP では、公開集会は加盟自治体からなる4つのセクターで開催された。この公開集会の後で、EPCI レベルで締めの公開集会が開かれた。

テーマ別ワークショップの事例

　CCPB（Communauté des communes du Pays Bellêmois）では、それぞれ約50名で構成される2つの諮問グループが形成された。「市民」グループは住民と多様な社会経済アクターから構成され、「施設・サービス」グループは、種々のアソシアシオン（スポーツ、社会、文化）のメンバーで構成された。2つのグループの会合は活動（例えば、現場の訪問）をめぐって結びつけられ、参加者同士の意見交換や対話が行われた。2つのグループは、診断内容の紹介の時に集まり、グループごとにベレモワ地域（Pays Bellêmois）の将来のシナリオについて議論した。

　CCBCG（Communauté des communes Bastide et Château en Guyenne）では、すべての人が参加可能なテーマ別ワークショップが企画された。ワークショップのテーマは、自然的・技術的リスク、移動とエネルギー、建物遺産と自然遺産、景観と都市形態である。ワークショップ参加登録は自治体のインターネットサイト

で行われた。

その他ワークショップに関する先駆的な事例

　CUS（Communauté urbaine de Strasbourg）では、市民から構成されるワーキンググループが勧告を出し、文書（市民的視点に基づく推奨ノート）を作成した。

　CUB では、技術者、議員、公衆を対象とした円卓会議が開催され、街や計画策定についての新しいアプローチを議論した。

　CCPT（Communauté des communes Portes de Thiérarche）では、PLU 担当の「仲介役の議員」が自治体ごと（または自治体グループごと）に指名され、PLU の進捗状況について情報提供し、住民の意向を収集した。

　CAA（Communauté d'Agglomération d'Agen）では、2011年9月のアジャン見本市の際に、都市圏ごとに「都市圏—村落」スタンドが設置された。テレビ画面での PLU 案の紹介、チラシ、展示、意見記入ノート、都市の計画策定に関するクイズ、PLU のテーマごとのアイディア投票箱が、このイベントの際のコンセルタシオン手段であった。PLU 原案の展示は、2012年のアジャン住宅サロンの際にも行われた。

　CCVA（Communauté des communes du Val d'Amour）では、景観に関する写真集が住民によって作られ、自分たちの生活環境に視点をもつことに役だった。
アンジェ・ロワール・メトロポール（Angers Loire Métropole）では、バスでの散策が企画された。

　CCCP では、持続可能な住宅週間が企画され、都市計画と持続可能な発展について情報伝達した。PLU はテーマの中の1つであった。企画されたイベントは次の通り。
・映画鑑賞と討論の夕べ
・エネルギーに関するクイズ
・インタラクティブパネルによる PADD の紹介
・「エコロジカルな都市」展示
・小学校生徒対象のワークショップ

　以上のなかでも先駆的手法として推奨し、可能性が広がると考えられているのがワークショップ（atelier）である。とりわけテーマ別ワークショップに関しては、可能性は広いとされ、ワークショップを開催するときにはテーマを明確にし、可能な限り多くのアクターを巻き込むことが重要であるとされている。そして、これを実施するためには、コンセルタシオンの参加者がその地域

の人々を正確に代表するようにすることが必要であり、例えば、小学校児童、若い成人、高齢者、賃借人、地権者などがその対象としてあげられている。

　以上の先駆的事例から見て、後述する、トゥールーズ・メトロポールやトゥールーズ市、そしてそのなかの「ビュット地区」は、OAP 策定において全国的に見ても参加を充実させた事例であるとされている[50]。そこで、本研究では、フランスの参加形態「参画」事例のなかで、参加形態「自治」事例との違いを明確にするため、あえて、参加を充実させているトゥールーズ・メトロポールの PLU の策定過程と、その PLU に含まれる OAP を策定する団体のなかでも先駆的手法を用いて参加が行われたトゥールーズ市「ビュット地区」のOAP の策定過程を取り上げる。

2−4　検討素材——トゥールーズ・メトロポール——

　トゥールーズ市はフランスの南西に位置し（**図表Ⅳ- 18・Ⅳ- 19**）、パリ、リヨン、マルセーユに次いで 4 番目に人口規模の大きなコミューンである。トゥールーズ市を中心とする EPCI であるトゥールーズ・メトロポールは、37のコミューンで構成されている。面積は、約46,000 ha、人口は、746,919人（2017年 1 月 1 日）である。廃棄物、水道、衛生設備、交通機関などの権限があり、特に主要な政策である都市計画については、都市計画文書（document d'urbanisme）および地域住宅プログラム（PLH）の策定および運用に関する権限を有している[51]。

　トゥールーズ・メトロポールは2008年 9 月19日に EPCI のカテゴリーの中の「都市圏共同体（communauté d'agglomération）」となり、2015年 1 月 1 日に「メトロポール（métropole）」という行政組織体に移行するまでの間、当該 EPCIの加盟コミューンの責任のもとで、かつ加盟コミューンとの協議によって、都市計画文書を変更してきた。具体的には、2011年 3 月17日に地方住宅プログラムを、2012年 6 月15日に広域一貫スキーム（SCOT[52]）を策定しており（2013年12

50　トゥールーズ・メトロポール公共空間担当総局整備開発担当計画策定領域 PLU コンセルタシオン担当にヒアリングしている（2017年 8 月）。

51　Programme local de l'habitat.

52　Schéma de cohérence territoriale.

月12日、2014年12月9日に改定）、2012年10月17日に都市交通計画（PDU）を策定[53]
していた（2015年2月4日に改定）。

　そして、トゥールーズ・メトロポールとして、PLHを包含するPLUを策定[54]
することとなった。まず、PLUの達成目標とコンセルタシオンの方法が議決
された（2015年4月9日）。本研究では、この議決までを「計画起案期」とす
る。次に、「計画起案期」で議決された方法に即してコンセルタシオンが行わ
れ、その総括を記した報告書が議決された（2017年10月3日）。本研究ではこの
議決までの期間を「計画策定期」とする。そしてその後、「公開意見聴取（en-
quête publique）」が行われ（2018年3月30日〜5月17日）、公開意見聴取報告書が
公開（2018年9月）された後に2019年4月11日にメトロポール議会でPLUを承
認し、4月18日に施行された。[55]本研究では、この期間を「計画決定期」とす
る。

　トゥールーズ・メトロポールは、メトロポールレベルの行政サービスを効率
的に住民に提供するために、メトロポール領域を区分して地域行政サービス拠
点（pôles territoriaux）を設置している。トゥールーズ・メトロポールの中心的
な都市はトゥールーズ市であり（図表Ⅳ-25）、その人口は466,297人（2014年）
である。トゥールーズ・メトロポール議会の議長も2018年8月現在トゥールー
ズ市長が務めている。

　トゥールーズ市は、各地域の近接性を重んじて、市域を6つのセクター（sec-
teurs）に区分し（図表Ⅳ-26）、さらにそれを3〜4つの住区（quartiers）に区分
している。各住区に「近隣民主主義法」（2002年）に基づく「住区評議会（con-
seils de quartier）」に相当する「住区委員会（commissions de quartier）」を設置
するとともに、法律に位置付けられたものではないが住区ごとに住区長を配置
している。その住区長のもと、各住区の教育、道路整備、安全などの近接的な

53　Plan de déplacement urbain.

54　住宅に関する権限を有するEPCIがPLUを策定する場合、PLUはPLHを兼ねることが
　　できる（L151-44条1項）。トゥールーズ・メトロポールでは、このPLUをPLUi-H（Plan
　　local d'urbanisme tenant lieu de programme local de l'habitat）と表記している。

55　Toulous Métropole, Plan Local d'Urbanisme intercommunal-Habitat（https://www.tou
　　louse-metropole.fr/plan-local-d-urbanisme-intercommunal-habitat）.

図表Ⅳ- 25　トゥールーズ・メトロポールと
　　　　　　トゥールーズ市

図表Ⅳ- 26　トゥールーズ市の
　　　　　　セクターと「ビュッ
　　　　　　ト地区」の位置

出典：図表Ⅳ- 25・Ⅳ- 26いずれも Toulouse Métropole 2017a.

サービスに加えて、都市計画等のプロジェクトについて意見聴取や議論の場を
設けながら行政運営を行っている。例えば、地域行政活動局（Direction de l'
Action Territoriale）を中心に、住区長の下の組織が全市的な部局を兼ねて各専
門部局と連携することにより都市計画のコンセルタシオンが実施されている。

2- 5　「参画」事例としてのトゥールーズ・メトロポールの分析

　ここでは、トゥールーズ・メトロポールが策定する PLU を素材として、
PLU およびそこに含まれる OAP の案の策定と決定の過程を「計画起案期」
「計画策定期」「計画決定期」に分けて検討する（図表Ⅳ- 27）。

2- 5- 1　計画起案期

　PLU のコンセルタシオンの開始が表明されたのは、トゥールーズ・メトロ
ポール議会においてである（2015年 4 月 9 日）。しかし、PLU の策定に関するコ
ミューン間の協力の方法については、事前にトゥールーズ・メトロポール議長
の発案で、加盟コミューンの市長、トゥールーズ・メトロポール副議長、
トゥールーズ・メトロポール議会内の諸委員会の委員長全員を集めて PLU の
目的やコンセルタシオンの方法について協議が行われている。この協議を行う

図表Ⅳ-27　トゥールーズ・メトロポールの策定過程

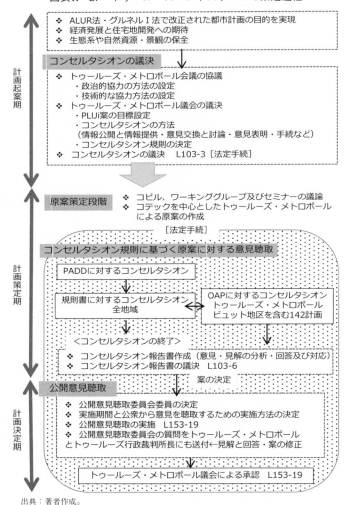

計画起案期

❖ ALUR法・グルネルⅠ法で改正された都市計画の目的を実現
❖ 経済発展と住宅地開発への期待
❖ 生態系や自然資源・景観の保全

コンセルタシオンの議決

❖ トゥールーズ・メトロポール会議の協議
　・政治的協力の方法の設定
　・技術的な協力方法の設定
❖ トゥールーズ・メトロポール議会の議決
　・PLUi案の目標設定
　・コンセルタシオンの方法
　（情報公開と情報提供・意見交換と討論・意見表明・手続など）
　・コンセルタシオン規則の決定
❖ コンセルタシオンの議決　L103-3［法定手続］

原案策定段階

❖ コピル、ワーキンググループ及びセミナーの議論
❖ コテックを中心としたトゥールーズ・メトロポール
　による原案の作成

［法定手続］

計画策定期

コンセルタシオン規則に基づく原案に対する意見聴取

PADDに対するコンセルタシオン

規則書に対するコンセルタシオン
全地域

OAPに対するコンセルタシオン
トゥールーズ・メトロポール
ビュット地区を含む142計画

＜コンセルタシオンの終了＞

❖ コンセルタシオン報告書作成（意見・見解の分析・回答及び対応）
❖ コンセルタシオン報告書の議決　L103-6

案の決定

公開意見聴取

計画決定期

❖ 公開意見聴取委員会委員の決定
❖ 実施期間と公衆から意見を聴取するための実施方法の決定
❖ 公開意見聴取の実施　L153-19
❖ 公開意見聴取委員会の質問をトゥールーズ・メトロポール
　とトゥールーズ行政裁判所長にも送付←見解と回答・案の修正

トゥールーズ・メトロポール議会による承認　L153-19

出典：著者作成。

会議は「メトロポール会議（Conférence Métropolitaine)[56]」と呼ばれている。そし
て、その会議の協議内容を踏まえトゥールーズ・メトロポール議会でコンセル
タシオンの方法が議決され、コンセルタシオンが開始される。その意味で、メ
トロポール会議の協議およびトゥールーズ・メトロポール議会の議決は、

PLU 原案策定にむけた過程であり、計画起案期と位置付けることができよう。以下では、メトロポール会議の主な協議の内容を整理した上で、トゥールーズ・メトロポール議会の議決の内容および議決の理由を分析する。

(1)　メトロポール会議の協議

　メトロポール会議とは、メトロポール議会の議題や大きな検討事項について協議をする機関である（L153-8条）。都市計画法には、EPCI 加盟コミューンの市長全体を集めたコミューン連合体会議の招集は、EPCI とその加盟コミューンとの間の協力の方法の決定のため（L153-8条）と、PLU の承認前に、公開意見聴取委員会の意見、所見及び報告書を検討するため（L153-21条）に開議されることが規定されている。2015年3月26日に開催されたメトロポール会議では、37の加盟コミューンにより PLU の策定に関するコミューン間の協力の方法について、以下のような内容が設定されている。2015年4月9日のトゥールーズ・メトロポール議会審議の記録「トゥールーズ・メトロポール議決」（Toulouse Métropole 2015b）に依拠して確認してみたい。

1)　政治的協力の方法

　第1に、メトロポール内で PLU の策定を先導するトゥールーズ・メトロポール議会の中に作られる委員会（comité de pilotage：通称 Copil）（以下「コピル」）についてである。コピルは PLU 策定にあたり政治的調整役を担う機関であり、戦略を定め、原案の主な方向性を示し、検証するとともに、PLU に関する情報発信の条件や手法も設定する。コピルはトゥールーズ・メトロポール議長によって指揮される。コピルは都市計画および都市のプロジェクト・住宅・経済発展・移動および交通・環境および持続可能な開発・空間整備および土地政策を担当するトゥールーズ・メトロポール議会の各副議長とそれぞれの事項に関する委員会の委員長で構成され、PLU の策定手続全体を通して必要に応じて招集される。

　第2に、メトロポール会議の開催時期についてである。これは、加盟コ

56　トゥールーズ・メトロポールでは、都市計画法で定める「コミューン連合体会議（conférence intercommunale）」に「メトロポール会議（Conférence Métropolitaine）」という名称をつけている。構成員は、トゥールーズ・メトロポールの副議長、委員会委員長、市長から構成される55名。

ミューンの市長たちによって原案の推移を確認し、意見を表明する機会を保障するものである。トゥールーズ・メトロポール PLU の場合、都市計画法で規定される他に、メトロポール会議を手続の重要な段階に定期的に招集することが設定されている。具体的には、① PADD の一般的な方向性について議論する前、② PLU 原案の決定（arrêt）の前、③ PLU 原案に参与し意見を求められた公法人によって提示された意見に関し、およびこの意見に対するメトロポールの考慮の仕方に関して議論する時期である。ここでは、原案の進捗状況に関し現状確認を行い、PLU に関する作業の進捗状況と、コピルによる決定内容が報告されることが想定されていた。

　第3に、ワーキンググループまたはセミナーの開催についてである。この趣旨の1つは、テーマ別ワーキンググループであり、メトロポール全体をカバーする横断的なテーマ別ワーキンググループを設置し、メトロポール全体の課題の共有を行うものである。2つに、地域別ワーキンググループであり、これは、国土整備などの広域計画と地域特有の問題の整合を図るというものである。3つに、セミナーであり、上記のワーキンググループの作業の内容を学び、共有し、検証するためのものであり、少なくとも3回のセミナーが PLU の決定前に開催することが決められた。また、この3回のセミナーでは、トゥールーズ・メトロポールを構成する市長たちが3つにグループ分けされ、トゥールーズ・メトロポール議長または議長が指名した代理人（主に副議長）が議長を務めることとされた。

　第4に、市議会の協力方法と役割である。都市計画法では、メトロポール議会での議論の前に、各加盟コミューンの市議会において PADD の一般的な方向性に関する審議と、決定された PLU に関する意見についての審議を議会に求めている。また、それぞれのコミューンに直接関係する OAP または規則書の規定に関してコミューン議会から反対意見が出された場合は、メトロポール議会は、投票の3分の2の多数によって PLU 案を改めて議決するか決定しなければならないことが示された。

　その他、都市計画法に規定されている以外のものには、次のような事柄が提案され、議決によって決定された。加盟コミューン議会は、PLU の決定前に、PLU 案に関する意見を提出できる。ただし、当該コミューンに関係する

PADD に関する資料または、公開意見聴取委員会の意見などの資料を受け取ってから 1 カ月以内に提示されなければならず、この期間後は、コミューン議会は賛成したものと見なされる。

2)　技術的な協力方法

　技術的な協力方法としては、まず、原案を技術的・行政的に指揮するために PLU の技術委員会（Cotech）（以下「コテック」）を設置することが提案されている。コテックは、トゥールーズ・メトロポール技術職員とトゥールーズの都市計画研究所（agence d'urbanisme）[57]である「aua/T（Agence d'urbanisme et d'aménagement Toulouse aire métropolitaine)」の技術者で構成される。コテックは、手続の日程の管理などに関してコピルの情報提供の役割を確実なものとし、留意すべき要点または仲裁をコピルに提起することができる。次に、トゥールーズ・メトロポールの部局については、公共空間担当総局（PLU 案の長および都市規制部）[58]は、コミューンの各部局の中継の役割を担うこととされた。他方、テーマ別または地域別ワーキンググループが提案されており、政治レベルでのワーキンググループと同様に、テーマ別および地域別のワーキンググループが手続の期間を通して設置される。このワーキンググループは、地域の評価、課題、都市のプロジェクトの一般的方向性およびその規則への表現を共有するためである。これらのワーキンググループには、トゥールーズ・メトロポールの技術職員、都市計画研究所の職員、部局総局長、または市役所の秘書官、またはそれらを代表する人物が参加することとなった。

(2)　トゥールーズ・メトロポール議会の議決

1)　PLU 案策定の背景

　PLU の策定過程の開始が表明されるのは、コンセルタシオンの方法と目標を決定したトゥールーズ・メトロポール議会においてである。その議会審議の記録「トゥールーズ・メトロポール議決」（Toulouse Métropole 2015b）に依拠して起案の背景と理由を以下に整理する。PLU の策定理由としてあげられるのは、まず、ALUR 法で強化されたグルネル I 法で改正された都市計画の目

57　1901年法に基づいて法人格が与えられるアソシアシオンで、地方団体等の補助金を受け、土地占用計画等の地方団体の都市計画図書の作成準備を担当するコンサルタント。

58　PLU 案作成において中心的な役割を果たす都市規制の部局。

的を実現とすることである。具体的には、以下の目的であるが、グルネルⅠ法では、環境施策を都市計画分野に位置付ける基本法的枠組みが示された（**図表Ⅳ-28・第Ⅱ部参照**）。

図表Ⅳ-28　都市計画法典に定められた都市計画の目的

L101-1条　（定義部分は省略）

　　L101-2条に定める目的の達成のために、各公共団体は、相互にその自治を尊重して、空間利用についての予測及び決定を調和させる。

L101-2条　持続可能な開発の目的を尊重しつつ、都市計画に関する公共団体の活動は以下に掲げる各号の目的の達成を目指す。（各号については**第Ⅱ部参照**）

　他方、トゥールーズ・メトロポールにおいては、産業の発展に伴い人口が増加し、これに伴う経済の発展と住宅地の開発が期待される一方で、生態系や自然資源や景観などを保全し管理するという課題が認識されていた。こうした背景のなかで、行政領域内の空間整備に関する、次の3つのPLU策定の背景が掲げられている。

　第1は、住宅政策の充実の必要性である。住宅に関する計画策定、都市に関する計画策定、新しい住民を迎え入れるのに十分な水準のサービスと施設を確保することで地方公共団体の能力を最大限に発揮することができるとしている。そして、これにより、トゥールーズ・メトロポールがPLHを包含するPLUを策定するのかについて説明している。

　第2は、都市開発と移動の利便性（mobilité）の良好な関係の形成である。トゥールーズ・メトロポールは公共交通機関の組織権限を持たず、PLUはPDUの代わりになることはできない。しかしながら、PLUは、メトロポールの都市開発と移動の利便性を結びつける重要な道具になることが示された。

　第3に、都市開発と保全、資源管理、農業活動の関係をより良くすることである。約460km^{2}におよぶメトロポールの規模は、特に、生物多様性の保全、地球温暖化、エネルギーの移行、地域の農業活動の活力などに関する問題に取り組むために適切な広さであると考えられていることが述べられた。

　くわえて、「企業生活の簡素化に関する法律」によって、POSをPLUに移行することが期限つきでコミューンに義務付けられたが、多くのコミューンが

PLU の策定や運用に関して負担や訴訟を抱えている状況の中で、コミューンがその義務を回避できることを表している。つまり、コミューンの PLU 策定義務を、PLU 策定という方法で EPCI に転嫁できるのである。PLU を策定したいというトゥールーズ・メトロポールの意思と、こうしたコミューンないし市長の利益が合致した点も、トゥールーズ・メトロポールによる PLU 起案の理由としてあげることができる。

　なお、議決が行われた2015年4月9日の審議では PLU の策定を開始することと、以下に示す目標やコンセルタシオン規則等の方法が決定されたが、この議案に関して議員から発言は全くなかった（Toulouse Métropole 2015a: 55）。

2）PLU の目標設定

　目標設定の議決の審議においては、都市計画法の L110条および L121-1条に明記されている、法律で定義された目的に沿ったものであることが前提であることが確認された上で、PLU 策定によって追求される目的は、トゥールーズ・メトロポール領域の特殊性を考慮する必要があることが言及されている。具体的には、**図表Ⅳ-29**のような目標が設定された。

図表Ⅳ-29　PLU の目標

　1．トゥールーズ・メトロポールの PLU は、主導原理としての持続可能な開発を伴いながら、特に以下の目標を追求する。

（1）空間の整備に関して

　都市再生と都市拡大のバランスを尊重しながら、以下のパラメーターに関して、既存及び将来の住民と活動のニーズを満たす能力を構築する。

・特に高速鉄道網（LGV）の（トゥールーズまでの）延長と地下鉄3号線計画を考慮に入れた、既存または計画されている公共交通機関の便の条件

・施設レベルと既存または計画されている公共サービス

59　2014年12月20日法律の正式名称は、「企業生活の簡素化ならびに、法及び行政手続の簡素化と明確化の種々の規定に関する法律（Loi n° 2014-1545 du 20 décembre 2014 relative à la simplification de la vie des entreprises et portant diverses dispositions de simplification et de clarification du droit et des procédures administratives）」。この法律では、2015年12月31日の POS の失効と、遅くとも2017年1月1日までにグルネルⅡ法の規定に PLU を適合させる義務は、PLU の策定が2015年12月31日までに開始され、整備開発及び持続可能な開発計画（PADD）の全般的な方向性に関する議論が2017年3月27日以前に行われ、PLU が2019年12月31日までに承認されるという条件が示されている。

・ガロンヌ渓谷やミディ運河、ロラガレ（Lauragais）の丘や低いテラス状の地形をはじめとする、地域の景観全体を尊重した自然資源と景観の管理と保全
・メトロポール領域の約25％に相当する耕作地での農業活動の活力
・新しい住民や企業の受け入れに合わせて設備やサービスのレベルを確保するための地方公共団体の財政能力
・公害や汚染のリスクに直面する地域や人々の脆弱性

とりわけ以下を促進することで、生活環境の質を重視する。

・近隣の規模
・質の高い多様な施設とサービスの提供
・都市の生活圏の中の自然な一息つける空間の存在
・建物遺産と植物遺産の保存と強化
・アクセシビリティ
・特に中心市街地とメトロポールから出て行く傾向にある子どもを持つ家族にとって魅力的な都市形態の探求
・エネルギー・パフォーマンスと気候面での都市の快適性の探求

（2）移動性〔補足：移動機関の利便さのこと〕に関して

・各地域と都市機能の多様性に適応した移動手段の複数性（multimodalité）と移動手段の相互性（intermodalité）を促進する。
・省エネルギーで汚染の少ない（自家用車の共同利用、電気自動車、歩行者、自転車、公共交通機関など）持続可能な交通手段の利用を容易にする。そして、ブコン（Bouconne）の森、ガロンヌ川の土手道、エール（Hers）渓谷といった自然空間と市街化された空間との間をつなぐ穏やかな移動ルートの開発を追求する。
・移動手段の複数性（multimodalité）に適応した質の高い公共スペースのために、自動車の使用とメトロポールにおける自動車使用の場所を制御する。
・空間整備のツールとして駐車場を使用する（モーダルシフトの梃子と種々の都市機能との相補性）。

（3）経済発展に関して

・原則は、企業の設立、発展、進化の能力を促進することである。
・国家規模または欧州規模で魅力的で競争力のあるものになるために、土地やサービスに関して企業のニーズに答えることができるようにする。
・地元の雇用を固定化するために、生産的な領域の開発を促進し、活動を多様化する。
・都市における住宅に関する経済の位置を強化し、発展させる。
・住民の日常生活を簡素化し、移動のためのコストを抑えるために、近隣の商業、サービス、施設を発展させる。
・商業機能を活性化し階層化し、中心市街地、街、地区の魅力を維持する。

・住宅や職業安定所の近くに新しい商業的な柱を位置づける。

・ビジネスパークや商業センターの変革と再開発を促進する（経済活動地域（ビジネス地域）の85％近くが古くなり、第３次産業の10％が陳腐化している）。

・メトロポールの物流と都市物流を整理する。

・メトロポールの国土開発のために、農業の経済的、社会的、環境的な潜在能力に依拠する。

（４）住宅に関して

・既存及び将来の住民のニーズを満たすために、特に、高齢化が進んでいるコミューンにおいて家族や若い世帯が転入しまたは残れるように、住宅に関する需要と供給の整合性を改善する。

・次の目的を伴った住宅〔獲得までの〕道筋を容易にするために、住宅供給を多様化する。

-住宅の質

-社会的及び世代的多様性

-都市形態と住宅類型の多様性

-世帯収入に応じた〔住宅獲得への〕接近可能性

・トゥールーズ・メトロポールのコミューンと地区の社会的混在（mixité sociale）の不均衡を軽減することにより、自治体間の連帯という関心のもとで、住宅のバランスのとれた配分を確実なものとする。

・古い建物、特にエネルギーの観点から改築を促進する。

（５）資源の管理に関して

・「緑と青の帯」[60]をメトロポールの案の基本要素とする。

・都市開発に対応し、合理的な土地の利用を確実なものとするために、すでに作られている都市に依拠する。

・生態系、景観、社会経済、健康、気候などの複数の利点を表す自然空間と生物多様性を保存し、価値を付与する都市的な整備を促進する。

・水資源と都市の成長を両立する。

・再生可能で回収可能なエネルギーの構造化された発展を可能にする。

２．PLU 策定にあたっての留意点

・PLU は、地域規模で展開される都市連合体の案でなければならず、すべての人に単一のルールを縛るのではなく、地域の多様性を考慮する必要がある。

60　「緑と青の帯（Trame Verte et Bleue）」とは、生態系が維持された連続した土地（緑の帯）と生態系が維持された連続した水（青の帯）である。生物多様性貯水池と生態系回廊からなる（Toulouse Métropole 2019b：33）。具体的には、ガロンヌ川、その支流、そして質の高い農業的・自然的空間によって構成される一帯を指す。

・PLU は、単なるマニュアルではなく、イノベーションと交渉の足がかりとなる文書であるべきである。

・PLU は、案と考察の変化〔進化〕を容易に統合するために、ある程度の柔軟性を含む必要がある。

最後に、PLU の承認が得られるまで、将来の計画実施を危うくする、またはより高価なものとする性質を有する建築、設置、または事業に関する土地利用許可申請の決定に延期を求めることができる。これは、都市計画法 L123-6条最終段落の適用によるが、特に次の特定の状況で可能である：

－土地占有率（coefficient d'occupation du sol: COS）と PLU が対象とするコミューンの土地区画の最小サイズの廃止に起因し、POS が対象とするコミューンでの空間整備の仕組みの不在に起因する、「制御」されない過密化のリスクに脆弱なセクターにおいて実際に、PLU のこうした仕組みの事実上の廃止、または POS における空間整備と計画化の方向性の欠如は、コミューンまたは地区の施設レベル、用地の景観的・遺産的な繊細さ、セクターの都市的形態、PADD の目的、さらには枠組み文書（PLH、PDU、SCOT など）に書かれている目的と不適合が密度をもたらす可能性がある。

－特に効率的な公共交通機関の存在に関して、都市開発の特定課題を示しているプロジェクトにおいて留意すべきである。

3）　コンセルタシオンの方法

　都市計画法 L103-2条に基づき、原案の策定のすべての期間において公衆に対するコンセルタシオンが開かれ、以下に定める条件の下で登録簿への受付終了時をもって終了することが確認された。コンセルタシオンは、住民、地元のアソシアシオン、および PLU 策定に関係するその他の人々を可能な限り関与させる。以下に定義されるコンセルタシオンの方法は、L103-4条に従って、公衆が十分な期間、適切な手段で、案に関する情報および適用される法律または規則で要求される意見に対応すること、そして、トゥールーズ・メトロポールによって記録され、検討され、保存される所見や提案を示すことができるようにすることを目的とすることとしている。

　こうした法律による規定を踏まえ、議会で説明された方法が、次のようなものである。これらの内容は、これまでの実績と事前に開催された「メトロポール会議」の協議の結果に基づき、「充実した参加を行うことが必要である」という考えに基づいている。

ア）　情報公開と情報提供

トゥールーズ・メトロポールのウェブサイト[61]の１つのインターネットページが PLU 策定専用に設けられる。この専用サイトには、公衆が案を手に入れ、手続の主要段階、公開集会の日程、案の進捗に応じた中間的な文書を知ることができる資料が掲載される。また、トゥールーズ・メトロポールの本部とトゥールーズ市以外の加盟コミューンの各市庁舎には、原案の理解に不可欠な部分を集めた文書および図面が公開される。さらに、トゥールーズ市に関しては、市域を６つに分けた地域民主主義に基づいて、情報の公開が市民会館（Maisons de la Citoyenneté）と呼ばれる施設で行われる[62]。くわえて、少なくとも地元新聞とトゥールーズ・メトロポール広報誌および広報誌を有する加盟コミューンの広報誌によって情報が提供される。

なお、手続の進捗に応じて、コンセルタシオンの総括を記した報告書がメトロポール議会に提出される前に、PLU 専用のトゥールーズ・メトロポールのサイトのインターネットページで、手続の期間中開催される公開集会とテーマ別ワークショップの議事録と添付資料を一般に公開することが提案されている。

イ）　意見交換と討論

意見交換と討論については、コンセルタシオンの段階を通して、少なくとも①メトロポール規模の最初の公開集会、②テーマに即した規模で評価、課題、整備開発および持続可能な開発案の一般的方針に関する公開集会、③プロジェクトに関する規則を定める規模（地区）で文書化された規則と図画の規則について、少なくとも３回の公開集会が開催され、計画案の紹介と意見交換が行われる。これらは、技術的な性格を有するテーマ別のワークショップが公衆向け、専門家および大学人向けに企画される。

61　www.toulouse-metropole.fr.

62　セクターごとに「市民会館（Maisons de la Citoyenneté）」が設置されており、市民やアソシアシオンの活動の場となっている。Mairie de Toulouse, Maison de la citoyenneté（https://www.toulouse.fr/web/la-mairie/participation-citoyennete/maisons-de-la-citoyennete）.

　ウ）　意見表明

　意見表明の方法は、トゥールーズ・メトロポールのウェブサイト上で公衆が所見を書き込むことができ、それとは別に郵送でトゥールーズ・メトロポール議長宛に、「PLU 事前コンセルタシオン」を明記して郵便で自らの所見を送ることができる。また、公衆が自らの所見を書き込むために、トゥールーズ・メトロポールの本部と加盟コミューンの市庁舎にコンセルタシオン資料とともに紙媒体の記録簿が用意される。また、トゥールーズ市に関しては、意見表明の方法も 6 つのセクターで行えるようにされた。

　エ）　コンセルタシオンの終了の方法

　コンセルタシオンから総括を引き出し、それをメトロポールと加盟コミューンの種々の機関に提出するのに十分な時間を確保するため、PLU 案の決定の少なくとも90日前に終了することとされた。

　オ）　PLU 策定手続におけるその他の段階

　議決の中で都市計画法に規定される PLU 策定の主要な手続が再度強調されている。具体的には次のようなものである。

　第 1 に PADD に関する議論である。都市計画法 L123-9条と L123-18条では、この策定手続の枠内で、PADD の一般的方針がメトロポール議会および加盟コミューンの市議会で審議されなければならない。この審議は、メトロポール議会での PLU 案の検討開始の 2 カ月前までに行われなければならない。第 2 に、PLU 案の決定についてである。PLU 案は、メトロポール議会で決定された後に加盟コミューン議会に付され意見聴取が行われる。案の送付から 3 カ月の期間の終了までに意見を提出しない場合は、コミューン議会は案に賛成したと見なされる。加盟コミューンに直接関係する OAP または規則規定に関する反対意見が当該コミューン議会から出された場合は、メトロポール議会は、投票の 3 分の 2 の多数により PLU 案を再議決しなければならない。第 3 に PLU 案に関する公法人への意見聴取である。決定された PLU 案は、策定に参画した公法人、建築住宅法 L364条に規定されている「住宅宿泊に関する地域圏委員会」に提出し、意見聴取されなければならない。また、近隣のコミューン、直接関係する EPCI、「自然、農業及び森林の保全に関する県委員会」から要求があった場合にはそれらに対しても提出し、意見聴取されなけれ

ばならない。第4に公開意見聴取についてである。PLU 案は最短でも1カ月の公開意見聴取に付される。第5に PLU の承認についてである。環境法に従って実施された公開意見聴取の後、資料に添付された意見、公衆の所見および報告書、公開意見聴取委員会の意見および結論は、トゥールーズ・メトロポール加盟コミューンの市長からなるメトロポール会議に提出される。メトロポール議会は、PLU 案を、上記の資料や文書の考慮のもとで、投票の単純多数で承認する。

4）　コンセルタシオン規則の決定

　以上のメトロポール議会で議論された目標と方法は、コンセルタシオンの規則（**図表Ⅳ- 30**）としてメトロポール議会で議決された。投票結果は、賛成128票、反対0票、棄権0票、投票に参加しない者0名であった。議決内容は下に示す「コンセルタシオン規則」であり、これまで説明してきた協議の内容は議決趣意書として議決と一体をなすものとして扱われている。

図表Ⅳ- 30　コンセルタシオン規則

第1条　メトロポール全体の領域をカバーし、現行の POS、PLU 及び PLH の規定の代わりとなる、トゥールーズ・メトロポールの地方住宅プログラム（PLH）の代わりとなるコミューン連合体 PLU 策定手続を定める。

第2条　本議決の趣意書に表明された達成目標を承認する。

第3条　2015年3月26日のメトロポール会議で議論され、本議決趣意書で表明されたような、トゥールーズ・メトロポールと37の加盟コミューンとの間の協力の態様を決定する。

第4条　上記に示された公衆とのコンセルタシオンの態様を定め、その目標を有効なものとする。

第5条　案の策定期間中全体で、都市計画法 L300-2条に規定されている公衆とのコンセルタシオンを開始する。コンセルタシオンは、コンセルタシオンから総括を引き出し、PLU 原案を決定するメトロポール議会の開催の少なくとも90日前までに終了する。

第6条　トゥールーズ・メトロポール議長またはその代理人は、都市計画法 L123-8条のもとで、国土整備開発、都市計画、計画、環境、建築、住宅、交通の分野において有能な組織またはアソシアシオンの意見を求めることができる。

第7条　都市計画法 L123-6条及び L121-4条に記載されている関連する公法人にこの議決を通知する、すなわち：
　　　・知事・ミディ・ピレネー地域圏議会議長

　　　・オート・ガロンヌ県議会議長
　　　・SCOT を担当するトゥールーズ大都市圏研究混合組合（SMEAT）組合長
　　　・トゥールーズ大都市圏公共交通機関コミューン連合混合組合（Tisséo-SMTC）
　　　　組合長
　　　・トゥールーズ商工会議所長
　　　・オート・ガロンヌの手工業会議所会長
　　　・オート・ガロンヌ農業会議所会長
　　　・トゥールーズ・メトロポール加盟コミューンの市長、建築住宅法第 L364-1 条
　　　　に規定されている住居宿泊地域圏委員会会長
　　　・SDAGE の名目の次の組合の組合長：Hers Girou 低地組合、ガロンヌ研究整
　　　　備開発混合組合
第 8 条　本議決を PLU 案策定中に意見聴取を求めた公法人に通知すること、特に
　　　以下の各号の者に通知する
　　　・権限のある近隣 EPCI の議長
　　　・トゥールーズ・メトロポールに隣接するコミューンの市長
　　　・建築住宅法 L411-2 条に明記されるトゥールーズ・メトロポール域内の住宅の
　　　　所有者であり管理者である HLM 組織全体の代表・農村及び沿岸漁業法 L. 112
　　　　-1-1 条に規定する、自然、農業や林業の保全に関する県委員会の会長
　　　・とりわけ規則が許可するとき（都市計画法 L123-1-5 条）、ゾーン N の指定変
　　　　更の場合、自然、景観、風景に関する県委員会の会長
第 9 条　情報提供のために、本議決を、都市計画法規則編 R130-20 条の森林所有地
　　　域圏センターに通知する。
第 10 条　都市計画法 L121-5 条に従って、コンセイユ・デタのデクレによって定義
　　　された条件の下で認証された地域の利用者アソシアシオン、環境法 L141-1 条に
　　　明記された認証アソシアシオンは、その要請により、トゥールーズ・メトロポー
　　　ルの PLU 原案に関して意見聴取されることを喚起する。
第 11 条　トゥールーズ・メトロポール議長に、地方住宅プログラム（PLH）の代
　　　わりとなるコミューン連合体 PLU 策定の達成に必要なすべての措置を取るこ
　　　と、そしてとりわけ、この手続に関連する給付と役務の契約、補則または協定に
　　　署名する権限を与える。
第 12 条　本議決は、都市計画法規則編 R123-24 条及び R123-25 条の規定の適用によ
　　　り、トゥールーズ・メトロポールの本部及びメトロポールの加盟コミューンの市
　　　庁舎で 1 カ月間の掲示の対象となり、さらに、県内に配布される新聞に掲載され
　　　ることを情報提供する。
第 13 条　本議決はトゥールーズ・メトロポールの行政文書集に掲載されるというこ
　　　と。
第 14 条　本議決はオート・ガロンヌ県知事に送付されることを喚起する。

第15条　本議決は、第12条で公布された広報措置及び第14条定める県の国家代表へ
　　の通知の完遂後に当然に執行されることを明示する。

2-5-2　計画策定期：トゥールーズ・メトロポール PLU のコンセルタシオン

　トゥールーズ・メトロポールでは、議会で議決されたコンセルタシオン規則
に従い、2015年4月から2017年5月までコンセルタシオンが行われた。計画策
定期における決定作成の特徴は、いずれの段階においてもメトロポール議会多
数派幹部で構成されるコピルと、加盟コミューンの市長たちが参加するワーキ
ンググループおよびセミナーの議論を経て、技術専門職員からなるコテックが
中心となってトゥールーズ・メトロポールが PLU 原案を作成している点であ
る。そして、これら作成された原案について公衆からの意見を求める形でコン
セルタシオンが行われる。コンセルタシオンは、2つの段階に分けることがで
きる。第1段階は、トゥールーズ・メトロポールによる「PADD」の一般方針
に関するコンセルタシオンであり、第2段階は、トゥールーズ・メトロポール
とコミューンによる規則と OAP に関するコンセルタシオンである。

　そして、コンセルタシオン終了後、PLU 原案の意見の傾向、意見とそれに
対するトゥールーズ・メトロポールによる回答と対応などを含むコンセルタシ
オンを総括した報告書が2017年10月3日トゥールーズ・メトロポール議会で議
決され、同日、PLU 原案が決定された。

(1)　PADD に関するコンセルタシオン

　コンセルタシオンの実施についての情報提供として、報道発表、掲示〔ポス
ター〕、折り込み式チラシ、専用インターネットサイト開設などが行われた。
これらによって PLU の案の紹介と意見交換がなされる日時や場所、その内容
が案内された。また、各コミューンの役所には、計画案に関する掲示が張り出
され、くわえて、フェイスブックやツイッターによる意見交換の場も設けられた。

　そして、第1段階の市民集会が2015年6月からに5つの会場で開催された。
この市民集会の目的は、トゥールーズ・メトロポールの状況を公衆と共有する
こと、PADD に関する専門的、技術的内容の公衆の理解とこれらに対する公
衆の意見聴取を行うことである。これらの PADD に関する市民集会は、2015
年6月25日、2016年6月13日、14日、15日、22日の5回開催された。そして、

2016年12月15日、トゥールーズ・メトロポール議会でPADDが議論されている。[63]

　なお、最終的に決定されたPADDには、主に次のような戦略方針が項目ごとに示されている（図表Ⅳ-31）。

図表Ⅳ-31　決定されたPADDの概要

メトロポールのビジョンと戦略的方針

・気候変動へのダイナミックな適応の開始

　気候変動は、地域では敏感な問題である。現在のそして将来の住民に対する気候変動の影響を小さくするためには、街を構想していくなかで脆弱さの要因を考慮しなければならない。

・地域の魅力と経済発展レベルの強化

　メトロポールに居住する家庭を維持し、地場の経済活動の定着を永続化し、地域へのアクセスのしやすさを確保することで、強固な経済的土台と人口拡大に立脚する地域の魅力を強化すべきである。

・節約を旨とする管理と土地資本の最適化

　メトロポールは十分な土地潜在力を有しており、市街化を既存の街に再集中させ、都市の発展、モビリティ、施設の間の一貫性を目指すことで、資源（自然・農業空間）の節約を旨とした管理ができる条件にある。

・上記を実現する主な項目：緑と青の帯・中心性と近接性・都市開発・農業空間

　最適化：地域の発展をよりよく組織する。

　近接性：メトロポールが住民によりよく活用してもらえることを促進する。

　結束：レジリエンスの高い街であるために、住民間の社会的紐帯を強化する。

出典：Toulouse Métropole 2019b: 5-49.

(2)　規則とOAPに対するコンセルタシオン

　第2段階として、規則書に反映される内容とOAPのプロジェクト（projet）内容についての公開集会が開催された。規則とOAPは、トゥールーズ・メトロポールが設定するが、OAPは、トゥールーズ・メトロポールが設定し、コミューンの同意を得るものと、コミューンの要望により設定されるものがある。コンセルタシオンについては、規則に関してはPADDの内容を詳細に示したものが紹介されるにとどまっているが、OAPについては、プロジェクトごとに集会が行われている。前者については、トゥールーズ・メトロポールが

63　PADDの一般方針に関する議論は、遅くともPLU案の審査の2カ月前に行わなければならない（L153-12条）。

主体となり、後者については、トゥールーズ・メトロポールと各コミューンが共同して実施している。

　まず、規則に関しては、2017年3月に5つの会場で集会が行われた。2017年3月9日、13日、20日、21日、22日の5回開催されている。次に OAP のコンセルタシオンであるが、トゥールーズ・メトロポール PLU に142計画されている OAP は、その各プロジェクトにおいて、コンセルタシオンの方法の議決に基づき数回の公開集会が行われている。地区の担当者によれば、以上のコンセルタシオンは、トゥールーズ・メトロポールが作成した原案について説明が行われ、これに対して意見が聴取されるというケースが多くを占めるという。

　⑶　コンセルタシオンの終了

　　コンセルタシオンの終了後には、コンセルタシオンを総括した報告書（bilan）が議会で議決される。報告書は316頁におよび、コンセルタシオン規則に基づいてコンセルタシオンが開始された2015年4月から2017年5月までの次のような記録がまとめられている。

　1)　公衆から出された意見の定量分析[64]

　この報告書に記されている公衆から出された意見・見解を以下分析する。まず、コンセルタシオンで出された意見の数は以下の通りである。

- 公開集会：メトロポール規模で行われた公開集会には延べ1,300人が参加し、その際、約200人が質問するなどして口頭で意見が示された。また、公開集会の場に置かれた意見受付箱に64通の意見が出された。
- インターネット：電子媒体では、個人、アソシアシオン、企業から765通の意見が登録された。そして、PLU のウェブページは37,793回閲覧された（そのうち、PLU 資料のページは7,804回閲覧された）。
- 手紙・電子メール：コンセルタシオンの一環であることを明記した手紙・電子メールは68通であり、コンセルタシオンの一環であることが明記されていないが関連する手紙・電子メールは380通であった。
- 紙媒体の意見書（用紙に記入された意見）：219通

64　コンセルタシオン過程で公衆から出された意見とそれに対するトゥールーズ・メトロポールの回答の部分については、コンセルタシオン報告書と2017年10月3日の議決文書に基づく（Toulouse Métropole 2017a; Toulouse Métropole 2017b）。

　以上の出された意見の87％は個人の資格で出されたものであり、79％の意見はPLU原案に直接関係するもので、21％は個人的な内容であった。

　2）　主要テーマ別意見およびそれに対する回答・対応

　コンセルタシオンの報告書で示される意見への対応は、地方政府が自らを正当化するための内容であると言える。そこで、コンセルタシオンを総括した報告書に記された意見（その傾向）とその対応について以下に示す。なお、項目のうち、「住居・都市計画」に関する意見が他の項目と比較して多く提示されたことが記されている。

　ア）　住居・都市計画

　①　ゾーニングの変更を求める個人的な要求について

　トゥールーズ・メトロポールの今回のPLUの趣旨は農業用地、自然空間の消費を少なくすべきという考えに立つ一方で、住宅ニーズに応える市街化を進めるという考えに立っている。こうしたなかトゥールーズ・メトロポールは、住宅ニーズと合致させる市街化の全体計画に含まれない個人的な利益に基づく市街化の要求には対応しないとしている。多く示された例としては、「自分の所有する土地区画に住宅が建てられるようにしてもらいたい」という個人的な要求に対して市街化に関するプログラムに合致しないという理由で個人的な要求を退けている。なお、個別事例については、コミューンの協力のもとでその是非が検討されたとしている。

　②　適度な高密度化について

　「一戸建てが並ぶ郊外の住宅地（高級住宅地）としての性格を変えないようにしてもらいたい」という要求への回答として、トゥールーズ・メトロポールは、PLUの内容のうち、「既存の都市形態の保全を優先させ、新しい建物をそれに合わせる」「既存の建物も多様なので、その多様性に合わせた形で新しい建物を建てる」という規定によって、出された要求は実現されるとしている。

　③　住宅・社会住宅について

　「メトロポールが社会住宅を適切に分散すべきだ」という意見への回答として、トゥールーズ・メトロポールは、（具体的な資料を提示しつつ）、公共交通機関の利便性と人口、都市の発展のための優先区域であるかどうかや既存の賃貸社会住宅数を踏まえて社会住宅の目標数、配置を決めているので、社会住宅の

適切な配分は PLU 原案の実施によって実現されるとしている。

④　規則書面：高さ・セットバック

「隣接した通りの建物の高さに合わせて、また、その道路の広さに応じた新築建物の高さ制限をしてほしい」「建物の高さの計算方法を明確にしてほしい」「既存の建物と新築建物がまっすぐに並ぶように道路面からのセットバック規制をしてほしい」「道路での駐車スペースを確保し、歩道スペースを確保するために、3 メートル以上のセットバックをしてほしい」という意見に対して、トゥールーズ・メトロポールは、次のような回答によって、出された意見は PLU 原案の実施によって実現されるとしている。具体的には、「高さ制限は明確に行われており、規制逃れができないような計算方法と規制内容になっている」「セットバックも数値で表されており、明確に定義されているが、建築案の趣旨に応じて柔軟に対応できるようにしている」といった回答がなされた。

イ)　環境、建築遺産・自然遺産

①　環境保全について

「メトロポールに農地や自然空間が維持されるべき」「都市緑地を増やすべき」という意見への回答に対して、トゥールーズ・メトロポールは、PADD における景観形成の考え方を示した上で、それに即した規則図面や規則文書で量的にも質的にも自然や緑地を維持し管理することを定めているので、原案の実施によって意見は実現されるとしている。また、「メトロポールに農地や自然空間が維持されるべき」「都市緑地を増やすべき」という意見に対して、樹木で覆われた緑地の量、緑化率、農業区域（zone NA）の面積などを示し、規則図面や規則書面で量的にも質的にも自然や緑地を維持し管理する内容を定めているので、原案の実施によって意見は実現されると回答している。

②　農業活動の支援に関して

「近接地での農業、持続可能な農業、地産地消を促進すべき」という意見に対して、トゥールーズ・メトロポールは、「近接地での持続可能な農業と地産地消を支援するために、PLU は土地の農学的潜在力に応じて農業区域を指定しており、具体的には、PLU で農業区域10,800 ha（メトロポール行政区域の40％）を指定している。そして、そこでは農業関係の建物を例外として建築物も許可されない。したがって、このように出された意見は PLU 原案の実施に

よって実現される」という回答をしている。

　③　建物や上下水道等の持続可能性に関する規則書の記載について

　「エコロジー素材の利用、再生可能エネルギーの利用を促す規則、すべての事業である程度大きな緑地を作るような規制にしてもらいたい」とする意見に対して、トゥールーズ・メトロポールは、PLU案の規則書では、生物気候的着想や再生可能エネルギーの発展は充実しているとの回答をしている。例えば、建物正面足下の緑化、建物正面の外装を明るい色にすること、建物を太陽光から守ること、建物の奥行きと向きによって自然な風の流れを起こすこと、ヒートアイランド現象を避けるために、市街化区域の中にいくつかの緑地を指定すること、最低地面緑化比率などは、土地の不浸透性を直接下げる効果があることなどが例としてあげられている。

　④　遺産について

　「トゥールーズ地方に特徴的な建築様式を保全してほしい」「地域のアイデンティティを尊重するために、PLUで建物の景観（とくに色や使用する素材）を規制してほしい」という意見に対して、トゥールーズ・メトロポールは、次の対応により、出された意見はPLU原案の実施によって実現されると回答している。具体的には、PLU策定過程で保全建築物のリストを更新し、建物遺産の考え方をメトロポール全域で統一させるとともに、リストに掲載されている建物を増やし、PLUの規則書面で素材や外装面の塗装、色などを細かく規制していると説明している。

　ウ）　交通、モビリティ、駐車

　①　都市計画の一貫性、モビリティについて

　「メトロポールでは渋滞が問題になっているのに、高密度化によってさらに悪化することが心配だ」「都市計画と交通政策に一貫性がない」という意見に対して、トゥールーズ・メトロポールは、次に示す内容により、出された意見はPLU案の実施によって実現されるという回答をしている。「公共交通機関が充実している区域に建築最低密度（都市計画法典L151-26条の最低密度規制（seuil minimal de densité））を課すことで、都市計画と交通政策の不一致が起こらないようにしている」、「電気自動車の使用の促進に関しては、一般の自動車用の駐車場設置義務を電気自動車施設（駐車場と充電装置など）の設置と引き換

えに最低15％削減できるようにした」などである。

②　心地よい移動について

「自転車専用路線を拡大したり、駐輪スペースを増やしたりすることで、心地よい移動を促進すべきだ」という意見に対して、トゥールーズ・メトロポールは、住宅や企業建物の新築、改築、使用用途変更の際に駐輪スペースの設置義務を強化し、自転車専用路線の整備も規定しており、出された意見はPLU原案の実施によって実現されるという回答をしている。

③　駐車について

「都市中心部での駐車場不足問題の解決のために駐車場設置を拡大してほしい」「公共交通機関との近さに応じて駐車場規制を変える方がよいのではないか」という意見に対して、トゥールーズ・メトロポールは、都市中心部でただ単に駐車場を増やすことはしない（環境保全や心地よい移動という考え方と矛盾するから）と回答している。また、公共交通機関が不便な区域では自動車に頼らざるを得ないので、そうした地域で違法駐車が起こらないように駐車場規則を定めているなど、出された意見はPLU原案の実施によって実現されるというものである。

I)　整備開発と施設

①　新しい施設の設置について

「スポーツ施設、学校、種々の幼児施設、上下水道、道路など、今の住民と新しい住民のニーズに応じた新しい施設を設置すべきだ」という意見に対して、トゥールーズ・メトロポールは、PLUの策定を機に特定用途の敷地と公共施設をメトロポール全体で統一し、さらに人口増加に備えて学校や種々の幼児施設のための敷地を指定し、また既存の住民のための敷地の指定も行っているとして、出された意見はPLU原案の実施によって実現されるという回答をしている。

②　OAPについて

上記のように新しい施設を設置すべきという意見が出される反面、「施設はすでに十分であり、市街化をストップさせるべきだ」という意見も出されている。これに対してトゥールーズ・メトロポールは、施設整備に関する「新規のOAPおよびその手続は、コミューンごとにまたは住区ごとに特別なコンセル

タシオンの対象となっている」として、コンセルタシオンにおいて十分に意見の反映が図られていると回答している。

　オ）　経済発展

①　経済活動地区の新設または拡大について

　工業分野の活動のよりよい配分等のため「土地を経済活動用に建築可能にしてもらいたい」という個別の要望に対して、トゥールーズ・メトロポールは、「既存の経済活動地区の強化、刷新、振興を目的に、地域経済編成スキーム（SOTE [65]）に即して経済活動向けの地区指定」を行うことを理由に、地区指定の修正を行っている。

②　近隣の小商店の維持について

　「近隣の小商店を維持・発展させるべき」という意見に対して、トゥールーズ・メトロポールは、近隣の小商店を保護する仕組み（例えば、1階を店舗から住宅に変更することは禁止、近接商店の保全という観点と両立しないとみなされる一定の経済活動用（事務所、銀行、不動産店）に変更することも禁止など）を用意しており、出された意見はPLU原案の実施によって実現されるという回答をした。

　カ）　その他

①　コンセルタシオンについて

　トゥールーズ・メトロポールは、「自分たちとの特別な集会を実施してもらいたい」という意見について、特別な集会を要望に応じて実施したとの回答している。また、「コンセルタシオンの一環として、コンセルタシオン終了前に規則書面の案を公衆に供してもらいたい」という意見に対して、規則書面は作成途中だったから公にできる状態ではなかったという理由から意見を受け付けなかったという回答をしている。

②　都市計画専門家の参画、他の手続との接合について

　「都市計画の専門家をPLU策定に参画させるべき」「現在進行中のその他の計画策定（PDU、SCOT）の手続とPLUの手続を接合させるべき」という意見に対して、トゥールーズ・メトロポールは、都市計画専門家は参画したこと、

65　Shéma d'organisation des territoires de l'économie.

法律で PLU は SCOT と PDU と整合していなければならないとされており、その整合性については PLU を構成する文書である説明報告書の中で詳しく述べられていると回答している。

2 - 5 - 3　計画策定期：ビュット地区 OAP のコンセルタシオン

(1)「ビュット地区」の位置とコンセルタシオンの背景と体制

　PLU 策定にあたり、トゥールーズ・メトロポール内で、最も充実したコンセルタシオンが行われたとされる地区がトゥールーズ市の東部に位置するプロジェクト地区「Chemin de la Butte」（以下「ビュット地区[66]」）である。すでに述べたとおりトゥールーズ市は、市域を 6 つのセクターに分けているが（**図表Ⅳ-26**）、このうち、面積約2,700 ha、人口約93,000人、郊外住宅、商業機能、大学キャンパスが位置する教育機能、平原など自然環境を有する自然的機能が混在する第 5 東南セクター（Secteur 5, Toulouse Sud Est）をさらに 3 つの住区に分けた中の「5.1住区」（面積980 ha、人口約28,800人）に「ビュット地区」（面積3.6 ha）は位置する（**図表Ⅳ- 26**）。ビュット地区は行政区画ではないため、地区の人口は定かではない。この地区は、工場跡地を中心とした地区であり、住民は数十名である。ただし、コンセルタシオンは、土地所有者や住民に限定されるものではなく、コンセルタシオン規則に定めるとおり、住民、地元のアソシアシオン、および PLU 策定に関係するその他の人々を可能な限り関与させることができる。実際には、後述するように、近隣住民を中心とした参加があった。

　トゥールーズ市のセクターでは、セクターごとに都市計画、教育、安全、経済活動、交通などの事務がトゥールーズ市、トゥールーズ・メトロポールの部署と連携して行われている。そして、プロジェクトが実施される場合は、セクターとコミューン、メトロポールによって担われ、その評価が住民によってもなされる体制が構築されている。なかでも東南セクターの「5.1住区」は住環境に関する意識が高いという。

66　面積の広い順に「トゥールーズ市」「セクター（Secteur）」「住区（quartier）」。ビュット地区は5.1住区の中の一部であり「地区」と表記する。すべての住区に市役所の住区支所（mairie de quartier）が設置されており、行政手続が可能である。ビュット地区のような「地区」は計画のための地理的な範囲に過ぎないので行政区域ではない。

　実際、かつてトゥールーズ市から「ビュット地区」でのプロジェクトが
PLU の中で提案された際には、1,300名の反対署名が集められ、PLU が保留と
なった経緯がある。つまり、コミューンで策定された PLU への反対の結果が
PLU における OAP の策定の背景となっている。[67] こうした背景から、OAP の
策定にあたって反対運動もしくは訴訟の提訴を懸念して、コンセルタシオンの
充実が図られた。

(2)　「ビュット地区」OAP のコンセルタシオンの過程

　「ビュット地区」OAP のコンセルタシオンでは、市民集会が地区周辺におい
て 6 回行われている。参加者は、5.1住区の住区長（都市計画担当副市長兼務）、
トゥールーズ・メトロポール・トゥールーズ市役所（兼務）整備開発局長と移
動・交通網管理局担当者、地域行政活動担当者（Direction de l'Action Territori-
ale）、トゥールーズ市教育担当、民間の都市計画家と公衆とされる参加者であ
る。参加者は17名であり、半数がプロジェクト周辺の住民、その他は、アソシ
アシオン代表者とその構成員である。この中には、民間の建築に長けた専門家
が 1 人含まれていた。以下、各回の検討状況を当該市民集会の議事録（Direc-
tion de l'Action Territoriale sans date）を参照し地域参加者の発言を中心に見て
行きたい。

1)　第 1 回　2016年 6 月26日

　まず、5.1住区の住区長兼副市長とトゥールーズ・メトロポール・トゥー
ルーズ市役所の担当者から PLU および当該 OAP の計画原案が説明された。
参加者からは、前回の PLU 策定の問題が指摘され、その上で質疑応答がなさ
れた。とりわけ、かつて工場等が建設されていた開発予定地に計画されている
住宅建設による人口密度の問題、これを維持するための都市施設（幼稚園や学
校、老人ホームなど）と移動や駐車などの交通問題、環境と都市との関係、コン
セルタシオンの方法などが指摘された。

2)　第 2 回　2016年11月16日

　第 1 回の議論を受けて、第 2 回は、当該案件の位置付け、OAP の進め方、

67　トゥールーズ市／トゥールーズ・メトロポール地域行政活動局南東セクター（第 5 セク
　　ター）担当（Chargé de Secteur Sud-Est, Direction de l'Action Territoriale, Mairie de
　　Toulouse-Toulouse Métropole）に聞き取り調査を行った（2018年 8 月）。

会合の進め方などのコンセルタシオンのあり方について議論された。なかでも、ワークショップの方法に関する指摘や、住宅戸数に対する小学校、幼稚園に関する将来予測と道路の設置の内容についてさまざまな議論が交わされた。

3)　第3回　2017年2月23日、第4回　2017年3月1日、第5回　2017年3月8日のワークショップ

第3回から第5回は、「地区計の生活と共生」「公共施設とサービス」「都市の形態と計画策定」というテーマについて、テーマごとにグループに分かれ、現地のまち歩きなどを通して、ワークショップが行われた。ワークショップでは、「地区のアイデンティティをどのように定義するか」「地区の魅力的な場所はどこか」「地区固有の特徴は何か」「地域の活性化をどのように定義するか」について参加者が意見を述べあうことなどもされた。ここでは、例えば、公用地役[68]の維持などの地域の価値の向上に関して、都市施設の管理と税制、自転車の利用、樹木の調査結果、交通量の問題、住宅戸数と過密の問題などについて意見交換がなされた。

4)　第6回　2017年3月21日

最終回の第6回では、OAP の枠組みが議論された後に、これまでの議論を踏まえ、地区での事業に関する次のような計画内容が提案された。①住宅のタイプ、②道の往来、③保存および追加される樹木の調査、④道路上の駐車予測についてである。②から④については、（PLU 原案策定時に根拠としたデータ等を示した上で）市の裁量の範囲で実現に努めるが、PLU 原案で実現可能であるとした。そして、①については、「経済発展の柱の1つは新築住宅の建設であり、それが家賃高騰を避ける強力な手段となり、また、若者をトゥールーズ市にとどまらせることにもつながる。密度を維持しないことは、経済活力を損なうことになる」とした上で、次のような提案がされた。

「専用住宅270戸（＋／－10％）と経済活動混合住宅[69]100戸（＋／－10％）という（PLU 原案の具体的な内容を示した）案に対する各人の立場を知るために順番に全

---

[68]　「公用地役（servitudes d'utilité publique）」とは、一般利益のために土地の所有権と利用権を制限する公法上の地役のこと。公益地役を設定する場合は PLU の付録として明記されなければならない（L151-43条）（Morand-Deviller 2018：27-28）。

[69]　小売商店などが混在している住宅。

図表Ⅳ- 32　「ビュット地区」OAP の計画図面

出典：Toulouse Métropole 2017a: Toulouse Métropole 2017b.

　員の意見を聴くことを提案したい。仮に、全体として同意が得られれば、案を市役所に持ち帰り、それが実現するように努める」。この提案に対して、当日の地域参加者10名が同意、非同意の表明を行っている。結果的には、高齢者用の施設の設置、居住可能面積の明示という条件を付した２名の留保つき同意を除いて、その他の参加者は同意を表明した。

　コンセルタシオン議事録では、最後に結論として、副市長の次の発言を記している。「各人が、市役所の一定の裁量の幅と目標を理解したと見なす。このことは、後日、反対署名などによって異論が表明されたとしても、それはこのコンセルタシオンの信用を失わせることにはならない」（決定された計画内容については図表Ⅳ- 32参照）。以上の策定過程では、トゥールーズ市と参加主体でさまざまな議論がなされ、コンセルタシオンを通じて市民の一定の合意が形成された。これは、行政が提案し市民によって合意された内容が一般利益とされたことを表している。したがって、ある個人が抵抗したとしても、今回の提案・合意内容の正当性は揺らがないというものであった。

2-5-4　計画決定期

「計画決定期」は、公開意見聴取が行われ、PLU 案が議会で承認され、公衆に供されるまでの期間である。トゥールーズ・メトロポールの場合、2018年3月30日～5月17日の間、公開意見聴取が行われ、公開意見聴取報告書が2018年9月20日に公開された。公開意見聴取委員会は、263件の留保点、230件の勧告を含むものの、PLU 案に賛成の意見を表明した。公開意見聴取の際に出た意見、公開意見聴取委員会の意見、またはこの間の行政裁判所の判決を受けてPLU 案は若干修正され、2019年4月11日にメトロポール議会で承認され、4月18日に施行された[70]。なお、公開意見聴取に先立つ、2017年10月27日～11月10日法律で定められた関係公法人などへの意見聴取、2017年11月6日～12月21日の加盟コミューン議会では、意見表明のための議決が行われている。

(1)　公開意見聴取

公開意見聴取は、行政と住民以外の第三者である意見聴取委員会等が、環境に影響を与える工事、建築または開発で環境影響評価を伴うものに対する公衆からの意見・要望等をとりまとめ、計画策定主体に質問を投げかけ、計画策定主体からの回答を踏まえた上で、都市計画等の公益性を判断し、それらの意見と結果を公開する制度である。こうしたプロセスにおいて、抵抗者から異論が出され、これに対して計画主体である地方政府の計画案に対する正当化理由が用いられる場面は、意見聴取委員会等の質問に対する計画策定主体、すなわちトゥールーズ・メトロポールからの回答の時であると言える。

そこで以下では、「トゥールーズ・メトロポール PLU 公開意見聴取報告書」(Commission d'enquête publique 2018b) に基づいて、トゥールーズ・メトロポール PLU の公開意見聴取の流れとその概要を記した上で、計画策定期で検討素材としたビュット地区の内容に絞り込み意見聴取委員会等の質問に対する計画策定主体、すなわちトゥールーズ・メトロポールからの回答を分析したい。

1)　公開意見聴取の流れと概要

まず、公開意見聴取の準備として、2017年11月24日、トゥールーズ地方行政裁判所長の決定により公開意見聴取委員会委員の決定がなされた（法律の規定

に基づく9名）。このとき、公開意見聴取委員会からの、公開意見聴取に付された資料の不十分さの指摘があり、トゥールーズ・メトロポールが提示した資料の説明を求めるため、公開意見聴取委員会とトゥールーズ・メトロポールとの会合がもたれている。そして、公開意見聴取の実施期間と公衆から意見を聴取するための実施方法が決定されている。公開意見聴取の実施期間は、2018年3月30日午前9時から2018年5月17日午後5時までの49日間となった。意見聴取の実施方法は、12カ所に意見登録所を設置し、複数の公開意見聴取委員会委員が約3時間駐在すること（12カ所で合計62回実施）となった。また、トゥールーズ・メトロポールが公開意見聴取の方法を説明するための説明会を4回実施している。以上のような公開意見聴取の実施方法は2018年2月27日のトゥールーズ・メトロポール議会で議決（議決番号 AGT-18-0034）されている。

　次に、公開意見聴取の実施である。第1に、公開意見聴取を実施することの告知が行われた。実施の公示は法令の規則に従い15日前に行われ、公開意見聴取期間中、加盟コミューンの庁舎とトゥールーズ・メトロポール庁舎、その他トゥールーズ・メトロポール域内の数カ所、地方紙2紙で告知された。くわえて、法令の規則以外のトゥールーズ・メトロポール独自の方法としては、大量のパンフレットの配付、各コミューンの公共交通機関内での広告、無料配布新聞への広告掲載、商業用インターネットサイトへのバナー掲載、4回の公開意見聴取説明会の実施、各コミューンのインターネットサイトで周知が行われている。ちなみに、これらの独自の取組に対して、後に公開意見聴取委員会は、「トゥールーズ・メトロポールは法令規則が求める以上の告知活動を行ったと評価する」としている。

　期間内に登録された意見は2,682件であり、電子媒体（意見登録フォーム）1,685件、紙媒体593件、電子メール（トゥールーズ・メトロポール等へのメール）269件、郵送139件、このうち11件が重複登録、1件が三重登録であった。そして、2018年5月17日17時に公開意見聴取は終了した。[71]公開意見聴取報告書によれば、数多くの意見が登録者個人の区画に関するもの、例えば、建築可能性、ゾーニングの変更、地役の取消を求めるものも多かった。アソシアシオンから

71　紙媒体で登録された意見は2018年5月25日に公開意見聴取委員会委員長に届けられた。

の意見は、計画全体にかかわるものが多かったとされている。また、関心の高いテーマは、オクシタニー・タワー[72]、ヨーロッパ広場などであり、多く出された意見として、既存のインフラ（道路や公共交通機関など）と過密化とのズレへの批判、緑地や公園の不足への指摘であったという。

　意見聴取後、公衆から出された意見や批判、要望、問題提起などを含む調書を作成し、2018年5月29日にトゥールーズ・メトロポールにメール添付で送付されている。調書は、加盟コミューンに関するもの36、トゥールーズ市の6つのセクターに関するもの6、トゥールーズ・メトロポールに関するもの1の計43にわたり、その内容は、紹介と暫定的なまとめが76頁、公衆の意見と公開意見聴取委員会の質問が600頁以上におよぶ。その後、トゥールーズ・メトロポールから2018年8月1日までに質問に対する回答が送られ、公開意見聴取委員会委員長は、2018年9月20日、報告書と理由を付した結論をトゥールーズ・メトロポールとトゥールーズ行政裁判所長にも送付した。

　2)　ビュット地区に関する意見聴取委員会等の質問とその回答

　「トゥールーズ・メトロポール PLU 公開意見聴取委員会報告書」(Commission d'enquête publique 2018a) では、ビュット地区の OAP に関して類似した意見が17出され、公開意見聴取委員会はそれを1つにまとめている。以下では、この質疑応答について、公衆から出された意見の概要、公開意見聴取委員会の質問、トゥールーズ・メトロポールの回答、公開意見聴取委員会の見解を項目ごとに列挙する。

　ア)　概　要

　ビュット地区、Venasque 通りに関して、2つのアソシアシオンから、コミューンによる先買い[73]によって「クラリス公園 (Parc Clarisses)」を維持することと本件に関する事前のコンセルタシオンの実施を要望することが示された上で、トゥールーズ・メトロポール所有地を市街化区域に変更することに反対するという意見が出されている。

72　高さ150メール、40階建ての住宅を含む複合ビル、2021-2022年に建築予定の建築物。
73　先買権 (droit de préemption) とは、売りに出されている不動産を優先的に購入できる権利のこと。コミューンまたは EPCI は PLU の策定により都市先買権 (droit de préemption urbain) を設定できる（L211-1条）。

イ)　公開意見聴取委員会の質問

　この意見を受けて、公開意見聴取委員会は、「この区域変更はコンセルタシオンの過程で紹介されなかったのか。住宅地に『保護緑地』を設定することをトゥールーズ・メトロポールの方針としており、街に緑地が少ないにもかかわらず街の自然に貢献しようとしないのか」という質問が出された。

ウ)　トゥールーズ・メトロポールの回答

　こうした意見・質問に対して、トゥールーズ・メトロポールは次のように回答している。すなわち、「指定植樹地（Espace Boisé Classé）」と「保護緑地（Espace Vert Protégé）」をOAP案のように部分的に削減するのは、要介護高齢者施設を設置し、近隣の在宅高齢者の訪問看護師を受け入れるために住宅を建設するためであり、それは一般利益の観点に立った計画である。また、トゥールーズ・メトロポールは、本計画がすでに住区住民に告知されており、ビュット地区OAPのコンセルタシオンの際に説明され、参加者から受け入れられ、解決済みであると主張している。また、街の緑地の創出に関する市緑地部局との協定が締結される予定であることを述べて、開放型の緑地の創出を図る計画であることを主張している。

　以上のことから、トゥールーズ・メトロポールは、PADD等の方針を考慮して、当該住区の高齢者のニーズと期待に応えるために、決定されたPLUで提案されている規則変更を維持すると結論している。また、この結論を補強する事実として、トゥールーズ市5.1住区では、80歳以上の人々が増加し、現在では住区人口の19.7%になっており、モントードラン・レスピネ統計区（IRIS de Montaudran Lespinet）[74]規模ではその値は23.2%に達していることをあげている。

　公共団体が所有する緑地（以下「公共緑地」）に関しては、後述のトゥールーズ・メトロポール「調書回答CE02-1」を参照されたい。

I)　公開意見聴取委員会の見解

　公開意見聴取委員会は、このテーマに関して出された住民の要望に対する

74　IRIS（Îlots regroupés pour l'information statistique）とは、INSEEが行う国勢調査の統計上の区割りであり、ほぼ同一面積となるように約16,100に分けられている。INSEE, Définistion: IRIS（https://www.insee.fr/fr/metadonnees/definition/c1523）.

トゥールーズ・メトロポールの回答が詳細で論証の確かなものであると評価した。そして、次のような見解を示した。「提案された計画はコンセルタシオンの対象となり、PADD 等の方針を尊重するものであり、さらに、高齢化に基づくニーズに応え、社会的結束に寄与するものである。」

しかし、公開意見聴取委員会は、緑地の創出に関し次のような意見を加えている。「公共緑地もまた一般利益にかかわるものであるため、トゥールーズ・メトロポールは、保護緑地や指定植樹地等の仕組みを使って私人にのみ緑地の創出の努力を負わせるというよりも、先買権による土地の購入を視野に入れたトゥールーズ・メトロポール所有地で公共緑地を創出する努力をすべきである」。

このような意見を付しつつも上記の理由から、公開意見聴取委員会はこのテーマに関する住民の要望は取り上げなかった。

また、公共緑地に関する、トゥールーズ・メトロポール「調書回答 CE02-1」では、次のような質疑応答がなされている。

オ）　公開意見聴取委員会の質問：環境、農業区域、自然区域

公開意見聴取委員会は、街には公園や公共緑地が少ない。自治体による土地買収や「専用地（Emplacement Réservé）指定を行うことで公園や公共緑地を増やすという目標はないのか」（「調書回答 CE02-1」）と質問している。

カ）　トゥールーズ・メトロポールの回答

これに対してトゥールーズ・メトロポールは、次のように回答している。今回の「地域指定における（建築物や舗装のない土地である）露地のパーセンテージは高くなり、数多くの『指定植樹地』と『保護緑地』を確保している。いくつかの『生態系持続のための建設不許可地（Espaces Inconstructibles pour Continuité Écologique）』も追加された。公共緑地の創出は、土地取得が円滑に行われまたは土地があらかじめ自治体の所有になったときであり、常に都市計画文書の中に表現されるわけではない」。

実際、トゥールーズ市には910 ha の公共緑地があり、トゥールーズ市面積の8％を占める。また、トゥールーズ市の中心に位置するガロンヌ河のラミエ島を広大な自然公園へと変えるという「ガロンヌ公園計画（Projet du Grand Parc Garonne）」がある。これまで展示会場やその他の施設があった島北部だけで、

150,000平方メートルが自然に戻され緑地へと転換される計画である。他方で、複数の新しい近隣公園の供用が最近開始されている（ボルドルージュのベルトラン公園、サン＝ミッシェルのニエル公園、モントードランの公園など）。その他の緑地創出を含めて、トゥールーズ市は、2020年には市の面積の10％を公共緑地とする目標を定めている。トゥールーズ・メトロポールは、これらの実績をあげて自らの主張を補強した。

　キ）　公開意見聴取委員会の意見

　こうしたトゥールーズ・メトロポールの回答に対して、公開意見聴取委員会は、回答の前半部分は私有地の緑地に関するものであり、公開意見聴取委員会からの質問の趣旨と異なること、私有地に対する「指定植樹地」と「保護緑地」の指定によって「緑の街トゥールーズ」という目標を実現することは、ある意味容易な解決策であること、したがって、市民が理解しやすいように、公共緑地と一般に公開される私有地緑地が図面の凡例によって明確に示されることが望ましいことを意見として述べている。こうした意見を付しつつも、公開意見聴取委員会は、トゥールーズ・メトロポールの主張を認めている。

　(2)　PLU 案の修正

　公開意見聴取及び公法人等からの意見を受けて、PLU 案が修正されている。修正された内容の要約を以下に記す（Toulouse Métropole 2019a）。

　まず、関係公法人の意見、公開意見聴取の際に出された公衆の意見、公開意見聴取委員会の意見を踏まえて修正されたものがある。PADD では修正がなく、規則書、OAP については、いくつかなされたが、特別規定の明確化や文言の整合、データの更新、文言等の誤りの修正などであり、PLU 案の計画に変更を加えるものはない。

　次に、2017年10月 3 日決定から PLU の決定までの間に承認された手続、または裁判所の決定によってもたらされた修正で計画内容に影響を与えたものがある。1 つは、トゥールーズ・メトロポールの PLU 策定が開始されている段階で、トゥールーズ・メトロポールに加盟するコミューンが策定する PLU が策定過程にあったものの対応に関する修正がある。2 つに、訴訟において無効判決が出た計画への対応である。トゥールーズ地方行政裁判所は、トゥールーズ・メトロポールに加盟するコミューンの洪水リスク防止計画（PPRi）に無効

の判決を下した。この無効判決によって、洪水リスク防止計画の規則規定は適用できなくなったため、PLU 案によって洪水の危険を回避する内容を付加するために、図面の修正、規則書面の修正が行われた。

(3) PLU の議決による承認

公開意見聴取の後、公開意見聴取の際に出た意見、公開意見聴取委員会の意見、またはこの間の行政裁判所の判決などを受けて形式上の若干の修正がなされた。

その後、2019年1月7日〜3月28日、加盟コミューン議会が修正案に対する意見聴取のための議決（すべての議会で賛成議決）が行われ、2019年4月2日メトロポール会議で修正案等を紹介し、2019年4月11日、トゥールーズ・メトロポール議会で PLU を議決により承認した。出席および委任議員数133名中、賛成111、反対19、棄権2、投票に参加しないもの1であった。そして、2019年4月18日、公布および地方長官への送付により PLU は施行された。

2-6　小　括

フランスの PLU 執行過程の検討においては、「一般公益優先」という基底価値によって、一般利益が重視されるとともに、地方分権の理念を踏まえて法令により定められた規定に加え、自治体の自律性を強調するという立法趣旨を踏まえて「参画」の形態をとる手続で即地的詳細計画策定を行う自治体を取り上げてその実態を検討してきた。具体的には、PLU を策定する全国の自治体のなかで、充実した参加により策定するトゥールーズ・メトロポールの PLU と、PLU に含まれる地区レベルで事業計画と規制制度とを運用することができる OAP の策定に際して最も充実した参加が行われたビュット地区の OAP の策定過程の実態を検討した。

PLU の決定においては、計画策定期のコンセルタシオンと計画決定期の公開意見聴取とによって抵抗者からの異論が出されたが、これら法定手続によって顕在化したすべての異論に対して、正当化理由が述べられていた。政府は、

75　2019年1月18日に、オート＝ガロンヌ県地方長官がコーヌバリュー（Cornebarrieu）市についてのオーソネル（Aussonnelle）盆地の洪水リスク防止計画を承認した2017年2月17日の命令の無効の判決（2019年1月18日）。

それぞれの決定について、その決定が社会や人々に対して説得力を持つように正当化理由を用いて、決定を正当化していた。また、「正当化理由の決定」により実体的決定が修正されることが確認できる。以上の確認から、政府の決定には「正当化理由の決定」が存在していることがわかる。

　そこで以下では、PLU と OAP について、計画起案期におけるコンセルタシオンの方法や種々の利益対立の実態をまとめた上で、計画策定期と計画決定期の法定手続において争点となった正当化理由について、正当化理由がいつ決定されるのか（when：時期の特定）、正当化理由は誰によってもたらされるのか（who：理由の源泉）、政府が何をもって正当化理由とするのか（what：理由の選択）を分析することで、政府はどのように決定を正当化するのか（how：正当化技術）を明らかにする。そして、なぜ、特定の正当化技術になるのか（why：因果関係）を解明するための素材として、個別具体の正当化理由が決定された原因を整理する。

2-6-1　トゥールーズ・メトロポールの PLU 決定の正当化理由

　計画起案期は、計画の達成目標と方法がトゥールーズ・メトロポール議会で議決されるまでの期間が該当する。計画策定期は、計画起案期で決定された方法を実施し、その総括を記した報告書が議決されるまでの時期であり、計画決定期は、公開意見聴取が行われ、PLU が議会で承認され、公衆に供されるまでの期間である。

(1)　PLU 原案の趣旨（計画起案期）

　トゥールーズ・メトロポールの PLU の計画起案期では、2015年4月の計画の達成目標と方法の議決に先立ち、トゥールーズ・メトロポール議長の発案で2015年3月にメトロポール会議によりコミューン間の協力の方法が検討された。ここでは、①メトロポール内で PLU の策定を先導するコピルの位置付け、②メトロポール会議の開催、③ワーキンググループまたはセミナーの開催、④案を技術的・行政的に指揮するためのコテック、都市計画研究所が位置付けられるとともに、事前の検討組織として、執行機関の担当部局が設定されている。

　そして、次のような説明を付して PLU の策定とその達成目標、コンセルタシオンの方法がコンセルタシオン規則という形で、メトロポール議会で議決さ

れた（2015年4月9日）。すなわち、産業の発展に伴い人口が増加し、これに伴う経済の発展と住宅地の開発が期待される一方で、生態系や自然環境や景観などを保全し管理するというトゥールーズ・メトロポールの独自の問題を解決するための3つの理由が示された。第1に、新しい住民を迎え入れるのに十分な水準のサービスと施設を確保する必要がある、第2に、PLU は、メトロポールの都市開発と移動の利便性を結びつける重要な道具になる、そして第3に、加盟コミューンにとっては、コミューンの PLU 策定義務をトゥールーズ・メトロポールの PLU 策定という方法で EPCI に転換できるからというものであった。なかでも、多様なコンセルタシオンの方法を採用したのは、「充実した参加を行うことが必要である」という理由に基づいている。

　以上の説明は、トゥールーズ・メトロポールの実績あるいは「メトロポール会議」の協議によるものである。また、法律やその規則の規定を踏まえつつも、あえて、「コンセルタシオン規則」という自らの規範を決定している実態は、自治体の自律性の強調の表れであると言える。また、計画起案期では、コンセルタシオンの準備段階として、参加主体はかかわらず、地方政府が牽引するなかで、上記の決定が行われた。

(2)　トゥールーズ・メトロポール PLU の策定（計画策定期）

　コンセルタシオンは、2015年4月9日から2017年5月までの期間で行われ、この間の2016年12月にはトゥールーズ・メトロポール議会で PADD に関する議論が行われている（2017年10月3日）。そして、コンセルタシオン終了後、トゥールーズ・メトロポール議会でコンセルタシオンを総括した報告書の承認が議決された（2017年10月3日）。

　計画策定期における計画作成の特徴は、いずれの段階においてもメトロポール議会多数派幹部で構成されるコピルと、加盟コミューンの市長たちが参加するワーキンググループ及びセミナーの議論を経て、技術専門職員からなるコテックが中心となってトゥールーズ・メトロポールが PLU 原案を作成している点である。すなわち、地方政府が中心となって決定作成が行われる。そして、作成された原案について公衆からの意見を求める形でコンセルタシオンが実施されている。実際、コンセルタシオンは、多くの場合、トゥールーズ・メトロポールが作成した原案について説明が行われ、これに対して意見が聴取さ

れるという形で進められており、プロジェクト地区内に実際に居住する住民がいる場合には、充実した議論を行うケースが少ないという。これは、全国的に参加を充実しているトゥールーズ・メトロポールであっても、参加主体が政府の決定に関与するものの決定作成主体たりえないという「参画」の参加形態を表すものであると言えよう。具体的には、計画策定期のコンセルタシオンにおける争点には次のようなものがあった（**図表Ⅳ- 33**）。

1) ゾーニングの変更を求める個人的な要求

「自分の所有する土地区画に住宅が建てられるようにしてもらいたい」という抵抗者の要求に対して、トゥールーズ・メトロポールは、個人的な市街化の要求には対応しないという正当化理由を示して異論を退けている。この正当化理由は、計画起案期の実体的決定時に（when）、政府によってもたらされ（who）、個別利益に関する意見を排除して（what）、政府自らの専門的知見を活用する形（how：「専門知型」）で決定されたと言える。

2) 適度な高密度化

「郊外住宅地としての性格を変えないようにしてもらいたい」「既存の都市形態の保全を優先させ、新しい建物をそれに合わせるべき」というような抵抗者の要望や主張に対して、トゥールーズ・メトロポールは、計画内容を技術的に説明した上で、PLU 原案の規定によって要求は実現されるという正当化理由を示して異論を退けている。

3) 住宅・社会住宅

「社会住宅を適切に分散させてもらいたい」という抵抗者の要望に対して、トゥールーズ・メトロポールは、計画内容を技術的に説明した上で、社会住宅の適切な配分は PLU 原案の実施によって実現されるという正当化理由を示して異論を退けている。

4) 規則書面——高さ・セットバック——

「隣接した通りの建物の高さに合わせて、また、その道路の広さに応じた新築建物の高さ制限をしてほしい」「建物の高さの計算方法を明確にしてほしい」「既存の建物と新築建物がまっすぐに並ぶように道路面からのセットバック規制をしてほしい」というような抵抗者の要望に対して、トゥールーズ・メトロポールは、「規制逃れができないような計算方法と規制内容になっている」

図表Ⅳ-33　トゥールーズ・メトロポールのコンセルタシオンに見られる正当化理由

	争点	抵抗者の異論	正当化理由の概要	修正の有無	when	who	what	how	why
計画策定期：コンセルタシオン	1）ゾーニングの変更を求める個人的な要求	自分の所有する土地区画に住宅が建てられるようにしてもらいたい	個人的な市街化の要求には対応しない	原案	同・後	政府	個別利益に関する意見の排除	専門	参・基
	2）適度な高密度化	郊外住宅地としての性格を変えないようにしてもらいたい	「既存の都市形態の保全を優先させ、新しい建物をそれに合わせる」等という PLU 原案の規定によって要求は実現される	原案	同・後	政府	PLU 原案の妥当性の証明	専門	参
	3）住宅・社会住宅	社会住宅を適切に分散させてもらいたい	社会住宅の適切な配分は PLU 原案の実施によって実現される	原案	同・後	政府	PLU 原案の妥当性の証明	専門	参
	4）規則書面：高さ・セットバック	隣接した通りの建物の高さに合わせて、その道路の広さに応じた新築建物の高さ制限をしてほしい、建物の高さの計算方法を明確にしてほしいなど	規制逃れができないような計算方法と規制内容になっているなど、PLU 原案の実施によって実現される	原案	同・後	政府	PLU 原案の妥当性の証明	専門	参
	5）環境保全	農地や自然空間が維持されるべき 都市緑地を増やすべき	樹木で覆われた緑地の量、緑化率、農業区域の面積などを示し規則図面や規則書面で量的にも質的にも自然や緑地を維持し管理する内容を定めている	原案	同・後	政府	PLU 原案の妥当性の証明	専門	参
	6）農業活動	近接地での農業、持続可能な農業、地産地消を促進すべき	土地の農学的潜在力に応じて農業区域を指定しており、PLU 原案の実施によって実現される	原案	同時後	政府	PLU 原案の妥当性の証明	専門	参
	7）建物や上下水道等の持続可能性に関する規則書の記載	エコロジー素材の利用、再生可能エネルギーの利用を促す規則、すべての事業である程度大きな緑地を作るような規制にしてもらいたい	生物気候的着想や再生可能エネルギーに寄与する内容を規則書に示しており、この規則書の実施によって要望は実現される	原案	同・後	政府	PLU 原案の妥当性の証明	専門	参
	8）遺産	トゥールーズ地方に特徴的な建築様式を保全してほしい 地域の個性を尊重するために、PLU で建物の美観に配慮すべき	PLU 策定過程で保全建築物のリストを更新し、建物遺産の考え方を示し、PLU の規則書面で素材や外装面の塗装、色などを細かく規制している	原案	同・後	政府	PLU 原案の妥当性の証明	専門	参

		理由（源泉）	理由（what）	修正	when	who	how	why	参
計画策定期：コンセルタシオン	9）都市計画の一貫性、モビリティ	メトロポールでは渋滞が問題になっているのに、高密度化によってさらに悪化することが心配だ／都市計画と交通政策に一貫性がない	公共交通機関が充実している区域に建築最低密度を課すことで、都市計画と交通政策の不一致が起こらないようにしている／駐車場設置義務を電気自動車施設の設置と引き換えに最低15％削減できるようにした	原案	同・後	政府	PLU原案の妥当性の証明	専門	参
	10）快適な移動	自転車専用路線を拡大したり、駐輪スペースを増やしたりすることで、快適な移動を促進すべきだ	駐輪スペースの設置義務を強化し、自転車専用路線の整備も規定しており、PLU原案の実施によって実現される	原案	同・後	政府	PLU原案の妥当性の証明	専門	参
	11）駐車	都市中心部での駐車場不足問題の解決のために駐車場を拡大してほしい／公共交通機関との近さに応じて駐車場規制を変える方がよいのではないか	環境保全や快適な移動という考え方と矛盾するため都市中心部で駐車場を増やすことはしない／違法駐車が起こらないように駐車場規則を定めている	原案	同・後	政府	PLU原案の趣旨の主張とその妥当性の証明	専門	参
	12）新しい施設の設置	スポーツ施設、学校、種々の幼児施設、上下水道、道路など、今の住民と新しい住民のニーズに応じた新しい施設を設置すべきだ	特定用途の敷地と公共施設をメトロポール全体で統一し、さらに人口増加に備えて学校や種々の幼児施設のための敷地を指定するなど、PLU原案の実施によって実現される	原案	同・後	政府	PLU原案の妥当性の証明	専門	参
	13）経済活動地区の新設または拡大	土地を経済活動用に建築可能にしてもらいたい	既存の経済活動地区の強化、刷新、振興を目的に、地域経済編成スキームに即して経済活動向けの地区指定を修正（左とは異なる理由）	修正	前	抵抗者	個別の要望への対応ではなくPLU原案の趣旨を尊重	専門	参・基
	14）近隣の小商店の維持	近隣の小商店を維持・発展させるべき	近隣の小商店を保護する仕組みを用意しており、出された意見はPLU原案の実施によって実現される	原案	同時・後	政府	PLU原案の妥当性の証明	専門	参
	15）コンセルタシオン	特別な集会を実施してもらいたい／コンセルタシオン終了前に規則書面の案を公衆に供してもらいたい	特別な集会を要望に応じて実施した、規則書面は作成途中だったから公にできる状態ではなかった	原案	同時・後	政府	実績と状況を主張	実績	参
	16）都市計画専門家の参画、他の手続との接合	①都市計画の専門家をPLU策定に参画させるべき②現在進行中のその他の計画策定の手続とPLUの手続を接合させるべき	①都市計画専門家は参画した②法律でPLUはSCOTとPDUと整合していなければならないとされており、説明報告書の中で詳しく述べられている	原案	同時・後	政府	①実績を主張②PLU原案の妥当性の論調	①実績・②法解	参

出典：著者作成。

凡例．修正の有無：実体的決定の修正の有無、when：時期の特定（実体的決定より「前」か「後」それとも同時か）、who：理由の源泉、what：理由の選択、how：正当化技術、why：因果関係（基底価値と参加形態の影響：基底底価値、参：参加形態「参画」自：参加形態「自治」、専門：専門知型、法解：法解釈型、実績：実績型）。

「セットバックも数値で表されており、明確に定義されているが、建築案の趣旨に応じて柔軟に対応できる」など、抵抗者の要望は PLU 原案の実施によって実現されるという正当化理由を示して異論を退けている。

　5)　環境保全

　「農地や自然空間が維持されるべき」「都市緑地を増やすべき」というような抵抗者の主張に対して、トゥールーズ・メトロポールは、樹木で覆われた緑地の量、緑化率、農業区域の面積などを示し、PLU 原案に含まれる規則図面や規則書面において、量的にも質的にも自然や緑地を維持し管理する内容を定めているという正当化理由を示して異論を退けている。

　6)　農業活動

　「近接地での農業、持続可能な農業、地産地消を促進すべき」という抵抗者の要望に対して、トゥールーズ・メトロポールは、計画内容を技術的に説明した上で「土地の農学的潜在力に応じて農業区域を指定しており、これらの要望は PLU 原案の実施によって実現される」という正当化理由を示して異論を退けている。

　7)　建物や上下水道等の持続可能性に関する規則書の記載

　「エコロジー素材の利用、再生可能エネルギーの利用を促す規則、すべての事業である程度大きな緑地を作るような規制にしてもらいたい」という抵抗者の要望に対して、トゥールーズ・メトロポールは、計画内容を技術的に説明した上で、「生物気候的着想や再生可能エネルギーに寄与する内容を規則書に示しており、この規則書の実施によって要望は実現される」という正当化理由を示して異論を退けている。

　8)　遺　産

　「トゥールーズ地方に特徴的な建築様式を保全してほしい」「地域のアイデンティティを尊重するために、PLU で建物の審美的側面（とくに色や使用する素材）を規制してほしい」という抵抗者の要望に対して、トゥールーズ・メトロポールは、「PLU 策定過程で保全建築物のリストを更新し、建物遺産の考え方を示し、PLU の規則書面で素材や外装面の塗装、色などを細かく規制している」という正当化理由を示して異論を退けている。

　9）　都市計画の一貫性、モビリティ

　「メトロポールでは渋滞が問題になっているのに、高密度化によってさらに悪化することが心配だ」「都市計画と交通政策に一貫性がない」という抵抗者の要望に対して、トゥールーズ・メトロポールは、「公共交通機関が充実している区域に建築最低密度を課すことで、都市計画と交通政策の不一致が起こらないようにしており、駐車場設置義務を電気自動車施設の設置と引き換えに最低15％削減できるようにした」という正当化理由を示して異論を退けている。

　10）　快適な移動

　「自転車専用路線を拡大したり、駐輪スペースを増やしたりすることで、快適な移動を促進すべきだ」という抵抗者の主張に対して、トゥールーズ・メトロポールは、計画内容を技術的に説明した上で「駐輪スペースの設置義務を強化し、自転車専用路線の整備も規定しており、PLU原案の実施によって実現される」という正当化理由を示して異論を退けている。

　11）　駐　車

　「都市中心部での駐車場不足問題の解決のために駐車場設置を拡大してほしい」「公共交通機関との近さに応じて駐車場規制を変える方がよいのではないか」という抵抗者の主張に対して、トゥールーズ・メトロポールは、計画内容を技術的に説明した上で、「環境保全や快適な移動という考え方と矛盾するから都市中心部でただ単に駐車場を増やすことはしない」「違法駐車が起こらないように駐車場規則を定めている」という正当化理由を示して異論を退けている。

　12）　新しい施設の設置

　「スポーツ施設、学校、種々の幼児施設、上下水道、道路など、今の住民と新しい住民のニーズに応じた新しい施設を設置すべきだ」という抵抗者の主張に対して、トゥールーズ・メトロポールは、計画内容を技術的に説明した上で、「特定用途の敷地と公共施設をメトロポール全体で統一し、さらに人口増加に備えて学校や種々の幼児施設のための敷地を指定する」など、PLU原案の実施によって実現されるという正当化理由を示して異論を退けている。

　以上の２）から12）の正当化理由は、すべて計画策定期の実体的決定時に（when）、政府によってもたらされ（who）、PLU原案の妥当性を論証して

（what）、政府自らの専門的知見を活用する形（how：「専門知型」）で決定された
と言える。

　13）　経済活動地区の新設または拡大

　「土地を経済活動用に建築可能にすることを求める」という抵抗者の個別の
要望に対して、トゥールーズ・メトロポールは、既存の経済活動地区の強化、
刷新、振興を目的に、地域経済編成スキーム（SOTE）に即して経済活動向け
の地区指定の修正を行うという抵抗者とは異なる理由を示し、PLU 原案を修
正している。

　ここでの正当化理由は、計画策定期の実体的決定時ではなく、実体的決定が
修正される前に（when）、政府によってもたらされ（who）、地域経済編成ス
キームを尊重して（what）、政府自らの専門的知見を活用する形（how：「専門知
型」）で決定されたと言える。つまり、実体的決定は個別の要望を示す異論に
より修正されたものの、正当化理由は政府自ら作り出し、決定した。

　14）　近隣の小商店の維持

　「近隣の小商店を維持・発展させるべき」という抵抗者の主張に対して、
トゥールーズ・メトロポールは、近隣の小商店を保護する仕組みを用意してい
るという論拠を示し、「PLU 案の実施によって実現される」という正当化理由
を示して異論を退けている。この正当化理由も、計画策定期の実体的決定時に
（when）、政府によってもたらされ（who）、PLU 原案の妥当性を論証して
（what）、政府自らの専門的知見を活用する形（how：「専門知型」）で決定されて
いる。

　15）　コンセルタシオンの充実

　「自分たちとの特別な集会を実施してもらいたい」「コンセルタシオンの一環
として、コンセルタシオン終了前に規則書面の案を公衆に供してもらいたい」
という抵抗者の主張に対して、トゥールーズ・メトロポールは、「特別な集会
を要望に応じて実施した」「規則書面は作成途中だったから公にできる状態で
はなかった」という実績に基づく状況を正当化理由として異論を退けている。
この正当化理由は、計画起案期の実体的決定時に（when）、政府によってもた
らされ（who）、政府の実績を主張して（what）、政府自らの実績を示す形
（how：「実績型」）で決定されたと言える。

16）　都市計画専門家の参画、他の手続との接合

「都市計画の専門家を PLU 策定に参画させるべき」「現在進行中のその他の計画策定の手続と PLU の手続を接合させるべき」という抵抗者の主張に対して、トゥールーズ・メトロポールは、前者について「都市計画専門家は参画した」、後者については、「法律で PLU は SCOT と PDU と整合していなければならないとされており、説明報告書の中で詳しく述べられている」という正当化理由を示して異論を退けている。これらの正当化理由は、計画起案期の実体的決定時に（when）、政府によってもたらされ（who）、前者は、政府の実績を主張して（what）、政府自らの実績を示す形（how：「実績型」）で、後者は、政府の法解釈を示す形（how：「法解釈型」）で決定されたと言える。[76]

（3）　ビュット地区 OAP の策定（OAP の計画策定期）

本章では、PLU 全体の決定過程に加えて、PLU に定められる OAP の計画策定過程を、トゥールーズ・メトロポール内でワークショップなどの対話方法を用いたコンセルタシオンが行われたとされるビュット地区を取り上げて検討した。それは、地区レベルの即地的詳細計画の策定プロセスを確認するためであり、とりわけ日本の参加形態「自治」との違いを鮮明にするためである。[77]ビュット地区の OAP に関するコンセルタシオンは、6 回にわたり、まち歩きやワークショップなどの手法を用いながら市民集会が行われた。ビュット地区 OAP の検討はあくまで PLU の一部に過ぎず、地区での決定がなされたわけではないが、地区レベルで PLU 原案に対して政府がどのような正当化理由を示したかについて争点ごとに考察したい（**図表Ⅳ-34**）。

1）　住宅戸数

ワークショップでは開発予定地に検討されている住宅戸数のとりわけ密度が

76　なお、日本の執行過程でも上位計画との整合（計画適合性）が争点になっている。日本では、それがフランスの PLU のように法律で義務付けられていないため、計画を根拠づける計画技術という専門的知見を活用する形で正当化理由を用いているとして「専門知型」と位置付けた。

77　本研究では、「自治」とは、参加主体が決定作成主体である場合を指し、「参画」とは、参加主体が政府の決定に関与するものの決定作成主体たりえない場合と定義しているが、「参画」であるフランスではあるが政府と参加主体が対等な関係で対話する手法を用いている事例を取り上げることで、「参画」と「自治」における違いを鮮明にできると考える。

図表IV-34　ビュット地区のコンセルタシオンに見られる正当化理由

	争点	抵抗者の異論	正当化理由の概要	修正の有無	when	who	what	how	why
計画策定期：コンセルタシオン	1）住宅戸数	開発予定地に検討されている住宅戸数の密度が問題である	密度を維持しないことは、経済活力を損なうことになるとした上で、「専用住宅270戸（＋/－10％）と経済活動混合住宅100戸（＋/－10％）」という具体案を示した	原案・具体	前	政府	PLU原案の妥当性の証明	専門	参
	2）都市施設と移動	新規住宅を維持するための都市施設（幼稚園や学校、老人ホームなど）が必要である	（PLU原案策定時に根拠としたデータ等を示した上で）市の裁量の範囲で実現に努めるが、PLU原案で実現可能である	原案	同・後	政府	PLU原案の妥当性の証明	専門・法解	参
	3）樹木の調査	必要な樹木が必要、樹木の必要性を示す調査が必要	（PLU原案策定時に根拠としたデータ等を示した上で）市の裁量の範囲で実現に努めるが、PLU原案で実現可能である	原案	同・後	政府	PLU原案の妥当性の証明	専門・法解	参
	4）道路上の駐車予測	新駐車場の必要台数の明確にすべき、駐車台数を示す調査が必要	（PLU原案策定時に根拠としたデータ等を示した上で）市の裁量の範囲で実現に努めるが、PLU原案で実現可能である	原案	同・後	政府	PLU原案の妥当性の証明	専門・法解	参

出典：著者作成。

凡例．修正の有無：実体的決定の修正の有無、when：時期の特定（実体的決定より「前」か「後」それとも同時か）、who：理由の源泉、what：理由の選択、how：正当化技術、why：因果関係（基底底価値と参加形態の影響：基底底価値、参：参加形態「参画」自：参加形態「自治」、専門：専門知型、法解：法解釈型、具体：PLU の具体案の提示）。

指摘され、さまざまな異論が主張された。これに対してトゥールーズ市は、
「密度を維持しないことは、経済活力を損なうことになる」という正当化理由
を示した上で、「専用住宅270戸（＋／－10％）と経済活動混合住宅100戸（＋／
－10％）」という具体的な案を示して参加者の理解を得る。この正当化理由は、
計画策定期の実体的決定時に（when）、政府によってもたらされ（who）、PLU
に掲げた目標が市や地区の経済的状況をかんがみて妥当であるという内容をと
りあげ（what）、政府（トゥールーズ市）の専門的知見を活用する形（how：「専門
知型」）で決定されたと言える。

　2）　都市施設と移動

　「新規住宅を維持するための都市施設（幼稚園や学校、老人ホームなど）が必要
である」という抵抗者の主張に対して、トゥールーズ市は、PLU原案策定時
に根拠としたデータ等を示し、市の裁量の範囲で実現に努めると言いつつも
PLU原案で実現可能であるという正当化理由を示して異論を退けている。こ
れらの正当化理由は、計画策定期の実体的決定時に（when）、政府によっても
たらされ（who）、PLU原案の妥当性とOAPのPLUへの適合性を主張して
（what）、政府自らの専門的知見を活用する方法（how：「専門知型」）と政府の法
解釈を示す形（how：「法解釈型」）で決定されたと言える。

　3）　樹木の調査

　「必要な樹木が必要、樹木の必要性を示す調査が必要」という抵抗者の主張
に対して、トゥールーズ市は、PLU原案策定時に根拠としたデータ等を示し、
市の裁量の範囲で実現に努めると言いつつもPLU原案で実現可能であるとい
う正当化理由を示して異論を退けている。これらの正当化理由は、計画策定期
の実体的決定時に（when）、政府によってもたらされ（who）、PLU原案の妥当
性とOAPのPLUへの適合性を主張して（what）、政府自らの専門的知見を活
用する方法（how：「専門知型」）と政府の法解釈を示す形（how：「法解釈型」）で
（how）決定されたと言える。

　4）　道路上の駐車予測

　「新駐車場の必要台数の明確にすべき、駐車台数を示す調査が必要」という
抵抗者の主張に対して、トゥールーズ市は、PLU原案策定時に根拠とした
データ等を示し、市の裁量の範囲で実現に努めると言いつつもPLU原案で実

現可能であるという正当化理由を示して異論を退けている。これらの正当化理由は、計画策定期の実体的決定時に（when）、政府によってもたらされ（who）、PLU 原案の妥当性と OAP の PLU への適合性を主張して（what）、政府自らの専門的知見を活用する方法（how：「専門知型」）と政府の法解釈を示す形（how：「法解釈型」）で決定されたと言える。

(4)　意見聴取委員会等の質問とその回答（計画決定期）

　2017年11月にトゥールーズ行政裁判所長が公開意見聴取委員会委員を指名し、2018年3月30日～5月17日の間、公開意見聴取が行われた。その後、公開意見聴取委員会から出された質問に対してトゥールーズ・メトロポールが2018年8月1日までに正式回答をする。そして、2018年9月公開意見聴取委員会が報告書を公開し、2019年4月11日トゥールーズ・メトロポール議会で PLU 案の承認を議決し、4月18日に施行に至った。

　このうち、地方政府の計画案に対する正当化理由が用いられる場面は、意見聴取委員会等の質問に対する計画策定主体、すなわちトゥールーズ・メトロポールの回答である。計画決定期においては、主に、執行過程で検討素材としたビュット地区における意見聴取委員会等の質問に対するトゥールーズ・メトロポールの回答に着目し、政府の正当化理由を分析する（**図表Ⅳ- 35**）。

1)　保護緑地の変更

　意見聴取委員会等は、公衆の意見を受けて、「トゥールーズ・メトロポールの方針が『保護緑地』を設定することとなっており、街に緑地が少ないにもかかわらず（保護区域等を削減するのは）街の自然に貢献しようとしないのか」という異論を示した。これに対して、トゥールーズ・メトロポールは、保護区域等を削減するのは要介護高齢者施設を設置するためであり、「一般利益に適っている」「ビュット地区のコンセルタシオンにおいて検討されている」として意見聴取委員会等の異論を退けている。これを受けて、意見聴取委員会等も、住民の要望に対するトゥールーズ・メトロポールの回答が詳細で論証の確かなものであるとしている。これらの正当化理由は、計画策定期の実体的決定時に（when）、政府によってもたらされ（who）、前者は、一般利益の観点から原案が妥当であることを主張して（what）、政府自らの専門的知見を活用する形（how：「専門知型」）で、また、後者は、ビュット地区でのコンセルタシオンの

図表Ⅳ- 35　ビュット地区に関する意見聴取委員会等に対する正当化理由

	争点	抵抗者の異論	正当化理由の概要	修正の有無	when	who	what	how	why
計画決定期：公開意見聴取	1）保護緑地の変更	①住宅地に保護緑地を設け自然に貢献する方針にもかかわらず、削減するのはなぜか ②上記の変更に関するコンセルタシオンを実施したのか	①保護区域等を削減するのは、要介護高齢者施設の設置するためであり、これは「一般利益」に適っている ②ビュット地区のコンセルタシオンにおいて検討されている	案	同・後	政府	①一般利益の尊重 ②実績を主張	①専門 ②実績	参・基
	2）公園や公共緑地の設置	対象地区には公園や公緑地が少ない。自治体による土地買収や「専用地」指定を行うことで公園や公緑地を増やすという目標はないのか	指定植樹地・保護緑地の追加、公園の設置などが計画され、2020年には市の面積の10％を公緑地とする目標としている	案	同・後	政府	PLU案の目標と計画技術を主張	専門	参

出典：著者作成。
凡例．修正の有無：実体的決定の修正の有無、when：時期の特定（実体的決定より「前」か「後」それとも同時か）、who：理由の源泉、what：理由の選択、how：正当化技術、why：因果関係（基底価値と参加形態の影響：基底底価値、参：参加形態「参画」、基底：基底価値、専門：専門知型、実績：実績型）。

実績を主張して（what）、政府自らの実績を示す形（how：「実績型」）で決定されたと言える。

　2）　公園や公共緑地の設置

　また、意見聴取委員会等から「対象地区には公園や公共緑地が少ない。自治体による土地買収や『専用地』指定を行うことで公園や公共緑地を増やすという目標はないのか」という異論が示された。これに対して、トゥールーズ・メトロポールは、「指定植樹地・保護緑地の追加、公園の設置などが計画され、2020年には市の面積の10％を公共緑地とする目標としている」として意見聴取委員等の異論を退けている。これらの正当化理由は、計画策定期の実体的決

定時に（when）、政府によってもたらされ（who）、PLU 案の目標と計画技術を主張して（what）、政府自らの専門的知見を活用する形（how：「専門知型」）で決定されたと言える。

（5）　正当化技術と参加形態・基底価値の関係

1）　参加形態と正当化技術

コンセルタシオンに関する全国調査では、参加形態に関連し、コミューンレベルの公開集会はすべての団体で行われており、約 7 割の自治体で地区レベルの協議会、テーマ別検討会、関係団体の代表による集会が実施されているおり、その他、住民や議員によるワークショップ、パネル展示、意見箱、市報や雑誌への掲載、インターネットによる情報提供と意見聴取などが実施されているが、参加主体が政府の決定作成に関与する「参画」の域を超えるものはなく、参加者自らが同意調達を図ったり、参加主体が決定作成主体となる「自治」のようなものではない。

また、参加形態と正当化技術との関係については、次のようなことが明らかになった。

「参画」の形態をとるフランスの執行過程におけるトゥールーズ・メトロポールの事例では、政府は、PLU の内容を「法解釈型」と、自らの知見とこれを生み出す科学的根拠に基づく「専門知型」と自らの実績に基づく「実績型」の正当化技術によって正当化していた。ただし、この中には、異論とは異なる専門知を用いて（「専門知型」）、実体的決定を修正するものもあった。これらは、参加主体が政府の決定に関与するものの決定作成主体たりえないという「参画」の参加形態が、政府自らの実績と知見を用いるという政府の知能や技能の資源となっていることを表している。

2）　基底価値と正当化技術

コンセルタシオンに関する全国調査では、基底価値に関連し、私的利益・個別利益という表現を用いて、自らの利益が尊重されることを求める意見が少なくないことがわかった。しかしながら、地方政府の職員が一般利益を理解しているかを問うたところ、すべての団体で「理解している」という回答が得られ、住民や利害関係者の一般利益の理解については、「理解していない」という回答は 4 団体にとどまっている。また、私的利益や個別利益を主張する計画

内容に対する抵抗者に対して、一般利益によって理解を得ることの難しさを示すものが目立つ。これらから、「一般利益」が認知されているものの、実際の計画案に対する抵抗は個別権利利益が主張されている実態があることが明らかになった。

　また、基底価値と正当化技術との関係については、次のようなことが明らかになった。

　トゥールーズ・メトロポールの事例では、政府は一般公益を重視し、コンセルタシオンで出された個別権利利益を優先しようとする意見を退けた。例えば、「ゾーニングの変更を求める個人的な要求」「経済活動地区の新設または拡大」の争点である。また、ビュット地区の事例では、「保護緑地の変更」の際に緑地にかわり要介護施設の建設が一般利益にかなっていることが正当化理由としてあげられていた。そして、これらが、「法解釈型」と、自らの実績と実績を生み出す科学的根拠に基づく「専門知型」「実績型」の正当化技術によってであった。

　以上の正当化理由の用い方から、「一般公益優先」という価値観が自らの実績を用いるという政府の知能や技能の資源として正当化技術に影響を与えていることが見て取れる。

　ただし、「自治」の形態ように参加主体が決定作成主体となるような「自治」の形態ではないものの、参加を充実させたビュット地区では、個別の意見を尊重するためトゥールーズ市の提案に対して同意調達が行われていた。

　この実態を上記の全国調査と併せて考察すると次のように言えるだろう。すなわち、「一般公益優先」という価値観が流布するフランスであっても、参加の過程で個別の利益を主張する抵抗が顕在化しており、一般公益を優先することへの理解を促すことが難しくなりつつあるものの、政府の決定を正当化にあたっては、今でも「一般公益優先」という価値観に基づく理由を用いて、政府の決定を「法解釈型」「専門知型」「実績型」の正当化技術によって正当化している。このような実態は、多元的な参加が個別権利利益に基づく抵抗の噴出をもたらす可能性を示していると受け止めることもできる。[78]

78　多元的な参加の進展が基底価値にどのような影響を与えるかについては、興味深い点であるが、今後の検討課題としたい。

第Ⅴ部　決定の「正当化技術」の解明
——研究のまとめ——

1　本研究で検討した内容

　本研究の目的は、決定を正当化するために、正当化理由を用いる政府の行為形態を「正当化技術」と捉え、政府の決定の正当化技術を実証的に解明することである。このため、本研究では、「正当化理由の決定」に着目し、財産権をめぐる利益対立が顕著に表れる都市計画の決定を素材として、その実態を実証研究により解明した。

　研究の枠組み（第Ⅰ部）では、「政府は自己の活動の正統性を確保するために正当化理由を用いることで決定を正当化する」ことを前提として、2つの問題関心に基づく問いを設定し、その課題を示した。

　その1つは、「政府は正当化理由を用いてどのようにして決定を正当化するのか」という問いである。これは、ただ単に正当化理由に関心を向けるものではなく、決定を正当化するために、政府は抵抗を無力化しようとし、そのために正当化理由をどのように用いるかという政府の行為形態に関心を向けるものである。したがって、政府は決定の正当化に正当化理由を用いることを前提として、政府の正当化技術を解明することを本研究の第1の課題とした。とりわけ、表面化しにくい、正当化理由を用いる際の政府の主観的な側面を明らかにするために、正当化理由の「時期の特定」「理由の源泉」「理由の選択」という視点を設けて正当化技術を分析した。

　いま1つは、「なぜ、特定の正当化技術になるのか」という問いである。この問いに答えるためは、種々ある正当化理由をどのように用いるかという政府の正当化技術に影響を与える要因との因果関係を明らかにしなければならな

い。これを第2の課題に設定した。そこで、「技術」を道具とそれを用いる人間の知能や技能という両面から捉えることで、異論を無力化するための正当化理由という道具を用いる際の政府の主観的な側面（知能や技能）の資源となるものと、逆に制約となるものに着目することとした。

　具体的には、地方分権、参加民主主義を背景として、多元的な参加によって「正当化技術」を分析するに適した状況になるなかで、政府の決定に対する参加主体の影響力をメルクマールとする「参加形態（参画・自治）」と個々人の権利利益観に関する「基底価値（個別権利利益優先・一般公益優先）」が政府の知能や技能の資源や制約となることで正当化技術に影響を与えると考え、参加形態と基底価値の違いが顕著に表れる日本とフランスの即地的詳細計画に関するケースを素材とすることとした。さらに、この検討にあたっては、地方政府が都市計画制度を用いて都市計画を決定する「執行過程」のみでなく、どのアクターを参加させるかという制度枠組みを決定する「立法過程」も対象とし、両過程の相互関係にも着目して「決定の正当化」を説明することとした。

　そして、実証研究においては、日本とフランスの即地的詳細計画の決定手続の制度枠組みの決定過程（**第Ⅲ部立法過程**）、制度運用による計画内容の決定過程（**第Ⅳ部執行過程**）に関する日仏の即地的詳細計画の事例を検討した。以下では、実証研究によって得られた知見に基づいて、「政府は自己の活動の正統性を確保するために正当化理由を用いることで決定を正当化する」という前提を確認した上で、本研究が設定した次の問いに答えてみたい。

　①how（正当化技術）：政府はどのように決定を正当化するのか

　ア）when（時期の特定）：正当化理由がいつ決定されるのか

　イ）who（理由の源泉）：正当化理由は誰によってもたらされるのか

　ウ）what（理由の選択）：政府が何をもって正当化理由とするのか

　②why（因果関係）なぜ、特定の正当化技術になるのか

2　前提の確認

　立法過程の検討では、日本の即地的詳細計画である地区計画の策定手続の立法過程の実態を、「法案作成期」と「立法期」に分けて検討した上で、立法期

の国会審議に着目して、また、フランスでは、即地的詳細計画 PLU の策定手続で重要な位置を占めるコンセルタシオンの立法過程の法案審議に着目して、正当化理由を政府がどのように用いるかという「正当化技術」を分析した。また、執行過程では、その過程の実態を「計画起案期」「計画策定期」「計画決定期」に分けて検討した上で、日本の地区計画については、計画策定期の意見聴取と計画決定期の意見書の提出、フランスについては、「計画策定期」のコンセルタシオンと「計画決定期」の公開意見聴取での正当化技術を分析した。

　実証分析では、多数ある抵抗者の異論すべてに対して、政府は正当化理由を用いて実体的決定を正当化しようとするという事実を確認することができた。実体的決定を正当化することが政府の自らの活動の正統性を確保するものであると考えれば、異論を示して抵抗した事例を検討した限りにおいて「政府は自己の活動の正統性を確保するために正当化理由を用いることで決定を正当化する」といった前提を確認できたと言えよう。そして、こうした事例のなかには、実体的決定を修正する事例をいくつか確認することができた。これは、「正当化理由の決定」が「実体的決定」に影響を与えていることの表れであると考えられるが、その具体的内容及び政府の正統性との関係については、以下で考察することとする。

3　正当化技術の解明

　実証研究によって得られた知見から、「政府はどのように決定を正当化するのか」という正当化技術を説明する。when（時期の特定）、who（理由の源泉）、what（理由の選択）について「決定の正当化」の視点からまとめてみたい。

3-1　when（時期の特定）

　when の問いでは、政策決定プロセスを「公的決定」「実体的決定」「正当化理由の決定」に区別した上で「正当化理由の決定」の時期を特定した（図表 I-2）。

　確認しておけば、まず、「公的決定」は法律の規定に拘束される。具体的には、立法過程における日本の地区計画策定手続とフランスのコンセルタシオン

の公的決定は法案成立時であり、執行過程における日仏の即地的詳細計画（地区計画・PLU）の決定は都市計画決定時である。

　次に、「実体的決定」は、決定作成主体によって作成され、法案あるいは計画原案が維持される場合と、これらの原案が社会や利害関係者等の外部環境から異論が出され実体的決定に修正がなされる場合がある。

　「正当化理由の決定」の時期は実体的決定の修正の有無と関係していた。異論が出されないという意味で実体的決定が維持される場合、実体的決定にあたって理由が存在し、その理由も維持されることから、「正当化理由の決定」は実体的決定と同時に行われる。実証分析では、実体的決定に対して異論が出された場合を見たが、異論が出されても実体的決定が維持される場合は、実体的決定と同時に決定された理由を用いて、または異論に対して新たな理由を用いて異論を無力化していた。つまり、実体的決定が維持される場合は、実体的決定と同時にまたはその後に「正当化理由の決定」が行われていた。

　これに対して、実体的決定が修正される場合、政府は異論を受け入れるために正当化理由を修正し、または作り出し、その正当化理由の内容に合わせて実体的決定を修正していた。各過程の具体的な時期と内容を示せば、例えば、立法過程では日本の地区計画手続の「利害関係者の範囲」や「合意形成の方法」などの地区計画の運用や、フランスのコンセルタシオンの「手続の瑕疵」について、国会審議の場で正当化理由が示され、その内容に即して実体的決定が修正されていた。また、執行過程では、地区計画原案の「緑地等の設置」やPLU原案の「経済活動地区の拡大」に関して、正当化理由が示された後に実体的決定が修正されている。つまり、実体的決定が修正される場合には、「正当化理由の決定」は実体的決定の前に行われた。

　このように、「正当化理由の決定」の時期は、「実体的決定」が行われ、次に「正当化理由の決定」がなされ、最後に「公的決定」が行われるといった画一的な順序で捉えることはできないことが明らかになった。こうした実態を一般化し、「いつ、正当化理由は決定されるのか」に答えるならば、「正当化理由の決定」の時期は、「実体的決定の修正の有無によって決まる」と言える。実体的決定が修正されない場合（実体的決定に対する抵抗を無力化できた場合）は、実体的決定と同時または後に、修正される場合（実体的決定に対する抵抗を無力化

できなかった場合）は実体的決定の前に「正当化理由の決定」が行われる。このことから、実体的決定が社会や人々に受け入れられないとき、もしくは政府がそのように判断したとき、政府は、抵抗を踏まえて実体的決定を修正してまでも正統性の確保を優先させることが確認された。

　さらに、「正当化理由の決定」の時期を「決定作成モデル」との関係で捉え直すと、次のように言える。第Ⅰ部で示した「決定作成モデル」における手順（第1から第4）を経て実体的決定が行われ、この実体的決定が修正されない場合は、この手順が維持されることになる。逆に、実体的決定が修正される場合は、これらの手順のいずれかの段階から再度行われることになる。

3-2　who（理由の源泉）

　whoの問いは、「正当化理由は誰によってもたらされるのか」であったが、「決定の正当化」という視点から見て重要なのは、理由をもたらしたアクターと政府との関係である。

　決定が政府の決定である限り、法律に基づく決定の際には、政府自らが理由の源泉となり正当化理由を用いて、決定する。しかし実際には、政府以外（外部環境）からもたらされた理由を政府が便宜的に正当化理由として活用することもあれば、政府以外からもたらされた理由に政府が従わざるを得ないこともある。

　立法過程の日本の事例においては、「地区計画による規制と補償」の正当化理由は法案作成に関与した研究者、内閣法制局によってもたらされたが、政府は、自らの正当化理由として用いた。ただし、理由のなかには、市町村や地域住民の活動実態を踏まえてその行為を利用するものもあった。「利害関係者の範囲」や「合意形成の方法」の運用については抵抗者である野党議員によってもたらされ、国会の附帯決議となるほど借家人や居住者の利益が強く主張されたため、政府は異論を受け入れて、正当化理由として用いた。また、執行過程の日の出・明海及び高洲地区の事例では、「緑道等の設置」に関して近隣住民の財産権を主張する抵抗者の異論を受け入れるかたちで正当化理由を用いた。これに対して、コモンシティ浦安の場合は、正当化理由は当該地区の利害関係者等の骨子案を策定した者、すなわち決定作成を担った者によってもたらさ

れ、地方政府はこれらの者の意思や行為を正当化理由として利用した。

　フランスの事例においては、立法過程の「手続の瑕疵」、執行過程の「経済活動地区の拡大」に関して、実体的決定に修正が加えられた場合であっても、政府は、抵抗者が主張した理由を用いずに、政府自ら正当化理由を作り出していた。

　こうした実態を一般化するならば、「政府が正当化理由をどのように決定するかは、決定作成の権力の所在によって決まる」と言える。外部環境が正当化理由をもたらす場合であっても、決定作成の権力が政府にある場合は、政府はその理由を自らの理由として便宜的に用いる。しかし、決定作成の権力が外部環境にある場合は、政府はその意思や行為を正当化理由として利用する。ただし、決定作成の権力が政府にある場合でも、抵抗者により借家人や居住者の利益、財産権などにかかわる強い異論が出された際には政府は外部環境の異論を受け入れて正当化理由とする場合もある。

3-3　what（理由の選択）

　日仏の立法過程、執行過程の実証研究では、抵抗者のさまざまな異論に対して、政府がそれに応じた正当化理由を用いたことを明らかにしたが、政府が何を理由として選択したかを個別の理由に見てみると、次の５つに整理することができる。

　第１は、法令への適合を理由とするものである。実証研究で見られた具体的な例を列挙すると、法文への列挙の解釈、法律の趣旨への適合、法律が定める土地権利者への適合、法令が示す利害関係者等との適合、法令が示す手続への適合、計画等の制度への適合があった。

　第２は、専門的な知見や論理を理由とするものである。例えば、手続を軽視すべきではないという論理、施設の規模や配置、交通量、計画体系などの計画技術による知見、再生可能エネルギーや農学的潜在能力、生態系などの知見、建築物遺産や景観等の知見などである。

　第３は、政府自らの実績を理由とするものである。例えば、現行法制度の運用実績、これまでの農業界への対応実績、十分な手続や参加を行ったという実績である。

　第4は、実体的決定に決定的な影響を与えた者やその行為を理由とするものである。具体的には、立法過程において、中央政府が地方政府の取り組み等を理由とするもの、執行過程において、地方政府が地区住民の合意を理由とするもの、地区住民の手続や取り組みを理由とするものである。

　第5は、抵抗者の異論を理由として示すものである。具体的には、立法過程において、利害関係者等の範囲や理解についての異論の内容、個人の財産権を主張する抵抗者の異論を受け入れて正当化理由を示したものである。

　こうした実態を一般化し、「政府が何をもって正当化理由とするのか」に答えるならば、政府が正当化理由とするのは、「法令の解釈」「専門的な知見や論理」「政府自らの実績」「決定作成に決定的な影響を与えた者の意思や行為」「個人の財産権の主張」ということになろう。

　しかし、これらのうちのどれを選択するかという、正当化理由を用いる際の政府の主観的な側面は、後述するように、権力の所在に影響を受ける。

3-4　how（正当化技術）
3-4-1　5つの正当化技術

　上で述べた when（時期の特定）、who（理由の源泉）、what（理由の選択）に関する知見から、正当化技術は5つに類型化することができる（図表V-1）。
「法解釈型」：政府自らの法解釈を正当化理由として用いる形態
「専門知型」：専門知を活用して正当化理由を用いる形態

図表V-1　正当化技術の類型

	時期の特定：when	理由の源泉：who	理由の選択：what
法解釈型	同時・後	政府	法令への適合[1]
専門知型	同時・後	政府（専門家）	専門的な知見[1]
実績型	同時・後	政府	政府自らの実績[1]
依存型	同時・後	参加主体	決定作成に決定的な影響を与えた者やその行為[2]
妥協型	前	抵抗者	抵抗者の異論[3]

出典：著者作成。
凡例. 同時・後・前は実体的決定との前後関係、[1]：政府の主体的な選択・自律的な決断の側面、[2]：政府の他律的な拘束の側面、[3]：政府の外在的な要因への屈服の側面。

「実績型」：政府自らの実績を正当化理由として用いる形態

「依存型」：実体的決定に決定的な影響を与える者の意思や行為へ依存した正当
　　　　　　化理由を用いる形態

「妥協型」：正当化理由の決定において、政府が自身の主張を取り下げ、抵抗者
　　　　　　の異論を受け入れ正当化理由として用いる形態

　図表Ⅴ-1のとおり、理由の源泉（who）について見れば、「法解釈型」「実績型」「専門知型」では、正当化理由は政府によってもたらされていた。なお、「専門知型」の一部では内閣法制局、研究者などから理由がもたらされる場合もあったが、政府の自らの理由として用いた。また、「依存型」では利害関係者等による組織（自治会）によって、「妥協型」では抵抗者によって正当化理由がもたらされていた。

　また、時期の特定（when）から見れば、「法解釈型」「実績型」「専門知型」「依存型」においては、実体的決定を維持することから、「正当化理由の決定」は、実体的決定と同時または後に行われる。「妥協型」については、実体的決定が修正されることから、実体的決定の前に用いられる。ただし、フランスの事例では、立法過程の「手続の瑕疵」、執行過程の「経済活動地区の拡大」に関して、実体的決定に修正が加えられた場合であっても、政府が、抵抗者が主張した理由を用いずに、政府自ら正当化理由を作り出し「専門知型」によって決定を正当化した場合もあった。

　上記の理由の源泉（who）と時期の特定（when）の考察は、実体的決定と正当化理由の決定における権力の所在が異なることで正当化技術が異なることを示している。以下では、実体的決定と正当化理由の決定に分けて「権力の所在」という観点から正当化技術の類型を説明してみたい（図表Ⅴ-2）。

図表Ⅴ-2　実体的決定と正当化理由の決定の権力の所在

	法解釈型	専門知型	実績型	依存型	妥協型
実体的決定	○	○	○	決定作成に決定的な影響を与える者	○
正当化理由の決定	○	○	○	○	抵抗者

出典：著者作成。

凡例．○：権力が政府にある場合。

　公的決定である限り、実体的決定・正当化理由の決定は政府が行う。した
がって、政府に権力がある場合は、政府は自己の決定として自らの理由を主体
的・自律的に用いる「法解釈型」「専門知型」「実績型」となる。しかしなが
ら、決定を政府が行う場合であっても「依存型」「妥協型」はそれとは異なる。
まず、「依存型」の場合、政府は、決定作成に決定的な影響を与える者の意思
や行為を正当化理由として利用した。これは、実体的決定の決定は政府が行う
ものの、外部環境が実体的決定における決定作成を支配し、あるいは政府はこ
の者の行為や意思に服従したという意味で、実体的決定の権力は、外部環境に
あったと言える。そして、正当化理由の決定において、政府は、他律的にもた
らされた外部環境の意思や行為を正当化理由として利用した。しかし、「妥協
型」の場合、決定作成を含む実体的決定の権力は政府にあるが、外部環境に屈
服して異論を受け入れて正当化理由を示した。本来、「正当化理由の決定」は
政府が行うものであるが、この「妥協型」は、正当化理由の決定の権力が政府
に「ない」、つまり権力は抵抗者にあると言える事象を表している。

　これらは、政府の「主体的な選択の側面」「自律的な決断の側面」「政府の他
律的な拘束の側面」「外在的な要因への屈服の側面」（第Ⅰ部）が実体的決定の
みならず正当化技術にも働くことを示している。つまり、「法解釈型」「専門知
型」「実績型」は実体的決定と正当化理由の決定において政府が主体的・自律
的に能力を発揮した結果であるが、「依存型」は実体的決定では他律的に、し
かし正当化理由の決定では自律的・自律的に能力を発揮した結果である。ま
た、「妥協型」は実体的決定では主体的・自律的に決定作成が行われるが、正
当化理由の決定では屈服でしか能力が発揮できなかった結果である。

4　正当化のメカニズム

　本研究の第2の核心的問いは、「なぜ、特定の正当化技術になるのだろうか」
である。正当化技術に影響を与える要因を、正当化理由を用いる政府の知能や
技能の資源や制約になると考えられる「参加形態（参画・自治）」と「基底価値
（個別権利利益優先・一般公益優先）」と設定し、これらと正当化技術との因果関
係を分析した。

4-1   参加形態が及ぼす影響

「参加形態」とは、決定に対する市民の権力の強さをメルクマールとする参加の形態である。そして、本研究では参加主体が決定作成主体である場合を「自治」とし、参加主体が政府の決定に関与するものの決定作成主体たりえない場合を「参画」と定義した。言い換えれば、「自治」は決定作成の権限を政府が参加主体に付与している場合、「参画」は決定作成の権限を政府が有している場合である。以下では、こうした参加形態が正当化理由を用いる政府の知能や技能の資源や制約になったのかを確認する。

4-1-1   立法過程

日本の地区計画策定手続の立法過程では、参加形態が「参画」の制度が構想された。中央政府は、法案作成期と立法期を通して研究会・審議会や立法過程による調整等の結果、自らの実績と科学的根拠に基づき地方政府の決定が最善であるとして、地方政府が団体のルールを定立し、地方政府の判断により裁定する制度を決定し、それを「法解釈型」「専門知型」「実績型」によって正当化した。また、フランスのコンセルタシオンの立法過程でも、国会審議を通して参加形態が「参画」の制度が構想された。国民議会は、一貫して、自らの理論や政府の実績に基づき地方政府の決定が最善であるとして、地方政府が団体のルールを定立し、地方政府の判断により裁定する制度を決定し、それを「法解釈型」「専門知型」「実績型」によって正当化した。

参加形態「参画」のとき決定作成の権力は政府にあるため、政府は実体的決定も正当化理由の決定も自ら行う。つまり、権力の政府への所在が、「自らの理由を主体的・自律的に用いる」という正当化理由の用い方に影響を与えたと言える。

日本の地区計画策定手続においては、参加形態「参画」の制度が構想されたものの、立法期に、参加形態「自治」での制度運用が登場する。外部環境の求めに応じて示された「自治」による制度運用は、「自制的な規制」という表現に見て取れた。中央政府は地区による「自制的な規制」に基づく方法をとるか否かを運用として自治体に委ねた。中央政府は、都市計画に関する自らの実績や科学的根拠等による知見に基づいた正当化理由を用いることができないため、市町村や地区住民による「協議会方式」等の運用を踏まえ、地区計画策定

手続を参加形態「自治」である「自制的な規制」によって運用することを「依存型」によって正当化した。参加形態「自治」の制度運用を構想するとき、決定作成に市町村や地区住民の意思や行為が影響を与えたため、他律的にもたらされた市町村や地区住民の意思や行為を理由として利用することで「依存型」となった。つまり、制度運用の中身という実体的決定において外部環境に決定作成の権力が存在していたことが、「他律的にもたらされた理由を利用する」という正当化理由の用い方に影響を与えたと言える。

4-1-2　執行過程

日本の執行過程では、参加形態「参画」である日の出・明海及び高洲地区の事例では、政府は、地区計画の内容を「法解釈型」と、自らの知見とこれを生み出す科学的根拠等に基づく「専門知型」と、自らの実績を根拠とする「実績型」によって正当化した。また、同じく参加形態「参画」のトゥールーズ・メトロポールの事例では、政府は、PLUの内容を「法解釈型」と「専門知型」「実績型」によって正当化した。このとき立法過程と同様に、権力の政府への所在が、「自らの理由を主体的・自律的に用いる」という正当化理由の用い方に影響を与えたと言える。

一方、参加形態「自治」である日本の「コモンシティ浦安」の事例では、地方政府は決定策定期における参加主体の合意した意思に依存することで、地区計画の内容を「依存型」により正当化した。決定作成の権限が参加主体にあるため、参加主体の意思決定やその行為を根拠として、これを政府が他律的に利用したことで「依存型」となった。つまり、実体的決定における決定作成の権力が参加主体にあることが、「他律的にもたらされた理由を利用する」という正当化理由の用い方に影響を与えたと言える。

4-1-3　まとめ

以上より、参加形態による権力の政府への所在の有無が正当化理由という道具の用い方に影響を与えていることが分かる。実体的決定における決定作成の権力が政府にある場合、政府は主体的・自律的を発揮して、自らの理由を正当化理由として用い、決定作成の権力が政府にない場合は、他律的にもたらされた理由を利用する。このように参加形態は、実体的決定における決定作成の権力の所在の違いをもたらすことで、政府の正当化理由の用い方の判断に影響を

与える。つまり、参加形態は、道具を用いる政府の知能や技能の資源として働くと言えよう。

　実証研究によって確認できた実態を政府の知能や技能への資源・制約の観点から、「参加形態は決定の正当化および正当化理由の決定にどのように影響を与えるのか」に答えるならば、次のように言える。すなわち、参加形態が「参画」のとき、実体的決定の権力が政府にあるため、政府は自らの理由を主体的・自律的に用いることが効果的だと判断し「法解釈型」「専門知型」または「実績型」によって決定を正当化する。これに対して、参加形態が「自治」のとき、参加主体が実体的決定における決定作成の権力を持つため、政府はこれら外部環境からもたらされた理由を利用することが効果的だと判断し「依存型」によって決定を正当化する。

4-2　基底価値が及ぼす影響

　「基底価値」は、正当化理由が社会に示される時にその社会に流布しているものである。本研究では、「個別権利利益優先」「一般公益優先」という基底価値の違いを取り上げたが、「個別権利利益優先」の場合、政府は決定の内容が個別の意思を尊重したものとなり、「一般的利益優先」の場合、政府は個別権利利益とは無関係にこれを統制するという相違がある。以下では、こうした基底価値が正当化理由を用いる政府の知能や技能の資源や制約になったのかを確認する。

4-2-1　立法過程

　日本の立法過程では、政府は、抵抗者の附帯決議等の求めに応じて、借家人の権利を尊重して、通達によって、地区計画策定に当たって意見を聴く範囲に借家人を含めた。これは政府が自らの主張を取り下げ、抵抗者の異論を正当化理由とした「妥協型」である。基底価値「個別権利利益優先」のとき、個別権利利益優先という価値観が社会に流布しているため、抵抗者が個別権利利益を主張する異論を受け入れ、抵抗者の異論を正当化理由として用いた。言い換えれば、決定作成の権力が政府にあっても、個別権利利益優先という価値観に基づく主張を受け入れざるを得ず、政府は抵抗者の異論に屈服して実体的決定を修正し、抵抗者の異論を受け入れることで「妥協型」となった。つまり、個別

権利利益優先という価値観が、「抵抗者に屈服して異論を受け入れる」という正当化理由の用い方に影響を与えたと言える。

一方、フランスの立法過程において、基底価値「一般公益優先」が顕在化したのはコンセルタシオンへの「農業組織の代表者」の参加を法文上明記するか否かの場面だった。元老院が「農業組織の代表者」をコンセルタシオンに常に参加させることが一般利益にかなうと主張したのに対し、政府は「農業組織」という個別産業分野の代表を常にコンセルタシオンに参加させることは一般利益に反するという理由をもって、「実績型」によって元老院の主張を退けることを正当化した。基底価値が「一般公益優先」のとき、一般公益優先という価値観が社会に流布しているため、個別権利利益優先という従前の価値観に反する主張がなされても受け入れず、あるいは、個別の意思とは無関係に、これまでの一般公益優先の実績や論理に基づいて、政府は自ら法解釈あるいは自らの知見または専門家の知見および自らの実績を根拠として、これらを政府が主体的・自律的に用いたことで「法解釈型」、「専門知型」または「実績型」となった。つまり、「一般公益優先」という価値観が、「自らの理由を主体的・自律的に用いる」という正当化理由の用い方に影響を与えたと言える。

4-2-2 執行過程

まず、「個別権利利益優先」という基底価値を重視する日本の執行過程では、次のような争点で基底価値にかかわる正当化理由を用いた。日の出・明海及び高洲地区の場合は、「緑道等の設置」の争点で近隣住民の財産権を主張する異論に準じて「妥協型」によって決定を正当化した。一方、コモンシティ浦安では、いずれの争点も、地方政府は構成員の財産権を偏重し、決定内容が地方政府の構成員の個々人の意思を尊重した結果であることを強調するために、「依存型」によって決定を正当化した。また、計画決定期の都市計画審議会においては、自治会の同意調達の実態を示して「大多数の住民が保全を望んでいるから」という理由で「依存型」によって決定が正当化された。

「妥協型」の場合、上記と同様に、個別権利利益優先という価値観に基づく主張を受け入れざるを得ず、決定内容が権利利益者の個別の意思を尊重した民主的な意思決定であることを根拠として、政府は抵抗者の異論に屈服して実体的決定を修正し、抵抗者の異論を受け入れて正当化理由とした。つまり、個別

権利利益優先という価値観が、「抵抗者の異論を受け入れる」という正当化理由の用い方に影響を与えたと言える。

　個別権利利益優先でなおかつ参加形態「自治」の事例では、決定作成の権力が参加主体にあり、参加主体が個別権利利益を尊重して同意調達を行った結果を理由として利用し政府は「依存型」で決定を正当化した。つまり、個別権利利益優先という価値観が、「他律的にもたらされた理由を利用する」という正当化理由の用い方に影響を与えたと言える。

　次に、「一般公益優先」という基底価値を重視するフランスの執行過程（トゥールーズ・メトロポールの事例）では、政府は一般公益を重視し、コンセルタシオンで出された個別権利利益を優先しようとする意見を退けた。その際、いずれも「一般利益」という表現が用いられ、「法解釈型」「専門知型」「実績型」により正当化した。また、「経済活動地区の新設または拡大」の争点では、個別の権利利益を主張する異論に対して、実体的決定を修正するものの、個別の要望への対応ではなくPLU原案の趣旨という自らの理由を用いて「専門知型」の正当化技術により正当化した。言い換えれば、基底価値「一般公益優先」のとき、一般公益優先という価値観が社会に流布しているため、社会の価値観に反する個別権利利益優先の主張がなされても受け入れず、あるいは、個別の意思とは無関係に、これまでの一般公益優先の実績や論理に基づいて、政府は自ら法解釈あるいは自らの知見または専門家の知見および自らの実績を根拠として、これらを政府が主体的かつ自律的に用いたことで「法解釈型」、「専門知型」または「実績型」となった。つまり、「一般公益優先」という価値観が、「自らの理由を主体的・自律的に用いる」という正当化理由の用い方に影響を与えたと言える。

4-2-3　まとめ

　以上のことから、基底価値が正当化技術に与える影響を次のようにまとめることができる。

　「個別権利利益優先」という基底価値に立つ社会において、「個別権利利益優先」に立つ異論が出された場合、政府は抵抗者の異論に屈服した。これは、その社会の基底価値と同じ価値観に立つ異論が出される時、政府はそれに従わざるを得ないという意味で、基底価値が、政府が自律的・主体的に正当化理由を

図表V-3　社会と異論の基底価値と正当化技術

社会の 基底価値	異論の 基底価値	社会と異論の 関係	正当化技術
個別 （日本）	個別	一致	異論の受け入れ：妥協型・依存型
	一般	不一致	異論を退ける：法解釈型・専門知型
一般 （フランス）	個別	不一致	異論を退ける：専門知型
	一般	一致	異論を退ける：専門知型

出典：著者作成。
凡例．個別：個別権利利益優先、一般：一般公益優先。

用いようとする判断にとっての制約になると言える。

　他方で、「一般公益優先」という基底価値に立つ社会において、それに反する「個別権利利益優先」に立つ異論が出された場合、政府は抵抗者の異論に対して基底価値を根拠に退けた。これは、その社会の基底価値とは異なる価値観に立つ異論が出される時、基底価値が、政府が自律的・主体的に正当化理由を用いようとする判断にとっての資源になると言える。

　ここまでで考えれば、基底価値の影響は、その社会に流布する基底価値と出された異論が依拠する価値観の関係に起因すると見て取ることができるが、「個別権利利益優先」が社会に流布している場合で、一般公益を主張する異論が出された場合は、財産権にかかわることや土地所有者の個別の利益を尊重する理由を用いて、異論を退けている。また、「一般公益優先」が社会に流布している場合で、一般公益を主張する異論が出された場合は、策定した計画によってそれは実現されるという理由をもって異論を退けている（図表V-3）。

　日本とフランスだけを分析対象として得られた暫定的な結論ではあるが、異論と社会の基底価値との関係から次のようなことがいえるだろう。「個別権利利益優先」の社会の場合、異論と社会の基底価値が「一致」の場合には異論は受け入れられ、「不一致」の場合は、異論は退けられる。これは、政府は一般公益をすでに尊重考慮しているが、個別権利利益に関する異論は受け入れざるを得ないからといえる。一方、「一般公益優先」の社会の場合は、異論と社会の基底価値が「一致」であっても「不一致」であっても異論は退けられる。これは、政府が個別利益の異論を退けることを前提に、一般公益をすでに政府によって尊重考慮されているという立場に立つからといえる。

　したがって、「基底価値は決定の正当化および正当化理由の決定にどのように影響を与えるのか」に答えるならば、次のようになる。すなわち、「個別権利利益優先」に立つ社会で「個別権利利益優先」にかかわる異論が出されたとき、政府は、その異論を受け入れようとする力が強く働くため、政府は自らの理由を主体的・自律的に用いるよりも異論を受け入れることが効果的だと判断し「妥協型」で決定を正当化する。ただし、参加形態「自治」において参加主体が個別権利利益を尊重して同意調達を行った参加主体の意思決定やその行為を根拠として、これを政府が他律的に利用する「依存型」で決定を正当化する。

　他方、「一般公益優先」という基底価値に立つ社会において、それに反する「個別権利利益優先」にかかわる異論が出されたとき、政府はこれまでの一般公益優先の実績や論理に基づく自らの理由を主体的・自律的に用いることが効果的だと判断し「法解釈型」「専門知型」または「実績型」によって決定を正当化するする。

　以上のように、基底価値は、道具を用いる政府の知能や技能の資源または制約として働くと言える。

4-3　正当化技術と合法性・合理性

　第Ⅰ部で論じたとおり、正当化の論拠は「合法性」と「合理性」に分けて説明されてきた（森田 1998）。しかし、本研究は、正当化技術という観点から政府の正当化をより明確に説明している。すなわち、従来「合法性」として説明されてきたものは、「法律による政府の原理」に基づく基準や手続が合法だからという理由を用いるという点から見れば「法解釈型」であると言える。

　一方、「合理性」のうち「科学的合理性」として説明されてきたものは、ここで言う「科学的」を政府の社会に対する知識や行為が科学を特徴づける実証性や反証可能性に基づくものであるとして捉えると「専門知型」であると言える。「社会的合理性」として説明されてきたものは、利害関係者等や住民の合意形成に依存する「依存型」と、参加者や抵抗者から提示された異論を政府として受容する「妥協型」に区別して説明することができる。さらに、本研究は、「科学的合理性」「社会的合理性」では説明できなかった、社会を円滑に保

ち管理しているという政府の実績を生み出す実証的根拠に基づく「実績型」の
存在を明らかにした。

4-4　参加形態・基底価値の相違による日仏の違い

正当化技術という点から日仏の違いを見ると、次のように言えるだろう。フ
ランスは「法解釈型」「専門知型」「実績型」だけであるのに対して、日本はこ
れに加えて、「依存型」「妥協型」が存在する（**図表Ⅴ-4**）。

参加形態の違いから表れるのは、「自治」の形態がある日本に「依存型」が
存在している点である。この日本の事例の立法過程・執行過程で存在した「依
存型」は、地域住民の「自制的な規制」を前提とするものであり、本来政府が
自主的・自律的に作り出すべき正当化理由を地域住民の意思や行為を尊重し利
用したという点においては、フランスには見られない正当化技術の発明であっ
たと言える。しかし、その一方で、このことは、地域住民の意思や行為に依存
して、政府が本来有するべき主体性・自律性の喪失（水口 1987）、または主体
性・自律性に基づく知能や技能の乏しさゆえの発明だったとも言えるのではな
いだろうか。

また、基底価値の違いから表れるのは、日本には「妥協型」が存在するが、
フランスには存在しないという点である。「妥協型」を規定する1つの要素に
実体的決定を修正するというものがあるが、この現象は、フランスの場合にも
存在した。しかし、フランスの場合は、修正をしたとしても、自らの法解釈、
専門知、実績を正当化理由として「法解釈型」「専門知型」「実績型」となっ
た。ところが、日本の場合は、個別権利利益を優先することを強調して抵抗者
の異論に準ずる「妥協型」となった。これは、主体的・自律的に知能や技能を
用いることよりも、個別権利利益優先という基底価値が重みを持ったというこ
とである。このことから、フランスとの違いで日本の個別権利利益優先が基底
価値として政府の正当化技術を決める大きな要因であると見ることができる。
しかしその一方で、基底価値を退けることのできる主体性・自律性に基づく知
能や技能が欠如していたことで、基底価値が政府の正当化を覆す要因となりえ
たということであるとも言える。

いずれにしても、本研究の限りにおいて、参加形態・基底価値が正当化技術

図表Ⅴ-4　日仏の正当化技術

			法解釈型	専門知型	実績型	依存型	妥協型
日本 個別権利 利益優先	立法過程	参画	○	○	○		○
		自治				○	
	執行過程	参画	○	○	○		○
		自治	○			○	
フランス 一般公益 優先	立法過程	参画	○	○	○		
	執行過程	参画	○	○	○		

出典：著者作成。

に影響を与えたことは明らかである。[1]

5　立法過程・執行過程の異同と関係

　本研究においては、地方政府が都市計画制度を用いて都市計画を決定する「執行過程」のみでなく、中央政府が地方政府に参加形態の設定を委ねるという制度を決定する「立法過程」を対象とし、各過程の相互関係にも着目して「決定の正当化」を説明した。以下では、「立法過程」と「執行過程」との異同と相互関係を確認する。

5-1　立法過程と執行過程の異同

　参加制度に着目する場合、制度決定の正当化と、制度運用の際の決定の正当化に分けて考えなければならないことは、第Ⅰ部で述べたとおりである。制度決定の正当化は立法過程において中央政府によってなされ、制度運用の際の決定の正当化は執行過程において地方政府によってなされる。立法過程での正当化技術やそこで用いられる正当化理由が執行過程における制度運用の正当化に影響を与えることは十分にあり得るが、この2つの過程での正当化技術・正当化理由は必ずしも同一であるとは限らない。このような前提で分析を行った。

1　しかし、主体性・自律性に基づく知能や技能の能力の高低・有無と正当化技術との関係は、仮説の域を出るものではない。その検証のためには、本研究の素材としなかった他国において参加形態・基底価値の影響を検討する必要がある。

　分析の結果明らかになったのは、正当化技術については、**図表V-4**に示すように、日仏ともに立法過程と執行過程に表れる形態の類型は同じであるということである。具体的には、日本の場合は、5つの形態のすべてが立法過程と執行過程ともに存在し、フランスの場合は、「法解釈型」「専門知型」「実績型」が立法過程と執行過程ともに存在している。

　日仏の違いは、日本には、参加形態「自治」を構想し（立法過程）、運用していた（執行過程）こと、また、基底価値が個別権利利益優先であるため、「妥協型」が立法過程と執行過程に存在しているからである。こうしたことから、参加形態・基底価値による影響は見られるが、立法過程と執行過程において、正当化理由をどのように用いるかという、政府の行為形態には違いがないと言える[2]。

5-2　立法過程と執行過程の相互関係

5-2-1　執行過程から立法過程への影響

　執行過程から立法過程への影響の考察にあたっては、制度創設にあたり、地方政府の運用が想定されることは当然ではあるが、とりわけ、正当化技術に影響を与えたものを取り上げることとする。

　まず、日本については、地方政府で行われる委員会やそれに先立ち行われた研究会に自治体職員が参加をしている点や、審議会のまとめにあたり、自治体の聞き取り調査が行われている点に執行過程と立法過程の関係が見て取れる。自治体職員がこうした研究会に参考人として呼ばれる理由は、創設される制度が執行過程において運用可能であるかを検討するためである。そして、これらの研究会において紹介され議論された市町村や地区住民の活動実態が、地区計画策定手続の案の基礎となり、立法過程の決定に影響を与えていると言える。また、国会審議において①地区計画による規制と補償、②従来の都市計画手続との差異、③公聴会の義務化の必要性、④利害関係者の範囲（借家人の取扱い）、⑤地区計画制度創設にあたって自治体意見の反映、⑥合意形成の方法（意見調整の方法）が審議されているが、特に、①④⑤については、執行過程の

2　本研究では、中央政府の執行過程と地方政府の立法過程（条例または議決の制定過程）を見ていないので、この「違いがない」という結論も限定的なものにならざるを得ない。

運用を想定しながら議論がされ、これらの議論は立法過程の正当化技術「依存型」に影響を与えた。

　次に、フランスについては、国会審議の限りではあるが、執行過程を想定した意見が争点となり正当化理由に影響を与えている。例えば、執行過程でコンセルタシオン手続が増え、コミューンの活発な整備事業を困難にすることを懸念して、「コミューンの整備活動を麻痺させないため」という理由で、コンセルタシオンを義務とする整備事業の内容をデクレで定めることとされた。また、手続の瑕疵については、国民議会の意図は、コミューン議会がコンセルタシオン実施義務を過小評価することがないようにさせる点にあったことが確認されている。これらの議論は立法過程の正当化技術「実績型」に影響を与えた。

　以上のことから、参加形態と基底価値が執行過程の事象（執行過程の実績）を介して立法過程の正当化技術に影響を与えたと言える。見方を変えれば、地方政府の実績が立法過程の決定の正当化に影響を与えたと言える。

5-2-2　立法過程から執行過程への影響

　立法過程から執行過程への影響については、立法過程で創設された制度の運用であるため、執行過程が立法過程に影響を受けることは当然である。ここでは、立法過程で示された立法趣旨が執行過程にどのような影響を与えたかに着目して検討してみたい。

　まず、日本の立法過程で参加形態「自治」を運用に委ねる趣旨は「自制的な規制」であった。これを運用した「コモンシティ浦安地区」では、参加主体の「自制的な規制」による計画原案を合意し、地方政府はこの原案を受諾し、地域住民の合意という意思と行為を理由として決定が行われた。つまり、「自制的な規制」という立法趣旨が、他律的にもたらされた理由を利用するという知能や技能による正当化技術「依存型」に影響を与えた。

　次に、フランスの立法過程では、「参画」という参加形態が地方政府の自律に基づき行われることが制度の趣旨とされていた。この趣旨の通りにトゥールーズ・メトロポールは、主体的にコンセルタシオン規則を定め、コンセルタシオンの自律的な運用を行っていた。例えば、専門家による組織づくりやそのルールを自らコンセルタシオン規則として定めていた。したがって、フランス

の執行過程では、政府が自らの理由を主体的かつ自律的に用いることで、政府の知能や技能による正当化技術「法解釈型」「専門知型」「実績型」となった。

　以上のことから、参加形態が立法過程における立法趣旨として示されることで、執行過程の正当化技術に影響を与えたと言える。正当化技術をその客観的側面である正当化理由と主観的側面である知能や技能に分けて考えると、参加形態は立法過程の趣旨を介して正当化理由そのものでなく、正当化理由を用いる政府の知能や技能に影響を与えていると言える。

6　本研究で得られた知見とその意義

6‐1　正当化理由の決定における正当化技術の解明
6‐1‐1　本研究で得られた主な知見

　本研究の「正当化理由の決定における正当化技術の解明」に関する得られた主な知見を要約すると以下となる。

　第1に、政府の決定過程を「実体的決定」と「公的決定」に加えて「正当化理由の決定」（「決定が社会や人々に対して説得力を持つようにするための正当化理由を決定し提示する政府の行為」）に分けて分析する枠組みを示し実証研究により「正当化理由の決定」が存在することを明らかにした。

　第2に、「正当化理由の決定」において、政府が決定を正当化するために異論を無力化するという目的で正当化理由という道具を用いる「正当化技術」を「正当化理由」という客観的な側面と「政府の知能・技能」という主観的な側面に分けて検討する枠組みを示した。

　第3に、第1と第2の枠組みに基づいて、正当化理由の「時期の特定」、「理由の源泉」、そして政府による「理由の選択」という3つの視点から検討することで5つの「正当化技術」の型（「法解釈型」「専門知型」「実績型」「依存型」「妥協型」）を提示した。

　第4に、正当化技術の型が、実体的決定・正当化理由の決定における権力の所在の有無によって、自主的・自律的側面（「法解釈型」「専門知型」「実績型」）、他律的側面（「依存型」）、屈服の側面（「依存型」）という、正当化理由を用いる際の政府の主観的な側面に基づくことを示した。

　第5に、従来「合法性」「合理性」（科学的合理性・社会的合理性）によって説明されてきた正当化の論拠を正当化技術の5類型を示すことで、より明確に説明した。

　以上の得られた知見からも、政府の決定の正当化を探究するためには、「正当化理由の決定」という分析枠組みが有効であることがわかる。そして、政府の決定の正当化を「正当化技術」という観点から解明したことで実体的決定のみでは明らかにならない政府の行為形態を示した。

　また、政府は、実体的決定が修正されることで自己の活動の正統性が揺らぐことよりも、基底価値に基づく正当化理由を示すことで正統性を確保していた実態が明らかになった。こうした政府の正統性の確保という観点からも、実体的決定、公的決定の研究のみでは、政府の決定の正当化という行為を正確に捉えられられないことは明らかである。

6-1-2　上記の知見に関する本研究の意義

　本研究で得られた上記の知見をそれぞれの研究分野における先行研究と照らし合わせて、その意義を述べるならば、次のようになる。

　まず、政治哲学、政治思想における公的正当化の理論研究との関係で、本研究が接近しているのは、正当化の様態に関する議論である。これらの議論では、公共的正当化の粒度、理想化、公衆の範囲に着目する。これらに対して、本研究は決定の正当化における政府の行為形態から見た様態を示した。具体的には「正当化技術」という抵抗を無力化する目的で利用する正当化理由を政府がどのように用いるかという技術概念を示し、決定権力との関係でこれを解明している。この解明は、公共的正当化の議論に新たな視点を示した。

　次に、政策過程論との関係では、本研究は、制度そのものでなく制度がアクターの行動に及ぼす影響に焦点を当てる点で新制度論の範疇に入ると言える。なかでも、制度の主観的解釈者としてのアクターの重要性に注目し、制度とアクターの影響力関係は双方向であることを前提としている点で、「構成主義制度論」と位置付けることができる。しかしながら、「構成主義制度論」が制度変化におけるアクターの影響に焦点を当てるのに対して、本研究は、決定が社会に認知される正当化理由に着目した。とりわけ、実際の政策や施策、計画などの中身の決定、すなわち「実体的決定」に対して、その決定が社会や人々に

対して説得力を持つようにするための正当化理由を決定し提示する政府の行為である「正当化理由の決定」という枠組みを示し、これが実体的決定に影響を与え、独自のメカニズムが存在していることを明らかにし、実体的決定のみでは政府の決定の正当化を明らかにできないことを実証した。確かに、行政技術論や、トンプソンや森田のように正当化技術に着目するものもあるが、正当化理由の決定という枠組みを示し、実体的決定との関係を踏まえて政府の知能や技術の特徴までを検討するには至っていない。さらに、社会通念のような価値観が政府の正統性に影響を与えるというトンプソン等の理論を正当化理由の決定における基底価値との関係から補強した。

　政府の正統性に関する研究との関係に関しては、これらの研究が、正統性の定義や限界性、有用性に着目していることに対して、本研究では、正当化理由を決定の正当化の場面で政府が正統性を確保する方法であると捉えている。正統性理論において、政府が自らの正統性と正当化理由の関係に着目しないなかで、本研究では、正当化理由を用いて決定を正当化することで正統性を確保しようとする政府の行為を捉え、それを確認した。このことは、政府の正統性を正当化理由の観点から検討を加える可能性を提示するとともに、統治されている人々による承認・受容・支持の側面のみならず、政府の正統性の確保のための政府の知能・技能の働きについてその特徴を示している。

6‐2　正当化メカニズムの解明

6‐2‐1　本研究で得られた主な知見

　本研究の「正当化メカニズムの解明」に関する得られた主な知見を要約すると以下となる。

　第1に、参加形態が正当化技術に影響を与えることを解明した。「参加形態」とは、決定に対する市民の権力の強さをメルクマールとする参加の形態であるが、「参画」「自治」から派生する決定や決定作成における権力の違いが正当化技術における政府の知能や技能にどのように影響を与えるかを明らかにした。多元的参加が進行し、実体的決定に参加者の権力が及ぶ場合には、これが政府の正当化技術の主観的な側面に作用し、参加者の意思や行為が政府の決定の正当化に影響を与える。参加形態から生じる権力の所在の違いが、政府が正当化

理由を用いる際の主観的な側面に影響を与えるというメカニズムが明らかに
なった。

　なお、本研究では、参加形態に関連し、多元的参加のもとで展開される参加
者の意思や行為を考察し、合意形成の技法（全員一致型合意・非同意不在型合意・
多数意思尊重型合意）の存在も明らかになった。

　第2に、基底価値が正当化技術に影響を与えることを解明した。「個別権利
利益優先」「一般公益優先」という土地利用や財産権にかかわり社会に流布す
る基底価値の違いが政府の正当化技術の主観的側面に影響を与え、政府の決定
の正当化に影響を与えていることを実証した。

　以上の得られた知見は、参加形態・基底価値が正当化技術に影響を与えると
いう因果関係を示しており、それにより本研究は、政府の決定の正当化メカニ
ズムを説明する1つの枠組みを提供したと言えよう。

6-2-2　上記の知見に関する本研究の意義

　本研究で得られた上記の知見を先行研究と照らし合わせて、その意義を述べ
るならば、次のようになる。

　まず、民主主義理論との関係については、参加民主主義や熟議民主主義に関
する議論が、本研究の多元的参加あるいは参加形態の検討内容に深くかかわ
る。しかし、民主主義理論では政府の決定が正当性を持ちうる状態やその状態
に至るための体制、参加や熟議に関心が向けられており、法律が定める意見聴
取等の場合においては、抵抗者の異論に対して政府が決定を正当化する場面が
少なくないにもかかわらず、こうした点に目が向けられることが少なかった。
本研究は、参加民主主義を前提とし、「多元的な参加」が政府の正統性確保の
方法に影響を与え、それが政府による決定に影響を与える実態を実証した。具
体的には、多元的な参加が進行し、参加形態や基底価値の違いにより政府の決
定の正当化が異なるという点で、参加民主主義論、熟議民主主義論に参加形
態・基底価値と政府の決定との関係という検討枠組みを追加したものであると
言える。また、本研究では、参加民主主義の理想を実現する方法や熟議民主主
義論で議論されている「私的利益の集計」や「熟議の過程」に関する実態を合
意形成の技法として類型的に示し（全員一致型合意・非同意不在型合意・多数意思
尊重型合意）、これらが、政府の決定の正当化に影響を与えていることを明らか

にした。

　次に、地方自治研究は、「地方制度論」や「権力構造論」などに見られるように、その基本的問題関心は制度や構造の「状態」にある。また、「政策過程論」についても、もっぱら国から地方自治体への政策過程を捉えたものである。これに対して、本研究は、地方自治体が自らの意思で決定を行う参加制度を素材として、中央政府が決定を行う立法過程、地方政府が決定を行う執行過程において、政府の決定の正当化のメカニズムを解明した。また、妥当性が問われる正当化理由に着目し、日仏の違い、参加形態の違いを分析することで、地方政府の問題解決の行動に一定地区の住民の自治が与える影響とこれに対する地方自治体の行為形態を明らかにしている。

　都市計画学では、一定地区の計画策定や都市計画の決定における住民や利害関係者等の参加プロセスに関する多くの研究の蓄積がある。また、財産権を制限するさまざまな手法の開発に都市計画学は貢献してきた。しかし、都市計画が「現実の都市計画を将来あるべき姿に変えていくための技術」（第Ⅰ部5-6）であり、この実現には政府の決定が不可欠であるにもかかわらず、都市計画学は、政府の決定メカニズムについては目を向けてこなかった。

　本研究は、地区計画の制定過程やフランスのコンセルタシオンの制定過程、さらにALUR法制定（2014年）以降のフランスの都市計画制度を紹介するなど、新たな知見を提供するという点で都市計画学に貢献するが、政府の決定メカニズムにかかわり、次のような点に意義が見出せる。

　1つは、都市計画学の再評価である。都市計画学が探究する内容は、計画論や都市解析、市街地整備や交通計画、防災や環境問題と多岐にわたるが、これらは、本研究でいう実体的決定の内容である。そして、本研究で見たとおり、これらは正当化理由の決定においては、科学的根拠として持ち出される。ところが、都市計画学の研究科学的根拠が都市計画決定のなかでどのような位置を占めるかについては、目が向けられてこなかった。都市計画学の研究を正当化理由の決定という枠組みで捉え直すことで、都市計画学が有している都市計画決定における科学性の意味がより明確になる。

　2つに、参加と政府の決定を検討する枠組みの提供である。都市計画学において、参加を充実させる必要性は共通の認識とされつつも、参加が政府の決定

にどのように影響を与えるかについては、議論が及んでいなかった。本研究では、日仏の参加プロセスの実態を報告するとともに、決定に対する市民の権力の強さをメルクマールとする「参画」「自治」という枠組みを用いることで、参加が政府の決定にどのような影響を与えたかを明らかにした。こうした枠組みは、「充実した参加」の意味や目的の再検討、参加の手法や技術の開発に寄与するといえる。

6-3　立法過程と執行過程の異同と関係

6-3-1　本研究で得られた主な知見

本研究の「立法過程と執行過程の異同と関係」に関する得られた主な知見を要約すると以下となる。

第1に、立法過程と執行過程の異同については、参加形態・基底価値による影響は見られるが、立法過程・執行過程において、抵抗を無力化する目的で利用する正当化理由をどのように用いるかという、政府の行為形態には違いがないということを明らかにした。

第2に、立法過程と執行過程の関係である。立法過程の正当化技術や執行過程の事象が客観的側面である正当化理由と主観的側面である知能や技能に分けて考えることで、立法過程の趣旨は、正当化理由そのものでなく、正当化理由を用いる政府の知能や技能に影響を与えていることを明らかにした。

以上の得られた知見は、正当化技術を正当化理由という客観的な面と、「政府の知能や技能」という主観的な面に分けて検討したことにより、過程相互の関係をより詳細に分析する枠組みを提供したと言えよう。

6-3-2　上記の知見に関する本研究の意義

地方自治研究における政策過程論は、自治体が政策を生み出すメカニズムを解明する。これに対して、本研究は、地方自治体が自らの意思で決定を行う参加制度を素材として、中央政府が決定を行う立法過程、地方政府が決定を行う執行過程において、政府の決定の正当化のメカニズムを解明した。

本研究によって得られた知見は、地方と中央の関係に関する種々の理論モデルを決定の正当化という観点から補強するものであると言える。

7　残された課題

　本研究では、多元的な参加のもとでの政府の決定の正当化を説明する分析枠組みを提示した。しかし、その実証は、個別の事例を取り上げるにとどまっている。特に、参加形態「自治」の事例は日本固有のものである可能性も否めない。上記の分析枠組みを普遍的なものにするためには、事例を増やして定量的な分析を行う必要があるとともに、日本とフランスのみでなく、その他の地域で実証することも必要である。

　また、本研究は、立法過程・執行過程につき同一の決定主体である場合を取り扱っていない（立法過程は中央政府、執行過程は地方政府である場合のみを取り扱った）。政府の決定の正当化のより詳細な検討のためには、これらのケースを検討する必要もあるだろう。さらに言えば、政府の正当化技術は、政府がそもそも有している知能・技能の性質やその高低に影響を受けるとも考えられる。

　これらの点については、今後の研究課題としたい。

参考文献

≪日本語文献≫

秋月謙吾（2001）『行政・地方自治』東京大学出版会

秋元律郎（1971）『現代都市の権力構造』青木書店

秋吉貴雄（2000）「政策変容における政策分析と議論：政策志向学習の概念と実際」『日本公共政策学会年報：公共政策2000』（CD-ROM版）、1-13頁

秋吉貴雄（2007）『公共政策の変容と政策科学――日米航空輸送産業における2つの規制改革』有斐閣

秋吉貴雄・伊藤修一郎・北山俊哉（2015）『公共政策学の基礎〔新版〕』有斐閣ブックス

阿部昌樹（2003）『争訟化する地方自治』勁草書房

天川晃（1986）「変革の構想――道州制論の文脈」大森彌・佐藤誠三郎編『日本の地方政府』東京大学出版会

天野裕・土肥真人（1998）「東京都区部における地区計画策定プロセスの住民参加に関する研究」『都市計画論文集』33巻、445-450頁

天野雄介・城山英明（1999）「建設省の政策形成過程」城山英明・鈴木寛・細野助博編著『中央省庁の政策形成過程――日本官僚制の解剖』中央大学出版部

アリソン、グレアム・T（宮里政玄訳）（1977）『決定の本質――キューバ・ミサイル危機の分析』中央公論社

アリソン、グレアム・ゼリコウ、フィリップ（漆嶋稔訳）（2016）『決定の本質――キューバ・ミサイル危機の分析〔第2版〕I、II』日経BP社

石川健治（1997）「空間と財産――対照報告」『公法研究』59号、305-312頁

石川文康（1995）『カント入門』筑摩書房

石田頼房（1984）「地区計画制度の実績評価と今後の展望」『都市計画』132号、8-15頁

石田頼房（2004）『日本近現代都市計画の展開――1868-2003』自治体研究社

磯部力（1982）「地方分権化のためのフランス社会党の提案」『法律時報』54巻7号、118-121頁

磯部力（1990）「都市の土地利用と『都市法』の役割」石田頼房編『大都市の土地問題と政策』日本評論社、206-216頁

伊藤修一郎（2002）『自治体政策過程の動態――政策イノベーションと波及』慶應義塾大学出版会

伊藤大一（1984）「行政裁量論への予備的考察」日本行政学会編『日本の行政裁量――構造と機能』年報行政研究18、ぎょうせい

伊藤正次（2019）「官僚人事システムと『仕切られた専門性』――専門官の人事システムの構造と展望」大谷基道・河合晃一編『現代日本の公務員人事――政治・行政改革は人事システムをどう変えたか』第一法規

伊藤光利（1990）「地方政府構造と二元代表制」『名古屋市立大学教養部紀要　人文社会研究』

34号

伊藤光利・田中愛治・真渕勝（2000）『政治過程論』有斐閣

今関源成（1984）「公役務理論の変遷（ノート）」『早稲田法学』59巻1・2・3合併号、29-80頁

今村都南雄（2006）『官庁セクショナリズム』東京大学出版会

岩崎美紀子（1986）「連邦主義の理論と実際——連邦国家5カ国の比較研究」『一橋研究』11巻3号、33-48頁

岩崎美紀子（1990）「地方交付税と補助金をめぐる政治学」『レヴァイアサン』6号、52-68頁

植野妙実子（2014）「フランスにおける立法過程——修正権に着目して」『比較法雑誌』48巻1号、1-31頁

宇佐美誠（2000）『社会科学の理論とモデル4　決定』東京大学出版会

内海麻利（1998）『まちづくり条例の総合化と体系化の動向に関する研究——まちづくり条例の展開と法令・条例・要綱の関係に着目して』学位論文

内海麻利（2002）「宅地開発指導要綱の軌跡と地方分権——新たな局面での条例化に向けて」『自治総研』28巻12号、1-35頁

内海麻利（2008）「都市計画・まちづくり制度と合意形成」『自治総研』34巻3号、90-116頁

内海麻利（2010a）『まちづくり条例の実態と理論——都市計画法制の補完から自治の手だてへ』第一法規

内海麻利（2010b）「都市計画法制における意思決定手続と条例」『新都市』64巻2号、64-67頁

内海麻利（2012）「日本の都市計画法制の『総合性』に関する課題とフランスの『一貫性』」『駒澤大学法學部研究紀要』70号、145-177頁

内海麻利（2013）「フランスの都市計画の動向——グルネルⅠ・Ⅱ法に見るコンパクトシティ政策」『土地総合研究』21巻2号、65-73頁

内海麻利（2015a）「土地利用規制の基本構造と検討課題——公共性・全体性・時間性の視点から」『論究ジュリスト』15号、7-16頁

内海麻利（2015b）「フランスの都市計画ローカルプラン（PLU）の実態と日本への示唆」『土地総合研究』23巻1号、76-103頁

内海麻利（2016）「都市計画における参加制度と公共性判断——フランス・パリ・レアル地区再開発のコンセルタシオンを素材として」磯部力先生古稀記念論文集刊行委員会編『都市と環境の公法学——磯部力先生古稀記念論文集』勁草書房、411-440頁

内海麻利（2017a）「住民組織の合意形成とまちづくり協議会の意義——真野地区の歴史的展開に着目して」日本都市センター編『都市自治体における市民参加と合意形成—道路交通・まちづくり・コミュニティ』日本都市センター、141-176頁

内海麻利・室田昌子・大澤昭彦・杉田早苗（2017b）「地区計画策定手続の意義と実態に関する研究——地区計画創設時の経緯と意図及び全国自治体調査を通して」『都市計画論文集』52巻3号、632-639頁

内海麻利（2017c）「都市計画における『参加』の諸相——都市計画学会学術研究論文を素材として」自治体学30巻2号、43-50頁

内海麻利（2019）「空間制御における合意形成」金井利之編著『縮減社会の合意形成——人口

減少時代の空間制御と自治』第一法規、138-157頁

内海麻利（2021）「都市計画法制の転換の方向性」日本都市計画学会編『都市計画の構造転換』鹿島出版会、366-377頁

浦安市（1999）『浦安市史　まちづくり編』

浦安市（2013）『浦安市都市計画マスタープラン』

浦安市都市整備部都市計画課（2018）『浦安の都市計画』

江口久美子（2011）「フランスにおけるグルネル2法下のZPPAUPからAVAPへの展開に関する研究——サン・ジャン・ド・リュズ市を対象として」『都市計画論文集』46巻3号、211-216頁

恵羅嘉男（1968）『PPBSの話——新しい計画・予算システム』日経文庫

大杉覚（1991）『戦後地方制度改革の〈不決定〉形成——地方制度調査会における審議過程をめぐって』東京大学都市行政研究会編、東京大学都市行政研究会

大杉覚（2008）「地方分権の推進——地域発自治創造への挑戦」地域づくり団体全国協議会『実践まちづくり読本——自立の心・協働の仕掛け』公職研

大河原伸夫（1996）『政策・決定・行動』木鐸社

大久保和夫（1981）「みんなで住みよい街づくりを——都市計画法及び建築基準法の一部を改正する法律（55.5.1公布、法律第35号）『時の法令』1108号、12-17頁

大澤昭彦・桑田仁・加藤仁美・室田昌子・中西正彦（2017）「地区計画制度の成立経緯に関する研究」『都市計画論文集』52巻3号、624-631頁

大嶽秀夫（1979）『現代日本の政治権力経済権力』三一書房

大橋洋一（2015）「土地利用規制と救済」『論究ジュリスト』15号、17-25頁

大村敦志・金山直樹・木村琢磨・辻村みよ子・中田裕康・樋口陽一・星野英一・山元一・亘理格・吉田克己（2008）「特別座談会　第7回日仏法学共同研究集会　憲法・行政法・民法における一般利益（アンテレ・ジェネラル）＝公益」『ジュリスト』1353号、64-93頁

大森彌（1970-1975）「行政における機能的責任と『グラス・ルーツ』参加(1)〜(4)——米国連邦資源開発行政の一研究」国家学会雑誌83巻1・2号、84巻9・10号、84巻11・12号、88巻3・4号

大森彌・佐藤誠三郎編（1986）『日本の地方政府』東京大学出版会

大山礼子（1994）「フランスの地方自治制度——分権化改革とこれからの課題」『法律時報』66巻12号、52-55頁

大山礼子（2013）『フランスの政治制度〔改訂版〕』東信堂

岡井有佳（2008）『フランスの都市圏における広域都市計画（SCOT）制度に関する研究』学位論文

岡井有佳・内海麻利（2011）「フランスの低炭素都市の実現に向けた都市計画制度の動向に関する研究——環境グルネルにみる総合性と国の役割」『都市計画論文集』46巻3号、967-972頁

岡崎篤行・米野史健・吉村輝彦・手島健治・橋本政子・山中正樹（1996）「建築・都市計画分野における参加研究の動向（その1．研究の枠組みと参加内容の分析、その2．研究方法の分析と研究の類型化、その3．研究推移の分析）」日本建築学会編『学術講演梗概集F-1、都市計画、建築経済・住宅問題』585-590頁

小高剛・大阪市立大学法学会編（1977）『住民参加手続の法理』有斐閣

小野耕二編著（2009）『構成主義的政治理論と比較政治』ミネルヴァ書房

甲斐道太郎ほか（1979）『所有権思想の歴史』有斐閣

角田禮次郎ほか共編（2016）『法令用語辞典〔第10次改訂版〕』学陽書房

片岡寛光編（1985）『国と地方——政府間関係の国際比較』早稲田大学出版部

片山健介・大西隆・城所哲夫・瀬田史彦（2002）「地方分権に対応した国土整備手法——フランスの計画契約制度に着目して」『都市計画論文集』37号、457-462頁

加藤淳子（1997）『税制改革と官僚制』東京大学出版会

加藤富子（1985）『都市型自治への転換——政策形成と住民参加の新方向』ぎょうせい

角松生史（2010）「都市空間管理をめぐる私益と公益の交錯の一側面——行訴法10条1項『自己の法律上の利益に関係のない違法』をめぐって」社會科學研究61巻3・4号、139-159頁。

金井利之（2007）『自治制度』東京大学出版会

金井利之（2010）『実践自治体行政学——自治基本条例・総合計画・行政改革・行政評価』第一法規

金井利之（2020）『行政学概説』放送大学教育振興会

蒲島郁夫（1988）『政治参加』東京大学出版会

鎌田薫（1983）「都市計画・土地利用規制法制の論理と構造」渡辺洋三・稲本洋之助編『ヨーロッパの土地法 現代土地法の研究（下）』岩波書店、121-149頁

川上秀光（1987）「都市計画論」都市計画教育研究会編『都市計画教科書』彰国社、26-41頁。

川崎興太・大村謙二郎（2008）「長期間未整備の都市計画道路をめぐる都市計画訴訟に関する研究——都市計画道路の整備及び見直しのあり方を再考するために」『都市計画論文集』43-3号、271-276頁

川崎信文（1982）「フランス地方行政における県知事の位置と役割——戦後の論争と1964年改革」田口富久治編『主要諸国の行政改革』勁草書房

河中自治振興財団（1978）『新しい街づくりの計画手法に関する研究——西ドイツの地区詳細計画と我が国への導入』

河原田千鶴子・宮脇勝（2005）「フランスの『広域統合計画 SCOT』の策定・承認プロセスに関する新制度の研究—— SRU 法及び UH 法に基づく策定・承認プロセスとレンヌ地方の市町村間協力の事例」『都市計画論文集』40巻1号、9-20頁

北原鉄也著・愛媛大学法学会編（1998）『現代日本の都市計画』成文堂

北村喜宣（2004）『分権改革と条例』弘文堂

北山俊哉（1988-1989）「中央地方関係と公共政策——新しい制度論的アプローチ(1)(2)」『法学論叢』124巻2号、16-39頁、125巻4号、109-130頁

木寺元（2012）『地方分権改革の政治学——制度・アイディア・官僚制』有斐閣

君嶋武胤（1978）「川崎市の地区カルテ」（特集／地区計画と住民）『調査季報』57号、44-49頁

キャンベル、ジョン・C（真渕勝訳）（2014）『自民党政権の予算編成』勁草書房

金哲弘（1986）「法定地区計画策定の動機と過程からみた計画の評価と問題点——埼玉県の事例を対象として」『都市計画論文集』21号、325-330頁

久保茂樹（1995）「フランス都市計画法における公衆参加手続の進展」『青山法学論集』37巻2号、17-64頁

熊澤貴之（2013）「フランス都市計画における合意形成に向けたアソシアシオンによる保全活動の評価——モントルイユ市 Murs à peches の PLU の策定を事例として」『都市計画論文集』48巻3号、1089-1094頁

倉沢進（1990）「コミュニティづくり20年の軌跡と課題」『都市問題』第81巻第2号、3-15頁

クロダ、ヤスマサ（秋元律郎・小林宏一訳）（1976）『地方都市の権力構造』勁草書房

黒沼稔・山下佐邦（1957）「わが国地方自治の歴史と特徴」磯村英一・星野光男編『地方自治読本』東洋経済新報社

建設省（1980）想定問答集「第91回国会　都市計画法及び建築基準法の一部を改正する法律案想定問答集　総論編」（1980年3月、田村参事官）

建設省計画局長・都市局長・住宅局長通達（1980）「都市計画法及び建築基準法の一部改正について」（1980年10月6日）

建設省住宅局内建築行政研究会編著（1981）『建築行政における地区計画』第一法規

建設省都市局都市計画課作成資料「特定街区と地区計画の基本的な相違」1980年3月4日（「法律案審議録（都市計画法及び建築基準法の一部改正）昭和55年第91回国会、建設省関係3」所収）

建設省都市局都市政策課（1980）「都市計画中央審議会第8号答申『長期的視点に立った都市整備の基本方向』について」『新都市』34巻1号、43-59頁

建設省都市局編、建設省都市局都市計画課（2016）『都市計画年報』都市計画協会

小泉秀樹・吉村輝彦・村山顕人・杉崎和久（2001）「『コミュニティ・ベイストプランニング』に関する研究レビュー」都市計画234号、53-58頁

小泉秀樹（2006）「都市計画理論の歴史的展開と都市計画の公共性」高見沢実編著『都市計画の理論　系譜と課題』学芸出版社

河野勝（2002）『制度』〈社会科学の理論とモデル12〉東京大学出版会

国土交通省国土交通政策研究所（2005）「都市計画策定過程における行政と住民のやりとりに関する研究〜日本・ドイツ・フランスの制度と運用に着目して〜」国土交通政策研究第49号、11頁

国土交通省国土交通政策研究所（2007）「住宅・建築行政オーラルヒストリー」（片山正夫住宅局市街地建築課長（制度創設時）の証言を含む）

国土交通省都市・地域整備局都市計画課、住宅局市街地建築課監修、地区計画研究会編（2018）『解説＆事例　地区計画の手引』ぎょうせい

国土交通省（2015）『第8版都市計画運用指針』〜（2019）『第11版都市計画運用指針』

小西真樹（2008）「都道府県・市町村間の都市計画決定権限の分担に関する基礎的研究——新都市計画法以降の権限分担の全容及び移譲過程から」『都市計画論文集』43-3号、331-336頁

小西真樹（2012）「都市計画決定に対する国の関与の範囲の縮減化に関する研究——新都市計画法以降の分権改革の経過について」『都市計画』47-2号、96-104頁

小林重敬「都市の構造転換と都市計画のあり方の変化」岩村正彦ほか編『現代の法9　都市と法』岩波書店、67-97頁

小林雄次（1989）「建築決定論、環境決定論、空間決定論——3近代決定論の比較分析」『都市計画論文集』24号、637-642頁

小林良彰・新川達郎・佐々木信夫・桑原英明（1987）『アンケート調査にみる地方政府の現実

　　　——政策決定の主役たち』学陽書房

小堀貴子（1994）「アメリカ政治学における『新制度論』」『法学政治学論究』21号、315-350頁

近藤康史（2006）「比較政治学における『アイディアの政治』——政治変化と構成主義」日本
　　政治学会編『政治学の新潮流——21世紀へ向けて（年報政治学2006-Ⅱ）』木鐸社、36-59頁

齋藤純一（2000）『公共性』岩波書店

齋藤純一・田村哲樹編（2012）『アクセスデモクラシー論』日本経済評論社

齋藤純一（2019）「合意形成における理由の検討」金井利之編著『縮減社会の合意形成——人
　　口減少時代の空間制御と自治』第一法規、28-44頁

齊藤純一・嶋田暁文（2019）「合意形成とは何か？」金井利之編著『縮減社会の合意形成——
　　人口減少時代の空間制御と自治』第一法規、20-27頁

サイモン、ハーバート・A（松田武彦・高柳暁・二村敏子訳）（1989）『経営行動——経営組織
　　における意思決定プロセスの研究〔新版〕』ダイヤモンド社

佐々木毅（2012）『政治学講義〔第2版〕』東京大学出版会、第1部第7章「公共の利益」

佐藤誠三郎・松崎哲久（1986）『自民党政権』中央公論社

佐藤竺（1962）「審議会のありかた」『エコノミスト』40巻15号、42-44頁

佐藤竺（1965）『日本の地域開発』未来社

社会保障研究所編（1992）『福祉国家の政府間関係』東京大学出版会

塩野宏（2009）「行政法における『公益』について——公益法人制度改革を機縁として」『日本
　　學士院紀要』64巻1号、25-50頁

塩原恒文（1978）「市民がつくる政策統計——武蔵野市の地域生活環境指標」（特集／地区計画
　　と住民）『調査季報』57号、40-44頁

（財）自治体国際化協会（パリ事務所）（2001）『フランスの地方分権15年』Clair Report No.
　　221

（財）自治体国際化協会（パリ事務所）（2008）『フランスにおける基礎自治体の運営実態調査
　　——人口2,000人未満の「コミューン」における行政運営の実態』Clair Report No. 331

篠塚昭次（1974）『土地所有権と現代——歴史からの展望』日本放送出版協会

篠原一（1977）『市民参加』岩波書店

シュミット、ヴィヴィアン著（加藤雅俊訳）（2009）「アイデアおよび言説を真摯に受け止め
　　る」小野耕二編著『構成主義的政治理論と比較政治』ミネルヴァ書房

シュムペーター、J・A（中山伊知郎、東畑清一訳）（1995）『資本主義・社会主義・民主主義』
　　東洋経済新報社

城絵里奈・依田真治・内海麻利（2015）「地区計画制度の評価と運用実態に関する研究——ア
　　ンケート調査による制度創設時と今日との比較分析」『都市計画論文集』50巻3号、464-471
　　頁

城山英明・鈴木寛・細野助博編著（1999）『中央省庁の政策形成過程——日本官僚制の解剖』
　　中央大学出版部

新川達郎（1997）「審議会・懇談会と自治体政策形成」『都市問題』88巻1号、63-78頁

鈴木温・矢嶋宏光・岩佐賢治・屋井鉄雄（2008）「フランスの計画体系における計画間調整の
　　仕組みと意義」『都市計画論文集』43巻3号、943-948頁

鈴木隆（1994）「地方分権と協議整備区域ZAC」小林重敬編、計画システム研究会著『協議型

　まちづくり——公共・民間企業・市民のパートナーシップ＆ネゴシエーション』学芸出版社、115-162頁

杉崎和久（2010）「都市計画関連分野における『参加』機会の現状」『都市計画』54-4、55-59頁

杉田敦（2015）『権力論』岩波書店

ストゥルイユ、ジャン・フランソワ、亘理格（2012）「フランスの土地法及び都市計画法に関する研究講演会」『土地総合研究』20巻2号、135-188頁

砂原庸介（2006）「地方政府の政策選択——現状維持点（Status Quo）からの変化に注目して」『年報行政研究』41号、154-172頁

砂原庸介（2011）『地方政府の民主主義—財政資源の制約と地方政府の政策選択』有斐閣

スピーゲル、ハンス・B・C編（田村明訳）（1975）『市民参加と都市開発』鹿島出版会

曽我謙悟（1998）「アーバン・ガバナンスの比較分析（一）——英・仏・日の都市空間管理を中心に」『国家学会雑誌』111巻7・8号

曽我謙悟（1999）「アーバン・ガバナンスの比較分析（二）——英・仏・日の都市空間管理を中心に」『国家学会雑誌』112巻1・2号

曽我謙悟・待鳥聡史（2007）『日本の地方政治——二元代表制政府の政策選択』名古屋大学出版会

ダール、ロバート・A（高畠通敏訳）（1999）『現代政治分析』岩波書店

田尾雅夫（2011）『市民参加の行政学』法律文化社

高橋和宏・大西康雄編著（1994）『自己組織化過程のネット分析——地域権力構造の比較研究』八千代出版

高橋進（1984）「地区計画立法のころのこと」『新都市』38巻2号、42-44頁

高畠通敏（1963・1964）「アメリカ近代政治学の基礎概念（一）（二）」『国家学会雑誌』76巻7・8号、77巻7・8号

高見沢邦郎（1978）「地区計画をどう理解するか」（特集／地区計画と住民）『調査季報』57号、54-60頁

高見沢実編著（2006）『都市計画の理論—系譜と課題』学芸出版社

高村学人（2003）「フランスにおける近隣住区の機能とその制度化—都市計画における参加と訴訟の関係」『法社会学』59号、70-89頁

高村学人（2007）『アソシアシオンへの自由——「共和国」の論理』勁草書房

滝沢正（2010）『フランス法〔第4版〕』三省堂

建林正彦（1999）「新しい制度論と日本官僚制研究」日本政治学会編『20世紀の政治学』（年報政治学1999）岩波書店、73-91頁

建林正彦・曽我謙悟・待鳥聡史（2008）『比較政治制度論』有斐閣

谷下雅義・今西昭裕（2006）「都市計画税の課税および税率の決定要因」『都市計画論文集』41-3号、631-634頁

田丸大（2000）『法案作成と省庁官僚制』信山社

田丸大（2005）「省庁における法案の作成過程とその変容」『年報行政研究』40号、68-86頁

田村明（1980）『宅地開発における開発指導要綱の成立過程とその基礎的都市環境整備への効果に関する総合的研究』学位論文

田村明（1997）『都市を計画する』岩波書店

田村哲樹（2008）『熟議の理由——民主主義の政治理論』勁草書房

垂水英司（2012）「神戸のまちづくり　創生期の想いと今」こうべまちづくりセンター制作・構成『宙 Vol. 7　神戸のまちづくり　その歩みとこれから——まちづくり条例制定30年によせて』神戸市都市整備公社こうべまちづくりセンター、21-29頁

千葉県企業庁（1978）『浦安地区住宅地基本計画』

千葉県企業庁（1989）『浦安地区第2期住宅地基本計画（変更）報告書』

地方自治研究資料センター（1979）『自治体における政策形成の政治行政力学』ぎょうせい

地方自治研究資料センター（1982）『都市化と議員・地域リーダーの役割行動』ぎょうせい

地方自治制度研究会編（1973）『コミュニティ読本』帝国地方行政学会

地方自治制度研究会編（1975）『続コミュニティ読本』ぎょうせい

地方自治制度研究会編（1977）『新コミュニティ読本』ぎょうせい

辻清明（1950）「行政における権力と技術——現代行政学の理解のために」『思想』309号

辻清明（1976）『日本の地方自治』岩波書店

辻村みよ子・糠塚康江（2012）『フランス憲法入門』三省堂

手塚洋輔（2010）『戦後行政の構造とディレンマ——予防接種行政の変遷』藤原書店

出口敦（2021）「都市計画の構造と構造転換」日本都市計画学会編『都市計画の構造転換』鹿島出版会、16-29頁

ドゥブイ、クリスティアン（下井康史訳）（1998）「フランスの地方分権」『北大法学論集』48巻6号、1440-1474頁

（公財）都市計画協会（2016・2018）『都市計画年報』

都築早織・片山茜・谷口守（2017）「キーワードからみた都市計画研究の変遷」『都市計画論文集』52-3号、329-335頁

友岡史仁（2003）「建築確認制度における審査手続の問題——平成10年建築基準法改正を契機にして」『中央学院大学法学論叢』16巻1号、137-176頁

戸矢哲朗（青木昌彦監訳、戸矢理衣奈訳）（2003）『金融ビッグバンの政治経済学——金融と公共政策策定における制度変化』東洋経済新報社

鳥海基樹（2010）「フランスの都市計画の広域化と地方分権——機能不全、策定組織、補完措置を軸に」『新世代法政策学研究』7号、249-289頁

内閣法制局（1980）「法律案審議録（都市計画法及び建築基準法の一部改正）昭和55年第91回国会：建設省関係3」

中井検裕（2002）「都市計画と法」日本都市計画学会編『実務者のための新・都市計画マニュアルI』丸善出版、5-25頁

中井検裕（2021）「公共性の変容と都市計画法制の変遷」日本都市計画学会編『都市計画の構造転換』鹿島出版会、34-43頁

中嶋泰・土田旭・土井幸平・高見沢邦郎（1979）「建築と都市を結ぶもの」『建築雑誌』vol. 94 no. 1152、9-16頁

中田晋自（2005）『フランス地域民主主義の政治論——分権・参加・アソシアシオン』御茶の水書房

中田晋自（2015）『市民社会を鍛える政治の模索——フランスの「近隣民主主義」と住区評議

会制』御茶の水書房

中田実（1990）「フランスの都市住民自治組織」『名古屋大学社会学論集』11号、1-21頁

中田実編著（2000）『世界の住民組織——アジアと欧米の国際比較』自治体研究社

中出文平（1990）「特別用途地区及び地区計画制度を通してみた用途制限の問題点」『都市計画論文集』25号、505-510頁

中野実（1986）「地方利益の表出・媒介と公共的意思決定」中野実編『日本型政策決定の変容』東洋経済新報社

長野基（2007）「分析　地域自治区・合併特例区の現状」『月刊自治研』49号、31-41頁

長野基・饗庭伸（2007）「東京都区市自治体における都市計画審議会を媒介にした法定都市計画過程と議会の関係性の分析」『日本都市計画学会大会論文集』42巻3号、235-240頁

中村紘一・新倉修・今関源成監訳、Termes juridiques 研究会訳（2012）『フランス法律用語辞典〔第3版〕』三省堂

中村八朗（1973）『都市コミュニティの社会学』有斐閣

名取良太（2004）「府県レベルの利益配分構造——地方における政治制度と合理的行動」大都市圏選挙研究班『大都市における選挙・政党・政策——大阪都市圏を中心に』31-75頁

成田頼明（1989）『土地政策と法』弘文堂

名和田是彦（1998）『コミュニティの法理論』創文社

西岡晋（2007）「政策アイディア論、言説分析」縣公一郎・藤井浩司編『コレーク政策研究』成文堂

西尾勝（1974）「行政国家における行政裁量——その予備的考察」阿利莫二・渓内謙・井出嘉憲編『現代行政と官僚制・上』東京大学出版会

西尾勝（1975）『権力と参加——現代アメリカの都市行政』東京大学出版会

西尾勝（1990）『行政学の基礎概念』東京大学出版会

西尾勝・村松岐夫編（1994）『講座行政学　第5巻　業務の執行』有斐閣

西尾勝（2000）『行政の活動』有斐閣

西谷剛（2003）『実定行政計画法——プランニングと法』有斐閣

西山康雄（1975）「物的決定論の検討——英国都市計画職能に関する研究」『都市計画論文集』10号、253-258頁

日本建築センター「西ドイツの都市計画制度と運用」編集委員会編（1977）『西ドイツの都市計画制度と運用——地区詳細計画を中心として』日本建築センター

日本都市計画学会編（2002）『実務者のための新・都市計画マニュアルⅠ』丸善株式会社

野波寛・加藤潤三（2010）「コモンズ管理者の承認をめぐる2種の正当性——沖縄本島における赤土流出問題をめぐる社会的ガバナンスの事例調査」『コミュニティ心理学研究』13巻2号、152-165頁

野波寛（2011）「コモンズの管理と公共政策に関わる多様なアクターの権利——正当性の相互承認構造に関する実証と教育を目的とした'誰がなぜゲーム'の開発」『シミュレーション＆ゲーミング』21巻2号、115-124頁

野波寛（2017）『正当性（レジティマシー）の社会心理学——海と草原と基地が問う「社会的決定の権利」』ナカニシヤ出版

バーガー、ピーター・L、ルックマン・T（山口節郎訳）（1977）『現実の社会的構成——知識

社会学論考』新曜社

バーナード、C・I（山本安次郎・田杉競・飯野春樹訳）（1968）『新訳　経営者の役割』ダイヤモンド社、175-180頁

長谷川貴陽史（2005）『都市コミュニティと法——建築協定・地区計画による公共空間の形成』東京大学出版会

服部麻理子（2011）「フランスの建築許可制度にみる裁量統制のあり方」『一橋法学』10巻3号、285-341頁

早川淳（2008）「都市計画決定過程の多段階化に向けて——都市計画決定手続の課題と改正の方向」『都市計画』57-2号、17-20頁

早田宰（2006）「計画主体理論の再構築をめざして」高見沢実編著『都市計画の理論——系譜と課題』学芸出版社

林泰義（2001）「コミュニティ・ベイストプランニングと公共性」『都市計画』234号、5-10頁。

原田純孝（1993a）「フランスの都市計画制度と地方分権化（上）」『社会科学研究』44巻6号、1-52頁

原田純孝（1993b）「都市計画システムとその主体」原田純孝・広渡清吾・吉田克己・戎能通厚・渡辺俊一編『現代の都市法——ドイツ・フランス・イギリス・アメリカ』東京大学出版会、192-221頁

原田純孝・広渡清吾・吉田克己・戎能通厚・渡辺俊一編（1993）『現代の都市法——ドイツ・フランス・イギリス・アメリカ』東京大学出版会

原田純孝（1999）「都市にとって法とは何か」『都市問題』90巻6号、3-18頁

原田純孝（2004）「フランス都市法の新展開——連帯と参加のある持続可能な都市再生」原田純孝・大村謙二郎編『現代都市法の新展開——持続可能な都市発展と住民参加：ドイツ・フランス』東京大学社会科学研究所、103-129頁

原田純孝・大村謙二郎編（2004）『現代都市法の新展開——持続可能な都市発展と住民参加：ドイツ・フランス』東京大学社会科学研究所

馬場健司（2003）「意思決定プロセスにおけるアクターの役割—— NIMBY 施設立地問題におけるハイブリッド型住民参加の可能性」『都市計画論文集』38-3号、217-222頁

日笠端（1962a）「都市計画としての地区計画の法制化」『新都市』16巻1号、9-12頁

日笠端（1962b）「日本と外国の都市計画の相違点」『建築雑誌』77巻918号、603-611頁

日笠端・石田頼房・簑原敬（1977）「地区詳細計画に関するパネルディスカッション-2-」『新都市』31巻8号、16-27頁

日笠端（1979）「我が国の都市の現状と都市計画の必要性」『自治実務セミナー』18巻6号、40-45頁

日笠端（1980）「地区計画制度研究の経過とわが国の都市整備」『自治研究』56巻7号、13-15頁

日笠端（1981）『地区計画——都市計画の新しい展開』共立出版

日笠端（1986）『都市計画〔第2版〕』共立出版

日笠端（1997）『コミュニティの空間計画』共立出版

樋口陽一・佐藤幸治・中村睦男・浦部法穂（1997）『憲法II〈第21条〜第40条〉』青林書院

樋野公宏・小島康太朗（2004）「総合計画策定過程における計画提案主体の代表性向上手法の

　　検討——板橋区基本構想ワークショップおよび区民意識意向調査を事例に」『都市計画論文集』39号、91-96頁。

日端康雄（1978）「地区計画と市街地整備」（特集／地区計画と住民）『調査季報』57号、61-67頁

日端康雄・磯部力・小野道弘・森岡秀悟・安藤利雄・垂水英司・林泰義（1983）「〈座談会〉実践をふまえて地区計画制度を語る」『都市計画』124号、27-43頁

日端康雄（1988）『ミクロの都市計画と土地利用』学芸出版社

日端康雄・藤家寛（1993）「地区を単位とした計画規制の実効性について——地区計画制度決定地区を事例として」『都市計画論文集』28号、295-300頁

広渡清吾（1975）「西ドイツの土地政策と土地法制——その序論的考察」『法律時報』47巻7号、63-74頁

樋渡展洋（1991）『戦後日本の市場と政治』東京大学出版会

福井英雄（1975）「革新自治体発展の課題と条件——吹田市を例として」足立忠夫・福井英雄・加藤一明・村松岐夫・福島徳寿郎編『現代政治と地方自治』有信堂

福田歓一（1977）『近代民主主義とその展望』岩波書店

フィシュキン、ジェイムズ・S（岩木貴子訳、曽根泰教監修）（2011）『人々の声が響き合うとき——熟議空間と民主主義』早川書房

フッド、クリストファー（森田朗訳）（2000）『行政活動の理論』岩波書店

藤垣裕子（2003）『専門知と公共性——科学技術社会論の構築へ向けて』東京大学出版会

藤田宙靖（1977）「建築の自由と土地利用規制——西ドイツの例を中心として」『法の支配』30号、61-71頁

藤田宙靖（1988）『西ドイツの土地法と日本の土地法』創文社

藤田宙靖・磯部力・小林重敬編集代表（2002）『土地利用規制立法に見られる公共性』土地制度に係る基礎的詳細分析に関する調査研究委員会編、土地総合研究所

プライス、ドン・K（中村陽一訳）（1969）『科学と民主制』みすず書房

フランス行政法研究会編（1990）『現代行政の統制——フランス行政法研究』成文堂

ペイトマン、キャロル（寄本勝美訳）（1977）『参加と民主主義理論』早稲田大学出版部

ベントリー、アーサー・F（喜多靖郎・上林良一訳）（1994）『統治過程論——社会圧力の研究』法律文化社

牧田実（1991）「土地利用の『公共性』と地域社会」『大手前女子大学論集』25号、65-91頁

待鳥聡史（1996）「アメリカ連邦議会研究における合理的選択制度論」『阪大法学』46巻3号、317-361頁

松下圭一（1991）『政策型思考と政治』東京大学出版会

真渕勝（1987）「アメリカ政治学における『制度論』の復活」『思想』11月号、126-154頁

真渕勝（2009）『行政学』有斐閣

見上崇洋（1977）「フランスにおける都市計画法の成立に関する一考察——都市計画地役の側面から（一）」『法学論叢』102巻2号

三木清著、竹本智志編（2019）『技術哲学』紫洲書院

水口憲人（1985）『現代都市の行政と政治』法律文化社

水口憲人（1987）「行政における『技術』と『参加』——アメリカ行政学を素材として（一）

　（二完）」法学雑誌34巻1号、1-33頁、34巻2号、187-224頁

宮川公男（1970）『オペレーションズ・リサーチ』春秋社

宮川公男編（1973）『システム分析概論——政策決定の手法と応用』有斐閣双書

村松岐夫（1979）「地方自治論のもう一つの可能性——諸学説の傾向分析を通して」『自治研究』55巻7号、3-36頁

村松岐夫（1983）「中央地方関係論の転換——中間団体としての府県を中心に（上）（下）」『自治研究』59巻3号、3-17頁、59巻4号、3-14頁

村松岐夫（1984）「中央地方関係に関する新理論の模索（上）（下）——水平的政治競争モデルについて」『自治研究』60巻1号、3-18頁、60巻2号、3-15頁

村松岐夫（1985）「集権化の下における自治概念の再検討——政治過程論の中の地方自治」『自治研究』61巻1号、22-37頁

村松岐夫（1986）「政府間関係と政治体制」大森彌・佐藤誠三郎編『日本の地方政府』東京大学出版会、209-240頁

村松岐夫（1988a）『地方自治』東京大学出版会

村松岐夫（1988b）「中央地方関係の比較論ノート」『法学論叢』122巻4・5・6号、95-118頁

室田昌子（2005）「ドイツの計画確定手続きの運用実態と事業化段階での異議と決定に関する制度の課題——ベルリン州道路事業を事例として」『都市計画論文集』40-3号、475-480頁

メキ、ムスタファ（齋藤哲志訳）（2009）「フランス法における一般利益に関する序論的考察」『新世代法政策学研究』1号、125-156頁

森大輔（2016）「判例研究への質的比較分析（QCA）の応用の可能性——米国の弁護人依頼権に関する判例の分析を例に」『熊本法学』136号、262-318頁

森道哉（2006）「政策科学と制度の理論」村山晧・木村高宏編『政策科学のフィールド』晃洋書房、15-33頁

森田朗（1988）『許認可行政と官僚制』岩波書店

森田朗編（1998）『行政学の基礎』岩波書店

森村道美編著（1978）『コミュニティの計画技法』彰国社

門彬（2003）「フランスの憲法改正——新たな地方分権改革法の制定」『調査と情報』425号、1-10頁

安本典夫（2017）『都市法概説〔第3版〕』法律文化社

柳至（2018）『不利益分配の政治学——地方自治体における政策廃止』有斐閣

山﨑榮一（2006）『フランスの憲法改正と地方分権——ジロンダンの復権』日本評論社

山下淳（1983-1984）「西ドイツにおける土地の建築的利用規制——建築自由に関する予備的考察(1)—(6)」『自治研究』59巻10号、92-114頁、59巻11号、105-124頁、59巻12号、92-109頁、60巻1号、110-124頁、60巻2号、128-141頁、60巻3号、119-138頁

山下保博（2002）「東京都区部における都市計画変更に表れた道路の政策決定変遷に関する実証的考察」『都市計画論文集』37号、169-174頁

横山美夏（2019）「フランス法の所有（propriété）概念」『法律時報』91巻2号、63-67頁

吉田克己（1990）「フランス民法典第544条と『絶対的所有権』」乾昭三編『土地法の理論的展開』法律文化社

吉田克己（1993）「総論――都市法の論理と歴史的展開」原田純孝ほか編『現代の都市法――
　ドイツ・フランス・イギリス・アメリカ』東京大学出版会、192-221頁

笠京子（1990）「中央地方関係の分析枠組――過程論と構造論の総合へ」『香川法学』10巻1
　号、39-93頁

笠京子（2017）『官僚制改革の条件――新制度論による日英比較』勁草書房

蠟山政道（1923）「行政の概念構成に於ける『技術』の意義」『国家学会雑誌』37(2)(3)

ロールズ、ジョン（川本隆史・福間聡・神島裕子訳）（2010）『正義論〔改訂版〕』紀伊國屋書
　店

和田幸信・白井清文・関川健一（2012）「ディジョン市の地域都市計画プラン（PLU）制度上
　の特徴――フランスにおける旧市街地の修復に関する研究・その70」『日本建築学会学術講
　演梗概集（都市計画2012）』543-548頁

渡辺俊一（1993）『「都市計画」の誕生――国際比較からみた日本近代都市計画』柏書房

渡辺俊一（2001）「都市計画の概念と機能」原田純孝編『日本の都市法Ⅰ　構造と展開』東京
　大学出版会、139-216頁

渡部純（2001）「戦後政治学と日本型多元主義論――何が引き継がれるべきか」『青森法政論
　叢』2号、47-68頁

亘理格（1997）「憲法理論としての土地財産権論の可能性」『公法研究』59号、293-304頁

亘理格（2004）「フランスのまちづくり法における市民参加制度」原田純孝・大村謙二郎編
　『現代都市法の新展開――持続可能な都市発展と住民参加』東京大学社会科学研究所、161-
　181頁

≪外国語文献≫

Arnstein S. R.（1969）*A Ladder of Citizen Participation*, Journal of the American Plan-
　ning Association, Vol. 35, No. 4, pp. 216-224

ARPE PACA（Agences Régionales pour l'environnement de Provence-Alpes-Côte
　d'Azur）（2011）Plan local d'urbanisme et développement durable, un document pratique
　pour innover.

Assemblée Nationale（1984a）Rapport n° 2207 de M. Destrade au nom de la commission
　de production et des échanges sur le projet de loi pour un renouveau de l'aménage-
　ment.

Assemblée Nationale（1984b）Rapport n° 2477 de M. Destrade, au nom de la commission
　de la production et des échanges sur le projet de loi, modifié par le Sénat, relatif à la
　définition et à la mise en œuvre de principes d'aménagement.

Assemblée Nationale（1985a）Rapport n° 2696 de M. Destrade, au nom de la commission
　mixte paritaire chargée de proposer un texte sur les dispositions restant en discussion
　du projet de loi relatif à la définition et à la mise en œuvre de principes d'aménage-
　ment.

Assemblée Nationale（1985b）Rapport n° 2722 de M. Destrade, au nom de la commission
　de la production et des échanges sur le projet de loi, modifié par le Sénat en deuxième
　lecture, relatif à définition et à la mise en œuvre de principes d'aménagement.

Assemblée Nationale (1985c) Rapport n° 2810 de M. Destrade, au nom de la commission de la production et des échanges sur le projet de loi modifié par le Sénat en troisième et nouvelle lecture, relatif à la définition et à la mise en œuvre de principe d'aménagement (en vue de la lecture définitive).

Assemblée Nationale (2000) Rapport n° 2229 de M. Rimbert au nom de la commission de la production et des échanges sur le projet de loi, relatif à la solidarité et au renouvellement urbains.

Atger, C (2000) *La concertation en aménagement*, CERTU.

Bauer, R. A. and Gergon K. J. eds (1968) *The Study of Policy Formation*, The Free Press.

Beland, D. & Cox, R. H. (2011) *Ideas and Politics in Social Science Research*, Oxford University Press.

Bernard, F., et Bedel, A. (2001) « Cinquante questions sur la loi solidarité et renouvellement urbains », *Courrier des maires et des élus locaux*, n° 132, pp. 27-37.

Braybrooke David and Charles E. Lindblom (1963) *A Strategy of Decision : Policy Evaluation as a Social Process*, Free Press.

Caddick, B (1981) "Equity Theory, Social Identity, and Intergroup Relations," *Review of Personality and Social Psychology*, Vol. 1, pp. 219-245.

Certu (Centre d'Etudes sur les réseaux, les transports, l'urbanisme et constructions publiques) (2013) Le PLU (Le Plan Local d'Urbanisme) : Fhiche n° 4, Les Orientations d'Aménagement et de Programmation.

Châteaureynaud, P. (2003) *Dictionnaire de l'urbanisme ; 800 mots, actes et procédures*, 3ᵉ édition, Le Moniteur.

Club PLUi (2014) Fiche PLUi et concertation ; Elément de cadrage juridique et retours d'expériences.

Commission des communes de France (1978) *La réponse des maires de France recueilli par la Commission des communes de France*, La Documentation française

Commission d'enquête publique (2018a) *Enquête publique : Élaboration du Plan Local d' Urbanisme intercommunal valant programme local de l'Habitat (PLUi-H) de Toulouse Métropole (37 communes)*, Tome 1: rapport, Volume 4, Chapitre 2, Toulouse secteurs 4 à 6.

Commission d'enquête publique (2018b) *Enquête publique : Élaboration du Plan Local d' Urbanisme intercommunal valant programme local de l'Habitat (PLUi-H) de Toulouse Métropole (37 communes)*, Tome 2: conclusions motivées, Volume 1, le 17 septembre 2018.

Conseil d'Etat (1992) *L'urbanisme : Pour un droit plus efficace*, La Documentation française.

Cuillier, F. (2002) *Les débats sur la ville 4. Solidarité et renouvellement urbains : propos sur la loi SRU*, Agence d'Urbanisme Bordeaux Métropole Aquitaine.

Dahl, R. A. (1957) "The Concept of Power," *Behavioral Science*, No. 2.

306

Derthick, Martha and Paul J. Quirk (1985) *The Politics of Deregulation*, Brookings Institution.

Deswarte, M.-P. (1988) « Intérêt général, bien commun », *R. D. P.*, p. 1289.

DGUHC (2001) *Loi relative à la solidarité et au renouvellement urbains.*

Direction de l'Action Territoriale (sans date) Secteur Sud-Est, Toulouse, *Compte rendu des Réunions.*

Dornbusch, Sanford Maurice and W. Richard Scott (1975) *Evaluation and the Exercise of Authority*, Jossey-Bass.

Dror, Yehezkel (1968) *Public Policymaking Reexamined*, Chandler Publishing.

Dror, Yehezkel, (1983) *Public Policymaking Reexamined*, Transaction Publishing. (= 2006、足立幸男監訳、木下貴文訳『公共政策決定の理論』ミネルヴァ書房)

Dryzek, J. (2010) *Foundations and Frontiers of Deliberative Governance*, Oxford University Press.

Duval, J. (2001) « Un des oublis de la loi SRU: la sécurité juridique dans l'instruction des permis de construire », *Gazette des communes*, n° 1585, pp. 48-53.

Dworkin, Ronald (1977) *Taking Rights Seriously*, Harvard University Press. (= 2003、木下毅・野坂泰司・小林公訳『権利論〔増補版〕』木鐸社)

Fatôme, E. (1993) « L'urbanisme contractuel », *AJDA*, numéro spécial Droit de l'urbanisme, bilan et perspectives, p. 63 et s.

Galbraith, J. K. (1969) *The New Industrial State*, Houghton Mifflin.

Gaus, Gerald (1996) *Justificatory Liberalism : An Essay on Epistemology and Political Theory*, Oxford University Press.

Gaus, Gerald (2011) *The Order of Public Reason : A Theory of Freedom and Morality in a Diverse and Bounded World*, Cambridge University Press.

Gaus, Gerald (2012) "Sectarianism without Perfection? Quong's Political Liberalism," *Philosophy and Public Issues*, 2, pp. 7-15.

Gauthier, D. (1986) *Morals by Agreement*, Oxford University Press.

Goldstein, Judith and Robert O. Keohane eds., (1993) *Ideas and Foreign Policy : Belief, Institutions, and Political Change*, Cornell University Press.

Goze, M. (2002) « La stratégie territoriale de la loi SRU », *Revue d'économie régionale et urbaine*, n° 5, pp. 761-776.

Gray, Virginia (1973) "Innovation in the States: A Diffusion Study," *American Political Science Review*, Vol. 67, No. 4, pp. 1174-1185.

GRIDAUH (2001) *Droit de l'aménagement, de l'urbanisme et de l'habitat 2001.* Dossier spécial: La loi relative à la solidarité et au renouvellement urbains, Dalloz.

Habermas, J. (1999) *Moral Consciousness and Communicative Action*, MIT Press.

Hall, Peter A. and Rosemary C. R. Taylor (1996) "Political Science and the Three New Institutionalisms," *Political Studies*, Vol. 44, No. 5, pp. 936-957.

Homsey, Matthew J, Russel Spears, Iris Cremers and Michael A. Hogg (2003) "Relations Between High and Low Power Groups: The Importance of Legitimacy," *Personality and*

Social Psychology Bulletin, Vol. 29, No. 2, pp. 216-227.

Hunter, Floyd (1953) *Community Power Structure*, University of California Press.

Jackson, Robert (2010) "Social Constructivism," in Jackson, Robert and Georg Sorensen, *Introduction to International Relations : Theories and Approaches*, 4th ed, Oxford University Press.

Jacquot, H. et Lebreton, J. (2001) « La refonte de la planification urbaine », *Actualité juridique. Droit administrative*, 57ᵉ année, n° 1, pp. 27-40.

Jacquot, Henri et François Priet (2008) *Droit de l'urbanisme*, 6ᵉme éd., Dalloz.

Jasanoff, Sheila (1994) *Fifth Branch : Science Advisors as Policy Makers*, Harvard Univ. Press.

Johnson, Cathryn (2004) "Introduction: Legitimacy Processes in Organizations" in Johnson Cathryn ed., *Legitimacy Processes in Organizations*, Elsevier, pp. 1-24.

Jost, John T., Diana Burgess and Cristina O. Mosso (2001) "Conflicts of Legitimation among Self, Group, and System," in Jost, John T. and Brenda Major eds., *The Psychology of Legitimacy : Emerging Perspectives on Ideology, Justice, and Intergroup Relations*, Cambridge University Press, pp. 363-388.

Jost, John T. and Mahzarin R. Banaji (1994) "The Role of Stereotyping in System-Justification and the Production of False Consciousness," *British Journal of Social Psychology*, Vol. 33, No. 1, pp. 1-27.

Jost, John T., Mahzarin R. Banaji and Brian A. Nosek (2004) "A Decade of System Justification Theory: Accumulated Evidence of Conscious and Unconscious Bolstering of the Status Quo," *Political Psychology*, Vol. 25, No. 6, pp. 881-919.

Kelman, Herbert C. (2001) "Reflections on Social and Psychological Processes of Legitimization and Delegitimization," in Jost, John T. and Brenda Major eds., *The Psychology of Legitimacy : Emerging Perspectives on Ideology, Justice, and Intergroup Relations*, Cambridge University Press, pp. 54-73.

Kingdon, John W. (2003) *Agendas, Alternatives, and Public Policies*, 2nd ed., Longman. (＝2017、笠京子訳『アジェンダ・選択肢・公共政策——政策はどのように決まるのか』〈ポリティカル・サイエンス・クラシックス12〉勁草書房)

King, Gary, Robert O. Keohane and Sidney Verba (1994) *Designing Social Inquiry : Scientific Inference in Qualitative Research*, Princeton University Press. (＝2004、真渕勝監訳『社会科学のリサーチ・デザイン——定性的研究における科学的推論』勁草書房)

Lasswell, Harold D. and Kaplan, Abraham (1950) *Power and Society ; a Framework for Political Inquiry*, Yale University Press. (＝2013、堀江湛・加藤秀治郎・永山博之訳『権力と社会——政治研究の枠組』芦書房)

Lay, J. (2001) « Commentaire des dispositions de la loi SRU relatives à l'urbanisme », *Administrer*, n° 333, pp. 10-29.

Lihmann, Niklas (1975) *Legitimation durch Verfahren*, Luchterhand. (＝1990、今井弘道訳『手続きを通しての正統化』風行社)

Lindblom, Charles E. and Edward J. Woodhouse (1993) *The Policy-Making Process*, 3rd ed. Pretince-Hall.（＝2004、藪野祐三・案浦明子訳『政策形成の過程——民主主義と公共性』東京大学出版会）

LITEC（2002）*La loi SRU et le droit de l'urbanisme.*

Loubiere, A. et Piron, O. (2001)《 Loi SRU: une révolution culturelle pour l'urbanisme ? Renouvellement urbain et urbanisme d'extension 》, *Urbanisme,* n° 317, pp. 34-35.

March, James G. and Johan P. Olsen (1976) *Ambiguity and Choice in Organizations,* Universitetsforlaget.（＝1986、遠田雄志・アリソン・ユング訳『組織におけるあいまいさと決定』有斐閣）

March, James G. and Johan P. Olsen (1989) *Rediscovering Institutions : the Organizational Basis of Politics,* Free Press.（＝1994、遠田雄志訳『やわらかな制度——あいまい理論からの提言』日刊工業新聞社）

Menzel, Donald C. and Irwin Feller (1977) "Leadership and Interaction Patterns in the Diffusion of Innovations among the American States," *Western Political Quarterly,* Vol. 30, No. 4, pp. 528-536.

Merlin, P. et F. Choay (2005) *Dictionnaire de l'urbanisme et de l'aménagement,* nouvelle édition, PUF.

Meyer, John W. and Brian Rowan (1977) "Institutionalized Organizations: Formal Structure as Myth and Ceremony," *American Journal of Sociology,* Vol. 83, No. 2, pp. 340-363.

Ministère de l'écologie, du développement durable et de l'énergie (sans date) Fiche technique 5: Les orientations d'aménagement et de programmation.

Ministère de logement de l'égalité des territoires (2014) Un urbanisme et un aménagement rénovés pour relancer la construction.

Ministère du logement et de l'habitat durable (2016) Fiche technique 5: Les orientations d'aménagement et de programmation.

Morand-Deviller, Jacqueline (2018) *Droit de l'urbanisme,* 10ᵉ éd., Dalloz.

Pipard-Thavez, D. (2002) *Le droit de l'urbanisation après la loi SRU,* MB Edition.

Piron, O. (2002)《 Evolution des politiques urbaines: de la rénovation au renouvellement 》, *Etudes foncières,* n° 95, pp. 8-9.

Quong, J. (2004) "The Scope of Public Reason," *Political Studies,* Vol. 52, No. 2, pp. 233-250.

Quong, J. (2011) *Liberalism without Perfection,* Oxford University Press.

Ranney, Austin (1968) "The Study of Policy Content: A Framework for Choice" in Ranney, Austin ed., *Political Science and Public Policy,* Markham.

Rawls, J. (2002) *The Law of Peoples with "The Idea of Public Reason Revisited",* Harvard University Press.

Rawls, J. (2005) *Political Liberalism,* Expanded ed, Columbia University Press.

Reed, Steven R. (1986) *Japanese Prefectures and Policymaking,* University of Pittsburgh Press.（＝1990、森田朗・新川達郎・西尾隆・小池治訳『日本の政府間関係——都道府県の政策決定』木鐸社）

Renn. O. (1995) "Style of Using Scientific Enterprise: A Comparative Framework," *Science and Public Policy*, 22(3), pp. 147-156.

Sabatier, Paul A. (1992) "Political Science and Public Policy" in Dunn, William N. and Rita Mae Kelly eds., *Advances in Policy Studies since 1950*, Transaction, pp. 27-57.

Schmidt, Vivien A. (2002) *The Futures of European Capitalism*, Oxford University Press.

Schmidt, Vivien A. (2010a) "Reconciling Ideas and Institutions through Discursive Institutionalism," in Beland, Daniel and Robert Henry Cox eds., *Ideas and Politics in Social Science Research*, Oxford University Press, pp. 47-64.

Schmidt, Vivien A. (2010b) "Taking Ideas and Discourse Seriously: Explaining Change through Dis-coursive Institutionalism as the Fourth 'New Institutionalism'," *European Political Science Review*, Vol. 2, No. 1.

Sénat (1984) Rapport n° 51 de M. Lucotte, au nom de la commission des affaires économiques et du plan sur le projet de loi, adopté par l'Assemblée nationale, relatif à la définition et à la mise en œuvre de principes d'aménagement.

Sénat (1985a) Rapport n° 252 de M. Pluchet au nom de la commission des affaires économiques et du plan, sur le projet de loi, adopté avec modifications par l'Assemblée nationale en deuxième lecture, relatif à la définition et à la mise en œuvre de principes d'aménagement.

Sénat (1985b) Rapport n° 305 de M. Pluchet, au nom de la commission mixte paritaire chargée de proposer un texte sur les dispositions restant en discussion du projet de loi relatif à la définition et à la mise en œuvre de principes d'aménagement.

Sénat (1985c) Rapport n° 347 de M. Pluchet au nom de la commission des affaires économiques et du plan sur le projet de loi adopté avec modifications par l'Assemblée nationale en nouvelle lecture relatif à la définition et à la mise en œuvre de principes d'aménagement.

Sénat (2000a) Rapport n° 304 de M. Althapé au nom de commission des affaires économiques sur le projet de loi, adopté par l'Assemblée nationale après déclaration d'urgence, relatif à la solidarité et au renouvellement urbains.

Sénat (2000b) Avis n° 306 de M. Bimbenet au nom de la commission des affaires sociales sur le projet de loi, adopté par l'Assemblée nationale après déclaration d'urgence, relatif à la solidarité et au renouvellement urbains.

Simon, Herbert A., Donald W. Smithburg, and Victor A. Thompson (1950) *Public Administration*, Alfred A. Knopf, Inc., pp. 425-427.

Simon, Herbert A (1957), *Administrative Behavior : A Study of Decision Making Process in Administrative Organizations*, 2nd ed., Free Press.

Simon, Herbert A (1997) *Administrative Behavior : A Study of Decision Making Process in Administrative Organizations*, 4th ed., Free Press. (=2009、桑田耕太郎・西脇暢子・高柳美香・高尾義明・二村敏子訳『経営行動——経営組織における意思決定過程の研究〔新版〕』ダイヤモンド社)

Stanford Encyclopedia of Philosophy (2018) "Public Justification", First published, Tue Feb

27, 1996; substantive revision Thu Mar 1, 2018 (https://plato.stanford.edu/entries/justi fication-public/).

Steinmo, Sven, Kathleen Thelen and Frank Longstreth eds., (1992) *Structuring Politics : Historical Institutionalism in Comparative Analysis,* Cambridge University Press.

Stewart, Murray, Laurence Carmichael and David Sweeting (2004) Participation, Leadership, and Urban Sustainability. Plus Final Research Report (www.plus-eura.org/re searchfindings.htm).

Suchman, Mark C. (1995) "Managing Legitimacy: Strategic and Institutional Approaches," *Academy of Management Review,* Vol. 20, No. 3, pp. 571-610.

Thelen, K. (1999) "Historical Institutionalism in Comparative Politics," *Annual Review of Political Science,* Vol. 2.

Thompson, Victor A. (1950) *The Regulatory Process in OPA Rationing,* King's Crown Press, chapter 3 "The Gasoline Eligibility Committee".

Toulouse Métropole (2015a) Procès-verbal, Conseil de la Métropole, le jeudi 9 avril 2015.

Toulouse Métropole (2015b) « Prescription de l'élaboration du Plan Local d'Urbanisme intercommunal tenant lieu de Programme Local de l'Habitat (PLUi-H) de Toulouse Métropole: Définition des objectifs poursuivis, des modalités de collaboration avec les communes membres et de la concertation auprès du public et ouverture de la concertation auprès du public – DEL-15-150 », le 9 avril 2015.

Toulouse Métropole (2017a) PLUi-H: Bilan de la concertation (avril 2015 – mai 2017).

Toulouse Métropole (2017b) Délibération n° DEL-17-0728: Plan Local d'Urbanisme intercommunal tenant lieu de Programme Local de l'Habitat (PLUi-H) de Toulouse Métropole: Arrêt du bilan de la concertation avant l'arrêt du projet, Conseil de la Métropole du 03 octobre 2017.

Toulouse Métropole (2019a) Délibération n° DEL-19-0211, Approbation du Plan Local d' Urbanisme intercommunal tenant lieu de Programme Local de l'Habitat (PLUi) de Toulouse Métropole, le 11 avril 2019.

Toulouse Métropole (2019b) PLUi-H approuvé par délibération du Conseil de la Métropole du 11/04/2019; 2 – PADD (Projet d'Aménagement et de Développement Durables).

Traore, S. (2001) *Les schémas de cohérence territoriale de la loi SRU du 13 décembre 2000,* L'Harmattan.

Trapitzine, R. (2003) « La non opposabilité du PADD: comment devancer les risques ? », *Etudes foncières,* n° 102, pp. 15-20.

Tribillon, J. (2001) « Sur quelques innovations urbanistiques de la loi SRU », *Etudes foncières,* n° 90, mars-avril, pp. 14-16.

Tyler, Tom R. (2006) "Psychological Perspectives on Legitimacy and Legitimation," *Annual Review of Psychology,* Vol. 57, pp. 375-400.

Vallier, K. (2014) *Liberal Politics and Public Faith : Beyond Separation,* Routledge.

Vogel, S., (1996) *Freer Markets, More Rules : Regulatory Reform in Advanced Industrial*

Countries, Cornell University Press.

Walker, Henry A., George M. Thomas and Morris Zelditch, Jr. (1986) "Legitimation, Endorsement, and Stability," *Social Forces*, Vol. 64, No. 3, pp. 620-643.

Walker, Jack L. (1969) "The Diffusion of Innovations among the American States," *American Political Science Review*, Vol. 63, No. 3, pp. 880-899.

Weber, Max (1924/1978) *Economy and Society* in Roth, Guenther and Claus Wittich eds., Vol. 1, University of California Press.

Zelditch, Morris (2001) "Process of Legitimation: Recent Developments and New Directions," *Social Psychology Quarterly*, Vol. 64, No. 1, pp. 4-17.

初出論文一覧（以下に記載のない部分は、すべて書き下ろしである）

第Ⅰ部　決定の「正当化技術」を解明する意味

5　先行研究——これまでの研究と本研究の意義——

・内海麻利（2017）「都市計画における『参加』の諸相——都市計画学会学術研究論文を素材として」『自治体学』30巻2号、43-49頁

第Ⅱ部　日仏都市計画法制と即地的詳細計画

1　日本の都市計画法と地区計画

・内海麻利（2015）「土地利用規制の基本構造と検討課題——公共性・全体性・時間性の視点から」『論究ジュリスト』2015年秋号、有斐閣、7-16頁

・内海麻利（2014）「地区計画の実効性と自治体の自主性（第2回）　世田谷区の地区計画の実態」『自治体法務 NAVI』Vol. 59 28-38頁

・内海麻利（2014）「地区計画への期待と制度の仕組み」『自治体法務 NAVI』Vol. 58、2-7頁

・内海麻利（2014）「日仏の地区詳細計画の意義と実態（第3回）　日本の地区計画の実態と課題」『土地総合研究』22巻4号、107-131頁

2　フランスの都市計画法と PLU

・内海麻利（2018）〔翻訳〕コンセイユ・デタ「一般利益に関する考察1999年報告書」『駒澤法学』17巻2・3・4号、91-103頁

・内海麻利（2014）「日仏の地区詳細計画の意義と実態（第1回）　フランスの都市計画法の特徴と計画制度の動態」土地総合研究22巻2号、87-102頁

・内海麻利（2014）「日仏の地区詳細計画の意義と実態（第2回）　日仏の地区詳細計画における比較の視点」『土地総合研究』22巻3号、62-82頁

・内海麻利（2013）「フランスの都市計画法制の動向——グルネルⅠ・Ⅱ法にみるコンパクトシティ政策」『土地総合研究』21巻2号、65-73頁

・内海麻利（2012）「日本の都市計画法制の『総合性』に関する課題とフランスの『一貫性』」『駒澤大學法學部研究紀要』70号、145-177頁

第Ⅲ部　立法過程における正当化技術——実証研究その1——

1　日本の地区計画策定手続の立法過程

・内海麻利（2021）「「管理型」都市計画における地区計画の可能性と課題」藤田宙靖監修、亘理格・内海麻利編著『縮退の時代の「管理型」都市計画』第一法規、79-91頁

- 内海麻利（2018）「まちづくりと自治」幸田雅治編『地方自治論——変化と未来』法律文化社、202-226頁
- 内海麻利・室田昌子・大澤昭彦・杉田早苗（2017）「地区計画策定手続の意義と実態に関する研究——地区計画創設時の経緯と意図及び全国自治体調査を通して」『都市計画論文集』52巻3号
- 内海麻利・杉田早苗・大澤昭彦（2017）「地区計画制度の策定手続の意義——策定手続の成立の経緯とその意図に着目して」『日本建築学会大会梗概集』

第Ⅳ部　執行過程における正当化技術——実証研究その2——

1　日本の地区計画策定手続の執行過程

- 内海麻利（2019）「空間制御における合意形成——地区内の合意・市町村と地区の合意」金井利之編著『縮減社会の合意形成』第一法規、138-157頁
- 内海麻利（2017）「住民組織の合意形成とまちづくり協議会の意義——真野地区の歴史的展開に着目して」日本都市センター編『都市自治体における市民参加と合意形成——道路交通・まちづくり・コミュニティ』日本都市センター、141-176頁
- 城絵里奈・依田真治・内海麻利（2015）「地区計画制度の評価と運用実態に関する研究——アンケート調査による制度創設時と今日との比較分析」『都市計画論文集』50巻3号、464-471頁

2　フランスのPLU策定手続の執行過程

- 内海麻利（2017）「フランスPLUの策定プロセスにおける地域住民の意思の反映——コンセルタシオンにおける住区評議会の役割に着目して」日本都市センター編『都市自治体における市民参加と合意形成——道路交通・まちづくり・コミュニティ』日本都市センター、176-203頁
- 内海麻利（2016）「都市計画における参加制度と公共性判断——フランス・パリレアル地区再開発のコンセルタシオンを素材として」磯部力先生古稀記念論文集刊行委員会編『都市と環境の公法学（磯部力先生古稀記念論文集）』勁草書房、411-440頁
- 内海麻利（2015）「日仏の地区詳細計画の意義と実態（第4回）フランスの都市計画ローカルプラン（PLU）の実態と日本への示唆」『土地総合研究』23巻1号、76-103頁
- 内海麻利（2013）「フランスの再開発における参加制度の実態に関する研究——パリ・レアル地区のコンセルタシオンに着目して」『都市計画論文集』48巻3号、693-698頁

索　引

あ 行

アイディア ……………………………… 8, 40-41
意見聴取委員会 ………………… 83, 204, 243
依存型 ………………… 124, 272-273, 281
一般公益 ………………… ii, 23, 263-264
一般公益優先 ………………… 23, 85-86, 278-280
一般利益 ………… ii, 32, 68-71, 153, 263, 264

か 行

外的要因への屈服の側面 ……………… 13, 273
科学的合理性 ………………… 16-17, 280
閣議決定 ………………… 91, 111, 122
河中財団委員会 ………………… 93, 102
基底価値 …… 23-24, 126-127, 153, 199, 263, 276 -280
協議会方式 ………………… 64, 86, 100, 127, 208
近隣民主主義法 ………………… 204, 216
グルネルⅠ法 ………………… 66, 75, 221-222
グルネルⅡ法 ………………… 75, 200
計画起案期 ………………… 156, 158-159, 203
計画決定期 ………………… 156, 158-159, 204
計画策定期 ………………… 156, 158-159, 203
決定作成 ……… 11, 13, 15, 86, 270, 273, 275-276
権限移譲 ………………… 21, 54, 129
権限配分法 ………………… 66, 72, 79, 85
建設省 ………………… 91-92, 93
建設審議会 ………………… 101
建築可能性の制限の原則（principe de la constructibilité limitée）……………… 73, 76
建築の自由 ………………… 55, 86, 105
権力構造論 ………………… 46, 289
元老院 ………………… 129, 131-132
合意（consensus）……………… 17
広域一貫スキーム（SCOT）……………… 74, 75

公開意見聴取 …………… 83, 204, 209, 243, 261
構成主義制度論 ………………… 39-40, 286
公的決定 ……… ii, 11-12, 14-15, 25-26, 267-268
合同会議 ………………… 93, 107
合法性 ………………… 15-16, 280
合理性 ………………… 15-17, 280
合理的選択制度論 ………………… 39
国民議会 ………………… 129, 131, 133-135
国民生活審議会報告 ………………… 99
国会審議 …… 90, 94-95, 113, 122, 129, 134-135, 149
コビル（Copil）………………… 219, 221
個別権利利益 ……… 63, 162, 199, 210, 264, 279
個別権利利益優先 ………………… 23, 86, 280
個別利益 ………………… 69, 165, 210, 263
コミューン ………………… 67, 72, 74, 82, 205
コミューン間協力公施設法人（EPCI）…67-68, 75, 85, 200, 206-207
コミュニティ ………… 46, 94, 99-100, 105, 110
コミュニティ研究会 ………………… 100, 110
コミュニティ施設 ………………… 63, 100, 110
コミュニティ政策 ………………… 99-100
コミュニティに関する対策要綱 ……………… 99
コモンシティ浦安 ……… 157, 168-169, 178-179
コンセイユ・デタ ………………… 131-132, 134
コンセルタシオン（concertation）… 73, 79-82, 202-203, 207-213, 226-231
コンセルタシオン規則 ………………… 229-231, 250
コンセルタシオン憲章 ………………… 79, 203

さ 行

参画 ………………… 20-23, 34, 274-276
参加形態 …… 19-23, 85, 126-127, 153, 198, 263, 274-276
市街化の制限の原則（principe d'urbanisation

limitée)・・・・・・・・・・・・・・・・・・・・・・・・・・・・ 75-76

時期の特定・・・・・・・・・・・・・・・・・・・・ 4-5, 29, 267

自制的な規制 ・・・113, 122, 124, 155, 183, 187, 274 -275, 281

事前後見監督 ・・・・・・・・・・・・・・・・・・・・・・・・・・・・・ 129

自治・・・・・・・・・・・・・・・・・・20-23, 34, 274-276

自治省・・・・・・・・・・・・・・・・・・・94, 99, 100, 110

執行過程・・・・・・・・・・ iv, 32, 158, 202-203, 282-285

実績型・・・・・・・・・・・・・・・・ 125, 272-273, 280-281

実体の決定 ・・・・ ii, 3, 4, 8-10, 13-15, 26, 267-269, 272-273

私的利益 ・・・・・・・・・・・・・・・・・・・・・・ 43, 68, 210

市民参加 ・・・・・・・・・・・・・・・・・・・・・・ 20-21, 129

市民参加の8階梯・・・・・・・・・・・・・・・・・・・20-21

社会学的制度論・・・・・・・・・・・・・・・・・・・・・・・・・・ 39

社会的合理性 ・・・・・・・・・・・・・・・・・ 16-17, 280

自由行政・・・・・・・・・・・・・・・・・・・・・・・・・・・・ 128

住居へのアクセスと都市計画の刷新のための
法律（ALUR法）・・・・・・・・・・・・・・・・・ 75-76, 221

住区委員会・・・・・・・・・・・・・・・・・・・・・・・・・・・ 216

住宅局・・・・・・・・・・・・・・・・・・・・・91-92, 98

住民・・・・・・・・・・・・・・・・・・・・・・・・・62, 160

熟議・・・・・・・・・・・・・・・・・・・ 44, 183, 288

熟議民主主義 ・・・・・・・・・・・・・・・・・・・・・・・44, 288

主体的な選択の側面・・・・・・・・・・・・・・・・13, 273

自律的な決断の側面・・・・・・・・・・・・・・・・13, 273

審署・・・・・・・・・・・・・・・・・・・・・・・・・ 130-131

スプロール現象・・・・・・・・・・・・・・・・・・・・・・・・・ 98

政策過程論 ・・・・・・・・・・・・・・・・ 38, 46-47, 286

政治思想・・・・・・・・・・・・・・・・・・・・・37-38, 286

政治哲学・・・・・・・・・・・・・・・・・・・・・37-38, 286

正当化技術 ・・・ i, 1, 3-4, 7-8, 17-19, 25, 267, 271 -273

正当化理由 ・・・・・・・・・・・・・・・・・・ i, 2-5, 9-10

正当化理由の決定 ・・・・・・ ii, 2-3, 11, 13-15, 26, 267 -269, 272-273

正統性 ・・・・・・ v, 2, 4, 9, 23, 27, 41-42, 68, 267, 280, 286

整備と持続可能な開発発展の構想（PADD）
・・・・・・・・・・・・・・・・・・74, 76-77, 200, 232

整備とプログラムの方針（OAP）・・・・ 75-79, 200 -202, 208

全員一致型合意・・・・・・・・・・・・・・・・180, 195, 288

潜在的抵抗者 ・・・・・・・・・・・・・・・・・・・・・・・・・・・ 5

専門知型・・・・・・・・・・・・・・ 124, 271-273, 280-281

即地的詳細計画・・・・・・・・ iii, 31, 51-52, 84, 86-87

た　行

妥協型・・・・・・・・・・・・・・・ 126, 272-273, 280-281

宅地開発指導要綱・・・・・・・・・・・・・・・・・・・・・・・・ 98

多元的な参加 ・・・・・・・・・ iv, 6-7, 19-20, 85-87, 266

多数意思尊重型合意・・・・・・・・・・・・・・・185, 195, 288

他律的な拘束の側面・・・・・・・・・・・・・・・・・・・・13, 273

地区計画・・・・・・・・・・・・・・・・・・ iv, 31, 58-61

地区計画策定手続・・・・・ 61-64, 103, 107, 155, 158, 161-162

千葉県浦安市 ・・・・・・・・・・・・・・・・33-34, 167-169

地方自治研究 ・・・・・・・・・・・・・・・・・ 45-47, 289

地方制度論 ・・・・・・・・・・・・・・・・・・・ 45-47, 289

地方長官（préfet）・・・・・・・・・・・・・・ 72-73, 129

抵抗の無力化 ・・・・・・・・・・・・・・・・・・・・・3, 5, 28

同意（consent）・・・・・・・・・・・・・・・・・・・63, 156

同意調達 ・・・・・ 63, 156, 164-165, 183-185, 264

トゥールーズ・メトロポール・・・・・・ 34, 201, 215 -217

同数合同委員会・・・・・・・・・・・・・・・・・133, 135, 143

都市局・・・・・・・・・・・・・・・・・・91-92, 105-107

都市計画決定手続・・・・・・・・ 54, 61-62, 85, 159-160

都市計画研究所（argence d'urbanisme）・・・221, 250

都市計画審議会・・・・・・・・・・・・・・・・・158, 160-161

都市計画ローカルプラン（PLU）・・・・・・ iv, 31, 73 -76, 79

都市の整備・美化・拡大に関する法律・・・・・・・ 71

都市の連帯と再生に関する法律（SRU法）
・・・・・・・・・・・・・・・・73-75, 79, 128, 200

土地所有権思想・・・・・・・・・・・・・・・・・・・54-55, 86

316

な　行

日本の都市計画法 ························· 52-58

は　行

PLU 策定手続 ·························· 79-83, 202
B-Plan 委員会 ···························· 102
東野三丁目コモンシティ浦安地区 ······ 157, 178
非同意不在型合意 ························· 183, 288
日の出・明海及び高洲地区 ········157, 170-171
ビュット地区 ························· 215, 239
付帯決議 ································· 113
フランスの都市計画法 ···················· 65-73
分権改革 ············· 56, 85, 99, 128-129, 161
法案作成期 ···················95, 99, 150, 274
法解釈型 ············ 125, 271-273, 281
法制局審査 ···················· 90, 91, 94, 111

ま　行

まちづくり条例 ·······················63, 162

ミニ開発 ··························98, 155, 180
無補償原則 ························· 71-72
メトロポール会議（Conférence Métropolit-
　aine) ···························· 218-219

や　行

与党対応 ··························90, 111, 122

ら　行

利害関係者 ···························62, 159
立法過程 ········· iv, 32-33, 91, 130-132, 282-288
立法期 ···························95, 97, 109, 274
理由の源泉 ···················4-5, 19, 27, 269
理由の選択 ·····················5, 28, 270
歴史的制度論 ························· 39

わ　行

ワークショップ··········· 213-214, 227, 241, 263

あとがき

　著者は、博士論文「まちづくり条例の総合化と体系化の動向に関する研究
——まちづくり条例の展開と法令・条例・要綱の関係に着目して——」(1998
年3月)を提出して後、都市計画をめぐる事象について都市計画学、行政学、
行政法学の観点から研究を行ってきた。また、2009年のフランスへの在外研究
を契機として、日仏の都市計画の相違についても着目してきた。こうしたなか、著者が都市計画の実態に触れることで問題関心を強く抱きながらも都市計画学の射程からは明らかにすることが難しく、行政学・政治学の観点から解明を試みたものが「決定の正当化」であり「正当化技術」という政府の行為であった。この問題関心は当初から明確であったわけではなく、また、本研究で展開する内容や理論は、次のような研究機会[1]を中心に、多くの方々との議論とご助言によって形づくられた。

　第1は、「人口減少・経済縮小社会での空間利活用の整序政策における合意形成システムの研究」(2015〜2018年・金井利之代表)である。ここでは、阿部昌樹、礒崎初仁、北村喜宣、齋藤純一、嶋田暁文、名和田是彦、原島良成、村山武彦という分野の異なる研究者によって刺激的かつ多角的な議論がなされ、こうした議論のなかで、本研究の着想を得ることができた。この研究成果の一部は本書**第Ⅳ部1**に収録されている。第2は、「日仏の都市計画法制における一般利益と個別利益との関係に関する研究」(2016〜2019年・内海麻利代表)である。この研究では、共同研究者の曽我謙悟氏と議論を重ねることができ、本研究の基礎となる政治学や行政学の枠組みについてご助言いただき、多くの知見を得ることができた。第3は、「近現代都市計画・建築法制度の成立と変容をふまえた新時代の制度体系構築に関する研究」(2018〜2020年・加藤仁美代表)である。この研究会では、大澤昭彦、岡井有佳、桑田仁、杉田早苗、中西正彦、藤賀雅人、室田昌子の各氏とともに、日本の都市計画諸制度の創設背景と実態を検討し、その原点と性質を把握することができた。この研究成果の一部は本書**第Ⅲ部1**に収録されている。第4は、「空間制度の管轄と制御の関係に関す

1　本研究は、JSPS科研費 15H01930, 16K03484, 18K04492, 19H01448 の助成を受けたものである。

る研究：縮減社会と諸外国の実態に着目して」（2019〜2022年・内海麻利代表）である。上記の研究会で得られた内容を、金井利之、角松生史、小泉秀樹、高村学人という研究者らとの議論のなかで確認し、発展させているところである。また、大山礼子、大杉覚、金井利之、嶋田暁文、曽我謙悟、中野裕二の各氏には本書の草稿に目を通していただき、貴重なご指摘とご意見をいただいた。

　以上の先生方の豊富な知見と学問に対する真摯な姿勢に触れることができなければ、著者の問題関心を単著としてまとめることはできなかったであろう。

　著者の問題関心の源は、都市計画のプロセスに見られる人々の行為やその行為によって生み出される空間にあり、条例や計画にかかわる委員会や審議会、審査会はもとより、自主的な研究会や調査などでの人々との対話によって著者の問題関心は膨らんでいった。そして、こうした対話とそこで得られた知見が本研究の重要な資源となった。なかでも、事例で取り上げている浦安市、トゥールーズ市およびトゥールーズ・メトロポール、フランス政府の都市計画部局の職員の方々には、数年にわたり膨大な資料をご提供くださると共に、著者の疑問に幾度となくお答えいただいた。また、アンケートや数十回にわたるヒアリングなどの情報収集や分析にあたっては、公益財団法人都市計画協会のご協力を得るとともに、著者の研究作業をサポートしてくださった勝木慶子氏と北村一恵氏には大変ご尽力いただいた。ここですべての方々のお名前を記すことはできないが、改めてお礼を申し上げたい。

　本書刊行に向けた具体的な作業は2020年度の後期に差し掛かったころに始まった。まさに世界はコロナ禍の直中にあり、各国の政府はその対応に関するさまざまな意思決定に迫られ、人々はその正当化理由を求めていた。著者はそのような情景を目の当たりにしながら、本書刊行への思いを強くした。このような思いを受け止め、出版事情が困難ななかで、本書を学術書として刊行に導いてくださったのが法律文化社の舟木和久氏であった。編集作業でご苦労をおかけしたことも含め、本書の完成をもって感謝の意に代えたい。

　そして最後になるが、常に著者の自主性を尊重し、研究に専念させてくれている夫と家族にこの場を借りてお礼を申し伝えたい。

2021年2月　　コロナ禍のパリにて

内海麻利

著 者 紹 介

内海　麻利（うちうみ　まり）　駒澤大学法学部教授

〔略歴〕

京都市生まれ。1998年横浜国立大学大学院工学研究科博士課程修了。博士（工学）。都市計画における法令と条例の関係をテーマとして学位（工学）を取得したのち、都市計画を素材として、行政学、行政法学、都市計画学の観点から研究する。駒澤大学法学部政治学科准教授、パリ第Ⅷ大学フランス都市計画研究所客員研究員などを経て、2012年より現職。

〔著書〕

『都市計画の構造転換——整・開・保からマネジメントまで』（鹿島出版会・2021年・共著）、『縮退の時代の「管理型」都市計画——自然とひとに配慮した抑制とコントロールのまちづくり』（第一法規・2021年・編著）、『地方自治論——変化と未来』（法律文化社・2018年・共著）、『縮減社会の合意形成——人口減少時代の空間制御と自治』（第一法規・2018年・共著）、『都市と環境の公法学——磯部力先生古稀記念論文集』（勁草書房・2016年・共著）、『まちづくり条例の実態と理論——都市計画法制の補完から自治の手だてへ』（第一法規・2010年・単著）、『住民主体の都市計画——まちづくりへの役立て方』（学芸出版社・2009年・共著）、『川崎市政の研究』（敬文堂・2006年・編著）、『景観まちづくり』（丸善出版・2005年・共著）、『エリアマネジメント——地区組織による計画と管理運営』（学芸出版社・2005年・共著）など。

Horitsu Bunka Sha

決定の正当化技術
——日仏都市計画における参加形態と基底価値

2021年5月20日　初版第1刷発行

著　者　　内　海　麻　利

発行者　　畑　　　　　光

発行所　　株式会社 法律文化社

〒603-8053
京都市北区上賀茂岩ヶ垣内町71
電話 075(791)7131　FAX 075(721)8400
https://www.hou-bun.com/

印刷：共同印刷工業㈱／製本：㈱藤沢製本
ISBN 978-4-589-04151-7

幸田雅治編

地 方 自 治 論
―変化と未来―

A5判・276頁・2800円

行政学、行政法学、社会学、哲学などの視点をとりいれ、「自治体とは何か」から住民論へと展開していく学際的地方自治論。先行研究をふまえつつ地方行政の運営実態を明らかにし、行政の課題や今後の展望を示す。

久末弥生著

都 市 計 画 法 の 探 検

四六判・152頁・2400円

持続可能な都市を成立させるためには何が必要なのか。都市計画訴訟制度の充実化を進めるフランスの動向をその起源からさかのぼり、丁寧に整理・分析することで、今後の日本における都市計画法制のあり方を問う。

渡邊啓貴・上原良子編著

フ ラ ン ス と 世 界

A5判・272頁・3000円

フランスと世界をめぐる事情に関心のある方を対象とする書籍。第三共和制から現代までのフランス外交史を概観したうえで、フランスと各国・地域との関係を読み解き、トピック別にフランスの政策・立場を紹介。コラム、文献案内、年表も充実。

阿部昌樹・田中孝男・嶋田暁文編

自治制度の抜本的改革
―分権改革の成果を踏まえて―

A5判・324頁・6500円

行政法学、憲法学、行政学、法社会学等を専攻する研究者と実務家が、分権改革後の日本の自治制度の現状を分析。問題点の析出と改革案の提示を行い、地方自治法制のパラダイムシフトを迫る。

石田 徹・伊藤恭彦・上田道明編

ローカル・ガバナンスとデモクラシー
―地方自治の新たなかたち―

A5判・222頁・2300円

世界的な地方分権化の流れをふまえつつ、日本におけるローカル（地域・地方）レベルの統治に焦点をあて複眼的な視点から、地方自治の新たなかたちを提示する。政府―民間関係、中央政府―地方自治体関係、諸組織間連携の最新動向がわかる。

——— 法律文化社 ———

表示価格は本体（税別）価格です